朱小蔓——著

第五卷 教育的问题与挑战

朱小蔓文集

北京师范大学出版集团
BEIJING NORMAL UNIVERSITY PUBLISHING GROUP
北京师范大学出版社

前　言
一种反思教育、 表达教育知识的尝试

　　1998 年夏天，南京师范大学出版社总编辑李晏墅教授向我约稿，希望我撰写一本应答当代中国教育问题的著作。 我犹豫了很长一段时间，原因有三：一是当代中国教育面临的挑战是全方位的，虽说是教育论著，但几乎涉及社会生活的各个领域，自己的知识面难以满足要求；二是作为"双肩挑"、承担着繁重行政管理与社会公益事务工作的我，难有整段读书、思考和写作的时间；三是更为主要的在于以自己的教育学术资历来说，不敢妄领这类写作任务。 后来，经过半年的时间，在他多次劝说与催促下我才同意试试看。

　　人类的教育正处在一个翻天覆地的转型时期，已完全不像工业革命前的时期那样，教育活动方式变化缓慢，人们对教育、教育的价值观的认识变化亦缓慢。 这一百多年，教育变化得越来越快了。 就国际社会来看，20 世纪 70 年代是一次转折，90 年代中期则更进了一步。 现在，教育固然在客观上受制于经济发展水平、科技发展水平，但其主体性越来越强，其基础性、先导性乃至全局性的性质与功能越来越明显。 我们如果不能经常、及时地对教育实践中提出的问题进行思考和筹划，厘清我们面对教育问题与挑战的思想倾向、理念；如果不能从敏锐的"实践感"中提升、归纳出"实践的逻辑"，不仅难以避免在制定教育政策、推动教育改革上的盲目性，而且就思想理论本身

的发展来说，也显然与变动不居、丰富多彩的教育实践不相协调。也就是说，我们这个时代，尤其是中国当代迫切地呼唤着与时代相适应的教育思想、教育理论。

我本人的专业研究方向是教育哲学。具体地说，我这十多年致力关注和研究的领域是人的素质发展、提升，认知与情感相互支撑和协调的种种外部与内部、宏观与微观的机制等。这些年，我渐渐明白了知识的创造、产生有许多的来源。即便是像我这样以基础理论研究为主的人，也不能只从书本已有知识中去综合出新知识。凡新知识的产生，必须有使用和需求构成的足够强烈的压力。无论从宏观与微观，还是从外部与内部思考，现今教育研究都有很大的市场需求，包括政府需求、公众需求以及教育界内部的需求。现代知识分子应当培植自己的市场意识。必须承认，面对今天人类的教育，中国的教育确有话要说，职业的教育理论工作者从专业的角度也确有话要说。从这个意义上讲，我同意并动手撰写的这部著作，便不算是"奉命文学"了。

任务接下来后，紧接着要考虑的是写什么和怎么写。我们要写教育面临的挑战，势必要揭露问题，并从问题切入，但是我们想写的不是图书市场上已有的一些揭露问题、展示问题的书。我们将本书定位于"思想理论读物"，即用理性思考，用历史的、辩证的、综合的思维方式对教育中的"问题"作出思想观念层面的应答。其中虽列举了不少事实、数据，显示出触目惊心的问题，但全书主色调是人文价值性的表达，是表明我们对当代中国教育现实挑战的思想立场、价值取向、思维方式。著述有一定的理论概括性，但并不是规范、严谨而系统的逻辑演绎。我们希望和相信它是一种不同于人们传统概念中的教育学理论"形式"。我一直固执和顽强地认为，教育学的理论可以有多种呈现方式，或者叫体裁。 也许因为我不是师范院校教育系科班出身，而是先学文学，后学哲学史、自然辩证法、伦理学，最后攻读教育哲学。 除在师范院校工作近二十年外，我还在医学院、工学院、综合性大学学习、工作了十多年，欣赏和比较习惯于多学科的研究视野；不怎么相信人类19世纪以来大量分化的、日渐壁垒森严的学科分界之必然合理性，尤其对生物学的有机体思想、生命激活现象，对人类大脑及其神经加工、个体生命表现的多样性、多向性和开放性充满着不衰的好奇和兴趣。 因此，我一直认为，既然教育是人类自己创造出来、提升人的一种活动，它须利用影响人、提升人的所有有用、有益的知识。 凡是与人的发展有关的知识用在教育实践中，构成教育经验和教育认识，在此基础上加以认真理性思考，运用概念、范畴进行不同程度的抽象化的思维劳作，便可以形成不同概括程度和样式的教育理论。 即使是哲学形态的教育理论，它既可以是一些学者研究推崇的"元教育学"理论形态，又可有类似德国文化教育哲学学派的那些充满激情、感悟和散文式、哲理诗般的教育篇章。 总之，它不应当有什么固定的、模式化的理论样式。 当然，教育学的基础理论研究，可以通过文献研究、历史研究，以认识路线中的演绎法为主，不必都从教育现场取材。 但是，它究竟能不能成为好理论——一种对教育活动有很强的解释力、作用力的精神产品？ 这里仍然有个对教育实践的观照问题。 理论研究者本人或多或少总要有对教育的实际感受，而且这种纯学理推演范式的教育学理论，只是多种教育知识范式中的一种，对教育的作用、影响范围是有限度的，不可无限夸大。 理论不仅要有逻辑征服力量，也要有情感征服力量。 教育理论更有其特殊性。 如果教育理论研究者不带有自己在教育情境中的切身体会，对自己写的东西不自信，也就是不能打动、征服自己，就更无影响别人的可能。 马克思、恩格斯、列宁、毛泽东、邓小平，还有当今一批有影响力的东西方思想家，哪一种理论不充满现实针对性，不带有个人鲜明的思想倾向性和情感体验性！

1998 年读到法国社会学家布迪厄和美国学者华康德的《实践与反思》一书，从中了解到布迪厄的反思社会学及其较完整的学术观、治学方法论，大有爱不释手、痛快淋漓之感。华康德称布迪厄的著作"……完全不拘于科学的界限，兼及非常广泛的专业研究领域……能够将许多不同的社会学体裁糅合在一起（从细致入微的人类学描述到统计模式、再到抽象的元理论和哲学论述），所有这些都从许多方面对社会科学现行的学科分工和已被接受的思维方式提出了挑战"。《实践与反思》采取访谈、对话和讨论的方式，最后作为一本"口述出版物"问世。这本书前言的"注释"部分，引了一段默顿（Merton，1980 年 3 月）的看法："以演讲、讨论课、教学、实验课、研讨会和各种类似安排的形式出现的口述出版物有很高的认识价值。"该著作的样式及作者对"学术方式"的理解，深深启发和鼓舞了我。我决定学习效仿，采用这一形式。

我们的准备工作从 1998 年春节前开始，请李晏墅、戴联荣两位出版人参与，一起设计本书讨论的范围、主要的论题、基本的价值取向与格调，研究对话题域的分工。经过寒假里做资料和思想上的准备，于 1999 年 3 月初到 4 月中旬，我与一群自己带教的在读和已毕业的博士生、硕士生对十多个专题依次进行了第一轮讨论。他们分别按分工题域进行记录和补充性整理，而后是一个个题域的分别对话。结果，这次为完成出版社的任务而进行的教育讨论演变成了"教育研究专题"课程。这几年，我在指导研究生的工作中日渐感到，研究生尤其是博士生的课程，再也不能仅用单向灌输的方式将导师所谓"先知"

与"先在"的知识传递给学生了。所谓"课程",是学习者在导师的引导下增加人生经历,不断调整自己的知识视野、结构和认知方式的过程。通过反复讨论、对话,到补充资料、扩展整理,我们反复修改,十分辛苦。大家普遍感到通过这次集体的、多边性的互动,在对教育的理解、把握上,在思想的广阔性、深刻性上,在连续思考的习惯上,特别是在理性思考的方法上,受到的启发、感染,得到的收获远非讲授式课程可比。

对这样的一种关于教育认识的表达方式,我们是第一次尝试,是否成功心中尚无把握。人们完全可以以通常的教育理论著作的标准,对其缺少系统性、完整性、论述的严密性等提出诘难;我本人也对整理出的文字感到忐忑不安,因为有些是半即兴式的陈述,有些是特定情境中并未考虑成熟的一管之见。特别是全书涉及十分宽广的论域,有的论域自己学有专攻,或有某些创造性;而相当多的领域是自己以前不熟悉、没有专门研究过的。我对这些领域谈论起来往往显得拘谨刻板,缺少色彩和感染力量。

全书共分十一章,每章力图从问题引发、展开思想漫谈,力图体现一定的尖锐性和挑战性,但又不是以指责、埋怨为快,力求洋溢务实的乐观主义的格调。由于时间匆促,能力有限,作品粗糙自不能免。纵观全书,有一些思维特色,值得一提。

一是本书以"人文性"或"教育的人文精神"作为思想的基本出发点,即始终把教育看作人的活动、为了人的活动,是与整个人生历程紧密联系的活动。社会变迁对教育提出的挑战很多,教育本身存在的原本该做好而未做好的问题也很多。如何回应呢?一方面我们要用超越传统教育理念框架的创造性思维、超常规思维来看待、处理教育与经济社会、科技社会的关系,把创造想象本身看作人文主义精神的特征之一。但同时，做教育，自古至今，不管什么时代，也总有一种一以贯之的本质精神，那就是着眼于人本身，关注人的成长发展及尊严本身。因此，在处理教育发展中的各种关系时，虽然必然地要追求事功，追求教育现代化中那些看得见、摸得着的"物化"的层面和"量化"的层面，但最终还是要以人的素质发展与提升，以教育质量的提高来衡量教育的发展。

二是"生成性"的思维方式。整个书稿都是通过对话把自己对某一问题的思想过程展开、呈现出来的。各部分提什么问题，怎么提，其间的逻辑关系是经过反复思考、设计的。筛选的标准主要是两条。其一是问题的真实存在性，并且是基本的、重要的，哪怕自己不熟悉，也要钻进去了解、学习一番，把基本的来龙去脉弄清楚，然后用专业教育哲学的眼光、方法梳理认识对象，建构出认识对象，提出我们看这些"问题"的立场、态度、思想观念。我首先把自己看作学习者、初学者，同时看作经历者，逼着自己去处理这类"问题"。于是去搜寻资料，去证实，去找到事实与事实、观点与观点之间的联系。其二是问题具有个人研究性。既然我不想作"应景"之作，而把它看作自己有一定研究基础的著作，便把自己以往十年对教育研究的个人成果带入其中，并且把讨论作为反思自己先前研究思考的过程。按照布迪厄的说法，反思，是自我反思，它要求把自己看作既是反思的对象，又是反思的承担者。我先前以为反思只是反思他人以前出现过的理论。其实，反思正是主要反思自己以前接受、认同过，但现在随时代扩展了、变化了、深入了的见解。反思、调整的过程是自己的昨天向今天推移，是知识从旧知到新知、未知到学知的过程。既然有了这样的过程，思维及其知识显然是"生成性"的。

本书被列入"21 世纪管理者文库",读者自然主要是教育管理工作者、教育管理研究者以及对管理感兴趣的人士。现今的教育管理者要面对一个纵横交错、变化万千的世界。在面对成堆的教育"问题"和挑战的时候,读者若能通过阅读本书,被"引入"我们的讨论,与我们一起思考,引起共鸣和批评,这对我们的劳动便是最崇高的奖掖。

朱小蔓

1999 年 8 月

目

录

第一章　教育：认识你自己

第一节　问题与方法 / 1

第二节　教育：一种反思文化 / 7

第三节　教育爱：教育的真谛所在 / 13

第四节　教育作为人的事业：财富蕴藏其中 / 29

第二章　教育与经济：关系的时代转换

第一节　教育与经济关系的新视角 / 37

第二节　教育产业：兼顾公平与效益 / 45

第三节　构建知识：凸显知识权力 / 56

第四节　挑战知识经济：培养创新性人才 / 65

第三章　科技教育：铸造科学创新精神

第一节　科技位居国家现代化"前台" / 71

第二节　教育系统的创造力对国家科技创新贡献不足 / 76

第三节　把科技成果变为现实生产力 / 79

第四节　着力培养具有科技创新能力和科学精神的英才 / 92

第五节　中国须实施什么样的科技教育 / 95

第六节　把科学当作一种文化精神来教 / 98

第四章　教育与人：发展的新视界

第一节　人的发展：整体和谐生成的过程　/ 110

第二节　新教育：现代人的个性化生活方式　/ 115

第三节　人的可持续发展：均衡、长久、强劲的人格潜力　/ 123

第四节　知识教育与人的创造性培育　/ 140

第五章　基础教育：构建生命新概念

第一节　"基础"新概念　/ 148

第二节　基础教育诊断　/ 151

第三节　一种"联系"的课程观　/ 169

第四节　人道主义取向　/ 176

第五节　人格至上的发展趋势　/ 180

第六节　主体创造性　/ 183

第七节　情感优先论　/ 187

第六章　高等教育：重构大学理念

第一节　背景分析　/ 193

第二节　高等教育的现代诠释　/ 199

第三节　学术精神与效益观念的融合　/ 206

第四节　高等教育的发展战略　/ 225

第五节　高等教育的品质提升　/ 232

第七章　网络教育：引发学与教的革命

第一节　网络走进了人类生活　/ 245

第二节　网络教育所独具的优越性　/ 247

第三节　网络教育向家庭、社区渗透　/ 264

第四节　发展全民网络教育　/ 266

第八章　道德教育：创造完满人格和德行

第一节　道德教育的时空　/ 276

第二节　道德学习的特殊机制　/ 282

第三节　道德教育中的个体与环境　/ 291

第四节　道德教育中的德行创造　/ 296

第五节　道德教育的情感性范式　/ 301

第六节　发展性道德教育初识　/ 312

第九章　教师教育：应对教育挑战的原动力

第一节　新世纪新形象　/ 317

第二节　教师教育的贡献与局限　/ 325

第三节　中国教师教育新体系的探索　/ 331

第四节　教师的情感人格与教育素质　/ 342

第五节　对创造性教师的新诠释　/ 349

第十章　教育研究：贡献与局限

第一节　教育研究的功能与贡献　/ 357

第二节　教育研究的误区与局限　/ 365

第三节　教育研究的源泉与灵魂　/ 374

第四节　教育研究的中介性方法　/ 381

第十一章　教育管理的抉择：以人为本

第一节　教育管理理论的科学化　/ 391

第二节　学校依法自主办学　/ 399

第三节　教育管理制度的创新　/ 405

第四节　办学质量是生命　/ 411

结　语　走向开放的中国教育　/ 423

后　记　/ 436

第一章　教育：认识你自己

第一节　问题与方法

　　□ ①改革开放 20 年来，我国教育获得了前所未有的发展，成为亿万中国人共知、共享和共同关注的社会性事业。第一，随着《中华人民共和国教育法》《中华人民共和国义务教育法》《中华人民共和国教师法》等一批相关法律的颁布实施，我国教育在历史上第一次成为有法可依的事业。第二，随着"科教兴国"战略提出，发展教育第一次成为我国政府的重要施政目标。第三，为援助广大失学儿童而开展的"希望工程"成为我国有史以来规模最大、发动人群最广、受益面最宽的社会福利事业。第四，由于社会办学途径进一步拓展，近 20 年是我国各级各类学校发展速度最快、发展势头最好的一个时期。第五，这 20 年也是我国教育思想活跃、教育理念更新快、教育科研成果辈出的一个时期。总之，经过这一阶段的快速发展，我国教育无论在质上还是在量上都取得了长足的进步，并且大大缩短了与发达国家教育发展水平之间的距离。这些，为我们讨论中国教育面临的挑战提供了一

---

① 本书中，□后为博士研究生、硕士研究生等提问和讨论的内容；■后为朱小蔓教授回答和讨论的内容。

个良好的话语背景。

■ 我国教育在这 20 年中获得的巨大发展是人所共见的，除你说的这些以外，还有一个事实可以作为例证。联合国教科文组织（全称为联合国教育、科学及文化组织，UNESCO）于 1998 年 10 月 5 日至 9 日在巴黎总部召开了一次世界高等教育会议，该组织的 182 个成员国以及美国共派出 4000 多名代表，其中包括 115 位教育或高等教育部部长出席了本次大会。值得注意的是，在这次会议上，教育部部长陈至立以中国代表团团长和学者的身份被两度邀请就中国高等教育的发展状况发表讲演。这充分反映了国际社会对中国在发展高等教育方面取得的成就的肯定，同时也向世人传达了这样一个信息：世界高等教育体系迫切需要中国在其中发挥重要作用。还有一个情况也很具有说服力，这十多年以来，每年参加成人高考和自学考试的人数都在急剧增加，提高学历层次和增强自身竞争力成为越来越多的青年人的共识。随着知识经济时代日益临近，教育走入人们的日常生活，成为越来越多人的一种生活方式，这在中国将不再是什么遥远的事情。它将不可阻挡地成为亿万中国人的生活现实。

□ 对于绝大多数中国人来说，一方面，教育正为他们展示着一幅全新的生活世界图景；另一方面，社会快速变迁与教育滞后性之间的矛盾导致的教育世界中的观念混乱、行为失范和关系错位又为他们平添了许多烦恼，如应试教育的问题、学生负担过重的问题、教师体罚和变相体罚学生的问题、教育乱收费的问题、择校问题、高校扩招导致的教学质量下降的问题、道德教育缺乏实效性的问题、教育理论研究脱离实践的问题、社会办学中如何处理教育规律与经济规律的矛盾问题等。

■ 这种客观存在的两面性使得教育成为当今中国社会的热点问题，于是，一批关于"教育危机"的畅销书应运而生。这本来是一件无可厚非的事情，它毕竟表达了一种对教育的关切和忧虑，而且在一定程度上为中国教育的进步创造了一种社会氛围。但如果认为责难、抱怨甚至谩骂就可以使中国教育在一夜之间脱胎换骨，那未免过于天真。中国教育的问题是历史积留下来的问题，是社会转型期所不可避免的问题，更是教育内在矛盾自然展开和激化所必然导致的问题。因此，我想，面对这些问题和挑战，我们这些教育理论工作者要以一种负责的历史态度、冷峻而缜密的分析研究、果断而有效的现实行动来做出积极的回应，而这首先就要确定一种科学的思维方法。

　　□ 这究竟是一种什么样的方法？它的内涵特征究竟是什么？它集中体现了一种什么样的时代精神？您能否对此做一个具体的说明？

　　■ 对于社会科学研究而言，方法问题是最重要也是最难解决的。一种新的方法提供给我们的是一种全新的思维方式，而"一旦新的思维方式得以确立，旧的问题就会消失；实际上人们会很难再意识到这些旧的问题"[①]。这犹如库恩（Kuhn）所说的"范式革命"，一种新的研究范式的确立就意味着一场社会科学革命的发生。正因为如此，方法问题也是在短时期内最难有所突破的。事实上，这也是我个人一直在思考和探索的一个问题。现在，有些研究者正尝试着把现象学的方法、质的研究方法、社会学和文化人类学的研究方法引入对教育问题的研究当中，还有一些研究者正借助于计算机软件在大样本数据处理上的优势，试图把教育研究进一步推向精确化和细致化。在我看来，所有这些具体的努力都是一种难能可贵的实践，而且在我们接下来的讨论中还会或多或少地得益于此，恕不赘言。在此，我只想就教育研究的一些基本方法和基本态度谈一点自己的理解与体会。我认为对于教育问

――――――――――――

① 转引自［法］皮埃尔·布迪厄、［美］华康德：《实践与反思：反思社会学导引》，李猛、李康译，1页，北京，中央编译出版社，1998。

题的研究应当遵循历史辩证法。任何形式的教育都是在一定的历史条件下展开的，教育的问题都具有鲜明的时代个性，离开具体的时代背景奢谈抽象的教育问题只能是缘木求鱼。因此，教育问题研究必须把握教育与社会变迁之间的历史辩证法。众所周知，教育与社会环境互动的基础是人类具体的历史活动，所以，对于任何教育问题的分析都应当落实到具体的教育现场，落实到具体的活动主体，落实到经验主体的意向世界。进言之，教育问题研究还须把握教育与个体发展之间的历史辩证法。马克思主义认为，事物的运动在于事物内部矛盾的合理展开，事物发展的内因决定了事物发展的具体方向。就教育而言，其发展的根本动因在于教育自身的内部矛盾。按我的理解，这种矛盾可以简单地归结为适应性与超越性之间的矛盾、现实性与理想性之间的矛盾、自在性与自为性之间的矛盾、有限性与无限性之间的矛盾。因此，教育问题研究又必须把握教育内在矛盾之间的历史辩证法。而事实上，这些矛盾又是相互联系、相互运动的一个整体，教育问题只可能在这样多极化的矛盾系统中得到展开和解决。

□ 这是否意味着对于教育问题的研究必须着力于分析其自身的内在动因和外部条件之间的相互关系，着力于分析教育作为人类独特的社会性活动的自律性与他律性之间的相互关系，着力于对作为教育中活动主体的具体的、历史的个人进行分析？显然，这些都是对教育进行历史的辩证研究的题中应有之义。

■ 对于教育问题的研究必须贯彻理论联系实际的思想方法。长期以来，教育理论研究与教育实践之间在观念、方法和价值取向上存在着严重背离的现象，这在一定程度上既伤害了教育理论研究，又直接影响到教育实践的质量。教育，就其基本特征而言，是一种活生生的实践活动，离开了实践的教育是一种死教育。因此，教育理论应当深深地扎根于教育生活，源自实践又高于实践。遗憾的是，现在许多教育理论竟成了纯粹的理论推演和盲目的照抄照搬。这就不能不伤及理论之根本，断了理论之活水。与此相应，一些实践工作者则满足于感性经验，认同于一些操作性指令，这无论如何都无法满足社会对高质量的现代教育的迫切要求。法国社会学家布迪厄(Bourdieu)在谈到"反思社会学"时提出，要"通过对理论视角、实践视角和它们之间深刻的差异进行的理论反思"①，深化对"实践理论"的认识，从而引导人们去注意任何的实践性事物，并对此做出积极反应。借助于反思的方法，布迪厄试图把社会科学扩大为一个整体性场域，进而打破传统意义上理论与实践的隔离，实现两者之间的相互渗透和对流。布迪厄把它称为社会科学研究中的一条实践逻辑。

　　□ 布迪厄的这种思路对于我们突破理论与实践之间原有的二元对立无疑是大有启发的。过去，我们习惯于把教育理论与教育实践看作彼此割裂的两块。这在客观上就窄化了理论与实践的各自范围，以致常常孤立地看待教育理论与实践中所出现的问题。显然，这丝毫无助于现实教育问题的解决。布迪厄给我们的提示就在于：扩大对理论与实践的理解范围，通过对理论的实践化和实践的理论化，整合构建教育研究对象，在实践逻辑的基础上把教育研究对象扩展到整个社会科学场域。

　　■ 这是对原先的理论研究和经验研究之间相互隔离状况的一种否定。这使得许多在旧的思维方式下无法展开的研究领域第一次被纳入了教育研究的视野，教育第一次作为一个完整性的社会科学领域呈现在我们面前，教育研究中那条长期被遮蔽起来的实践逻辑终于得到了彰显。具体说来，我主张一线教师要自觉学习理论，主动从事"小问

①　[法]皮埃尔·布迪厄、[美]华康德：《实践与反思：反思社会学导引》，李猛、李康译，45页，北京，中央编译出版社，1998。

题"的研究，而不要一味地迷信理论、迷信专家，等着别人来"喂"理论给自己。不管怎么说，那种不是出自自己实践的理论总是有隔膜的。因此，我们有必要对理论做一个简单的划分：抽象的理论—中层理论—经验总结。在我看来，大多数的中层理论应该出自教育第一线。其中起决定性作用的是教师的自信、一定的理论准备（包括研究方法）和很强的问题意识。与此同时，对于广大教育理论工作者而言，我觉得台北市立师范学院（现为台北市立大学）的"临床教授"制度很值得借鉴，它要求研究者在自己一生的研究规划中要有相当时间在一线从事教学和辅导，从而积累资料和研究经验。这或许是一个能产生中层理论的可行办法。

　　□ 在谈布迪厄的方法时，涉及"反思"的概念。当然，布迪厄的"反思"不同于我们在哲学上所说的"反思"，而对于教育研究来说，哲学反思是一种必不可少的方法。

　　■ 在这里，与其说是反思的方法，不妨说是一种人本主义的方法。这是考察教育的一种特殊的方法。它有别于自然科学研究的方法，故而并不一味地强调齐一性、共同性和标准性。与此相对，它更强调问题研究中的个别性、独特性和人格化。之所以如此，是因为教育说到底是一种彻底人性化的事业，离开了作为教育活动主体的人，教育就什么都不是。而人之所以为人，从哲学上讲，就是因为人有动物所缺乏的自我意识。从古希腊时代开始，人类就向自己提出了一个亘古不解的问题：认识你自己。"人是什么""人是如何存在的"，这些既是哲学的问题，同时也是教育的问题。因此，对于教育问题研究来说，最为重要和基本的方法是人本主义的方法。这种方法的核心是强调教育作为生命整体的展开。它是和完整的文化世界相契合的，是直接根植于人的全面发展的本质规定的。正因为如此，人本主义的方法也就是真正的教育方法。它和历史辩证法、理论与实践相结合的方法在精神内涵上又是同声相应，同气相求的。而所有这些方法和态度就构成了本次讨论的方法论基础。

第二节　教育：一种反思文化

□ 就教育发生的显性逻辑而言，教育是和文明社会相对应的。人类学家们习惯于把教育的发生解释为人类基于种群生存与发展的需要而传承文化的结果。但是，自近代制度化教育①兴起以来，教育作为一种制度化存在，呈现如下特征：一方面与种群生命和物化文化结合得日益密切，另一方面却与个体生命和人化文化日益疏离。教育呈现的这种悖结究竟源自何处？近代何以成为教育发生根本转型的历史分界线，根据又在何处？

■ 教育固然与人类文化休戚相关，但是，对问题的讨论仅停留于此未免肤浅。教育何以与此种文化相关而与彼种文化无缘？可见，教育发生的前提在于文化认同，在于人类对自身生命和生命创造的认同。进一步说，教育发生的基础在于人类的自我意识的形成。从这个意义上讲，教育是基于反思性的人类活动而产生的，而人类的这种反思性特征又保证了教育和教育中的文化的完整性。过去，人们对于教育有过各种窄化的理解：在内涵上，或等同于教养，或等同于教授；在时空上，或等同于蒙学，或等同于学校教育；在内容上，或等同于意识形态，或等同于知识技能；在方法上，或等同于师徒相承，或等同于班级授课。对教育的这种理解都是一定历史现实的写真。据此，我们

---

① 本书中谈到的"制度化教育"，按作者的理解：从事实层面上讲，是指 19 世纪下半叶以来，由于严格意义上的教育系统的出现，教育越来越"制度化"；从价值层面上讲，它是和"文化性教育"相对的、与近代工业化条件下所形成的普遍异化状态相匹配的教育形态。

或许可以十分浪漫地认为，教育的本真意义在近代工业革命之后受到了侵染，教育作为文化整体的意义被削弱了，教育作为人的生命的整体存在的意义被置换了。但是我认为，这种削弱与置换并不只发生于近代以来，在教育从一开始被赋予种群的生存职能时，其工具性特征和承载人的生命的文化所内在的反思性特征就构成了一种现实的张力，从而推动着教育在人化与异化的两极之间寻找发展的契机。因此，可以说，没有近代的工业革命就没有现代教育的迅速普及和发展，但倘若没有对教育本质与精神的追索，教育也就不能被称为教育了。

□ 您引进布迪厄的反思性概念来讨论当代教育中面临的一系列问题。这是否可以理解为您试图借助这一概念和方法在一个更大也更为完整的研究场域中对教育、文化和生命进行系统的研究，从而恢复对教育的完整性诠释和生命性诠释，其中，"文化"则成为分析的中心环节？

■ 前面我们谈到"教育何以产生"的问题，认为教育的发生直接源于文化的自我认同。而这种自我认同的根据在何处呢？是人类反思性的认识活动吗？如果是这样，那么，反思的根据又在何处呢？我现在基本认为，人类之所以区别于其他物种，就在于人类具有双重的生命。众所周知，生命的本质内涵在于活动，这是万物之通例。任何活动都存在于一定的时空中间，但是，时空对于其他物种而言只是具有延展性的点的聚集，时间感、历史感在它们身上是根本缺失的，其生命的任何展现都只是适应和重复，在它们的世界中缺乏意义。正因为如此，变异不可能成为创造，生命就只是在生理和生物层面上的种的繁衍。与其他物种相区别，人类在生命活动中找到了连续性，这是一个质的飞跃，是生命产生意义的源头。当人类发现了生命活动的意义，创造也就应运而生了。与此相应，一种新的生命被剥离了出来，它就是人类所独有的文化生命。这种生命从根本上展现为觉知—动情—反思的过程，而它就是由教育所催生、滋养和培育的。故而，教育所观照的是意义世界，是人的文化生命，是创造，是体验，是感受。

　　□ 您在这里所说的"文化生命"和文化是一种什么样的关系？对于文化，您又作何种理解？文化和教育究竟是怎样的关系？

　　■ 把人的生命区分为生物生命和文化生命，这对于理解教育的功能是至关重要的。所谓"文化生命"是和人的创造性活动、人对意义世界的不断追索密切相关的。这种生命所体现的是社会文化在个体身上的延续，它所展露的是不断生成新文化、剔除旧文化的历史过程，是创造文化的生命和展现生命的文化的统一。"文化生命"是文化的灵魂，是文化可能的根据，是文化精神得以展现的载体。"文化生命"凸显的是人的创造和人的主体性，这种创造的过程和成果就是"文化"。罗素①曾经说过"文化即人化"。这种看法一方面突出了文化的主体特征，另一方面是把文化看作一个动态的过程。因此，在我看来，文化是动态与静态的统一，是过程与结果的统一，是主体与客体的统一。文化既然与人的创造性活动密切相关，而人的任何一种活动都是指向一定问题的：人要解决与自然的关系，要征服自然、利用自然，所以在这个过程中就生成了文化的物质层面；人要过群集性的生活，要协调人与人、社团与社团的关系，自然就形成了一系列的典章制度，这就构成了文化的制度层面。除此之外，人还要解决和自身之间的紧张关系，实现人的自我提升，因此哲学、文学、艺术、历史，甚至宗教就成了人类探索自身的精神世界，满足包括情感、意志在内的精神心理需求的关键，这就形成了文化的精神——心理层面。可见，文化不过是人

---

① 　伯特兰·罗素（Bertrand Russell，1872—1970），英国哲学家，著作有《哲学问题》《人类知识》《心的分析》等。

类活动的一种表达方式而已，虽然在不同时代、不同地域、不同民族中它的具体方式不同，但总归是人的生命内核的展示，是每一个活体的生命创造。我想其中最重要的还是寻求理解，人对自然、对社会、对自身都在寻求这样一种最合适的理解。因此，我们不再像过去那样简单地认定文化的物质层面决定制度层面，决定精神—心理层面，而是把它们看成相互渗透、相互流动的过程，从而更多地考虑教育要为这种互动做些什么。同时，我们也不再把文化和个体活动看得毫不相干，相反，我们正尝试着建构一种"社会、文化与个人之间的辩证法"，以便进一步凸显文化的动态性、多样性和偶然性，从而更多地考虑教育对于文化的超前性、主动性和引导性。

□ 以往人们习惯于把文化当作静态的成果，把教育看作传递这种文化的手段和途径。因此，人们也就习惯于把教育的内容理解为文化的子集，把文化从时间和逻辑上理解为教育的客观先在，教育成了文化亦步亦趋的"应声虫"。这样一种决定论的思路事实上遮盖了教育与文化的真实关系，为我们从时代的高度来理解教育制造了障碍。

■ 从理论上讲，文化是人的"文化生命"的展现，教育是培植人的"文化生命"的现实过程，文化、人的文化生命、教育是处于同构互生之中的。换言之，在人的文化生命的观照之下，教育和文化是一种相互涵泳的动态关系。作为人的生命活动样式，教育呈现的首先是时间的绵延和意义的生成，在此基础上，教育被拓展为一个整体性的实践场域，这就从根本上消解了原先臆造的许多虚假的二元对立。从现实来看，"现在正在出现的人是这样一种人，他的知识和行动手段已经发展到如此地步，以致他认为可能开发的新领域是无限的。而且事实上，现在的人由于掌握了知识和科学法则而开始能够控制自然过程并且能够对它们担负起责任。""今天的新人已经在领会、认知和理解这个世界了；他已经具有了必要的技术，可以根据他自己的利益合理地影响这个世界。然后他又用物质产品和技术结构丰富这个世界。所有这一切都说明，人已经成为他自己命运的潜在主人。"①人类自身所发生的变化在客观上也要求教育彰显其内在所具有的主体性。"现在，教育在全世界的发展正倾向于先于经济的发展，这在人类历史上大概还是第一次"，而且，"现在，教育在历史上第一次为一个尚未存在的社会培养着新人"②。换言之，从现在开始，教育不再是跟在社会、跟在文化后面的事业，不再是依附性的事业，而是一项先导性的事业，是为未来社会培养人的事业。因此，时代要求教育突破作为制度化存在的界限，即恢复教育作为完整文化的存在，进一步凸显教育通过培养具有创新性的人来创造新文化，甚至超前性地引领文化的功能。可见，无论从理论上讲还是从现实来看，教育都必须成为真正的反思性主体。

□ 既然如此，那么长期以来，教育又是如何隐没于文化之中，成为文化的附属品的呢？

■ 众所周知，在传统社会中文化变迁十分缓慢，就容易将教育的内容固定化，从而使人们对于文化与教育的关系产生错觉，以为文化是不断更新和变化的，而教育则显得保守和滞后。所以，以往的教育都习惯于把文化看作先在于教育的，把教育看作后发于文化的，以致长期以来人们给教育的定位就是传承文化。这一点随着近代制度化教育的兴起而得到了进一步强化。以知识教育为特征的制度化教育，要求建立一种有效的知识传递机制，因而必须首先确定知识的界限：一

---

① 联合国教科文组织国际教育发展委员会：《学会生存：教育世界的今天和明天》，华东师范大学比较教育研究所译，192～193 页，北京，教育科学出版社，1996。

② 联合国教科文组织国际教育发展委员会：《学会生存：教育世界的今天和明天》，华东师范大学比较教育研究所译，35～36 页，北京，教育科学出版社，1996。

方面社会对已有的文化根据一定的意志和标准进行选择和剪裁；另一方面又在教育中不断排斥作为异质性文化的继起文化，借此将所谓知识从活生生的文化背景中剥离出来并不断地加以结构化，从而来保证制度化教育的有效推行。所以，自近代以来，教育在整个社会生活中就更加成为一项没有丝毫主体性和自由性的事业。也正是由于这种依附性地位，教育总被看成是滞后于社会文化发展的。与此相应，教育创造文化的功能自然也被隐没了。

　　□ 教育与文化关系的错置，在传统社会是由于文化变迁慢、教育的创新性功能不突出。近代以来，则是教育中文化的不完整性导致教育目的的失落。由于当代中国社会变迁的特殊性和复杂性，这样两种情况在当前的中国教育中都现实地存在着。

　　■ 正因为如此，我们才更有必要正本清源，从分析教育的实践逻辑入手来审视中国教育在世纪之交所面临的挑战。传统教育中实践逻辑的颠倒，隐没了教育的文化性特征，加之手段与目的的矛盾在当代日益地尖锐化，以致演变成了一场真正的教育危机。同时，随着新技术革命的兴起，社会文化快速变迁，这又造成了已有文化与继起文化的巨大冲突。从冲突本身来看，其中有的直接浸染着教育的机体，从而进一步加深了教育的危机，而有的则从另一方面给教育带来了变革的动力和发展的无限生机，当然也为实现传统教育理念的翻转创造了种种的可能性。而且，从某种意义上说，危机本身也就提供了发展的机遇，显露出发展的方向。因此，正是这种事实上的危机和潜在的发展构成了对当前中国教育的巨大挑战。尽管如此，我认为，它并不需要什么"拯救"。相反，作为反思性主体，教育有其发展的内在根据，即传递与创新文化和人的发展之间的矛盾。正是这种矛盾在与其同步生长的外部条件的作用下沿着其特有"逻辑"的展开，推动了中国教育在当代的不可阻挡的发展。"发展才是硬道理"，这是谁都不能反驳的，相信在这种挑战的背景下，中国教育会有一个更加振奋人心的发展前景。

第三节　教育爱：教育的真谛所在

□ 诚如您所言，教育作为人类社会特有的文明现象，长期以来由于其固有的文化逻辑的颠倒，渐渐失落了自己的本质和目的。尤其是近代以来，教育的制度化特征不断得到强化，它不再着力于个体生命成长，而一味地彰显其作为社会结构性因素的功能；它不再表现其作为反思性主体的实践特性，而一味地固守封闭的旧式文化，任意地肢解作为整体性存在的文化。教育在不知不觉中丧失了其丰富的并且不断生长着的文化实践背景。换言之，教育作为人类所有活动中最有可能沟通各种社会生活实践领域的中介性实践（整体性实践），现在却变得日益地封闭、日益地脱离生活、日益地和人的心灵相疏离。

■ 众所周知，当代中国正在从传统社会逐步向现代社会演变。受到东方社会中传统的"学而优则仕""书中自有黄金屋，书中自有颜如玉"的大众文化心理的影响，所有这些投射到当代的教育中，使得原先就已存在的手段与目的的紧张关系进一步凸显。换言之，制度化教育所固有的矛盾在特定的时空条件下得以充分展开，甚至激化，从而使当代的中国教育必须面对一种全面的危机。由于危机并非由外部强加的，而是内部矛盾自然生长的结果，因此，这也就为扬弃这种适应工业时代的教育而回归以"新人道主义"（"科学人道主义"）为核心特征的本原意义上的教育提供了契机，开辟了广阔的实践空间。

□ 那么，您对当前中国教育面临的危机的真实内涵是如何理解和把握的呢？

■ 当前中国教育中出现的问题和面临的挑战，从某种程度上讲，也是整个东亚教育模式在从传统向现代转型的过程中共同具有和经历过的。例如，日本政府在 20 世纪 80 年代中期就把自 60 年代以来学校教育中出现的问题概括为"教育荒废"。其表现包括"儿童恶作剧、自杀、逃学、行为不良、校内暴力、家庭暴力；由于激烈的考试竞争，用人方面偏重学历，出现所谓问题教师，学校出现大量的体罚和变相体罚"①。调查表明，这些情况也存在于中国教育中。当校舍一天比一天漂亮、教育技术一天比一天先进、课程内容和类型一天比一天丰富、教育科研一天比一天红火起来的时候，学生们却一天比一天更不喜欢学校，家长们也一天比一天更怀疑学校教育究竟能否使自己的孩子得以全面发展。因此，我认为当前教育必须面对的就是由这种对教育价值的怀疑态度所导致的普遍危机。教育已经成了全体人民的事业、整个国家的事业、全社会的事业，但是，今天的教育究竟能为这些利益主体提供什么却让人感到十分困惑：是知识？是德行？是人的全面发展？是高素质的劳动者？是一种高效有力的管理模式？还是一种崭新的社会文化？从这个意义上说，我认为有必要从教育价值主体的角度对这种危机的具体表现做一点清理。第一，学生们越来越不满于学校教育中呆板的知识学习和各种外在的、独断的、惩罚性的行为约束，而他们迫切需要的生活知识和技能、成长过程中的快乐和情趣，却又是这种教育所无法满足的。第二，家长们既看到自己孩子的书包越来越沉、课业负担越来越重、脸上的笑容越来越少，同时也看到孩子们的生活能力越来越差、课余爱好越来越少、越来越关注自我而不善于

---

① 柳斌：《关于素质教育的思考》，见杨东平：《教育：我们有话要说》，200～201 页，北京，中国社会科学出版社，1999。

与人交往。第三，最近 20 年来，党和政府高度重视发展教育，把"科教兴国"作为发展战略。但是，作为主要的投资者和管理者，国家却无法从当前教育中获得现代化建设所急需的各种层次的具有全面素质和创新性品质的劳动者，同时也无法有效地从教育中获得推动经济发展的新的支撑点，这就造成了投资与回报的极端不平衡。第四，由"中日夏令营中的较量"引发的社会性的教育大讨论，每年的"黑色七月"给社会造成的强烈冲击，以及当前教育中的诸多失范现象，如问题学生、问题教师、乱收费、学术腐败等，所有这些使得整个社会对教育能否实现其肩负的文化使命表示忧虑。就连许多教师也对当前教育中资源的极大浪费和日趋严重的功利取向以及严格的淘汰机制表示不满。以上从价值主体的角度呈现出来的对当前教育的诸多不信任并非学者们的主观虚拟，而是客观的现实存在，究其原因，我认为主要还是制度化教育对文化变迁和社会转型的不适应。正是这种不适应使得教育的物化特征和工具特征进一步彰显，而教育的本质和目的则被一定程度地遮蔽了。

□ 接下来，您能否从事实的层面就危机发生的现实根据做一些具体的剖析呢？

■ 说到危机发生的现实根据，我想大致可以从四个方面进行梳理：①应试的陷阱；②教育爱的失落；③教育与生活相脱节；④错位的义务教育。

□ 当前中国教育的一个显著特征就是应试，您就先从这个问题说起吧。

■ 有人曾戏谑地把考试列为中国古代的"第五大发明"。在今天的学校教育中，随着结构化的学科知识的不断膨胀和整体性知识的日益细分化，考试变得越来越频繁，其内容变得越来越刁钻，同时评分标准也变得越来越刻板和机械。据调查，一个普通的初中生在其求学过程中会遇到名目繁多的各种考试，如平时测验、月考、段考、期中考、摸底考、模拟考、期末考、统考、会考，以及各种竞赛、联赛等。而且，试题的考查目标也让人感到不可理解。例如，时下流行的语文标准化考试，有一道题是关于朱自清先生的《梅雨潭的绿》的，题目要求考生指出作者的观察点。许多考生选择了梅雨潭，但是非常不幸的是，正确的答案是"梅雨潭边"。有一道题要求从许多元曲作家中选出元曲四大家，但是这个问题连大学教授都说在文献上有不同说法。[①] 再如，有一道小学二年级语文题："天是_____"，提供的选项为："A. 蓝蓝的，B. 灰灰的，C. 青青的，D. 白白的。"诸如此类莫名其妙的事情不一而足。显然，如果考试变成教育的目的，就完全扭曲了考试作为评价人的发展的一种客观而公正的手段的本来意义，更为严重的是，它会一天天地侵蚀和伤害教育本身。教育从本质上讲是一种体现着人的生命创造的事业，它通过教师创造性地教和学生创造性地学来培养真正具有创新性品质的人，并不断生成与人的生命同步发展的崭新文化。但是，长期以来我们的教育听命于考试，学生听命于分数，教师和家长听命于升学，这些都在不知不觉中吞噬着教育的创新性本质。"当一位教师手里拿着'三本书'(教学大纲、教学参考书、教材)走上讲台时，他也只能是'规定性'的'教学机器'而已。再加上统一教研，统一备课，统一命题，统一考试，统一阅卷，统一答案，统一评分标准，就把每一位教师的个性和特点都给统一没了。"[②]教师尚且如此，学生就更不敢越雷池半步了。有人戏谑地把学校作文教学概括为：

---

① 孙绍振：《炮轰全国统一高考体制》，见杨东平：《教育：我们有话要说》，259 页，北京，中国社会科学出版社，1999。

② 王晋堂：《解放，素质教育才有希望》，见杨东平：《教育：我们有话要说》，169 页，北京，中国社会科学出版社，1999。

作文"十股"①

甲：引论——概述材料 2～3 句。

乙：简析材料 1～2 句。

丙：提出中心论点。

丁：本文论据——举出典型例子，最好是一正一反。

戊：分析例子，一段。

己：引用名言 2～3 句。

庚：分析名言。

辛：结论——回应论点 1～2 句。

壬：回应材料 1～2 句。

癸：小结全文 1～2 句。

这不是危言耸听。"思想一致，共同努力"对应的成语只能是"同心协力"，而不能是"齐心协力"；"刻画描摹得非常逼真"对应的成语只能是"惟妙惟肖"，而不能是"栩栩如生"。至于数学作业，更是"对格式和步骤要求十分严格，不厌其烦，明明可以综合列式子的，也要求分步；一个式子之后还要有语言阐述"②。这种情况不仅在基础教育中存在，而且已经蔓延到了高等教育的本科教学中，直接影响到了未来高层次人才的创造性品质的培养。学生们由于整日忙于应试或为应试而埋头学习，也就很少有时间和精力去从事创造性活动，当然也就谈不上有创造的欲望、进行创造性思维的习惯和开展创造性活动的能力（表 1-1 和表 1-2）。③

---

① 牧惠：《从"八股"到"十股"》，见鄢烈山、何保胜：《杞人忧师：拯救中国教育》，37页，北京，中华工商联合出版社，1999。收入本书时有改动。

② 邹静之：《女儿的作业》，见鄢烈山、何保胜：《杞人忧师：拯救中国教育》，14 页，北京，中华工商联合出版社，1999。

③ 一家长：《我们的孩子太累了》，载《文汇报》，1997-01-05。

表 1-1　一位初中二年级学生周一至周五学习生活作息表

时间	活动项目
5:45	起床
6:00	吃早饭
6:15 至 6:30	骑自行车上学
6:30 至 8:00	到校自习
8:00 至 11:30	上 4 节课
11:30	吃午饭
12:00	自修
13:00 至 15:00	上 2 至 3 节课
15:00	或开班会，或开队干部会，或补习、做功课
17:30 至 18:00	到家
19:00 至 22:00 左右(一般 3 小时，有时甚至要 4 小时)	做作业(只允许在星期五晚上看 2 小时电视，其他时间一律不准看)

表 1-2　双休日学习生活时间表

时间	活动项目
7:00	起床
7:30	吃早饭
8:00 至 11:30	做作业
11:30	吃午饭
13:00	外出学习
17:30	吃晚饭
19:00 至 21:00	做作业

的确，对北京市部分中学调查的情况显示，"只有 13％的学校每周上课在 30 节以内，八成以上的学校上课超过 30 节/周，有 1/5 的学校竟超过 40 节/周，加上早读和常被老师占用的课间，学生每天在校时间超过 8 小时"。除此之外，被访中学生每天平均还要花近 5 小时完成作业。如此繁重而紧张的学习劳动，使得相当数量的被访

中学生由于经常缺少足够的睡眠、饮食不正常、缺乏适当的户外运动和长期的神经紧张而出现了许多异常的生理现象："例如17％被访中学生经常有心慌的感觉，14％被访中学生经常感觉胸闷、憋气，21％的人经常觉得睡眠不足，9％的被访者经常月经失调和遗精次数增多，8％的被访中学生常常食欲不振，6％的被访中学生经常会小便次数增多。"①事实上，和身体健康所受到的伤害相比，中小学生中过重的学业负担和精神压力引起的心理疾病更让人感到忧虑。"调查结果显示，全国小学生有心理障碍的占20％～30％，中学生占40％～50％，这个比例远远高于成年人。据北京市青少年法律与心理咨询服务中心门诊统计：'学校恐怖症'占门诊儿童的43.8％。这是个令人担忧的数字。"②

还应该看到目前教育重理性知识的传播，轻情感体验的积累；重语言概念、逻辑和推理能力的训练，轻情绪感受能力、情感表达能力与调节能力的培养。这些导致了学生在情感与认知发展上的严重失调，进而也使学生在思维、个性与人格发展上愈加片面和扭曲。所有这些都表明，在当代，应试教育僭越了人的发展成为教育的根本目的。

□ 事实上，正如您所说，不仅受教育者为这种单向度的教育所伤，而且教育者自身也是它的受害者。一方面，教师受制于当前教育中单一的价值取向，自觉地销蚀了其作为教育中自由主体的独特个性；另一方面，教育中大量存在的异化关系导致一部分教师的人格发生畸变，传统的师生关系变得日益工具化，甚至日渐冷漠和敌对。换言之，在今天的学校教育中，作为教育的本质精神的教育爱

---

① 蒙晓平、金磊：《中学生过得还好吗?》，载《北京青年报》，1998-05-27。
② 陈筱红：《诊断"学校恐怖症"》，载《北京青年报》，1995-12-24。

失落了。接下来，您是否能从这个角度对教育危机发生的第二个现实根据做些分析？

■ 所谓"教育爱"，是指教师对教育事业、学生和自我的尊重关爱、信任与平等的态度。一般而言，教育是以关怀青年一代的成长为目的的，是以维系和繁衍人类的文化生命为己任的，因而，教育是最讲教育爱的。而且在我看来，教育的这种本质属性也规定了教育爱所具有的无私性、无差等性和恒常性等基本特征。教育爱的无私性就意味着它是一种真正的不求索取的全身心的投入。所谓无差等性，就意味着这种爱是面向全体学生和与人的发展、与教育有关的全部事务的。它突出地表现为一种有教无类的爱，不管学生的天资如何、学业如何、家庭背景如何，都以学生原有的起点为起点，帮助他们成人和成材。至于恒常性，就是指这种爱既是伴随教育者的全部职业生涯，也是伴随着受教育者的全部学习过程的。但是，在现今的教育中，还存在着不尊重学生、抑制人的个性发展、不关怀人的身心健康的事例。夏丏尊先生在 20 世纪 20 年代所说的一段话至今仍然切中时弊："学校教育到了现在，真空虚极了。单从外形的制度上、方法上，走马灯似的更变迎合，而于教育的生命的某物，从未闻有人培养顾及。好像掘池，有人说四方形好，有人又说圆形好，朝三暮四地改个不休，而于池的所以为池的要素的水，反无人注意。教育上的水是什么？就是情，就是爱。教育没有了情爱，就成了无水的池，任你四方形也罢，圆形也罢，总逃不了一个空虚。"[1]就教育爱的失落的具体表现而言，我认为可以列举这样几个方面：首先，教师对学生的不尊重，如把学生分成三六九等，给学生安排惩罚性座位，给学生起绰号，私拆（或变相私

---

① ［意］亚米契斯：《爱的教育》，夏丏尊译，译者序言 1～2 页，上海，华东师范大学出版社，1995。

拆)学生信件等，不一而足。其次，惩罚性作业流行，并且"这种惩罚的随意性很大，为何罚，罚什么内容，罚多少量，完全视当时的情景和教师的心情。而惩罚者多为青年教师，被惩罚者多是学习成绩差、违纪多的学生"①。再次，一些教师体罚学生造成了不良后果。1998 年 4 月，哈尔滨市一所小学一年级学生因为把"劳"字下半部分的"力"错写成"方"，被教师体罚而受伤。② 1994 年 7 月，某小学体育教师体罚学生，造成学生关节和肌肉挫伤。③ 最后，一些教师的职业态度发生了转变，对工作并不尽心投入，有的甚至失责。一些教师为了省事竟然让学生自己批改作业，而一些经过教师批改的作业却仍然留有错误。同样，一些高校教师对本职工作懈怠，一门课几年不备新教案，上课时照本宣科。这几年有些大学本科教学质量连连滑坡，这与教师的不敬业态度是密切相关的。

　　□ 众所周知，师生关系是教育中的基本关系之一，其和谐情况直接关系到教育的现实绩效。但是，由于教育爱的失落，中小学师生关系的现状令人忧虑。"学生中 16.22％的人认为教师难以亲近，彼此无法进行正常的情感交流；只有 28.65％的学生与老师的感情较为融洽，而与老师相处时感到十分愉快的竟低至 17.84％。11.35％的学生对师生关系的现状感到'很满意'，29.46％的学生表示'较满意'，认为'一般'的占 41.08％，感到'不太满意'或'很不满意'的分别有 12.16％和 5.95％。"④人们把师生关系的这种状况甚至体罚学生的责任归于教师，

① 叶辉：《惩罚性作业：严重摧残学生健康的违法行为》，见杨东平：《教育：我们有话要说》，17 页，北京，中国社会科学出版社，1999。
② 董时：《谁来关注孩子的心灵创伤》，见鄢烈山、何保胜：《杞人忧师：拯救中国教育》，63 页，北京，中华工商联合出版社，1999。
③ 陈筱红：《诊断"学校恐怖症"》，载《北京青年报》，1995-12-24，
④ 郭扶庚：《中小学师生关系新探》，载《光明日报》，1993-09-08。

但是许多教师对此有着不同的理解："谁愿意打孩子？有时实在是太气人了，有些独生子女被家长惯坏了，软硬不吃，除了苦口婆心，我们真没有其他的办法了。教育毕竟不是万能的，有时脾气急起来，举动可能过火一些，造成不良后果，但这实在不是我们的本意。……我们相信凡是做过老师的都能理解我们这种'恨铁不成钢'的心情。"①还有一些教师认为："虽然说教育是一门艺术，但并不是每一个老师都能成为教育家，何况现在分数指挥棒高悬，学校给了老师多少展现教育艺术的空间？"②因此，我认为必须把教育爱失落的问题置于广阔的社会背景下来分析。

■ 从某种意义上讲，我同意你的这种看法。马克思不是说过嘛，教育者本人一定是受教育的。既然如此，教师作为一定社会制度和一定教育制度中的存在，他的个人失范行为就必然被打上社会烙印。由于工业化社会中唯理性的特征日益彰显，对人的评价在当代也日益趋向标准化，以致整个社会中强调考试、注重学历，甚至是唯文凭主义的风气日盛。加之教育长期以来被看作由社会发展构成的外部条件所决定，它充当的是社会发展中的因变量和工具性角色，随着其主体地位的日渐丧失，教育的根本目的被遮蔽住了。正是在这样的历史背景下，教育为了满足社会发展的客观要求，过分强调自身的工具性价值，强调知识传授、考试和升学的重要性。与此相应，教育中的人，包括教师和学生，都不可避免地要受其约束和控制，所以，他们都是受害者。应试教育把"知识传授—考试—评分—升学"作为教育过程的全部，用对高分数的现实追求来代替对人的全面发展的理想追求。基础教育

---

① 陈筱红：《诊断"学校恐怖症"》，载《北京青年报》，1995-12-24。

② 董时：《谁来关注孩子的心灵创伤》，见鄢烈山、何保胜：《杞人忧师：拯救中国教育》，65页，北京，中华工商联合出版社，1999。

中，不尊重学生、体罚和变相体罚学生的行为很多是发生在所谓"最负责的老师"和"责任心较强的老师"的身上①，其中一个重要原因就在于他们的教育观、学生观、知识观都是依据应试教育所要求的统一的评价尺度，用"一"来对抗客观世界中的"多"，最终就必然导致教育爱的失落和教育中权力的逐渐强化、控制的日益严格，甚至是暴力的发生。

□ 您在前面提到当前中国教育危机发生的第三个现实根据是教育与生活相互脱节的现象日益严重。显然，这是在 20 世纪初就被许多教育家认识到的现代制度化教育中存在的一个基本问题，围绕它所展开的争论构成了推动现代世界教育改革运动的一条主线。请问，当您把这一传统议题再次纳入我们的论域时，您认为有什么特殊的背景和不同的表现？

■ 人类的社会生活从一开始就是相互融合的一个整体，其中的每一个实践领域都具有多重的意义，而这种意义就根植于生活本身。换言之，教育作为人类古老的社会实践之一，它与生活从本原意义上讲有着天然而直接的源流关系。但是，自近代工业革命以来，精确性、合理性与实用性的观念主导了绝大多数的实践领域，以致其中每一个领域的界限都被做了清晰的规定，而且对于人类来说它们各自又具有单一的实践价值，这和当时受机械主义影响所形成的理性主义世界观是有关系的。既然生活世界被分裂为相互缺乏关联的不同领域，那么教育和生活之间就只剩下形式上的源流关系了。教育不再对应于人类生活的全部，而只被局限于社会知识的一部分；教育不再和流动的生活共生共长，而只是被用来传达"永恒知识"；教育不再观照个体的生

---

① 董时：《谁来关注孩子的心灵创伤》，见鄢烈山、何保胜：《杞人忧师：拯救中国教育》，63 页，北京，中华工商联合出版社，1999。

命成长，而只是考虑为社会提供更多的具有统一规格的未来劳动者；教育不再把儿童看作人的发展的必经阶段，而把未成熟状态看作人类的"原罪"，把实现社会化作为儿童发展的固定目标。这种教育正像当年杜威指出的："是非常专门化的、片面的和狭隘的。这是一种几乎完全被中世纪的学术观念所支配的教育。这种教育大体上只能投合人性的理智方面，投合我们研究、积累知识和掌握学术的愿望；而不是投合我们的制造、做、创造、生产的冲动和倾向，无论在功利的或艺术的形式上都是这样。"①今天的教育显然经历了形形色色的教育改革运动，其方法和科目在表面上有了很大的变化，但从某种意义上说，教育和生活并没有靠得越来越近，相反它们之间正变得越来越疏离。自20世纪70年代末我国恢复高考制度以来，由于特殊的历史背景和迅速启动的现代化进程，现存教育中制度化的因素、非人文的因素得到了进一步彰显。学校教育被看作远离现实生活的纯知识学习，儿童在其间成长的目的只是在将来的社会中取得一个有利的位置，而这又是由一系列选拔性考试所决定的。对于问题的理解如果仅限于此，那么我们就只是在重复杜威时代的看法。但是，20世纪70年代以来，以信息技术、生物技术、激光技术和海洋技术为特征的新技术革命，推动了世界市场的进一步扩大和全球现代化进程的不断加快。改革开放以后的中国社会加入了这一世界潮流，造成传统的社会生活框架的瓦解和人们固有的思想观念的颠覆，甚至一切习惯势力都因而受到挑战。就在这样一幅全新的生活世界的图景面前，中国人感受到了一种从未有过的震撼。遗憾的是，教育世界对此却反应比较迟钝，以致进一步加深了它与生活世界之间的隔阂。首先，随着后工业社会和知识经济

---

① ［美］杜威：《学校与社会进步》，见华东师范大学教育系、杭州大学教育系：《现代西方资产阶级教育思想流派论著选》，27页，北京，人民教育出版社，1980。

时代的迫近，知识和信息将逐渐代替物化资料成为社会主要的资源形态，与此相应的资源配置方式和社会组织结构都将发生根本的变化，知识创新将成为社会进步的主要推动力量。人类生产方式的这种变革要求教育功能的内涵和作用方式做出相应的调整。教育不再只是教养人的事业，同时也是知识创新的事业；教育不再只是从外部作用于社会，而是作为一个重要因素直接介入社会发展。但是，现实的教育仍然执着于传统的学术方式，把自身对社会发展的作用仅仅局限于间接性的层面。例如，今天的大学依旧被看作文化的象牙塔。它的经济性功能只是被抽象地理解为培养未来的合格劳动者，科研成果向现实生产力的转化率则低得可怜，基础理论研究还是高校主要的学术形式。而且，高等教育目前的办学模式、教学和科研体制以及管理机制也都阻碍着高校与企业之间的进一步合作。其次，应试教育的封闭性特征，不利于培养目标的更新。由于对知识、能力、素质的理解仍然过于偏狭，教育并没有真正地重视人的创新性品质的培养，当然也就更谈不上培养创新人才了。殊不知，正如比尔·盖茨所说："你孩子的世界不会与从前一样，他们的未来依赖于他们一生中掌握新概念、作出新选择、不断学习不断适应的能力。"[1]因此，这种依据过去的生活理念建立的教育注定是不能满足现代社会对人才素质的要求和人自身发展的需要的，以至于"社会正在开始拒绝制度化教育所产生的成果，这在历史上也还是第一次"[2]。再次，学校教育的课程设置中分科现象严重，缺乏学科之间的相互渗透和整合，学生掌握的知识是零碎的和互不关联的，那种与学生日常生活密切相关的生存性知识基本被

---

[1] 转引自桑新民：《信息技术时代：人类学习方式变革的里程碑》，载《上海高教研究》，1998(12)。

[2] 联合国教科文组织国际教育发展委员会：《学会生存：教育世界的今天和明天》，华东师范大学比较教育研究所译，37 页，北京，教育科学出版社，1996。

忽略了。这种情况既广泛存在于我国的基础教育中间，同时在高等教育中也是十分普遍的。并且，目前的教科书质量同样令人忧虑。不仅教材的内容和结构体系过于陈旧，有的甚至是几十年不变，以致学生从学校刚毕业就发现自己所学的知识已是明日黄花，而且它的编撰倾向也过于理性化和学术化，对知识与能力发展的要求也极不平衡，就像杨叔子院士曾提到的，有些学生物理理论可以考满分，在物理实验中却分不清正负极。最后，教学被看成是"把知识灌进等待装载的心理的和道德的洞穴中去填补这个缺陷的方法"[①]，它与学生的生活是相互隔离的，与当代日趋个人化的学习方式也是格格不入的。总之，新的时空背景使得教育和生活相互脱节的问题在现在变得更加突出，并且有了新的表现形式，但无论如何，它都"从根本上使教育受到了损害"[②]。

　　□ 前面我们着重从物质层面和精神层面对当前中国教育存在危机的现实根据进行了讨论，接下来我们是否从制度的层面对已经发生严重错位的义务教育做一些探讨？

　　■ 自从 1986 年 4 月正式颁布《中华人民共和国义务教育法》之后，我国小学至初中阶段教育的性质就被明确规定为义务教育。所谓义务教育，按国际通行的理解，"亦称'普及义务教育'。根据国家法律规定对适龄儿童实施一定年限的普及的、强迫的、免费的学校教育。由于这种教育要求社会、学校和家庭予以保证，对儿童既是应享受的权利，

---

① ［美］杜威：《民主主义与教育》，见华东师范大学教育系、杭州大学教育系：《现代西方资产阶级教育思想流派论著选》，31 页，北京，人民教育出版社，1980。

② 联合国教科文组织国际教育发展委员会：《学会生存：教育世界的今天和明天》，华东师范大学比较教育研究所译，98 页，北京，教育科学出版社，1996。

又是应尽的义务，故亦称'强迫教育'"①。作为现代化大生产的产物，义务教育是和教育的民主化进程同步的，其根本目的就在于使全体适龄儿童都有机会平等地接受正规教育。显然，这是人道主义理想在教育中的体现。首先，由于现代义务教育制度是由法律提供保证的，因此，它就意味着一定的强制性，意味着其中的权利和义务的对等性。但是，从我国目前的实践来看，这种强制性是单方面的，权利和义务是不对称的。如果说儿童作为社会中的弱势群体，他们的合法权益须受到全社会的支持和保障的话，那么，学业失败的儿童更是儿童群体中的弱势者，他们的权利同样需要社会的保护。其次，免费教育是普及义务教育的重要支柱，然而，学费免了，一些学校却巧立名目进行收费。在一些地区，甚至把与教育无关的收费项目也放到学校去征收。最后，义务教育从本质上讲是一种真正贯穿了平等原则的教育，它要求每一个适龄儿童都享有免试就近入学的权利。可是，个别地区的某些做法使基础教育中本来就存在的办学条件的客观差距扩大了，从而破坏了公平合理的竞争条件，这就破坏了义务教育中的平等原则和自由选择原则。凡此种种，我认为是社会转型导致教育制度中责权关系不明晰和缺乏刚性的制度规约造成的。所以，严格地说，目前的义务教育更多地停留在理念层面与操作的形式层面，由此形成的理论与实践、形式与内容的矛盾当然也是构成目前中国教育危机的诸多现实根据之一。

　　□ 通过对当前我国教育中存在的许多现实问题的罗列，我们基本上形成了这样一个认识：百年前传入中国的现代国民教育制度在经历了本土化和现代化的洗礼之后，由于知识社会来临的压力，其内在矛

---

① 教育大辞典编纂委员会：《教育大辞典》第 1 卷，69 页，上海，上海教育出版社，1990。

盾在新的时空背景下被日益激化了，以至于这种由制度化教育所构成的传统教育世界看起来危机四伏。但是，在我看来，这种危机又具有双重的意义，它既是传统教育世界解体的根据，同时又为现代教育理念的重构提供了历史性的契机。而这一点恰恰是由教育中固有的文化逻辑所支撑的。可见，危机为我们总结过去、展望未来创造了客观条件，这也是它的价值所在。

■ 然而，这只是问题的一个方面。事实上，中国教育在 20 世纪获得了前所未有的发展，并且由于生产方式在当代所经历的变革，知识和教育第一次成为推动历史进步的实体性力量。因此，教育正在成为我们这个社会重要的实践形态之一，它的价值和意义在今天已经被越来越多的中国人所认识到了。虽然其中的确存在着许多和时代要求相脱节的问题，但是，这种危机毕竟是发展中的危机。应当看到，教育在和时代互动并不断做出调整的同时，正在日益成为我们这个时代可靠的和永不枯竭的财富源泉，甚至可以说，真正的教育就是一种财富。我们在这里把人们从日常生活中所见到的和切身感受到的各种教育问题毫不掩饰地揭露出来，目的并不在于对它做一种"恶的否定"（黑格尔语），而是把它作为解读当前中国教育面临挑战的入口处。说得更为学理化一点，就是想通过对这些现象进行解蔽，直接把握问题的本质。教育是人类永恒的事业，它作为反思性主体，是特定时空中的具体存在和不断生成中的偶性存在。因此对教育的反思，在我看来，就是教育主体从内在的实践逻辑出发对自身的一个清理。任何离开了对教育本身的观照来谈现代教育的危机和未来教育的重构都是毫无意义的。所以，我们想通过对教育的各个领域中存在的各种现实问题进行哲学反思来形成一种新的教育研究范式，或许这样可以帮助我们认识今天的教育，并使今天的教育能够认识自己。

第四节　教育作为人的事业：财富蕴藏其中

□ 我们围绕着对教育的理解，即"教育是什么"的问题已经谈了许多。前面您说到，教育是一种文化的事业，也是人的事业；现在您又提出，教育还是一种财富。那么，您是如何把这几种对教育的不同看法整合在一起的呢？

■ 显然，在知识社会中，知识就是重要的资源，它代替了土地、机器、资金、人力等各种有形的物质资料，以其固有的无损使用、无损分享、不可分割、累积性和公平性等显著特征，从根本上改变了以往的资源分配方式。① 与此相应，知识的不断创新打破了传统的增长模式，超越了原有的增长极限，开辟了新的增长空间，使得人类财富的可持续增长成为可能。知识和财富在这个时代被如此紧密地联系在一起。众所周知，知识的创新离不开教育，因此，当代的教育不仅要求培养具有创新精神、创新品质和创新能力的现代劳动者，而且要求以自己的实践方式直接参与知识的创新。正因为如此，教育也就成了推动财富增长的直接动力。应当看到，今天的知识早已不同于培根时代的"知识"，它"不再是凝固不变的东西，它已经成为变动不定的东西。它在社会自身的一切潮流之中积极地活动着"②，而且，知识也不再局限于描述知识和技能知识，它还包括由生存这一事实所定义的生

① 卢建旭：《资讯社会中公共行政的新议题》，载《政治科学论丛》，1996(7)。
② ［美］杜威：《学校与社会进步》，见华东师范大学教育系、杭州大学教育系：《现代西方资产阶级教育思想流派论著选》，26 页，北京，人民教育出版社，1980。

存知识。① 这样看来，知识就不再是和每个个体生命毫无关系的，恰恰相反，它和人的生命活动是息息相关的。因此，知识就必须不断地冲破其自身的限制而去接近完整的生活和社会，并在这个过程中，逐步地扩展为文化，转变为人的智慧。作为一种智慧的知识，它就必然是渗透了人的生命的。与此相应，由这种知识所创造的财富就不只是物质的或精神的，它同时也包含了本体的人的生命的丰满和提升。进而言之，人的生命本身也是一种财富。所以说，财富不仅包含物质财富、精神财富，也包含了生命财富。借此理解，财富和知识、文化、人的生命就是相互贯通、彼此融合的，它们在教育的世界里也是互生共长的。可以毫不夸张地说，教育孕育着财富，教育本身就是一种文化性财富（"文化"在此处作广义理解）。

　　□ 刚才，您为我们在当代重新说明教育和财富的关系提供了一条新的诠释路径，即不再局限于传统的物质—精神二元的分析思路，而是把教育的根本旨趣——人的生命与财富的现实内涵整合在了一起。接下来，您能否就这一关系在当代背景下的现实展开做一点具体说明？

　　■ 既然我们以人的生命为起点来说明教育和财富的关系，那么，教育的内涵发展也就意味着人的生命活动的扩展与提升，当然其中也包含了社会物质财富的增长与精神文化财富的积累，而这些无不依赖于教育所固有的育人功能在当代的充分发挥。新中国成立以来的50年中，仅此一项取得的成就就足以说明教育对于中国社会的进步和财富的增长所给予的巨大支撑。仅以1997年为例，有关统计说明了这一点（表1-3）。

---

① ［美］菲利普·H.费尼克斯：《现代人的出现与促进社会进步的教育》，见南京大学高等教育研究所：《当代教育发展的重大课题："教育与社会进步中外学者研讨会"论文集》，9页，南京，南京大学出版社，1990。

表 1-3　1997 年全国各级普通学校基本情况①

项目	学校数/所	毕业生数/万人	招生数/万人	在校学生数/万人	教职工数	
					合计/万人	其中专任教师/万人
总计	911174	4050.53	6972.70	24072.30	1455.81	1141.37
一、研究生	(735)	4.65	6.37	17.64		
1. 高等学校	(412)	4.32	5.92	16.33		
2. 科研机构	(323)	0.33	0.45	1.31		
二、普通高等学校专科	1020	82.91	100.04	317.38	103.15	40.45
三、普通中等学校	97308	1999.79	2574.93	7188.26	587.14	430.24
1. 中等专业学校	4143	115.71	162.11	465.41	55.36	27.64
中等技术学校	3251	86.32	129.57	374.32	43.96	21.25
中等师范学校	892	29.39	32.54	90.09	11.40	6.39
2. 技工学校	4395	69.94	73.40	193.10	30.95	11.57
3. 普通中学	78642	1664.04	2128.20	6017.86	454.09	358.67
高中	13880	221.66	322.61	850.07		60.51
初中	64762	1442.38	1805.59	5167.79		298.16
4. 职业中学	10047	150.10	211.22	511.89	46.74	32.24
高中	8578	129.17	180.34	431.00		28.23
初中	1469	20.93	30.88	80.89		4.01
5. 工读学校	81	0.24	0.34	0.63	0.27	0.15
四、小学	628840	1960.14	2462.04	13995.37	643.63	579.36
五、特殊教育学校	1440	2.80	4.61	34.06	4.33	2.85
六、幼儿园	182485		1824.37	2518.96	117.29	88.24

　　教育不仅通过为社会培养各级各类的创新型专业人才来为财富的现实增长提供智力支持，而且教育活动本身就是知识不断创新的过程，这就开辟了一条新的财富之路。北京大学王选院士走过的产学研一体

---

① 国家教委计划建设司：《中国教育事业发展统计简况》，载《上海高教研究》，1998(4)。

化的道路正好说明了这一点。他以其研制成功的"第四代激光照排系统"和山东潍坊计算机公司合作，从而得以迅速推出"华光激光照排系统"与"方正电子出版系统"，逐步占领了国内 99％的报业市场份额，并远销海外，成为全球使用最广泛的中文电子出版系统。"该系统自 1998 年投入市场以来已创累计产值 25 亿多元。"①应当看到，教育在创造物质财富的同时，也积极投身于精神财富的积累。包括各种社会科学、人文科学、文学和艺术作品在内的精神财富，它们的创造与积累都离不开教育在其中发挥的重要作用。另外，如果把制度文化也一般地理解为精神财富的话，显然，人们出于调整人与自然、社会和自身关系的需要制定的各种规章制度、行为准则，同样也依赖于教育予以充分反思、改良和完善。可见，正是由于当代教育对于社会生活的广泛而深刻地介入，物质和精神财富的持续增长在当代的本土背景下才成为可能。更为重要的是，既然生命就是一种财富，那么教育关涉最多的还是人的文化生命和精神生命的扩展与丰满，甚至也包括人的自然生命。张海迪的人生就是这样一个鲜活的例证。这个本来由于高位瘫痪而可能被摧折的生命，正是由于知识和不断的自我教育变得坚强起来。在辽宁鞍山有一位母亲叫康忠琦，她用自己单薄的身躯和顽强的意志在学校教育与残疾的儿子之间架起了一座桥梁。1985—1988 年，她每次坚持往返 40 千米替失聪的儿子去参加辽宁大学中文系函授班的面授辅导，帮助儿子完成了 16 门课程的学习，从而使他实现了上大学的理想，使这个沦于沉寂的生命重新拾回了尊严。② 在此，我认为值得特别提出的就是特殊教育和工读教育。他们每天都在面对这样一些并不完整的生命，教育正是通过传达人世间的爱和人类文明的力

---

① 杨宁：《产学研结合的典范：院士王选之路的启示》，载《教育发展研究》，1999(3)。
② 参见胡月伟：《母亲的情怀》，载《读者文摘》，1992(7)。

量来唤醒这些曾经"死灭"了的心灵，重新塑造崭新而丰满的个体生命。因此可以说，对于整个社会和人自身而言，生命财富才是最为珍贵的和最为本原的。

　　□ 随着科学技术的不断进步和社会开放程度的不断加深，当代的中国教育在受到来自不同方面的越来越多的冲击和挑战的同时，的确也将变得更加重要。第一，它要面对的是一场即将到来的知识革命。在一个日益网络化的时代，整个地球变得"越来越小"，人们之间的距离被拉得越来越近，任何思想的直接交流都可能在瞬间完成。知识第一次完全打破了时空的界限，摆脱了结构因素的束缚，在与生活融合的过程中，成为一条名副其实的"知识流"，为"转识成智"提供了历史性的机遇。第二，它还将面临一场学习的革命。一方面，由于脑科学发展，传统的唯智性学习受到情感性学习的挑战，左右脑协同发展、逻辑性思维和直觉性思维共同参与学习已经成为一种趋势；另一方面，传统的教育时空观及其学习方式由于信息媒体技术在教育中的广泛运用而被逐渐地扬弃。学生的学习将不再局限于课堂、教师和教材，而有机会借助于信息网和远程的多媒体服务去接触各地的数据库，并能与其他学校、其他课堂的学生一起从事项目学习。学生还可以在网上访问众多专家，使用他们的网络以得到对有关项目的具体帮助。这完全不是一种虚构，而是美国国家科学基金发起并正在从事的"协同直观化"项目的研究目标，相信在中国这也不会是很远的事情。就是在这样的技术背景下，我们说个体化学习、家庭化学习和远距离学习将成为这个社会新的时尚。换言之，"各地的人在自己家中就能学习最好的课程、学习任何科目，由世界上最好的老师讲授"[①]。在国际化趋势日益

---

① ［新西兰］戈登·德莱顿、［美］珍妮特·沃斯：《学习的革命：通向21世纪的个人护照》，顾瑞荣、陈标、许静译，9页，上海，上海三联书店，1997。

明显的今天，我们完全有理由相信一个学习化社会即将到来。

■ 不仅如此，教育和个体发展的关系在当代也面临着新的变革。传统的应试教育只关注学科性知识的传承效率，而忽视了本体意义上的人的发展。因此，它对于每一个个体生命而言是外在的存在，两者之间是相互疏离的关系。这样一来，教育就无异于一种批量化的、标准化的工业生产，而从这种工业流水线上下来的产品是完全被抹去了其个性特征的。正是从这个意义上说，传统的教育实质上和人的发展目的是根本背道而驰的。但是，人自身的解放要求摆脱形而上的遮蔽和占有性的存在方式，恢复其个体生命的本体存在。在此基础上，现代人得以不断涌现，从而为调整教育和个体发展的关系，还教育以本来面目，重新找回教育世界中工具理性和价值理性之间的平衡，提供了历史前提。另外，教育与社会的关系同样面临着挑战。教育在当代不再是社会的"应声虫"，也不再是社会发展的手段或者工具，教育的目的和价值就是它本身。它不是为他的存在，而是自律的存在、自为的存在。其根据就在于教育中人的主体性和自由性。同时，教育又是和社会发展相互作用、互相影响的，它们存在着一种事实上的"交互主体"关系。总之，作为眼下中国最重要的社会实践形态，教育正处在一个震荡的"十字路口"，面临危机和挑战，这些危机和挑战中又包含着发展的机遇与希望。

□ 事实上，由于中国现代化的历史特殊性，传统的教育在当下仍然具有一定的价值，这一点应该引起我们的充分重视。但是，毕竟社会在进步，这就要求教育不能停留于过去的模式，而必须在不断调整自己与时代的不协调中获取变革的动力。这种动力实质上来源于教育自身所包含的传统与现代、理性与非理性、工具主义与人道主义之间的固有张力。

■ 换句话说，现时代为教育的重构提供了广阔的空间。这种重构是在矛盾与危机中展开的，它既是对传统的封闭性教育的历史扬弃，又是对现代的开放性教育的前瞻性尝试。首先，教育不再简单地等同于学校教育或制度化教育。在终身教育的理解背景下，学习被认为是对教育的新的诠释，它伴随着人的整个生命历程；从其外延来讲，包括正规的学校教育、多样化的非正规教育和无形教育（informal education）。值得一提的是，这种无形教育实质上就是指人们从其日常生活环境中，从家人和朋友的榜样与态度中，从旅游、阅读和大众传媒中，学习积累知识与技能、养成态度、完善个性的过程。这和教育与生活的日益融合是直接有关的。其次，世界各国为了使国民适应未来社会，增强本国国力，从 20 世纪 80 年代开始纷纷提出改造本国教育体系的设想。可见，各国都试图把握住教育改革的世纪性机遇，其中尤以美国、日本和韩国最为突出。例如，美国制定了以提高全民科学素养为核心的国民教育大纲，即"2061 计划"。一方面，该计划着力于从根本上改革教学，强调通过软化学科界限、简化学科知识、改变课程结构、改革教学方法，来强化对最基本的科学基础知识的掌握、科学思维技能的训练和创新性品质的塑造；另一方面，计划中明显地突出了技术和技术教育的重要性。日本则针对传统的非个性化的应试教育，提出在"轻松愉快"中培养学生的"生存能力"。他们所理解的"生存能力"包括学习的能力、为人处世的能力和充沛的体力。韩国把对旧教育体制的"革命"作为"国家生存战略"的重要部分。所有这些对于旧式教育的大规模改造运动，在我看来都是由时代为教育提供的巨大的存留与发展空间所引起的。最后，由于相似的理由，中国教育也进入了反思与行动的时代。一方面，人们已开始能够比较理性地反思应试教育的种种弊端，提出全面实施素质教育的行动纲领，把培养创新人才作为教育改革的根本目标；另一方面，从全国各地正在进行的教育改革实践来看，虽然存在着整体性改革少局部性改革多、整体课程改革少单科教学改革多、教育思想转变少教学形式改革多等缺陷，但是，有许多实践模式的确反映出了时代的基本走向和教育发展的基本规律。例如，江苏的一批小学在素质教育探索中所形成的"情境教育"模式、"乐学教育"模式、"生活基础教育"模式、"小主人教育"模式、"审美教育"模式、"爱国情感教育"模式、"交往教育"模式、"分层协作教育"模式、"主体教育"模式、"和谐教育"模式等，基本上体现了一种在现有的教育体系中实施素质教育的努力和尝试。① 虽然还很不完善，但它毕竟包含了时代的许多崭新特征。因此，我认为当前中国教育改革既任重而道远，同时又不可逆转。时代要求人的素质不断提高，而"现代人"的出现则要求教育最大限度地满足人的生命丰富的需要。② 这些形成了一股合力，迫使当前的教育必须彻底改弦更张，从而完成时代赋予的使命。既然历史已经为它准备好了广阔的舞台空间，而且大家又是众志成城，我想我们完全有理由以一种乐观主义的态度来迎接这样一场已为期不远的教育革命。

---

① 朱小蔓、朱曦:《小学素质教育实践：模式建构与理论反思》，南京，南京师范大学出版社，1999。
② ［美］菲利普·H. 费尼克斯:《现代人的出现与促进社会进步的教育》，见《当代教育发展的重大课题：教育与社会进步中外学者研讨会论文集》，南京，南京大学出版社，1990。

第二章　教育与经济：关系的时代转换

第一节　教育与经济关系的新视角

■ 知识经济对教育的最大挑战是挑战我们自己。当代教育活动中出现的许多新关系，都是我们这些做教育的人不熟悉的，甚至是陌生的。以我自己为例，我关心教育、研究教育在过去主要是关心人的发展，关心人的个性、情感的发展等，很少考虑教育与经济有什么关系，更少考虑市场对教育的要求。其实，在当代社会，教育与经济两者之间的纠缠已经越来越多，或者说相互作用已越来越多。我们不能不用经济的眼光看教育，也不能不用教育的眼光看经济。我们必须将教育纳入社会大背景中去考虑，才有可能全面地审视、观照之。

□ 也就是说，您认为今天我们不能回避教育与经济的关系，不能离开相互之间的影响与作用来单纯谈哪个方面？

■ 是的，我觉得这是任何一个做教育的人都必须认真思考的问题。我们不仅要重视两者之间的关系，而且必须认识两者之间的关系发生了时代性的转换。它突出地表现为：第一，经济的发展越来越离不开教育，教育在其中的作用重要到前所未有的程度；第二，教育不再是一个无经济运作介入的消费型事业。在以下的讨论中，我们将围绕这两点展开详细的讨论。

□ 教育与经济发展的关系，在不同的历史时期表现出不同的形态和特征。我想应当梳理这种关系，把握其内在的规律和特征，这会有利于对教育的经济功能作出恰当的评价。

■ 是的。从历史发展的角度来寻找教育与经济的内在关系非常必要。在我看来，教育与经济的关系具有显著的历时性特征，并且这种演变与发展是随着科学技术的进步与人的内在素质的提升而同时进行的。人类早期的经济是农业经济，经济增长的方式处于以人的体力为主的时期，与农业经济相应的教育就实质而言主要是一种人文教育。那时人类认识处在发展的初期，科学处于萌芽状态，没有取得独立的形态，只是作为技能技巧附着于劳动者的身上。科学未取得分门别类的独立发展，它被统摄于包罗万象的哲学中。因此，教育无须进行专门的科学教育，也没有直接促进社会经济发展的作用。当时的教育，无论是在有着辉煌文明成就的古代希腊和雅典，还是在素有"礼仪之邦"盛誉的中国，皆为了传承知识和成就道德理想，显然这是一种面向过去的教育。近代工业化社会，经济增长的方式发生了变化，在简单的体力劳动中增加了脑力劳动的成分，知识特别是具有生财作用的知识受到格外重视，教育肩负的主要责任由传承知识上升为重视知识的实用与应用上。机器大工业的出现促进了自然科学的发展，教育成为传播科学思想和科学知识、培养科技人才的摇篮，教育的经济功能也日益显现。以 1543 年波兰人哥白尼的《天体运行论》和比利时人维萨留斯的《人体构造》这两部划时代的宏伟巨著出版为标志，近代科学诞生，各门学科开始分化与快速发展，并成为对自然界认识的一系列相互独立的知识部分。随着人类认识的深入与科学的发展，高等教育应运而生。此时的大学开始冲破传统的人文教育的樊篱，将社会生活实际需要的知识以及科学技术纳入大学教育的范畴。大学教育开始实施功能性的转移与拓展。这是一种面向当前的教育。教育开始与人们的社会生产、生活直接挂起钩来，教育开始促进经济的发展。现代教育，其经济功能伴随着科学技术的进步与生产方式的改变日益凸显出来。第二次世界大战以后，科学技术蓬勃发展起来，人类社会进入了空前的科学繁荣阶段，科学技术渗透到人们的日常生活、生产、工作之中，并成为直接推动经济发展的源泉和动力。特别是面临知识经济的当下社会，科学知识的创造、转化、应用成为经济社会的重要内核，知识信息成为产业。与此同时，知识的组织、生产方式也发生了巨大的变化。这种变化直接改变了教育，特别是大学教育的功能。许多大学向着研究型或者教学、科研、生产一体化方向发展，大学在形式和功能等方面发生了实质性的改变。此时的教育不再滞后于社会经济的发展，也不再仅仅是消费事业，而是在一定意义上具有了产业性质。因此，现代教育必须面向未来，其中包括预测未来的时间及空间变化以及与时空相互作用产生的变化，这是一种面向未来的教育。

从教育与经济关系的历史演变过程可见：一方面，经济性质的改变、产业结构的演进、生产方式的改变，内在地制约着教育的发展；另一方面，经济的发展呼唤教育培养各类范式的人才，特别是能促进经济发展的高科技型的知识人才，教育的发展又直接促进了经济的发展。

由此可见，教育与经济的关系在不同的阶段呈现出不同的特点，其发展历程大致有如下阶段：早期的萌芽状态→近代教育经济功能的显现→现代教育成为经济发展的基础性、先导性的产业。

□ 现代教育究竟对经济发展具有怎样的作用？

■ 当代经济以知识的传播、生产、应用和消费为核心，知识成为经济中最基本的资源和生产的最核心的要素。知识的决定性作用，势必使教育直接参与经济运行活动，成为经济发展的新的生长点。由教育直接参与的社会经济出现了这样两种趋势：一是经济的知识化，即工业经济继续发展和提升的关键是知识对经济增长方式的作用。譬如，当代科学技术加快向传统产业渗透，传统产业的知识含量不断提高，促进了传统产业的升级换代，出现了经济知识化的趋势。换言之，出现了从资本和劳动密集型的工农业向知识密集型的工农业的转化。社会财富的增长，不再单纯依赖物质资源的增长，科技知识对经济的贡献率在某些国家已达 80%。由此可见，知识已经成为推动和牵引经济发展的先导力量和决定性因素，成为生产力提高和经济增长的内源性动力。二是知识的经济化。不同于传统的经济形态，知识经济化的结果是产生了独立的知识产业部门，如信息产业和高科技产业。在发达国家，知识经济已成为国家经济的主导形态，一切围绕着知识进行。上述两种趋势都极大地显示出知识在社会经济和社会发展中的决定性作用。当代经济发展实际上是一场知识价值革命，而实现这场知识价值革命的关键性因素就是教育。具体来看现代教育的作用：

第一，教育为经济发展提供大批人才。在知识经济时代，人才是关键，因为在经济和社会中的知识创造、生产是由人来完成的，它是人的本质力量的体现。因此经济发展的核心是创造知识的人的素质问题，而人的素质的提升依赖于教育。正如珀金所说：以知识为基础的社会既依赖于知识的进步，也依赖于知识分子的再生产，依赖于"人力资本""文化资本"。正如工业社会依赖于资本的不断投入和有技术的管理人员与工人的再生产，传播知识、造就人才是教育的本质规定，是教育成为经济发展的新生长点的最根本的价值体现形式。

第二，教育通过不断生产出新知识为经济发展提供内在动力。知识生产是经济的核心。利用知识开发出新的知识产品，提供新的知识服务，把知识产品转化为物化形态的商品，实现知识的增值，是经济活动追求的目的。因此，知识创新至关重要。要发展经济必须不断创造出新知识、新思想、新技术、新工艺、新管理，从根本上提高知识的生产率和创新力。学校,特别是高校,历来是创新知识的重要基地。它为知识创新提供了人才、信息、学科、学术环境、技术等优势条件,成为新知识、新思想、新技术、新工艺产生的土壤和温床。知识的发展已表明,近20年内,世界基础学科的重大发现,有近70%来自大学。高校日益成为生产新知识、新思想的重要基地,对经济发展起着巨大的推动作用。

第三,知识化企业是知识经济时代的产业支柱。衡量一个国家经济实力和发展水平,主要看知识产业的发展水平和状况。这些知识化产业主要是高新科技产业和信息化产业。高等教育依靠其独特的人才、学科优势发展知识产业,许多发达国家形成了教学、科研、生产一体化的大学办学模式,有许多办学实体已发展成为新型的知识产业。例如,美国等经济合作与发展组织成员国,知识产业创造的经济价值占GDP的40%以上。美国的硅谷、英国剑桥科技园都是知识产业基地。[①]

对这个问题,我们还将在下面谈教育的产业性质时做进一步的阐释。

□ 谈论现代教育与经济的关系,在理论上较早并且较系统阐述的要算人力资本理论,我们是否可以重新回顾一下人力资本理论的产生与发展过程,看一看从中是否可以悟出一些道理。

■ 是的,人力资本理论形成于20世纪上半叶,由苏联经济学家特鲁米林首倡,经由美国的沃尔什、舒尔兹发展成为系统的理论,引起了世人的极大关注。早期的人力资本理论强调通过教育形成的并凝结于劳动者本身的知识、技能及所表现出来的劳动能力,是经济增长

---

① 潘懋元、刘振天:《发挥大学中心作用,促进知识经济发展》,载《教育发展研究》,1999(6)。

的主要原因，因而把教育作为一种具有重大意义的人力资本投资。教育作为一种投资，显然增加了无形的储蓄。这种理论将知识经济作为现代经济的本性，即认为知识是经济增长的动力，教育是形成知识资本、实现经济增长的重要因素，其意义在于力图揭示教育与经济增长的内在互动关系及一般规律。但人力资本理论又进一步指出教育对经济的作用也依赖于经济增长本身，同时也并非所有的教育都能带来经济增长，教育与经济的互动是通过动态发展过程实现的。一方面，教育与经济发展必须保持互相促进的态势，当经济结构变化时教育结构也应随着变化；另一方面，教育作为一种资本储存，只有在增加其存量的情况下，才能成为经济增长的源泉。这种"增加"是指教育质量的提高，或者是教育年限的增加，或者是有文化的劳动者人数的增加。此外，教育作用的发挥也必须依赖经济的增长，如果经济停滞则教育的效益也必然下降。同时，教育资本的储存还必须靠提高教育的效益，而不能单纯靠增加投资。上述人力资本理论揭示了教育的经济功能和生产功能，确立了教育在当代经济和社会中的重要地位，为后来世界各国重视教育的发展，加大教育的投资，提供了理论依据和指导。

后来，比较教育学家诺亚和埃克斯坦的研究进一步揭示了教育与经济的关系：当教育发展水平相对地高于经济发展水平时，相应地，这个国家经济增长就快；教育发展水平相对地低于经济发展水平时，相应地，这个国家的经济增长就慢。后期，人力资本理论虽然遭到种种非难，但其中关于教育的经济功能的观点得到了人们的承认。

□ 后期的人力资本理论比起早期的人力资本理论有了较大的发展，其变化的主要之处是在对人的看法上。

■ 20 世纪 80 年代，教育再一次被确定为经济增长的基础而掀起教育现代化运动。新的人力资本理论关注由经济结构升级所引发的整体性、持续性的经济增长过程，并充分考虑到社会发展以及经济与教育互动的关系。70年代，世界经济发展证明了教育提供充分的人才储备是实现后进国家赶超先进国家的重要条件。教育仍然是一种引导现代经济增长的不可替代的投资。这一新理论的可贵之处在于坚持整体性原则和可持续性发展思想，为人们昭示了社会经济发展走上良性运作轨道的可能性与前景。

伴随着信息产业的发展而出现的信息智力理论将开发人脑的聪明才智，将知识意义上的人力资源上升到智力资源，并主张知识在信息中仅仅属于那些积累的、逻辑的、既成的和可以习得的部分，而新信息中包含的那些智慧、创造性等开拓的、非逻辑的、创新的信息，则反映了更高的价值和使用价值。从此，经济学视野从财富开始转向"人的领域，从关注人类的物质生产扩大到关注人类的精神生产，它要体现对人类的终极关怀"。

上述理论不仅在于发现了教育在经济发展中的作用及教育的经济功能所表现出的新特质，更重要的是为我们提供了一种崭新的发展观，为我们加大教育投资、开发人力资源和智力资源、关注人类自身的可持续性发展、实现教育的现代化提供了强有力的理论指导。

□ 在教育经济学界，有人对人力资本理论的某些局限性质疑，并预言（如 Blaug，1976），人力资本理论虽然永远不会消失，但它将逐步凋谢，代之而起的是"筛选理论"，您对此怎么看？

■ 我对这些问题不熟悉，不敢妄加评论，但是有一点我是认定的，即教育投资不能仅仅着眼于经济回报。多方扩大投资，发展义务教育、高等教育不仅仅是为了拉动市场消费。除了直接的经济回报以外，教育还能产生一系列非经济效益。例如：

Cohn 和 Geske(1992)曾对有关高等教育之非经济性效益方面的研究作过系统的总结，认为接受高等教育对家庭生活（如使婚姻更稳定，生育行为更重视人口的质量而不是数量等）、健康（受教育多与良好的健康之间存在正相关）、消费行为、资产管理、个人选择权（option values）等许多方面都有积极的影响。

如果学生是教育的唯一受益者，那么对教育的公共财政支持就会越来越少。然而，教育不仅对个体有益，它对社会的价值可能更大。有几种不同形式的教育效益是受教育者自己并不能够获得的。其中之一是教育具有重要的代际价值（Swift & Weisbrod，1995），当现在的学生成年之后，他们的孩子将会在家里获得他们所接受的正规教育的好处。许多学习是在家里发生的，孩子们对学校的态度也会逐渐形成。受过良好教育的父母更可能提高孩子对教育价值及工作机会的认识。这也说明了教育妇女的社会价值。在许多国家，虽然受过教育的妇女在劳动力市场中工作的时间比男性少，妇女从教育中获得的直接的工资收益较小，但由于受到更好教育的母亲为他们的孩子生产更多的人力资本和更高质量的家庭生活，因此，为妇女提供公平的教育机会仍是无可置疑的。

教育还直接或间接地影响纳税人，他们要承担缺乏教育的后果。例如，一般说来，教育缺乏会导致失业与犯罪问题。防止犯罪、加强法制和保持社会稳定的成本可能是很高的，而这种成本要由纳税人来承担。

教育的社会效益有些被一些能够加以鉴别的个体或团体所享用，还有一些社会效益的分布是如此广泛，以至于很难真正鉴别其受益者。但由于这些效益渗透于整个社会，它们也是非常重要的。例如，基本的读写能力不仅有益于拥有它的个体及雇主，而且有益于整个社会，没有它的普及，书籍、报纸及信息媒体的重要意义就要大打折扣。教育不仅是提高生产率与获得财政回报的手段，而且也是培育儿童社会所需要的态度与行为，引导儿童把握机遇与应付未来挑战的重要手段。教育对维持竞争与市场经济体制以及政治民主也有重要价值。在一个自由社会中，它有助于发展民主的意识与有效参与的能力。[①]

除了筛选理论以外，还有劳动力市场划分理论、对应理论等新的人力资本理论，也表明各自有崭新的发展观。例如：人力资本的效益不但是个人工资的增长，而且是个人生活质量的整体提高；人力资本的回报不仅在个人，也在更广泛的社会效益；教育现代化模式已突破原有"教育发展＝经济增长的模式"，不再以学生和学生数量的扩张来衡量，而是以适应经济社会的综合发展为指标等。

总之，人是社会经济发展的终极目标。这就是我们在本章讨论教育与经济关系的根本认识。

第二节　教育产业：兼顾公平与效益

□ 目前我国教育投资缺乏的状况依然非常严重，各级各类学校都不同程度地存在这个问题，不少地方仍然拖欠教师的工资。这种状况严重地影响了教育事业的发展速度，同时也影响了我国经济的快速发展。您如何看待这个问题？

■ 从根本上讲，教育要实现自身的可持续性发展，走上良性运作的轨道，必须有充足的教育经费做保证。新中国成立以来，虽然我国的教育事业有了极大的发展，但由于过去一段时间，教育投入严重不足，我国的教育出现了低投入、大规模发展的状态。其主要表现为：

第一，教育经费投入严重不足。

[①]　钟宇平、陆根书：《人力资本与个体及社会经济发展》，载《高等教育研究》，1997(6)。

我国公共教育经费占 GNP 的比例自 20 世纪 80 年代以来一直在 2% 上下徘徊。1990 年为 3.04%，1992 年为 2.73%，1993 年为 2.54%，1994 年为 2.52%，1995 年为 2.46%，1996 年为 2.46%，1997 年为 2.5%。同时，发达国家大约占 5%，即使是发展中国家也平均为 4%。我国虽然已规定到 2000 年达到 4%，但是实行起来却缺少措施保障。我国目前许多地方义务教育达标率只有 65%。[①]

就衡量教育投资规模通行的国际指标——教育投资占 GNP 比重和教育投资占支出的比重来看，我国教育投资不足的问题十分严重（表 2-1）。

表 2-1　我国各时期教育投资占财政总支出比重及占 GNP 比重（1953—1995）[②③]

历史时期	教育投资/亿元	教育投资占财政总支出比重/%	教育投资占 GNP 比重/%
"一五"（1953—1957）	111.33	8.3	——
"二五"（1958—1962）	165.61	7.2	——
"三五"（1966—1970）	160.07	6.4	——
"四五"（1971—1975）	226.36	5.8	——
"五五"（1976—1980）	399.65	7.6	——
"六五"（1981—1985）	819.17	11.8	2.77
"七五"（1986—1990）	1680.64	12.1	2.43
"八五"（1991—1995）	3555.2(4800.6)	14.33(19.35)	1.95(2.63)

注：表中教育投资指预算内教育支出，"八五"时期括号内数字指财政性教育经费（目前包括四个项目：各级财政对教育的拨款、城乡教育费附加、企业用于举办中小学的经费和校办企业减免税）。

---

① 美国信息研究所：《知识经济：21 世纪的信息本质》，王亦楠译，总序 14 页，南昌，江西教育出版社，1999。收入本书时有改动。
② 何东昌：《当代中国教育》下，403～405 页，北京，当代中国出版社，1996。
③ 国家统计局：《中国统计年鉴 1997：汉英对照》，244 页，北京，中国统计出版社，1997。

一方面，预算内教育支出占财政总支出的比重除了在"文化大革命"中下滑以外，其余时期基本保持增长态势。20世纪80年代始超过10%，"八五"时期接近15%，说明我国财政在增加教育投资上并非无所作为，15%的指标基本达到。另一方面，预算内教育支出占GNP的比例却逐年下降，且降幅不小。若把统计口径调大，看财政性教育经费占GNP的比重，"八五"时期只有2.63%。就算把统计口径调整到最大，以全社会教育投资总量为分子，其占GNP的比重也仅有3.3%，与世界水平悬殊(表2-2)。

表 2-2　1995年世界各国公共教育支出占GNP比重① 　　　　　单位:%

项目	世界平均	低收入国	中低收入国	中等收入国	高收入国
比重	5.2	3.6	4.6	5.2	5.5

第二，投资不足造成适龄青年教育水平低。为什么会造成这一严重现象呢？中国社会科学院社会学研究所副所长李培林博士的分析很有道理。他认为，教育在我国一直没有被视为一个产业，而被视为主要由政府支出的公益事业。我国长期实行国家办教育的计划体制，在招生人数方面一直实现较严格的配额制度。大学门槛高，小学与中学都随着实行以升学为主要目标的教育，计划外的教育费用也因教育公共产品供给短缺而价格高。

据统计，直到90年代中期，我国中学生占相应年龄(12～17岁)组的人口比重仍只有56%，低于世界120个国家61%的平均水平；大学生占相应年龄(20～24岁)组的人口比重只有4%，低

————————

① 世界银行《1998年世界发展指标》编写组：《1998年世界发展指标》，中国财政经济出版社组织翻译，86页，北京，中国财政经济出版社，1999。

于世界低收入国家的平均水平和同期印度的水平，这与我国悠久的教育传统和科教兴国的战略很不相称。[①]

第三，中小学生人均经费指数低，正常的教学难以保证。低投入的结果是：办学经费不足。根据联合国教科文组织采用生均经费指数作为通用指标来衡量教育经费状况，以小学为例来说明我国教育经费的投入不足：在我国，随着教育规模发展与投入差距不断拉大，小学的生均指数已从 20 世纪 50 年代的 0.12 降到 0.05，在联合国教科文组织公布的全世界 115 个国家 1988 年的数据中，只有多米尼加和巴拉圭略低于我国。各级学校(人头费以外的)公用经费比重也下降明显。详细情况见表 2-3。

表 2-3 各级学校公用经费在预算内经费中的比重[②]　　单位：%

学校	1978 年	1980 年	1985 年	1987 年	1991 年	1992 年	1993 年
小学	25.3	22.1	19.1	16.8	15.0	12.0	10.3
中学	37.4	33.1	31.6	27.8	21.7	18.6	17.0
普通高校	58.5	57.0	62.2	58.2	53.9	51.0	49.0

第四，存在拖欠教师工资现象。虽然国家和政府采取了各种措施，但拖欠教师工资的现象仍存在。这挫伤了教师的工作积极性。

第五，教育在产业结构中有萎缩现象。教育规模的发展必然伴随教育投入的比重提高，许多国家的发展历史证明了这一点。然而我国的情况却相反。

[①] 文才：《我国教育经费投入和管理面临的主要问题与对策》，载《教育与经济》，1999(1)。

[②] 周贝隆：《关于转变我国教育发展方式的思考》，载《上海高教研究》，1996(3)。收入本书时有改动。

据联合国教科文组织提供的数据，近几年，发展中的大国，教育在 GNP 中的比重均有明显增长：尼日利亚 1980 年为 6.1%（缺 1990 年的数据），孟加拉国从 1980 年的 1.5% 增长到 1990 年的 2.0%，印度从 2.8% 增长到 3.5%，巴基斯坦从 2.0% 增长到 3.4%，巴西从 3.6% 增长到 4.6%，中国却从 1980 年的 2.5% 降为 2.3%。同时，我国的教育规模却一再扩大，结果到了 1994 年公共教育经费比重(2.0%)与 1980 年的 2.5% 相比却降低了近五分之一。这表明，教育在我国的产业结构中正在发生萎缩。①

从上述种种现象可见，我国的教育经费投入严重不足，已经严重阻碍了教育事业的发展。我们必须改变陈旧的观念，充分认识教育投入的重要性。

□ 那么，造成我国教育经费不足的原因是什么？

■ 在我看来，我国教育经费投入不足的原因主要有两个：一是社会历史原因。长期以来，我国生产力发展水平一直较低，经济发展落后，加之人口众多，有些地区人民的生活温饱问题都没能解决，更谈不上拿出钱来发展教育。二是思想认识上的原因。过去我们一直把教育看作只消费不产出的福利事业，并错误地认为在教育上的投入越多浪费就越大。加之，教育产品——人，其效价的滞后性，都使人们极易有意或无意地忽视教育的投入。现在，国内的有识之士已经清醒地认识到：在现代社会中教育与经济的联姻已经十分迫切，教育已经成为促进经济发展的重要力量；教育已不是福利事业或消费事业，而是具有先导性及全局性的基础性产业；发展教育、实施"科教兴国"是实

---

① 周贝隆：《关于转变我国教育发展方向的思考》，载《上海高教研究》，1996(3)。收入本书时有改动。

现社会主义现代化的必由之路。因此，基于这种背景，有人提出通过引入产业的运作方式来增强教育的产业性质，并认为：这样做可以打破教育运作僵化、单一化的模式，实现多元化办学；可以激活教育、找到解决教育经费投入不足的办法。

□ 目前，"教育的产业性质"和"教育的产业化"问题炒得沸沸扬扬，有的赞同，有的反对。您对这类命题的提法及其争论的个人看法是什么？

■ 在我看来，教育的产业性质是新生长出来的关于教育性质的一种表达。它是由时代经济对教育的需求决定的，也是由教育在新时代需要新的运作方式所决定的。将教育与产业、产业性联系在一起，是新的经济条件下教育如何发展、如何为社会经济服务、为人民生活服务所决定的。在面临知识经济挑战的当今社会，重视教育的产业性质有着积极的意义。但首先必须分析、澄清教育产业的概念。产业，过去一般特指工业，强调提供产品的生产特征。后来，当第三产业迅速发展之后，现代产业概念被赋予更广泛的内涵，产业的属性除原来强调生产性特征外，凸显以提供劳务为主的经营性质，讲求服务质量、注重经济效益。

□ 生产特性与经营特性既相互并存，又相对分开，这很有道理。因为如果仅仅以产品生产特性讨论教育开发，很容易忽视教育为人的学习和健康成长需要提供直接服务的过程，甚至误导教育作为产业的价值取向。

■ 概括地说，教育具有产业性质是指不把教育作为纯公益性事业，而引入产业的运作方式，采取多元化办学，更多地吸收各类教育资源，扩大学校的自主权，增强教育的内部活力。同时，将教育的可选择部分推向市场，在发展教育的同时，满足社会的不同需要。其主要支撑观点如下：第一，教育是全民性的事业，高等教育的大众化必须依靠社会各界来投入。唯有如此，才可能实现多元化办学，激发教育的内部活力。第二，在现代社会中，教育的发展也遵循着产业经济的共同规律，讲究投入→质量→效益→产出的平衡。教育需要大量的投入，投入越多，产出越多。因为，教育产品——人，是具有投资回报的产品。受过教育的人具有很高的"使用价值"，可以创造出比自身培养费用高得多的价值。第三，教育既为经济、市场考虑，其知识形态、学术形态也就发生了变化。它需要丰富多样的形态，有自我变革、适应的能力，通过市场的检验得以确认。这样，教育的功效才得到真正确认。第四，教育同许多基础产业的特点一样，还为其他各行各业提供服务。它的内部效益较低而外部效益很高。总之，教育不仅仅是一种特殊的服务产业，而且是具有全局性、先导性的基础产业。我认为从教育对经济的作用来说，说"教育的产业性质"不但不过分，而且还有许多好处。例如：重视教育的产业性质，可以更新教育观念，利于深化教育体制改革，发挥教育系统的高效益；还可以促进办学多元化，发展民办教育，扩大教育的规模，促进教育公平和教育机会均等；也有利于增加教育投资，改善办学条件。

　　□ 既然您对教育的产业性质这么肯定，您同不同意提"教育产业化"的口号呢？

　　■ 我觉得还是慎用"教育产业化"的口号为好，因为"化"者，一般是指彻头彻尾、彻里彻外的意思。教育，在当代社会已是个外延很大的概念，仅学校教育而言，有九年义务教育、高中教育、高等教育之分。显然，九年义务教育主要是公益性事业，离经济领域较远，产业性质不明显。当然，它也要借鉴产业的某些运作方式。目前，国内一批私立中小学就大量借用产业运作方式。高中以上，特别是高等教育的产业特性及其潜能就比较明显，应当好好开发。在我看来，关键不在于"产业"与"产业化"一字的差别，而在于把握好其内涵及政策导向。

强调和开发教育产业，在于把教育从原有的完全计划性、纯粹公益性的框架中解放出来，寻求多方投资，谋求投资回报，促进教育工作进一步关注社会及人民需求；把握市场导向，树立效益观念，提高自身服务质量，实现教育发展机制的根本转变。它的巨大的、战略性的积极意义是不可低估的。

□ 既然教育具有产业性质，就可以运用产业运作的方式进行经营，而不仅仅是进行组织行政上的管理。您如何看这个问题？

■ 是的，运用产业的运作方式对教育进行经营是符合当代教育特征的。我们不仅要对整个教育产业进行经营，而且要对一个个教育单位进行有效经营。有效经营的结果可能产生一定的"盈利"或"利润"，这与教育的非营利本质并不矛盾。这是一个容易引起误解的问题，应当分析清楚。教育的非营利性质是针对教育的本质属性而言的，即教育最终的目的是发展人、培养人的事业，而非营利性的。但现代教育都力求降低消耗、提高效益，若经营得当势必带来一定的"利润"。问题的实质在于：教育的利益分配与企业利润分配完全不同。教育的利润一般作为教育的发展基金，不是投资者对"利润"进行分配，而后者扣除公积金、公益金之后，则完全分配给投资者。

□ 那么，采取哪些措施有利于对教育进行有效的经营呢？

■ 主要是解决好教育的投资问题，如教育投资的多少、投资方式、投资效益等诸多问题。

首先，要解决好教育投资的问题。这涉及如何投资、该投多少等棘手问题。一般原则是，教育投入和社会发展需要配比适当、合理。我国的现状是教育投入滞后于经济发展，违背了教育与投入配比适当的原则，严重阻碍了教育与经济发展。我国各界过去一直认为教育是消费事业，从而不肯加大教育投入。在经济发展中，往往靠加大经济投入的成本来换取回报率很低的经济发展。我认为，应该尽快扭转这种不合理的局面，强调在重视经济投入的同时，重视教育的投资，而且教育的投入应该与社会的发展、人均收入水平等配比适度。我们应该按照教育事业发展的规模来筹集教育经费，宁愿牺牲一点建设速度挤钱办教育，这将有利于教育与经济的协调、稳定、发展。

在进行教育投资时，要注意：①不断提高教育投入占 GNP 的比重。《中国教育改革和发展纲要》提出我国的教育投入占 GNP 的比重为 4％。这个比重比较符合我国的国情，即使不考虑欠账，也不算高。我国要实现"科教兴国"的战略，教育投入占 GNP 的比重要高于同等经济发展程度的国家，并且随着经济的发展应该逐步增加。②保证办学条件标准化、法律化、制度化。我们要确保教育投入的刚性化，即根据《中华人民共和国宪法》和《中华人民共和国教育法》，保证各类学校具备必要的办学条件，保证不拖欠教师的工资。③对教育实行高投入，缓解"低投入、大规模"的矛盾。

其次，要采用多元化的投资方式。我们现有的投资方式单一、僵化，长期以来，仅靠政府投资，投资渠道单一，经费严重不足。为解决这一问题，政府已经开始从思想上、政策上、组织上提供保障。《中共中央、国务院关于深化教育改革全面推进素质教育的决定》中提出，"进一步解放思想、转变观念，积极鼓励和支持社会力量以多种形式办学，满足人民群众日益增长的教育需求"。目前，教育投资方式的单一化正在被打破，逐步转向多元化、多渠道的投资方式。具体来说：

①应该继续发挥财政拨款在教育投资中的主渠道作用和宏观调控、平衡作用，以利于教育事业的整体发展。例如，我国 1994 年实行分税制改革，中央财政收入提高后，从 1996 年开始逐年增加对贫困地区义务教育工程的拨款，并实施高等教育"211"工程。这些做法极大地促进了教育事业的发展。日本教育有公立与私立学校之分。

我们去拜访过的福冈县教育厅私学振兴科是管理私立教育的机构，负责管理社会、民众团体、企业和个人投资开办的学校。令我们没想到的是，政府在其中的投资额不小，政府通过评估学校教育质量来决定投资的多少。

②扩大非财政投资渠道，引导和规范社会、个人筹资办学。例如，日本高等教育中私立性质的学校占 75%，东南亚一些国家的学校几乎完全是私立的。日本、英国以及东南亚一些国家靠各种形式的投资来扩大教育规模。在中国，投资不足的问题，在相当长的时期内不可能完全靠政府来解决。我们应该鼓励民间投资办学，欢迎社会各种力量办学。在政府投资之外，广泛采取社会集资、民间集资、家庭投资、个人捐资等各种方式，扩大教育投资，促进教育发展。多年来，我国的民办教育获得了较快发展。

1996 年年底的统计表明：我国非政府举办的各类普通学校总共 4308 所。其中：小学共 1453 所，只占全国小学总数的 0.22%，在校生 46.32 万人，占小学在校生总数的 0.34%；普通中学 1467 所，占普通中学总数的 1.83%，在校生 29.22 万人，占普通中学在校生总数的比例只有 0.58%；职业中学共 568 所，占职业中学总数的 5.65%，在校生 12.94 万人，占职业中学在校生总数的 2.73%；中等专业学校 799 所，占中等专业学校总数的 8.7%；具有颁发学历文凭资格的民办高校只有 21 所，在校生总共只有 1.4 万人。①

---

① 文才：《我国教育经费投入和管理面临的主要问题与对策》，载《教育与经济》，1999(1)。收入本书时有改动。

在鼓励私人投资的同时，要注意解决私立学校中存在着的经济规律与教育规律之间尖锐的矛盾。有的私立学校采取以下措施：少投入、多招生、延长教师工作时间，以标准化、模式化的管理方式竭力提高经济效益；教师备课时间不足，更没有时间从事科研，个性化的教学及管理无法实施。这显然不可能达到素质教育和优质教育的要求。这种内在矛盾如何处理？许多问题须在教育政策上、价值取向上、教育思想上、法规上进行控制、调整和协调，保持宏观上的合理性。

③提高教育收费，补充财政拨款之不足。据统计，目前全国杂费和学费的收取额只占到我国全部教育支出的12％左右，成为国家财政拨款之外的第二大教育经费来源。随着改革的深化，这一比例还将进一步提高。实践证明，教育收费较好地解决了我国教育经费严重短缺的问题，今后应继续坚持。目前，我国家庭的教育需求呈现旺盛的势头。这种势头是在人们对物质产品需求相对饱和状况下出现的。这说明，教育投资具有极大的潜力。

据统计，我国人均 GDP 超过 800 美元，若按购买力平均计算，估计已超过 2000 美元。国际发展史表明，人均 GDP 为 1000～4000美元时，居民消费开始从食品消费转向教育、卫生保健等，继而转向住房消费。我国人均 GDP，按购买力平价计算正处在 1000～4000 美元，居民的消费表现出与国际发展相同的特点，人们开始将消费热点转移到教育消费上。统计表明，1997 年与 1993 年相比，城乡居民的教育支出大大增加，而且远远高于住房消费。1997 年居民消费总额已达 1280 亿元人民币，其中城镇居民为 890 亿元，农村居民为 390 亿元。我国居民消费还有相当大的潜力。[1]

提高教育收费标准要注意其合理化与规范化，同时应完善奖学金、贷学金制度，扶助贫困学生，保证教育公平。

最后，要讲究教育投资的效益。既然承认教育的产业性质，我们就得有经济头脑。过去我国的教育生产能力不足，经济产出也非常低；现在教育的投入越来越多，加之教育产品是有回报的产品，应该重视其效益。有研究表明，教育投入的回报周期正在缩短。[2] 在现代社会经济条件下，教育是人力资源的投资行为，有丰厚的个人回报和社会回报。国际经济表明，高等教育的发展将对经济持续发展发挥重要作用。例如，韩国 20 世纪 70 年代初经济起飞带动的居民教育需求迅速扩张，高等教育大力发展，居民的消费通过投资教育转化为人力资本，这为韩国持续 30 年的经济大发展奠定了人才基础。

遵循教育与经济发展的规律去办教育，对我们大家来说是一个崭新的课题，同时也是一个非常重要的课题，应该引起各界的广泛重视，认真研究国内外的经验。

第三节　构建知识：凸显知识权力

□ 今天，大多数人赞同"我们即将进入知识型社会"这一观点。现实是西方发达国家已经进入知识经济时代，全球经济都受到这种知识经济的影响。发展中国家的经济性质及运作方式也在悄悄地发生着变

---

[1] 蒋鸣和：《发展高等教育产业 扩大教育消费》，载《教育发展研究》，1999(7)。收入本书时有改动。

[2] 邬志辉：《教育先行的决策效益研究》，载《上海高教研究》，1997(8)。

化，并且从重视开发物质资源开始转变到重视开发智力资源上来。无疑，认识知识经济的概念及其提出背景、知识经济社会的特点和规律，对于认清我国教育发展的现状，展望我国教育的发展，以便更好地促进我国经济的发展将大有裨益。

■ 这几年知识经济这个话题在我国开始热起来了，但知识经济或者说与知识经济相关的概念的提出不是现在才开始的。最早提出知识经济相关概念的人，是哈佛大学的社会学家丹尼尔·贝尔。他在1959年提出"后工业社会"这个概念，1973年进一步形成了一个比较完整的说法。他指出，所谓"后工业社会"就是围绕知识组织起来的社会，目的是进行社会管理的指导和改革，反过来通过变革再产生新的社会关系和新的社会结构。托夫勒第一个提出"信息化"概念并在全球传播。他提出，人类经历了农业社会的浪潮、工业社会的浪潮，一直到信息社会的浪潮。他在名著《第三次浪潮》中预测信息革命将给人类带来一场巨大的革命。1990年他又在另一著作《权力的转移》中更加鲜明地提出，随着信息革命的发展，知识的权力正在代替财富的权力，成为主宰世界的力量。1993年美国管理学家德鲁克（Peter Drucker）在《后资本主义社会》一书中提出"知识资本"的概念。他认为知识社会是一个以知识为核心的社会，智力资本成为企业最重要的资源，有知识的人成为社会的主流。他还提出一个很重要的观点，就是认为人类社会发展阶段如果按照知识特征来划分的话，是从知识启蒙时代到知识运用时代，现在是知识的反思，或者说是知识的知识的时代。他的这个观点把怎么对待知识提到了一个标志社会发展的高度。[①] 这三个人对于推动知识经济的思想起了很重要的作用。当然，知识经济本身的源头应该是社会积累——发达国家的物质文明程度、科技革命，特别是信息

---

① ［美］维娜·艾莉：《知识的进化》，刘民慧等译，21页，珠海，珠海出版社，1998。

技术的出现，然后才是一部分思想家的推动，他们把知识经济的话题提出来了。在美国，克林顿总统通过多种媒体发表讲话或作报告，把知识经济的概念炒热。在我国，中国科学院向江泽民主席递交的报告等，都是把知识经济这一话题带动起来的因素。关于这个问题是否炒得太热，我觉得现在我国远不能说已进入知识经济时代，但我们必须面对向我们走来的知识经济时代，做战略上的准备，做观念上的转变。谈论知识经济的热潮，正是从中央到地方的一种战略上的努力，一种观念上的转变。

知识经济表明，人类正进入一个以智力资源的占有、配置以及知识的生产、分配、使用为重要因素的经济时代。其主要特征表现为：①资源配置以智力资源、无形资产为第一要素。知识经济致力于通过智力资源开发富有的自然资源来创造新财富，逐步替代作为工业经济命脉的、已短缺的自然资源。在知识经济中，对智力资源的占有比对自然资源的占有更为重要。②知识的价值凸显，知识的积累成为社会财富的象征。知识经济是以知识为资源的经济，知识成了经济中的资本，并且知识直接成为生产力的要素，经济的快速增长多依赖于知识的创造、加工、传播和应用。可以说，知识的需求成为人类实现其他一切理想的基础，知识生产本身成为社会经济生活的轴心，知识生产力成为生产竞争和经济发展的关键因素，成为社会的资本和战略资源。从本质上说，知识本身就是财富，本身就是产品；知识的增殖，也就是经济的增殖。③知识的生产、创造得到进一步重视。知识经济的核心就是加工与处理信息、创造并应用新的知识。当代经济发展的现实表明，知识积累、创新的速度越来越快，从知识创新到应用的周期也越来越短。但必须强调的是，"知识的生产与其它物质形态的生产相比，并不着意于重复生产已有的知识，而重在开拓未知的领域，创造出原本没有的知识，构造出新的认识成果，形成新的认识方法、新的思维模式等等"①。创新是知识的核心，创新成为知识经济时代的主题。④在知识经济社会，传统的学术方式发生了很大的改变，即由传统的继承型方式转变为发现型、创新型方式。⑤知识经济是可持续发展的经济，这是由知识的再生性决定的。因为人类的知识资源是无限的，可持续发展的要素，如人口、资源、环境、科技和教育都与知识经济密切相关；同时，知识的使用也产生了质的变化，其主要特点是知识产品消费后并没有消失或折旧，而是仍然具有共享性；如果得到分享和传播，其效能就能增加，其价值就高，这是物质产品所不能及的。⑥知识经济是高度文明的经济，知识经济社会是高度知识化的社会。它要求人的个性、情感、认知都获得高水平的发展。由此，我们可以知道知识创新是知识经济时代的核心内容。

□ 最近十年来，我们一直强调"科教兴国"，非常重视科学知识在强国中的重要作用。关于知识经济话题提出重视知识的问题，您发现知识经济的浪潮中关于知识的概念与过去的提法有什么不同？

■ 1996 年，经济合作与发展组织在《以知识为基础的经济》报告中，对知识的分类及其价值问题的认识有了新的拓展。我以为有以下几点变化应当引起人们注意。

①从知识对经济发展的作用取向到综合发展的作用取向，从以往强调知识对社会经济发展的作用转化为知识对经济社会发展的作用。讲知识对社会经济发展的作用是指知识对经济增长方式的作用；讲知识对经济社会发展的作用指的是知识对以经济发展为中心的社会整体性发展的作用。在教育与社会及个体发展的关系上，20 世纪 60 年代以来有过三次大的变化：60 年代舒尔茨的人力资本理论，强调教育为经济发展服务；70 年代的人力资源理论，强调教育要满足个体发展的

①　鲁洁：《挑战知识经济：教育要培养创新人才》，载《上海高教研究》，1998(12)。

需要；90 年代以来，强调知识对社会和个人持续发展的综合作用。

②从知识的运用转换到对知识的管理。美国管理学家德鲁克将人类知识时代大体划分为三个阶段（表 2-4）。第一个阶段，是工业革命之前，对知识的探索主要是启迪思想、增长智慧本身。第二个阶段，是知识应用阶段。大约从 1700 年开始，随着技术的发明，知识指有组织、有体系、有目的的知识。第三个阶段，是现代知识时代，从泰勒（Frederick Winslow Taylor）对工业实行科学管理至今。它强调的是将知识应用于知识本身。这种知识是反思性知识，是人进行自我思考的必然结果。人类开始思考利用知识来找出如何把现有的知识最大限度地转化为生产力，当然也包括人力资源这个生产力，并将自我思考深入思考自身思维过程的程度，将知识应用于我们自身的知识和思维，这就是所谓对知识的管理。①

表 2-4　知识转型的三个阶段

阶段	时代	特征
第一阶段	启蒙时代	为了启迪思想、增加智慧的知识
第二阶段	工业时代	应用知识
第三阶段	知识时代	知识的知识

③从强调知识的占有到强调知识的分享。彼得·森格（Peter Senge）的《第五规则》一书，提出了一个有价值的观点：用组织的形式来学习知识、分享知识。该著作研究知识如何在一个企业化的组织中具有社会动力作用，以及如何泛化到所有的人类组织中。人们通过组织的方式学习知识、使用知识并使其得到创造。知识经济时代，强调知识不再是一种个人占有物或仅仅是个人的专业能力，也不再仅仅是一种使个人成为专家或权威的标志。它主张人们在组织中分享、创造、激活知识，并从对

---

① ［美］维娜·艾莉：《知识的进化》，刘民慧等译，21 页，珠海，珠海出版社，1998。

知识的个体性学习到强调由个人学习扩展到协作性学习和知识构建，研究学习者怎样通过群体性的学习获取和构建知识。

④从笼统地谈知识到重视知识的分类。人们谈论知识经济，不只是笼统地谈知识的效用、知识的效能、知识的价值，而是强调知识的分类。关于知识分类的思想，诸多学科的学者做过有价值的探索。认知心理学家西蒙在研究中发现存在一种知识，他称为"人力型的知识"，即管理型的知识。就是说一个人如果光有原理型知识没有管理型知识的话，即便满腹经纶，在实践中也不知道怎么去做。英国哲学家波兰尼提出了一个概念叫"意会的知识"。他说知识不仅有明晰化了的语言的知识，而且有一种"只可意会、不可言传"的知识。这种只可意会、不可言传的知识常常成为一个人知识的"后援仓库"，如同一支后援部队一样，给人提供后援支持。① 波兰尼关于知识分类的思想很了不起。有文化评论家提出了"心灵的知识"，认为很多人是用他的心灵、用他的情感构建着丰富的知识并不断加以解释和推进。一个文学评论者如果没有心灵的知识，他的知识是非常苍白和僵化的。人力的、意会的、心灵的知识的提出是人们对知识的自觉反思的结果，为知识分类思想的形成和系统化提供了重要的启示。

《以知识为基础的经济》正式把人类迄今创造的知识分为四大形态。第一种叫事实性知识。事实性的知识指那些事实、数据知识，这是很具体化的。第二种叫原理性知识。原理性知识指的是把具体的信息、事实、数据整理，找出它们的内在联系，再按照不同的抽象层次概括出不同层次的知识。第三种叫技能性知识。它教人"怎么做"，是一种工艺性的、技能性的知识。技能性知识常常很难体现在书本中，只有通过意会、模仿，通过情境受到感染，通过不自觉的社会观察学习、

---

① 朱小蔓：《情感教育论纲》，47 页，南京，南京出版社，1993。

模仿学习的方式来获得。第四种叫人力的知识。其就是教会人管理、收集、利用知识，并学会从哪里找到有用的知识，这就是我们通常讲的学习能力、认知能力。

□ 我注意到您在 20 世纪 90 年代初所著的《情感教育论纲》一书中，就介绍过英国哲学家波兰尼以及其他几种关于知识的分类，并在此基础上进行了研究和归纳。

■ 是的，当时我是为呼吁重视教育过程的情感层面做论证的，是为了说明在显性化的认知学习和经验之外，还有一种隐性的情感学习及其经验。我将知识归纳为四种。

①事实性知识与评价性知识。事实性知识是关于客观对象（事物、现象）是什么、怎么样、为什么会这样，以及在什么条件下其发展变化的进程可能怎么样等的知识，具体包括自然科学知识、社会科学知识和思维科学知识。它不仅是有效地进行具体活动的基础，也是个体全部生活的基础。评价性知识是人类在社会历史进程中积累起来的价值经验，包括社会道德准则、理想、审美意识、情感和趣味、科学价值等。这类知识一旦被个人理解，并唤起个人的感情，便会以多姿多彩的形式存在于个体经验中，成为个人的内在需要、情感追求的价值目标，并调节其活动，使其把所获得的价值经验作为进展尺度，调节、改变、完善自己的行为和活动，以创造新的现实。

②事实性知识与操作性知识。所有事实性知识都有特定的研究对象（这些对象被看作不依人的活动而存在），它以认识和把握某些客观真理为目的。操作性知识不是把某种特定的事物作为研究对象，而是为达到某种目的去组织和规范人们的行动。它所研究的是一些"人为"现象，这些"人为"现象主要是靠人的目的或意图而作为一个系统存在的。这些知识具有较强的"目的性"，其所关注的不是知识的真或假，

而是某一行动策略、设计方案是否有效；人们从中获取的不是事物是如何运动的，而是为达到某一目的我们"应该怎么做"。

③客观理性的知识与主观心灵的知识。日内瓦学派的创始人雷蒙首先做出这种区分。他认为第一种知识远离事物，把思想同其客体以及所有客体隔离或割裂开来。第二种知识则是学习者的思想与学习内容所表达的思想融为一体，后者转换为学习者内心的东西，这种内心的东西是体验性的、反省的，如同自己的意识一样。雷蒙对知识的这一独特理解与个人经验有关。作为文艺批评家，他有一种极为内在的适应能力，这使他得以在内心重视每一位作者思想的情感特征。这种情感特征深刻地体现了贯穿在每位作者作品中始终不变的个性，雷蒙通过在心中反复再现这种情感特征，能够以一种奇特的方式，在简单的引证或自己的想象中对这种情感特征进行重新塑造。雷蒙把第二种知识界说成对存在的一种朴素的感觉，它先于对任何个别客体的识别，是情感先于理智的心灵状态。尽管雷蒙对知识的描述带有主观神秘的色彩，但他毕竟突破了对知识的理性的理解。他对科学知识（即客观性知识）的作用加以限制，挖掘出由感情状态所把握的另一种知识类型。

④言传的知识和意会的知识。波兰尼在1958年正式从新的角度对人类知识和认识进行了划分。他认为"人类的知识"有两种：通常的用书面文字、图表或数学方式表达的知识，仅仅是知识的一种形式；非系统阐述的知识，像我们行为中的某些东西，是知识的另一种形式。如果我们称前一种知识为言传的（explicit）知识，后一种则为意会的（tacit）知识。"可以说，我们总是意会地了解那些被我们确实看成言传的知识的。"[①]波兰尼认为意会的知识不仅是知识的形式，而且在逻辑

---

① 转引自朱小蔓：《情感教育论纲》，47页，南京，南京出版社，1993。

上先于言传的知识。他强调意会的知识也可称为个体知识，因为对每个个体而言，"意会知识比言传知识更基本，我们能够知道的比我们能说出来的东西多，而不依靠不能言传的了解我们就什么也说不出来"①。

哲学家 J. 吉尔阐发波兰尼的意会知识与言传知识概念时，进一步把言传知识定义为集中觉察和概念化（或言语）活动的作用。"因此，它显示了这样的特征：精确分析，言语表达，……另一方面，意会知识可定义为附带觉察和体验化活动的作用。因此，它显现了下述特征：直觉的发展，体验的表达，微妙的识别。……"②

关于知识划分的新的认识视野给我们的启发是：传统的认识视野要从客体方面理解知识，新的认识视野则把这种单向度的客体转向双向度的主体性，其基本标志是以情感为内在尺度的个人心理财富介入并共同构成知识的完整内涵。人不仅是客观的、逻辑化的知识的物质承担者，同时也是主观的、情感化的知识的物质的承担者。正因为人的活生生的运动状态，或者说根本上的实践性，人不断地创造、增殖知识。在这一新的知识内涵中，情感不是作为获取客观知识的工具，相反，情感是作为本体、与逻辑知识同等的效价，甚至是以先行的方式出现的。它本身标志着承载知识的主体的生存状态、生命质量。因此，我们认为情感对于知识这一概念首先有本体的效价，而不是工具的效价。

□ 知识分类的价值是什么？

■ 我认为，承认上述分类，其社会价值很高。各国思想家对知识的概念、价值、形态和作用的思考的进一步推进，必然呼唤提升人才

---

① 转引自朱小蔓：《情感教育论纲》，47 页，南京，南京出版社，1993。

② 转引自朱小蔓：《情感教育论纲》，47 页，南京，南京出版社，1993。

的素质，呼唤我们思考什么是人才，人才的规格有无范式，我们如何培养和造就这些人才。这可以帮助我们认定各类知识以及各类人才，推动我们的社会真正走向学习化社会，使社会对各类人才具有最大的社会宽容度，以便认定和保护各类人才。美国卡内基教学委员会针对高等学校本科教学质量下降问题，曾组织专门研究并发现，本科教学质量下降的原因之一是，不少教师为晋升教授职务，将主要精力用于发表科研论文，而无暇顾及教学。为了改变这种局面，他们建议调整学术概念，提出了学术多范式的思想，即认为学术范式有四类：发现、应用、综合、教学传递。他们明确提出，除发现知识、应用知识、综合知识外，能把知识很好地用于教学和传播也是重要的学术范式。这个委员会还特别强调，教学过程是一个创造性的过程。一个教师如果没有创造力，就不可能在教学过程中通过师生互动创造出新知识，也不可能培养出创造性的人才来。反过来说，好的有创造性的教师同样是学术人才。这要求培养知识经济社会需要的人才，要突破学院式的人才培养方式，强调"问题培养"方式、"企业与政府联系"方式、"行动研究"方式等。同时，应重视让学生在校学习期间就具有科学研究意识、市场意识，锻炼动手能力和社会实践能力。

第四节　挑战知识经济：培养创新性人才

□ 当代社会正处在一个以农业经济、工业经济为历史的纵向坐标，以即将到来的知识经济为现实的横向坐标的交会点上。聚焦在此交会点上的当代经济，必然呼唤教育的改革并向教育提出了严峻的挑战。请问：当代教育改革的核心主题是什么？

■ 知识经济的本质是知识价值的革命，它不仅改变着经济的性质和生产的要素，也对教育的整体改革提出了新的挑战。面对知识经济这样一个崭新的时代，教育必然与之呼应。换句话说，教育必然面临着新的挑战。我想，应对这一挑战，教育改革的核心问题是"教育创新"问题。这是由知识经济的创新本性决定的。在知识经济社会，知识的创造、传播及技术的转化成为核心问题，知识成为生产力的要素。这必然内在地制约着教育的发展与变化：教育的本质功能由传播生产、生活经验转向发现、创造生活本身，教育的目标定位由培养传统的传承式人才转向培育创新性人才。教育的要旨就是培养创新性人才。有人说"创造是人的本质的最高体现和表现"。我觉得，这样说并不过分。因为创造性是人所普遍具有的潜能。正如马斯洛所说：它极可能是每一个人都有的遗传因素。它是一种共同的和普遍的东西。在所有健康儿童中肯定都能发现它的存在。① 教育的功能就在于使这种潜能转化为现实的创造力。

创新性人才具有独特性、丰富性等素质特征。创新性人才是高智力和高情感和谐统一的人，是一个具有创造精神、创造意识、创造能力、创造性人格特征并相互统一的、完整的人。他能开拓前人未经的事业，能发现前人未曾发现的事物。创新性人才不仅是智力发达、善于接受、传承前人和他人的创造和发明的人，而且更是心灵鲜活、充满情感、个性丰富、人格健美的活生生的人。这种人能用心灵、用情感来体验知识所负载的价值和生命意义，从而自身的精神生命也在学习中被唤醒、激活，最终完成生命价值的实现过程，成为一个自觉的、自由活动的人。创新性人才培养需要创造性的教育。创造性的教育得以实现，还必须依靠教育制度的创新来保证。它要求形成一套有利于人才培养和使用的奖励机制，要求改革各种考试制度，包括高考制度，实现以人为本的管理目标，创设和谐、融洽的师生关系及有利于创造

---

① ［美］马斯洛：《人性能达的境界》，林方译，87页，昆明，云南人民出版社，1987。

性的人才成长的文化氛围。

为此，我们必须大力宣传和呼吁进行教育改革，改革那些压抑、妨碍培养创新性人才的教育观念、制度、内容、方法等。第一，我们要转变教育观念。要改变把教育仅仅作为消费事业、福利事业的传统观念，树立教育的生产性和产业性观念，充分认识到在现代知识经济社会，教育已成为社会经济发展带有全局性、先导性的产业，从而做到切实重视教育。第二，加大改革教育思想、课程体系、教学内容、教学方法与手段及具体的培养模式的力度。特别是改革要以社会需要和个人发展的需要为基准，而非以学校既定的专业课程"为教而教"的教学为基准。第三，在知识经济社会中，综合性的高级知识越来越需要在学校外获得，这说明接受教育的过程不再以传统的学校教育为中心，而必须重视工作后继续获得教育、终身教育等。第四，在一个变化急速、百姓不断学习的学习化社会，对创新性人才的重要的素质要求是形成正确的学习态度与良好的学习能力。因此，教育机构、制度及教育行为都要从教的立场转变到学的立场上来，从重视学习知识技能转变到重视形成人格和态度上来。第五，改革过去那种接受性教育模式为创造性的教育模式。接受性教育模式认为，世间万物都有一个唯一的、始终不变的答案及一个最好的处理方案，教育的功能在于使人们习得和模仿被经验证明为唯一答案和最好的处理方法。他们信奉"一次教育，终身受益"。与此相应，"教育主要是道德规范和确定的知识的教育"。创新性的教育模式将世界万物看作一种流动、一种运动、一种变化过程，而不是静止不变的，世界万物都没有"最好的答案"或"最好的处理方式"。教育的功能在于教会人们创造性地应对多元的、不断变化着的环境。

必须指出的是，教育的改革难度很大。因为，我们长期形成的落后的教育观念及僵化的教育体制很难一下子改变。曾几何时，教育成了世界上最保守的行业，学校是过去五十年来始终没有太大改变的地方之一。① 与此相反，"我们的孩子将生活其中的世界正在以比我们学校快 4 倍的速度变化"②。学校受到了广泛非议和责难。学校的职能和目标与现实世界产生了严重的分离。更为严重的是学校"复制"的老式人才，不仅无法适应现实生活与创造未来生活，而且有碍于社会的发展与进步，成为社会中落后、保守的人群。面对知识经济的挑战，教育暴露出许多致命的问题。例如，传统教育奉行"理性至上"，使教育成了"复制"与"生产"齐一化、标准化的"单面人"的"加工厂"，使人性中最有活力的创造性、情感、个性等丧失殆尽。在时代的更替交错中，教育显得苍白无力，教育的保守性、落后性暴露得一览无余。尽管如此，我们决不能气馁。必须加大力度进行教育改革，教育到了必须改革、不改不行的地步了。

　　□ 有人说，创造教育拥抱高等教育、素质教育接轨基础教育。前几年我国教育政策是重心下移，现在则是重心上移了。您对这种说法怎么看？

　　■ 这一提法是不确切的，如果用这种思维模式看问题，也是片面的。国际社会从 20 世纪 70 年代开始呼吁提升人的素质至今，重视培养人的积极情感素质、形成健全人格已成为世界性的教育潮流。素质教育不存在基础教育与高等教育谁重谁轻的问题，只是具体实施方式的不同。全国第三次教育工作会议明确提出各级各类学校都要实施素质教育。当然，高等教育不能一般地讲素质教育，因为高等教育是人的专业分科学习和发展的时期，素质教育主要应渗透于专业教育之中。

---

① ［美］珍妮特・沃斯、［新西兰］戈登・德莱顿：《学习的革命：通向 21 世纪的个人护照》修订版，顾瑞荣、陈标、许静译，42 页，上海，上海三联书店，1998。
② ［美］珍妮特・沃斯、［新西兰］戈登・德莱顿：《学习的革命：通向 21 世纪的个人护照》修订版，顾瑞荣、陈标、许静译，75 页，上海，上海三联书店，1998。

素质教育甚至应是对全民、全社会而言的，将来的社会将越来越朝向民主化、价值多元化发展，生态问题、道德问题、高科技的负面影响问题等都对人的素质提出较高要求。前些年，我们比较早地在基础教育中提出素质教育问题，提出整个基础教育重心下移问题，但知识经济一来，有人又提出教育要上移，因为知识经济说到底就是要培养创新性人才，于是主张教育投资应偏向高等教育。我看，目前我国政府采取了两条腿走路的办法：一方面，进一步加强基础教育，如实施"园丁工程""素质教育工程"；另一方面，在高等教育中强化学科建设和创新性人才培养的要求，加大了投资力度。我国发展教育的策略是：在普及义务教育的同时，加大了对高等教育的投资，力图实现高等教育的大众化；在高等教育的培养目标中突出强调培养发现型、创新性人才，以此来实现教育的可持续发展。我认为，这个特殊的历史阶段，恰恰是农业文明、工业文明、后工业文明交汇的时期，应该用整体思维、系统思维来考虑保持好张力。例如，在农村的贫困地区，教育应讲求普及率，发达地区高等教育应追求早日大众化。总之，在发展速度上、价值取向上、投资取向上等都会有一些两难问题。我们应避免非此即彼的思维方式，要找到一种好的方式。世界上没有固定的、一成不变的事情，社会正是在不断地变化、运动、调整中发展的。

□ 我们谈知识经济呼唤教育改革，要防止出现一些认识上的误区，请您谈谈目前有哪些认识上的误区须澄清。

■ 首先，经济意识的渗入、经济行为的出现与教育关系密切。教育工作者要打破原有的保守的教育观念，尊重教育规律，讲究教育的质量与内涵发展，注意诸如量的扩张与内涵发展的关系、物化与精神的关系、技术与人文的关系、专业教育与通识教育的关系等。要充分认识到，经济投入带来的物质层面的进步不能必然地带来教育质量的提高。其次，防止科技文化发展以降低人的素质为代价。科技作为文化是人的力量的显现，对科技的评价应以人的发展为尺度，两者之间应该是正向发展关系。我们应该警惕两者的背离，防止在科技发展的同时，出现人文性削弱的极端现象。例如，我们发展实用专业、职业教育时，应重视开设人文课程、基础课程，以便为学生的一生发展奠定良好的基础，克服短期的功利主义的教育倾向。最后，防止教育需求的虚假性。我国在经济还处于较低水平的时期，不适当地一味追求高学历教育是否妥当，教育是否应注意与我国的经济发展程度相适应，配比过度超前是否造成巨大的资源浪费？这些问题存在不少争论。有人认为以我国人均收入水平为标准，教育的重心太低了，应大力发展高等教育，多培养高级人才。也有人认为，人才浪费比比皆是，许多地方研究生做本科生的工作，本科生做专科生的工作，甚至还有不少研究生毕业后找不到工作。我们认为，大力发展高等教育的好处在于：既可以提高全体国民的素质，又可以延缓就业难的压力。受过高等教育的人总体上来说创造能力、适应能力要强一些。

第三章　科技教育：铸造科学创新精神

第一节　科技位居国家现代化"前台"

　　□ 当今世界，科技被视为衡量各国综合国力的第一要素。科技的突飞猛进、日新月异，让我们每一个人都惊讶于其发展的速度之快，惊讶于其改变社会生活的力量之大。各国在关注科技发展的同时，也给予了教育极大的重视，先后提出了"科教兴国"的策略。我感觉好似在一夜之间，科技与教育已被推到了人类生活世界的"前台"，那么这一切究竟是在一种什么样的社会背景下产生的呢？

　　■ 当代科技与教育在人类生活中的凸显绝不是一种偶然，当然更不可能是在一夜之间发生的，它们是人类社会发展的必然结果。我们知道，在农业经济时代，人类赖以存在和发展的基本资源是土地和劳动力。在这样的社会中，科学技术的发展仅限于工具的改进，并没有直接影响到人们的生活。因此，在这样的背景下，科技并不是人类生活的中心关注点。到了工业经济社会，土地不再是生产要素，资本、劳动力和自然资源成为经济发展的基础，机器生产成为最主要的生产方式，而机器本身是科技发展的产物，机器的先进程度直接制约着生产的速度、数量与质量。因此，此时科技逐渐被人们所关注，但由于工业经济仍然是资本密集加劳动密集型的经济，因此科技仍然不是人类生活最重要的因素。当代社会知识经济已初露端倪，知识的传播、生产、应用与创造直接标志着经济的发展水平。现代科学技术成为经济发展的核心，高技术产业的发展成为经济发展的支柱。我了解到，目前在经济合作与发展组织成员国的经济增长中，科技知识的贡献率已达到 80%。从这一数据我就可以看出，科技在当代社会发展中占到了至关重要的地位。

至于科技和教育为什么会一起被提到人类社会发展的重要位置上来，这是一个历史形成性的问题。事实上早在近代科技诞生之前，科技与教育就一直是相互促进、相互影响的，它们共同推进着人类社会的发展。

□ 那您是否可以清晰地给我们做一下历史梳理与分析呢？我们以前谈到科技、教育与社会三者的关系时，往往笼统地说：科技发展、教育进步能促进社会发展，而社会发展反过来推动科技、教育的进步，但是，这里面具体的情况是怎样的呢？教育、科技与社会之间的相互促进是否存在着某种机制规则？如果有，又是怎样的呢？

■ 笼统来讲，社会、科技、教育三者之间确实是一种相互制约的关系：在不同时期，社会本身所处的不同发展阶段、科技发展的不同角度都会对教育提出不同要求；而反过来，教育培养出来的人才，其规格和类型也直接影响着社会发展的方向、科技进步的速度等。这一点，我们先从近代社会说起。

11 世纪，西欧世俗性文化教育以及大学的兴起，使得教育逐步脱离了教会的控制，从原来的愚昧、封闭走向了开放的、科学的世界，它培养出许多有知识的工商业者、医生、技师，这些人为近代科技的兴起奉献了巨大的力量。在这样的教育背景下，近代科技得以在西欧社会中萌芽，整个西欧近代社会也逐渐地由原来教会控制下的蒙昧走向了开化、开明与自由。从这一阶段社会、科技、教育三者的发展来看，我们一般是很难厘清它们之间的先后关系的，但它们之间千丝万缕的紧密联系却可以让我们明白，当代"科教兴国"战略的提出是有着相当的历史与实践根据的。

科技发展偏重理论科学，人们探究出众多事物的发展规律，而这些科学知识刚刚萌芽，它本身还没有形成完整的知识、能力、精神三者统一的体系。因此，此时的科技教育也不像我们今天所说的是蕴含了知识、能力、态度、文化等多种成分的完整的科技教育。但是，毕竟在这一阶段，科技和教育开始在寻找彼此的契合点，以共同推进社会发展。如当时意大利的萨莱诺大学就以医学著称，从而吸引了一大批学生到那里去向著名的医生学习。

近代科技、教育的发展推动了科学技术又一轮的进步，19世纪，西方的科技发展迎来了一次新的高潮。在资产阶级革命及工业革命的强力推动下，以牛顿力学的建立和蒸汽机的发明为标志的近代科学技术形成了。这一阶段，科技发展以应用科学和技术为重点，研究范围从力学扩大到化学、地质学、物理学、生物学等研究高级运动形式的学科，研究方法也由观察、实验、解剖等经验方法发展到综合、归纳、概括、说明等理性研究方法。更让人振奋的是，此时科学精神也逐渐形成，社会开始尊崇一种实证的、科学的风气。

在这样的社会背景下，教育的发展也有了长足进步，新发展的科技知识直接丰富了教育内容，完善了学科体系；同时，自然、实证的科学精神也影响了教育的观念：教育活动开始强调客观自然、强调要遵循儿童的成长规律。例如，此时英国著名教育家斯宾塞在提出"自然教学"的观点时，认为人的心智发展过程是一个自然演化、发展的过程，应该按心理学提供的心理的"供求规律"，来发展儿童的心智能力。这样整个教学才会成为一种自我教育的过程和愉快的教育过程。① 由此可见，科技发展直接推动了教育的进步与更新。此时许多教育学家

① 王天一等：《外国教育史》上册，275页，北京，北京师范大学出版社，1984。

也已较正式地提出"科学教育"的概念，并对其做了精辟的论述。例如，当时英国著名的自然科学家与教育家赫胥黎就曾系统地阐述过自己的科学教育思想：科学教育"是一切教育的基础，是教育之树的根"，"科学教育的目的：一是增长知识；二是热爱真理，憎恨谬误"，"科学教育的意义：不仅对国家是最大的恩惠，而且'对于民众的幸福来说，它比许多政治变革更为重要'"①。从这些字字珠玑的言语中，我们能够深刻地感受到，在那个年代科学、教育已得到强烈的关注。

然后，自20世纪初直至20世纪中叶，科技发展又掀起新一轮的高潮。这次科技发展高潮是以电磁理论的建立为基础、以电力技术的广泛应用为标志的。物理学、热力学、电磁学以及化学等领域，无论是在学理上还是在技术上都发生了质的飞跃。这次科技发展有其社会历史背景以及政府支持、原有基础等各种原因，但其中，现代教育科学体系的建立，着重科技意识、科技才能培养的现代学校的建立，发挥了至关重要的作用。反过来，科技发展了，它促使教育界也发生了翻天覆地的变化。我们知道，在这个阶段中，现代通信技术被引入教学，成人教育、终身教育思想被提出来；在教育观念上，培养具备现代科技意识、掌握现代科技知识才能、拥有科技创新精神的人才，成为各国教育的中心，并一直延续至今。

□ 听您这样一路理下来，我对科技与教育为何会在今日一同被推到社会发展的前台有了大致的了解，这确实是一个历史形成性的问题。同时我想，这也是人类社会发展的一个必然性的问题。人类要发展，要不断创新、开拓，并不断将思想精华传承下去，这两点是必然的，对吧？那么，今天，科技、教育又一次在人类发展的长河中凸显出来，除了历史必然性之外，它们还有什么当代社会所独具的特征呢？

---

① 张泉君：《著名教育家演讲鉴赏》，33页，济南，山东人民出版社，1995。

■ 20世纪最后20年中，科技系统内部再一次发生了翻天覆地的变化：空间科学、化学、生物学、电子学进一步发展，生物技术、信息处理技术、通信技术在人类生活的各种领域中被普遍运用；人类社会由原来的工业社会一下子发展到了信息社会，原来只有在教育系统中才得以传播的知识，一下子变成了直接促进经济发展的生产要素。在这样的背景下，教育更是被推到了人类社会生活的"前台"。教育系统内部的传授知识、创新知识，同时就意味着作为生产要素的信息与知识的生产、传播、运用和创造，这也就进一步意味着经济的增长、国力的加强。科技与教育再一次更紧密地交织在一起，密不可分地成为促进各国国力发展的两大重要因素。

在当代，科技、教育之间相互促进、相互协调的作用将会展现得更为淋漓尽致，甚至，在科技体系与教育体系之间会出现一个共同的模糊区域，我们周围所出现的越来越多的学生工程师、学生发明家就是一个很好的证明。这完全是由于科技发展所致。在信息社会中，"速度"与"平等分享信息"是两个最重要的标志。那么，科学发展的每一个细节都可能被教育系统捕捉到，这也就难怪教育能够直接"切入"科技发展体系了。在美国，杨致远、戴尔的事例让许多人感叹教育与科技发展关系之密切，我相信这种事例还会更多地呈现出来。但在我国，这种教育、科技关系极为密切的阶段可能不会这么快地到来。因为在国外，如美国、加拿大等发达国家，正稳步进入信息时代。这些国家各地区之间发展较为平衡，因而面对的问题相对比较集中。但我国就不同了。我国各地发展很不平衡，大多数地区总体上仍处于工业经济，甚至农业经济时代，科技发展不充分。这就必然造成多种科技发展形态与多种教育形态的交织，使得我们在提出"科教兴国"战略时，不得不面对更多、更复杂的问题。例如：我们要一面强调发展数、理、化、天、地、生等基础学科，一面加紧发展高新技术；我们要一边扫盲，一边又要实现"大学的大众化"……这些问题将是我们今后在较长一段时间内不得不面对的。但无论如何,当代是一个科技、教育发展起决定性作用的时代。我们一定要抓住这个契机,使得两者的发展能共同走在世界的前列。

第二节 教育系统的创造力对国家科技创新贡献不足

□ 确实,随着信息时代的到来,科技与教育的发展水平直接成为衡量各国综合国力的重要指标之一。正如您说的,此时科技与教育之间的相互促进、相互推动就尤为重要。那么您觉得在我国目前,科技与教育两者的相互促进作用发挥得如何呢?

■ 当前我国的科技发展水平还很不够。不仅如此,其发展速度、发展状况有时还不稳定。例如,1996 年,我国科学技术国际竞争力排名第 28 位,而在 1994、1995 年,其排名曾分别是第 23 位和第 27 位。这是中国国际竞争力八大领域中唯一排名下降的指标。有专家分析说,这组数据暴露出以下几个问题:①我国义务教育中科技教育不够充分,调查得分仅为 3.58 分(10 分为满分),而亚洲新兴工业化国家和地区得分则为 6 分以上。②我国技术开发严重不足,与发达国家相比,国内公司的技术资金供应、技术资源供应、科技开发、制造业技术的世界排名都靠后,仅得 2 分,而日本、德国和美国在此方面的评分高达 6 分。① 通过这组数据,我们可以发现在我国科技发展中存在的诸多问题。除以上两点外,公民科学素养低下,企业领导科技水平不高等因素也是重要原因。但我认为,"我国科技教育不足"与"我国科技开发、

---

① [美]亨利·埃兹科维茨、[荷]劳伊特·雷德斯多夫:《大学与全球知识经济》,夏道源等译,总序 13 页,南昌,江西教育出版社,1999。

科技成果转化为现实生产力水平低下"是其中最突出、最有决定性的两个问题。

高校科研成果的转化率在当今已被视为衡量一所高校综合水平的指标之一。但这一数据在我国目前是非常低的。以江苏省为例，1998年一年，高校科研成果的转化率只有 15％ 左右，绝大部分的科研成果没有能转化为现实的生产力。这一指标在全国范围内更低，只有 6％～8％。这就是说，我国高校科研成果的绝大多数尚停留在纸上，或是尚存在于高校的实验室中。这是一种知识的极大浪费，在这个以知识为生产要素的经济社会中，真的很可惜。

□ 高校科研成果转化不足是谁的责任？是高校吗？在我的观念中，高校在科研方面的责任是发现理论、创新知识，为什么现在强调要主动去转化自己的科研成果呢？

■ 你对大学职能的认识还停留在从前的阶段。大学创立之初，是纯粹的教育机构，其职能只是培养高层次的专业人才。但到了 19 世纪初期，1810 年，洪堡写了一篇题为《柏林知识研究机构的精神和组织框架》的文章。这篇只有短短 10 页的文章，却赋予了近代大学"教学与科研"的双重职责。从此，世界上的大学都将教学和科研作为自身的责任，后来，还加强了两者的结合与相互促进。这就是你所认识的大学的职责，但今天，大学的职责又不仅限于这两者了。

我们知道，近年来，随着"以知识为基础的经济发展模式的出现"，知识信息直接成为生产要素，其创造、生产、传播、应用成为知识经济发展最重要的基本环节。知识本身被专门用来创造效益，它成为一种资本而不再仅仅是一种消费品。在这样的背景下，高校的职责就不能只限于知识的创新与传播了，知识的生产、运用与创新、传播共同构成了一个不可割裂的链条。因此，如何将知识转化为现实的生产力，以服务社会产生效益，就成为大学的又一职责。如今，教学科研、服务社会、创造收益三者共同构成了大学的"三重作用模式"。在了解了当代大学所肩负的职责后，你应该能理解为什么大学必须承担将科研成果转化为现实生产力的责任了吧。事实上，在当代，大学肩负科研成果转化重任的例子已数不胜数了，"斯坦福—硅谷"模式就是其中的佼佼者。在我国，北大方正、东大阿尔派（现为东软集团）、清华同方等企业也都是为了直接快速地转化大学科研成果而成立的，如今都已取得了较好的成绩。在清华大学，约有30％的专利技术和60％的科技成果得到了不同程度的应用。其中，约10％的科研成果在应用中取得了较好的经济效益。但遗憾的是，我国高校科研成果转化的整体水平还比较低，造成了教育对科技发展的贡献率不足。我想，我们的高校都应该学习、借鉴清华大学的经验。

为加速科技成果转化，促进科技工作更好地面向经济建设，清华大学一直在努力探索科技成果转化的有效途径。其中之一是重视科技成果转化工作，实施有效的激励手段，调动科技人员积极性，把学校科技成果迅速转化为现实生产力。学校在20世纪80年代初就专门成立了科技开发部，负责科技成果转化和推广的管理。清华大学的科技成果至今已有21项列入国家科委主管的国家科技成果重点推广计划，26项列入国家火炬计划，2项列入国家星火计划，并有6项列入国家经贸委主管的产学研工程项目。经过多年努力，清华大学在科技成果转化中已经取得了可喜的成绩，约30％的专利技术和60％的科技成果得到了不同程度的应用，约10％的科研成果在应用中取得较好的经济效益，有一些则获得了显著的效益。1983年设立了"清华大学科技成果推广应用效益显著奖"，表彰年增利税100万元以上，或年增产值1000万元以上的科技项目。从1983年开始，15年共奖励208项科研成果，累计

产值超过 2000 亿元，经济效益达 480 亿元。208 项中年经济效益
500 万～1000 万元有 39 项，1000 万元以上的有 36 项，其中 47 项
获国家级奖，130 项获省部级奖，对我国科学技术的发展、企业
的科技进步做出了贡献。如该校核能研究院马远乐教授完成的"稠
油热采数值模拟技术"，主要用于石油热采生产过程的动态模拟与
方案设计，是我国在提高石油采收率方法中唯独没有从国外引进
的应用软件，广泛应用于辽河、胜利、新疆、大庆、华北等油田，
在我国稠油田的推广面达 100%，采收率提高 3% 以上，年增产原
油 30 万吨，直接增加经济效益已达 17.3 亿元。[①]

第三节　把科技成果变为现实生产力

□ 那么，究竟是什么原因造成了我国高校科研成果转化水平偏低
呢？是不是由于大多数人还没有意识到高校在当代应该担负着促进知
识产生效益的职责？或是其他什么原因？

■ 造成我国高校科研成果转化率低的原因并不是只有一个，它是
由多个原因共同造成的，其中牵涉到学校、政府以及企业等多个部门，
表现在观念、体制、文化等各个层面上。

第一，让我们从体制层面上来看一看为什么我国高校的科研成果
转化率低。在很长一段时间里，我国高校受计划经济的束缚，其管理
体制处于较封闭的状态；高校的科研工作主要满足于实验室中的成功，
或满足于论文的发表，而较少意识到要将自己的实验室成果付诸生产。

---

① 徐振明等：《清华大学促进科技成果转化工作的途径》，载《高等教育研究》，1999(2)。
收入本书时有改动。

事实上，我国高校近年来已取得相当丰富的技术成果。例如，在 1991—1997 年，我国高校共鉴定成果 56816 项，签订技术转让合同 31749 项，成交金额 28.35 亿元；出售专利 2626 项，成交金额 2.84 亿元。其中 1997 年共鉴定成果 6952 项，鉴定技术转让合同 4248 项，成交金额 6.53 亿元；出售专利 362 项，成交金额 0.60 亿元。[①] 但据 1996 年国家对科研成果应用状况的统计分析，高校成果的应用率最低 (61.5%)；而在因无接产单位、成果缺乏成熟性致使成果不能转化的情况中，高校所占比例最大。[②] 确实，我们知道，对一般的企业而言，目前还没有能力进行高新技术的开发，而由于高新科研成果是"理论性、技术性极强的实验室成果"，所以它们与企业中成规模、成批量的生产之间还存在许多中间环节，正是这种距离造成了高校的科研成果难以转化。

第二，高校科研成果难以转化的另一个原因还在于高校专业设置的问题。长期以来，我国高校的专业设置是非常细的，这种过细的专业分工造成专业之间壁垒森严、彼此不相往来，专业与专业之间缺少对话、缺少交流，更谈不上专业之间共同工作、共同研制和开发产品了。然而，在现实生活中，科学与技术的发展往往涉及几个不同学科，在学科与学科之间的交叉领域中更容易创新、发展。

□ 看来，高校要提高科研成果转化率，当务之急还在于自身的变革与发展。但是，对现有的符合转化条件的科研成果来说，高校如果要直接把自己的成果进行转化，这需要许多条件吧？第一，它要有一定的场所；第二，它要有一定的资金。高校从哪儿筹措这笔钱呢？是高校自己筹措，还是政府投资呢？

■ 资金确实也是制约高校科研成果转化的关键因素。在我国，科

---

① 张酋水：《高校科技辉煌 50 年》，载《中国教育报》，1999-09-24。
② 杨延：《高校科研成果产业化中存在的问题与对策》，载《中国科技产业》，1998(12)。

研成果转化所需的资金投入严重不足。世界发达国家的经验表明，科研、开发、转化三项费用的比例是 1：10：100；而我国远远低于这一比例。可见，在我国高校科研成果转化的过程中，高校对成果进行开发的资金是严重缺乏的。我们知道，在科研阶段学校可以通过申请国家投资得到研究资金；在具体生产阶段，企业可以从银行贷款，或从自有资金中拿出一部分投入生产。但就在这两个阶段的中间环节，即科研成果从实验室走出来、变为企业能够大规模生产的产品这个环节中，高校会因为缺乏资金而无法转化。

那么这笔资金究竟应该从哪儿来呢？我认为重要的渠道之一是加大政府投入。在西方发达国家，目前科研经费的比重一般占到 GNP 的 2% 以上。以美国为例，政府提出继续加大科技投入，使政府的科技支出由目前的占 GNP 的 2.6%，上升至 20 世纪末的 3%。而在我国，1990 年以来，政府的科技投入占 GNP 的比例在逐年下降。例如，1991 年，占 GNP 的 0.72%；而到了 1994 年，却只有 0.5%。针对这一状况，党中央、国务院在《关于加速科学技术进步的决定》中提出，到 2000 年全社会研究开发经费（R&D）占 GNP 的比例将达到 1.5% 的目标。① 那么我想，随着政府对高校科研与开发投入的增加，高校科研成果转化工作中存在的资金不足的情况一定会有所改善。

但是，仅靠政府投入就想筹措到科研开发的所有经费，几乎是不可能的。我认为，靠政府投入的科研开发项目，应该是那些"自由度大、探索性强、目标不十分明确"的基础性研究课题，因为它们的市场性不是十分明显，收益在当前还看不到。但对于那些目的性强、切合实际、切合市场发展的科研项目的研究者，我认为他们应该主动地走出高校，大胆地到市场上去"要"经费。我们的科研工作者完全可以大

---

① 杨延：《高校科研成果产业化中存在的问题与对策》，载《中国科技产业》，1998(12)。

方、清楚地将科研成果解释给企业家听，我相信只要我们的科研成果是真正有效、实用的，企业家一定会"慷慨解囊"。但这里面一个重要的环节就在于科研成果的市场性。今天，科技工作者闭门造车的时代早已过去了，高校必须将其科研与生产及市场密切地结合起来：开发前，要能够预见成果的适应性；开发过程中，也要密切关注市场以及时进行调整；而产品一旦开发出来，更是应该主动出击。这样，高校科研成果的转化工作才能及时、有效地进行。

　　□ 以上您从外部应具备的条件的角度给我们分析了高校科研成果转化率低的原因。这些我能理解，但我仍然在想：当资金、场所这些外在条件都具备了以后，高校的科研成果转化工作是不是一定会有质的飞跃呢？

　　■ 不一定。就像刚才你说的，我只是就外部条件进行了分析，但我们知道即使外部条件全部具备，而科研主体没有主动性、自觉性，高校的科研成果转化工作仍然不可能有多大进展。下面我就来分析一下，在以往的工作中，高校科研主体在观念上存在哪些问题，导致我国科研成果转化率偏低。我们知道，中国古代一直存在着重脑力劳动、轻体力劳动的传统，文人、政客被人尊重，农民、工匠等处于社会的底层。而所谓科技发展，在此时，也就只有农民、工匠手中操作的被人瞧不起的技艺，丝毫谈不上科学发展。在众多著名的思想家的书中，鲜见有关宇宙、自然的科学理论的探究。到了近代，真正意义上的科学技术在地中海、大西洋彼岸的西方社会中萌芽、发展。然而此时，科学技术也并没有成为直接产生效益的资本，甚至它都没有成为大众的消费品——一项科学成就是否揭示了某种真理，只要经过科学界同行的承认就可以了。因为在近代，直到现代社会中，科学事业始终是被视为一种寻求真理的社会活动，它在社会形态上表现为某种职业组织，只有在这一职业组织内部，即所谓科学共同体中生产并被确认的东西才是科学。科学共同体的产生确实刺激了科学界内部的发展，正如美国科学社会学家默顿所言："科学家想自己的成就得到认可，就意味着要由他所认识的同事来评价他的工作是否值得认可，这一需要是深深地致力于知识进步的结果，而知识的进步是科学的最终价值。"然而，为取得同行的认可，科学家们在致力于科学发展的同时，也造成了他们与整个社会中其他组织的分离，造成了他们较少对科学共同体之外的其他事情关心。

在以上整个近代科技发展背景的影响下，再加上中国自古以来轻技艺的传统的影响，我国高校的科研人员长期以来缺乏将自己的科研成果主动转化为现实生产力的意识。他们认为科研与生产完全是两种不相干的事情，加上中国传统中遗留下来的"君子羞于言利"的思想，更使得这些知识分子想都不去想如何将科研成果推向市场的问题。话说回来，即使我们的知识分子敢于解放思想开展科研成果转化工作，但他们限于职业的关系，与企业、与市场脱节，如何能准确地判断、把握市场？又如何能参与企业一起设计生产工艺呢？要知道从科技知识到生产工艺再到市场营销，其间的环节是很多的。因此，在解决高校科研成果转化的外部条件的同时，改变科研人员的观念，培养他们对市场敏锐的感受力是当务之急。在这方面，学校可以制定各种奖励政策以调动教师将其科研成果与生产实际相结合的积极性。据我所知，上海有的学校将教师的晋升、职称评定与其科研成果的效益结合起来，有力地增强了教师在科研过程中的生产意识，取得了一定效果。这种突破，这种新的观念是值得我国其他高校借鉴的。总之，只有在高校教师与科研人员源源不断地主动创造出与市场紧密联系、能产生一定社会收益的科研成果的前提下，不断提高我国高校科研成果转化率的目标才可能实现。

我国的科技成果转化率远远低于发达国家的水平，究其原因，有国家在高新技术转化方面政策倾斜不够等体制问题，有企业缺乏风险投资意识等问题，亦有科研部门自身的问题。高校是科学研究、技术开发的主力军，可以肯定，大量的科技成果是高校的智慧结晶。然而问题是，高校中还存在着为研究而研究，只求成果数量不计成果效益的现象，一些科研项目的选题立项也未充分考虑市场的需要、社会的需求，在科技成果产业化方面还缺乏力度。这一现象的根本转变，首先高校要树立为社会服务的强烈意识，在瞄准世界高技术发展趋势的同时，关注国家经济发展的需要，立足科学研究与社会需要的结合，从以下几方面促进科技成果的转化：①努力将自己的科技成果纳入国家各类推广、开发计划，通过政府部门的支持来推动科技成果的商品化与产业化；②与行业结合，依靠行业主管部门及行业协会的支持来转化高校科技成果；③开展高校与地区间的科技合作，通过为地方经济和社会发展服务来转化高校科技成果；④与企业合作，承担企业引进设备的消化吸收任务，通过技术入股组建新的企业，与企业共同组建行业性的研究与推广中心等；⑤积极参加高新技术产业开发区的建设，创办高新技术企业和大学科技园区，转化和孵化高校的科技成果；⑥有选择、有重点地创建校办科技产业，直接转化高校科技成果。高校依托自己的科技成果形成自己的科技产业的形式，最能体现将科技成果转化为现实生产力的直接性和高效性。①

---

① 眭依凡：《当前高等教育改革与发展的几个问题》，载《教育研究》，1998(11)。收入本书时有改动。

□ 如果具备了您所分析的这么多内外部条件之后，我想，高校科研成果的转化工作是"万事俱备，只欠东风"了，这"东风"就是具体的实施措施。即使高校的科研人员有了将其成果转化为现实生产力的意识，有了这种主动性，同时，政府扩大了高校的办学自主权，加大了对科技工作的投入，高校也需要一些具体的实施工作的建议。在这方面，您有哪些想法？

■ 我想，要发挥我国高校科研成果对科技发展的促进作用，要大幅度提高科技成果转化为现实生产力的转化率，我们的政府、高校、企业三者应该共同形成合力，以促进高校科研成果的产业化。《面向 21 世纪教育振兴行动计划》就已明确提出了要创建"高校高新技术产业化工程"。这一工程将充分发挥高校在知识经济发展中所应起的作用。

从政府角度而言，在"高校高新技术产业化工程"中，应扩大高校的办学自主权，推动高校在充分发扬学术自由精神的同时，能够自办企业或与其他企业联合。政府还应加大对高校科研经费的投入。这一点我在前面已说过，就不重复了。同时，政府应尽量全面地制定各种政策、法规，使得科技成果的转化工作日渐走上正轨，做到有章可循、有法可依。科技部等共同制定了《关于促进科技成果转化的若干规定》，将科技界、企业界普遍关注的若干政策集中加以界定和说明，将一些原则性规定进一步细化，同时制定了一些新政策，强化了对知识产权的保护和利益分配措施。我认为，这是促进我国科技成果转化的一大成就。从高校的角度来讲，一是高校要解放思想，即真正认识到在现代社会背景下，将自己的科研成果主动转化为现实生产力的必然性。二是要切实地改变以往仅限于实验室的科研状况，主动地与企业合作，提高自身科研成果的成熟度和可开发性，促进其大规模地投入生产。前不久，江苏省举办了"江苏省普通高校大学生科技创造成果展"。在参展作品中，有许多成果已获得专利；有的已进入市场，进行转让；有的已在实践中得到应用，取了很好的社会效益和经济效益。但是这次展览中，也暴露出许多不足。陈万年在开幕式讲话中提到：有一些学校交了白卷，参展水平不是很高，特别是已有科技成果向现实生产力转化的还不是很多，在实践中得到应用的很少。虽然这次活动充分反映了大学生科学创造活动的情况，但毕竟暴露出当前高校的科技转化工作无论是在观念上还是在行为上还存在不少问题。三是从企业角度来讲，企业也要主动地寻求和高校联合。以往我们总受到单向线性思维方式的限制，总是单向地去考虑高校如何主动寻求与企业合作。如今，我们应该打开思路，将政府、高校、企业三者看作一个系统内的三个要素，这三个要素之间应该是经常及时双向互动的。因此，我们还要呼吁企业与高校的主动结合。企业要善于借助高校的研究能力、研究手段来谋求技术的不断创新，充分利用高校较强的创新能力、开发能力以提高自身在市场中的竞争能力。同时，企业还要积极地把在企业运作中不断产生的新知识主动提供给高校。例如，产品制作的各工艺环节，产品完成之后的销售环节，都需要许多知识，这些知识是高校难以接触到的。企业要主动地把这些知识提供给高校，以期高校主动改善研究状况。

当政府、高校、企业三者转变了观念，清楚地认识到自身在"高校高新技术产业化工程"中所担负的责任、所扮演的角色之后，最重要的工作就是三者之间联系与交流的直接性与快速性了。在这种直接而迅速的交流、联系体制被要求建立的迫切性中，一种新的由产业界与学术界共同组成的研究联盟产生了。目前，这种联盟的组成者正在经历一个相互适应的过程：高校的研究人员正在适应变化中的研究环境，而企业管理者也正在适应为他们公司创造并维持商业优势所必需的技术。① 国际性证据表明：美国、德国、日本等国的公司在增加对高校研究与开发的投资的同时，由产业界与学术界撰稿人合写的科学论文与工程论文的数量也在显著增加。② 可见，研究联盟确实可以为科技进步与企业组织的进步带来成效。

在我国，高校科研成果产业化的成绩具体表现在高校产业发展的过程中。据统计，我国高校校办产业以科技企业为主体的局面已经形成。1996—1998 年，高校科研企业的经营收入、利润总额与净利润这三项经济指标在校办企业总额中逐年提高，并且各项指标所占的百分比已接近或超过 70%。③ 这些都显示出了科研成果巨大的经济潜力，也让我们看到只要能把高校科研成果加以转化，其社会效益和经济效益是可观的。我最近买到一本书——《思想的声音：在北大听讲座》，里面有一篇王选院士的演讲，读后对上述问题有豁然开朗之感。

……我第五个抉择，致力于产业化。今天看来这是一个世界的潮流，也是高校的一个潮流，包括美国。我原来以为高校办产业是中国的创举，是适合中国国情的，因为中国国有企业吸收新技术能力不够，人才不够。目前看来不是，美国也流行高校办产业。这是最近两年的事，以前你教授要办产业，就请你出去，外头办去，所以很多人都从高校出来办企业。现在美国的大学想清楚之后，也干脆在学校里头办，因为可以用学校的丰富的资源，也可以活跃研究气氛，学校也有回报，双方都有好处。现在美

---

① ［美］亨利·埃兹科维茨、［荷］劳伊特·雷德斯多夫：《大学与全球知识经济》，夏道源等译，48 页，南昌，江西教育出版社，1999。

② ［美］亨利·埃兹科维茨、［荷］劳伊特·雷德斯多夫：《大学与全球知识经济》，夏道源等译，47 页，南昌，江西教育出版社，1999。

③ 胡剑锋、任海波：《我国高校产业发展态势及分析》，载《中国高等教育》，1999(12)。

国大学兴办校办产业成为一种风尚，这是最近两年发生的新的事物，看来我们走的是对的。今天上午李岚清同志跟我们座谈，讲到美国向我们和日本学习这种做法。法国《科学研究》杂志（《科学研究》杂志是世界三大科学杂志之一）主编到北大方正和清华看了以后，觉得法国大学也应该克服保守倾向，向中国学习，向北大、清华学习，也要搞校办产业，把研究和市场紧密地结合。

我非常赞赏斯坦福大学的一种风格，把远大的学术抱负和追求利润紧密结合，我觉得这种风格值得我们学习。我们北大方正也准备把北大有些系的宝藏挖掘出来，在学校领导的支持和倡导下，我们跟很多系结合，比如说我们的稀土、合成麝香跟化学系合作，把它产业化，变成独立的公司；我们把数学系两位院士和一批年轻人共同奋斗了 19 年的指纹研究——这个成果的水平和创意程度决不亚于方正的照排系统——由方正来完成商品化和市场的推销，取得很好的成果，两年下来市场占有取得了第一位，达到了 50％。指纹识别充分体现了北大基础研究的优势。

我们希望实行一种"顶天立地"的模式，"顶天"就是不断往高的技术发展，"立地"就是大量地占领市场，从市场得到进一步需求的刺激。在从事激光照排项目过程中我有一个很深的体会，就是当时我为什么能够提出这种数学的描述方法来解决信息量大的问题呢？（后来美国也用了这种方法，但比我们晚了八年，比我们推向市场也晚了一年。）因为我们 1975 年就得到这种需求刺激，中国大量汉字，几百亿字节的含量，迫使我们提出这种新的办法，……所以我的一个终身体会，或者作为一个工作原则，就是年轻人如何出成果，如何出创造性的成果，一个必要的办法，就是把他们推到需求刺激的风口浪尖上，这会使他们创造出难以想象的成果。①

最后，和大家共同来分享一下美国哥伦比亚大学技术转让的成功做法。从这个典型的范例中，我们可以看到前面我们所谈到的有关学校、企业、政府、教师等多种因素的成功结合。

美国哥伦比亚大学技术转让的成功做法②

近几年来，美国哥伦比亚大学坚持教育为经济服务的宗旨，与企业联手，将一批批科研成果转化为产品，为社会创造了巨大的财富，同时也给学校带来了丰厚的科研经费和收入。据该校年度结算报告，从1998年6月30日至1999年6月30日，哥伦比亚大学共申请了141项技术发明，技术转让所得收入总额约9600万美元，在全美高校中名列榜首。另据统计，自1990年以来，哥伦比亚大学技术转让收入平均每年以30％的速度增长，其增长速度之迅猛，在美国高校中也是罕见的。目前，美国有4000多所高校，其中120多所属研究型大学。在强手如林、竞争激烈的今天，哥伦比亚大学技术转让创收之所以能在全美高校独占鳌头，是有其成功的秘诀的。

一、建立"创新企业"，加强学校科研与企业的联系。

哥伦比亚大学"创新企业"始于1994年，其前身"科技发展办公室"是全美高校中从事技术转让较早的机构之一。当时，该机构

---

① 王选：《我一生中的八个重要抉择》，见《思想的声音：在北大听讲座》，224～225页，北京，中国城市出版社，1999。

② 岑建君：《美国哥伦比亚大学技术转让的成功做法》，载《世界教育信息》，2000(1)。收入本书时有改动。

主要负责技术转让，或与企业签订科研合作项目。从 1994 年起，"创新企业"除继续履行原有的职责外，还负责学校知识产权的评估、申请与保护；协助技术发明人寻找风险投资公司和管理人才，创办高技术公司；开展技术咨询服务，发布新技术发明成果，吸引风险投资公司、大企业前来合作开发。

"创新企业"总裁认为，"创新企业"管理人员的优良素质是该企业成功之关键。他认为：高技术转让工作对管理人员要求甚高，这是因为高技术从研制到开发需要相当长的时间，一般为 5～8 年，管理人员须具有识别新技术的慧眼，了解新技术的潜在市场。如果他们对此缺乏认识，学校就会坐失良机，蒙受经济损失。科技管理人员除掌握专业知识外，还须具备较强的社会活动能力。学校科研人员一般不太懂专利转让、产品营销等商业活动，企业也缺乏对学校科研活动的了解，这就需要科技管理人员为学校科研和产业部门牵线搭桥，当好科技开发的媒人。

二、重视技术发明的经济利益，有力地调动了科研人员的积极性。

1982 年，联邦政府为了鼓励高校更好地为地方经济服务，颁布了著名的"贝都"法案。根据此法案，高校使用联邦政府科研经费所研制的技术成果，其专利属于大学，不再归联邦政府所有。学校也有权将新技术转让给公司、企业，所得收入由大学支配，不再上缴联邦政府。此项法案有力地调动了高校广大科技人员的积极性，推动了高等院校新技术的研制与开发。1994 年，哥伦比亚大学重新修订了有关科研开发条例，充分考虑了技术发明人的切身利益，使其受惠更多。例如，校方规定：凡技术转让所得收入在 10 万美元以下的，技术发明人可从中获得 50％收入，学校获得 25％，剩余 25％由院、系对半分配；如技术转让所得收入逾 10

万美元，校方在分配其中 10 万美元时，技术发明人仍获得 50％的收入，超额部分由大学、院、系和发明人各按 25％的比例分成。由于校方较好地处理了个人与集体的关系，科研人员的积极性得以充分发挥，高新技术这块"蛋糕"越做越大，高技术转化为生产力的步伐也随之加快。自 1994 年以来，哥伦比亚大学通过技术转让，共获得 4 亿多美元的经济收入。

三、鼓励师生以技术专利"入股"，创办高技术公司。

自 1997 年开始，哥伦比亚大学鼓励师生利用技术专利"入股"，创办了 20 多家高技术公司，并拥有 40 多项高技术专利，主要开发医药、电子、计算机软件等产品。一般来说，新组建的公司由三方人员组成，即技术发明人（大学）、风险公司和经营管理人员三者以"参股"的方式分享利润。哥伦比亚大学机电系马启元教授认为，哥伦比亚大学组建新公司的做法值得借鉴。学校以技术专利"入股"，拥有公司一定比例的股份，学校不需投入一分钱，无须承担任何经济风险，而由风险投资公司或大企业注入全部资金去开发产品。如公司盈利，学校则按股份比例分享利润。一旦公司倒闭或亏损，学校不会因此遭受牵连，更不会因公司经济纠纷而牵累校方领导，避免了校办产业"产权不明"的弊端。

四、鼓励学科渗透，加速出科研成果的步伐。

自 1994 年以来，哥伦比亚大学用学校技术转让或公司分红所得收入，陆续组建了四个跨学科研究中心，即材料、环保、生物医学与多媒体技术中心，其目的是通过自然学科与社会、人文学科间的渗透、交叉，激发科学家的思想火花，创造新理论，为学校应用研究与基础研究注入活力，加速学校出科研成果的步伐。目前此项举措已初见成效。例如，多媒体技术中心聚集了信息技术、新闻、教育、医学等系的骨干教师，共同研制网络虚拟教学软件，其多项专利已转让给几家教学公司，从中获得了丰厚的收入。据统计，哥伦比亚大学自 1996 年以来，平均每年有上百项技术发明，300～400 名科研人员获得国家级奖励。

五、为科技开发创造良好的工作环境。

为加速科技成果转化，哥伦比亚大学向纽约市政府借贷巨款，在学校附近创立了"高科技孵化站"，低价出租给高技术公司。学校对科研活动也采取了一些鼓励性政策。如大学从技术转让或公司股份中所得的收入均返还于学校科研活动，主要支持青年学者从事科研创新，重点资助交叉学科研究，此款不得挪作他用。对于长期从事技术转让工作的教师，校方允许其留职停薪，到公司、企业从事科技开发。在教学安排上，校方允许部分教授雇用其他教师代课，使其抽出更多时间从事科技开发活动。此外，还允许研究生保留学籍，到公司工作 1～2 年，积累实际经验后，再返校攻读学位课程。

近几年来，哥伦比亚大学在技术转让方面积累了丰富的经验，现该校与麻省理工学院、加州理工学院等著名院校齐名，均被美国众多院校视为楷模。

第四节　着力培养具有科技创新能力和科学精神的英才

□ 您刚才从高校科研成果转化方面分析了我国的教育对科技发展贡献不足。除了这一方面之外，我国教育对科技发展贡献不足还有其他什么重要表现吗？

■ 教育对科技进步的推动作用一般应该表现在两个方面：一是教育体系中创造出来的新知识能够直接运用于科技发展体系，即直接转化为科技成果以推动科技发展；二是教育通过培养能够推动科技发展的人才来直接发展科技。只有同时做到这两点，教育才能真正发挥其推进科技发展的作用。但遗憾的是，我们国家目前在这两方面做得都还很不够，教育对科技的贡献率很不理想。

我们都知道，科技发展需要物质资源、知识资源、人力资源三方面因素的共同推进。其中，具有科技意识、科技知识能力与科学精神的人才，是科技发展的第一必要因素。这些人才不仅要能综合所学知识投入实践，具有较高层次的科技创新能力；还要有自觉、明晰的科学意识，有深厚、丰富的科学精神等素质。他们的素质直接决定了国家科技发展的水平。我们看到，当代世界各国纷纷将教育提到了与科技同样重要的战略地位。这是因为各国都明白"教育培养出来的人才素质直接决定着科技发展的水平"。但在我国目前，教育在培养能够推进科技发展的人才这一方面还是相当薄弱的。我们学生的科学知识面很窄，如物理系的学生对相关的数学、化学的知识知之甚少，甚至在本专业范围内，学理论物理和应用物理的学生都不能相互融通。我国一所大学曾做过一次调查，调查本校文科学生对理科知识的掌握程度。可悲的是，在全校文科学生中能写出水的化学分子式（H_2O）的学生只有43％。同时，我们学生的应用能力、动手能力也很弱，更不用说在科学精神方面的素养了。由教育部科技司、共青团中央学校部和中国科协科普研究所共同主办的一项社会调查表明：青少年对脑科学（包括创造性思维）知识尚很肤浅，具有初步创造人格和创造力特征的青少年比率较低，对于学术（或学科）竞赛或"小发明"这类有助于创造力发展的活动，青少年的认识与实际行为不一致，参加率远远低于知道率。

□ 您刚才给我们揭示了一些事实，从这些事实中我们看到了我国中小学生在科技知识、能力和科学精神等各个层面上都存在着不足，那么，我们的学校教育在培养方式上究竟存在什么问题呢？

■ 虽然现在有学者指责我国学校过于注重科技教育而忽视了人文教育，但事实上，我们目前所进行的科技教育还难以称得上是真正的科技教育。所谓科技教育，简单地说，就是以科学、技术类课程为教学内容，以培养全面发展的科技人才为目标的教育。那么究竟什么样的人才才是科技人才呢？我认为不论是哪个层次的科技人才都应该具备这样一些共性：第一，科技人才必须是掌握了相应科技知识与科技能力的人。虽然在不同地区经济发展水平不同，学生所掌握知识内容的多少会有差别，能力也有高低的差异，但是他们所掌握的知识类型、能力内容应该是相似的。例如，学生不仅要掌握符号化的、以既定文字呈现出的、不可改变的公理性知识，也必须具有那些只可意会、难以言传的意向性、技能性知识。又如，在能力上，动手能力、创造力、联想力、应变能力等都是学生所应具备的，都是科技人才应具备的素质。第二，科技人才必须是具有正确科学观念、科学态度的人。观念、态度是指导我们行动的指挥棒，没有正确的科学观念、科学态度，则不可能去从事恰当的科学活动，更谈不上科学创造了。我们的科学观念、科学态度直接决定着我们的科技行为、科学创造。第三，也是至关重要的一点，就是所有的科技人才都必须是具有强烈的科技意识与丰厚的科学精神的人。人的心灵层面、精神层面一直都是人之为人的本质。科学活动之所以为人类所独有，之所以区别于动物的活动，恰恰就在于科学活动是凝结着人类精神、体现着人类本质特征的活动。只有具备了这三方面素质的人才，才是真正的科技人才；也只有能同时培养学生这三方面素质的教育，才是真正的科技教育。否则，它只不过是打着"科技"教育牌子的"应试"教育、"灌输"教育而已。目前，别说我们的科技教育根本达不到真正的标准，就连实施科技教育的教师也不合格。在一份微型调查中我们看到：当调查者询问教师们科学教育的本质特征是什么的时候，54.93％的教师认为科学教育实质上就是教师向学生传授科学知识和概念。这与重视素质培养、让学生通过经历科学技术活动而发展相关能力的科学教育的本质特征和目标是相悖的。[①] 可见，要发展真正的科技教育，教师的思想观念的转变是首要条件。只有教师从观念上真正认识到科技教育的本质，学校相应的教育方式、培养方式才能得到转变。

第五节　中国须实施什么样的科技教育

□ 真正的科技教育应该是包括科技能力、科学态度与科学精神三方面的一个统一的、整体的教育体系。那么，我想，这三方面教育应该是彼此独立又相互联系的，您是否能给我们分别谈一谈这三方面的教育究竟应该如何实施呢？

■ 我着重要谈的是科技知识、能力的培养。目前，我国的科技教育大多是停留在科技知识、能力层面上的，但即使是这一层面的教育工作也做得非常不尽如人意。我们的学生的科技能力非常低，这与我们的教育状况直接相关。1992 年，教育进步国际评价(IAEP)对 20 个国家 13 岁学生的一项调查显示：中国是中学科学实践活动时间不到 20％的三个国家之一；而澳大利亚、阿曼、美国的部分学校，科学实践活动已占到科学教育时间的 50％。近年来，在我们的科学教育中似乎增加了实践活动的比例，各校都或多或少地开设了"劳技课""实验课"等课程。但是，让学生动起来并不一定代表是真正培养了学生的科技能力。举一个简单的例子，在中学生的某些化学实验课中，学生们只是在教师严格的"监控"下，把三种溶液分别倒入量筒，然后再按一

---

① 母小勇：《苏南地区小康后理科基础教育面临的挑战与改革对策》，载《教育研究》，1999(3)。

定比例倒入一个杯子，摇晃几下，实验就算完成了。按教师的话说，"严格监控"是怕学生出乱子。试想一下，这样的实验课究竟能起到什么样的作用——学生真能培养出自觉的动手能力吗？更不用谈在科技活动中极为重要的创造能力与敏锐的应变能力了！

教师们在对学生进行知识与能力层面的科学教育时，首先应该明确学生应具备什么样的科技知识与能力。科技知识与能力的培育在不同年龄阶段中有不同的内容、不同的层次。例如，在小学阶段，学生要掌握的科技知识是最基本的自然常识，能力则应是最基本的动手能力以及小发明、小创造的能力；到了中学阶段，学生必须掌握科学体系中各门学科中基础性的知识，必须具备自觉的动手能力、基本的融通能力以及较为科学的创新能力；再向前发展，到了大学阶段，学生所掌握的科技知识则应以专业知识为中心，又要尽量宽泛、广阔。这种有中心的宽泛的知识不能只是零散的，它们应该是被发现了内在联系的、共同贯穿组织起来的知识体系；而此时学生的科技能力，则应是高层次的发现能力、创造能力、应变能力。除此之外，还应包含一种我们以往所忽视的市场感受能力。过去，在科技活动中，我们总是羞于谈市场，科技发明、创造似乎总是"不食人间烟火"的。这与我们传统思想中的"轻利"观念有关。但当代社会不同了，国家的发展水平是直接以"综合国力"来衡量的，我们的科技活动也要以发展经济、促进国力提升为最终目的。因此科技活动不能再总是待在"高处"，而是要与市场需要、与国家发展需要紧密地联系起来。这也就需要大学生们具备细致的市场观察能力、敏锐的市场感受能力，再加上科技活动本身需要的发现能力、创造能力。这样的教育才可能对推动科技知识的发展起作用。

在具体的教育过程中，教师们可以有针对性地采用各种方法、各种形式，但必须遵循以下两个原则：第一，教师们必须明白，科技知识绝不只是数理性的、完全量化的公理和定律，它们负载着方法，蕴含着价值。某一公理背后可以潜藏着的是一种科学方法的诞生，某一定律背后可以清晰地看见某一位科学家一路走来的足迹……这些都是与知识共生着的含义。在教学过程中，教师应该尽量呈现出这些知识背后的意义。只有这样，学生们所掌握的科技知识才可能是生动的、鲜活的、流动着的。甚至我们可以说，只有这样，科技知识的生命力才真正被挖掘了出来。具备了这种有生命力的知识，它们彼此之间的结合、融通就是必然的了。第二，知识是彼此融通的。我们绝不能说，某一门课程是为了培养学生某一种能力的，这样的说法是不切合实际的。试想：如果学生不具备动手能力，他们怎么可能应变呢？倘若学生不能发现，他们又怎么可能创新？因此，在科技能力的培养中，教师应该以一种系统的、渐进的方式来进行这一层面的教育工作。

　　□ 您刚给我们分析了知识、能力层面的科学教育的内容与所应遵循的原则，那么下面您能继续给我们谈一谈科学态度的培育吗？我曾看到杜威在驳"科技发展是一把双刃剑，它可以给人类发展带来正面影响，同时也可能带来灾难与毁灭"这一观点时，说过这样的一段话："科学与技术都是非人格的宇宙力量，它们只能在人类欲望、预见、目的和努力的媒介中起作用。"因此，我认为现时危机的真正根源在于人对科技的理解、对科技的态度。那么，在科学教育中，我们应该培养出具有怎样科学态度的人，才能使科技发展在他们的努力下向着正向的方向发展？

　　■ 我是非常同意杜威的这段话的。科技作为促进经济发展、国力提升最有力的因素，它发挥作用必须依赖于人的力量。因此，人类所具有的科学态度确实非常重要。以往，人们认为科学发展可以使得他们在征服自然、改造社会的过程中无所不能，因此，他们的科学态度是非理性的、张扬的、肤浅的。但今天，随着"可持续发展""生态保护"等观念逐渐深入人的生活，人们对科技的态度也随之改变了。科学家们在发展新型技术时首先会考虑它是否符合伦理规范，是否对自然造成不可弥补的破坏。并且，他们还人为地阻止了许多已有科技对人类社会的毁坏，如停止使用某些破坏环境的技术等。这些都是我们在培养推进科技发展的人才时需注意的。科技发展虽然至关重要，但它绝不能以破坏人类生存为代价。因此，我们在对学生进行科学教育时，一定要帮助学生确立一种理性的科技发展观。什么是理性的科技发展观？我认为这种观念应该是一种科学的、谨慎的、认真的发展科技的态度。在这种观念、态度的指导下，人们在发展科技的同时，会自觉地找到科技发展与生态环境、人类规范的平衡点。他们发展科技的态度将不再是张扬的、毫无顾忌的，而是会以一种严谨、慎重的态度对待自己所从事的每一项科学活动。至于这种理性的科技发展观的教育，则可以是完全开放性的。我们可以带学生去看一看被污染的河流、田野，可以让学生自己去查阅科技对人类生存发展造成破坏的历史，可以让学生之间进行辩论：究竟是科技还是人自身造成了人类生存环境的破坏……因为态度是完全内化的，仅靠教师外部的教育尚不足以让学生在内心中建立一种完全正确的态度，所以只有通过开放性的教学，让学生从内心认识到科技发展所应持有的正确态度，才可能建立一种真正理性的科技发展观。

第六节　把科学当作一种文化精神来教

□ 在分析了科技知识、能力和正确恰当的科学观念的培育之后，您最后是否要跟我们谈一谈科学意识与精神的培育了？我们知道，科学意识、科学精神作为精神性的成果，它们的培育是要通过作用于学生的心灵才能够实现的，这种心灵的影响在教育中应该如何施行呢？

■毫不夸张地说，科学意识与科学精神是科学体系中最生动、最突出、最富有生命力的一部分。李醒民老师曾在他的《思想的迷误》一文中说："科学毋宁说是一种知识体系、研究活动和社会建制，其精髓在于科学思想、科学方法和科学的精神气质（ethos）。……工具主义地和实用主义地看待科学，无异于买椟还珠——因为它消解了作为一种文化和智慧的科学的本真，泯灭了科学的精神价值和文化意蕴。"①可见，科学精神的培育在整个科学教育体系中占到一个怎样中心的、突出的位置。那么，究竟什么是科学意识、科学精神呢？

科学意识是人类探寻科技知识、学习科技能力的动力，它表现的是个体对科学技术本身的认识。从历史发展中我们早已看到，一个民族或一个历史阶段科学意识的强弱直接决定了这个民族、这个历史阶段科技发展水平的高低。中世纪基督教时代，西方人处于一种蒙昧、无知的状态，对科技一无所知，因此，他们只能被束缚在宗教严密的控制之中。文艺复兴之后，他们开始认识到自己的发明、创造可以让人类更好地生活和更好地发展，因此，近代科技应运而生。近代科技的发展给人类带来了光明，带来了劳动力的解放，更带来了从此以后轰轰烈烈的科技革命。在当代社会中，科学意识强的民族总是能够屹立于世界民族之林；而那些不重视科技发展、无视科技发展对经济重大推动作用的民族，总是在落后、愚昧、贫穷中生存。可见，科学意识直接决定着人们对科技的态度、行为。而科学精神呢？打个比方，如果我们将科学视为一个完整的人，那么科技知识是躯干，科技能力是四肢，科学精神就是灵魂。我刚才说了，科技发展的成果是以两种

---

① 李醒民：《思想的迷误》，载《自然辩证法通讯》，1999(2)。

形式保存下来的：一是物化的成果，如知识、技能；二是精神化的成果，如科学精神。这两者紧密地交织在一起，相互依存。缺乏了精神内涵的科技知识与能力是干瘪的、没有生命力的，很快就会被时代所淘汰；而没有了知识和能力依托的科学精神则根本不可能存在。了解到这一点，教师在进行科学教育的过程中就不会再人为地把知识、技能与精神割裂开来了。在现实中，我们的教师常有这样一种片面的认识，他们认为教育之所以被划分为人文教育与科学教育，就是因为人文教育是关注学生的心灵与精神发展的，而科学教育则只要实现学生知识与技能的培养就可以了，不必关注精神层面。这样的认识是非常片面的。科学教育与人文教育的划分是以各自所具有的学科基础为依据的。科学教育面对的是自然科学的一系列学科，人文教育面对的则是人文社会科学的一系列学科，两者在教育内容、教育方法以及在对学生的身体、心智、品性的开发与培育方面各不相同。但是，科学教育与人文教育中存有一个"二而一"的东西：这就是它们的精神层面。"科学精神与人文精神在理论上不是对立的，在实践中更是相容的。科学精神包括：怀疑一切既定权威的求实态度；对理性的真诚信仰，对知识的渴求，对可操作程序的执着；对真理的热爱和对一切弄虚作假行为的憎恶；对公正、普遍、创新等准则的遵循。可以毫不犹豫地说，它们无不是人类精神中最深层次的宝贵内涵。在这一层次上，所谓科学精神与所谓人文精神——对人的价值的至高信仰，对人类处境的无限关切，对开放、民主、自由等准则的追求——是密不可分、相互伴随的。"①可见，科学精神与人文精神本来就是同一的，不可以割裂开来。科学教育应该有浓厚的人文精神，人文教育又应该具有科学精神的丰富内涵。在精神层面上，科学教育与人文教育是一回事。因此，

① 刘大椿：《特殊的困难与特殊的任务》，载《自然辩证法通讯》，1999(2)。

无论是人文教育抑或是科学教育，它们之中都分别包含着各自所属学科知识、技能、精神的培养。

□ 您的意思是说，科学教育与人文教育在精神层面应该是一致、统一的吗？但是这里存在一个问题：往往谈到人文精神，我们总是容易理解，比如说博大、宽容、民主、和谐等，这些都是可以通过人文科学直接熏陶的，我们也认可这是很重要的人格品质。谈到科学精神，我们虽然也明白以上您提到的求实、效率、严谨都应该是科学精神的内容，但是，这些科学精神在科学教育中到底占有什么样的地位，为什么它们如此重要呢？

■ 你在提这个问题的时候，事实上仍然没有理解我所说的"科学精神和人文精神是一回事"这一提法。我刚才说了，科学精神与人文精神是一个"二而一"的内容。你刚才提到的博大、宽容、民主等确实是人文精神，但它们同时也是科学精神；而你后面说的效率、严谨等科学精神的内容，它们同时也是人文精神。这些都是人类精神层面的内涵，我们或者可以把它们称为人类生活的"文化内涵"。这些具有"积淀性""整体性"特征的文化内涵，在科学教育中是非常重要的一部分内容。这是为什么呢？

我们以往在谈科技时，往往只把科技看作人类对客观世界认识的结果，只看作一种事实的展示，甚至只把它看作人类生存的某种工具。科技背后富含着的跳跃的生命气息被我们所忽视了。科技绝不是凭空产生的，它首先是人类的活动，是人类智慧、情感、个性共同运作的结果。因此，任何一项科学成果都必然蕴含着科学家们的辛勤的劳作、坚忍的毅力、大胆的创新以及求真、求实、求善、求美的高尚品质。但这样沉甸甸的科学成果在我们的科学教育中却一下子浅薄起来，教师们往往忽视了事实背后的文化、精神，忽视了科技作为一种实用工具之外蕴藏的意义、精髓。这就必然造就出只知事实而没有内涵的学生。著名科学家爱因斯坦曾有一段话说得非常好："科学对于人类事务的影响有两种方式。第一种方式是大家都熟悉的。科学直接地，并且在更大程度上间接地生产出完全改变了人类生活的工具。第二种方式是教育性质的——它作用于心灵。尽管草率看来，这种方式好像不大明显，但至少同第一种方式一样锐利。"①这段话是他在 20 世纪 30 年代提出的，其目的就是防止人们"工具化"地来看待科学，可 60 年后的今天，我们却还在犯一个老错误。

从北大发起的五四运动以来，"科学""民主"的口号已经叫了八十多年，但在我们这个国家中科学是否真正扎了根了呢？可能还不见得。现在党中央制定了"科教兴国"的伟大战略决策，但真正要贯彻落实还需要许多努力。"科学"经常被人们挂在嘴边，但所理解的往往只是技术；"科学"经常被人们奉为神明，但所追求的却往往只是眼前的功利。科学及其作用是远远超过了这两者的。但如果只是作这样偏狭的理解和追求，我们这个民族大概永远也难以进入世界先进民族之林的。江泽民主席近来多次呼唤"创新"，说"创新是一个民族进步的灵魂，是一个国家兴旺发达的不竭动力"。这是经济振兴的呼唤，民族复兴的呼唤，时代更新的呼唤。创新依靠科学，科学的真谛就在创新。这"科学"是真正科学意义上的科学。什么是真正科学意义上的"科学"？读者只要读一读这四位诺贝尔奖获得者和一位菲尔兹奖获得者的讲演就够了。在这里，你可以深切地感受到科学家对未知世界强烈的好奇和浓郁的兴趣，对事物奥秘执着的追求和不竭的探索，对自然美的纯朴的欣赏与理性的体念，对未来的美好憧憬及热切的关心与责任感。

---

① 转引自王渝生：《民主与科学：永恒的话题》，载《自然辩证法通讯》，1999(2)。

并非偶然，两位物理学家和一位数学家都谈到了科学与美，谈到了真和美的统一，求真和求美的结合。从这里，我们可以体会到真正意义上的"科学"。我们多么需要这样的科学！①

在这本《聆听大师：北京大学百年校庆著名华人科学家演讲集》中，我们可以深切地感受到什么是科学。科学绝不只是事实，在科学事实上负载的文化气息、文化内涵，才使得科学之为科学。就如这本集子中著名的数学家、菲尔兹奖获得者丘成桐先生所说的"不求真，我们没有办法立德；不求美，我们没有办法做到温柔敦厚……数学能够讲真和美，我觉得数学是中华民族需要的基本科学"。在这位伟大的数学家眼中，数学绝不是数据、公理的堆砌，在表面的数字背后，跳跃着的是真实、善心、灵气、敦厚……可见，真正的科学内涵恰恰是事实背后的文化："生命意义和社会价值不在于科学技术的发展，而在于科学技术得以应用的人文理性。"因此，在科学教育中，这块内容必须凸显出来。当然，这得依靠教师本身的条件，这种素养不是很容易具有的。

□ 噢，您这样分析了之后，我对您前面所说的科学精神教育的理解深刻多了。那么，在进行科学教育的过程中，教师要处理好哪些问题，才能真正实现科学精神培育的目标呢？

■ 我认为，首先，学校有关科学教育的观念要更新，要正确认识到科学教育是包含了"知识、技能、意识、精神"几个层面的，而且它们相互依存。

其次，教师要在进行科技知识、能力教育的同时，关照到科学意识、科学精神的培育。例如：教师在对学生进行科学技能的培训时，

---

① 北京大学自然科学处：《聆听大师：北京大学百年校庆著名华人科学家演讲集》，序言，北京，北京大学出版社，1998。

不仅要教会学生操作的程序、操作的方法，更应该教会学生以一种"严谨、务实"的态度面对自己所进行的科学实验，以"钻研、求索、创新"的精神对待自己学到的技能。只有这样，教师从事的才是一种真正的科学教育，是蕴含了"知识、技能、意识、精神"的完整的科学教育。

再次，教育者应该把科学作为一种文化来教。什么叫把科学作为一种文化来教呢？我们知道，文化作为人类文明的结晶，它是整体性的，是有历史生成性和连贯性的。但是，在我们目前的科学教育中，学科与学科之间划分得过于精细，各门学科内部共性的内涵被抹掉了，而这种共性的内涵，就是科技发展多年来积淀下来的科学精神。在每一门学科教学的过程中，教师只讲属于本学科的内容，那么知识之中共同蕴含的精神内涵、历史文化性则无人涉及，这也是造成教育培养出来的人没有科学精神的原因之一。那么，今天我们提出要把科学作为一种文化来教，就是为了还科学一个本来的完整面目。在科学教育中，课程设置可以采用一种综合课程的形式，打破以往那种学科间独门独户、彼此不相往来的局面。这种综合课程可以同时包含数学、物理、生物等多门学科，并不以传授知识为唯一任务，而是着重培养学生综合解决科技问题的能力，使学生感受到蕴藏在科技知识背后能打动人心的科学精神。

在美国马萨诸塞州的巴布森学院中，教师们几年来一直都在尝试一种新的教育模式——群集课程模式。在这种崭新的课程模式中，教师把不同的学科组织在一个共同的主题下，通过课堂上教师与学生对论题的探讨，同时呈现出一类学科共同的学科背景、方法论基础、课程内容、意义内涵等。这样，这种课程模式就给学生呈现了一个立体的、完整的学科体系。那么我想，这种群集课程模式是非常适合我们所要进行的科学教育的。在科学教育的实施过程中，教师们通过对某一种科技主题的探讨，为学生提供科技知识、蕴藏在知识背后的方法论基础以及附着在知识上的科学内涵、精神。这样，学生才可能接受到真正意义上多角度、多层面的完整的科学教育。

最后，我提出的至关重要的一点是：现在我们谈到科学教育，大家往往都认为它是属于学校之内的，仅限于教师面对学生的一种教育，这就大错特错了。真正的科学教育一定是属于全民的，只有当一个国家全民的科学素质有所提高时，"科教兴国"的全部含义才真正体现出来。全民的科技普及教育在我国做得不是十分好。"长久以来，我国科普界和出版界似乎一直有一种大可商议的观点，认为科学普及主要是普及科学的知识。实际上，这是一种相当陈旧的观念。当然，科学知识的普及是重要的，但这仅仅是科普之任务的一个方面而已。科普的另一个更为重要任务，应当是对科学精神的普及和宣传。"①

□ 确实，科学的发展是日新月异的，尤其是在现代，科技几乎无时无刻不在发展。但是，无论科技怎么发展，科学精神的内涵却永远不会过时，它总是人类精神品质的重要组成部分，直接决定着一个国家的精神品质。那么，您是否可以具体地谈一谈，我国的科普工作究竟存在着什么样的问题？这些问题如何改变？

■ 谈到我国的科普工作，我先列举一组数据："近期，新闻出版署在全国范围内就科普图书的出版状况进行了调查，本次调查涉及全国 94 家主要出版科技图书的出版社，时间限定为 1990 年至 1998 年。这 94 家出版社 9 年间共出版科普图书 13564 种，占它们出版图书总量的 12.8%。每种平均印数 13473 册，其中引进版 390 种，占总数的 2.9%。"②从这些数据来看，我们国家在科普图书的出版方面确实做了一系列的工作，但是，这是否能足以改变全民的科学素养呢？我们再

① 刘兵：《科学普及中的科学与民主》，载《自然辩证法通讯》，1999(2)。
② 《六大瓶颈制约科普出版》，载《中华读书报》，1999-09-08。

来看一组数据："1998 年底，中国科普研究所'中国公众科学素养调查'课题组公布的分析数据表明，我国公众达到基本科学素养的比例仅为 0.2%，与欧共体国家（1989 年达到 4.47%）相差 21 倍，与美国（1990 年达到 6.9%）相差了 35 倍。1992 至 1997 年的 6 年间，我国公众的科学素养水平基本没有提高，这与同期高达 10% 的经济增长极不相称。"[1]那么，究竟是哪些问题致使我们的科普工作没有能实现提高全民科学素养的目标呢？我想，第一个原因在于我国目前的科普工作还根本谈不上"普"字。许多试图通过阅读科普读物来提升自身科学修养的人，却往往在书店、图书馆内找不到相应的书籍，最终只能失望而归。这种抱怨我就已经听过好几次了。由此可见，我们目前科普工作之薄弱。何为科普，简言之，就是将科学知识、技能以及其中蕴含的精神通过各种方式广泛地传播给老百姓，上至百岁老人，下至蹒跚学步的孩子。科普工作是整个民族科学素养得以提升的主要途径，其重要性十分显著。但当前，我国除了一些教育、新闻、科技以及出版社在兼做科普工作之外，这项工作就几乎无人问津了。然而，正如中国科普作家协会首席顾问章道义先生所说："科普是一门学问，它更需要一批精干的、既有相当高专业知识水平又具有一定文学艺术修养的专业科普工作者。"[2]也就是说，科普工作若想真正高水准地进行，还需要一批专业科技工作者的加盟。但我们再来听听一位专门从事科普工作的科学家的心声："我们曾经有过一个高士其，写过不少很好的科普文章，可以算得上是科普大师。但是有人却认为他是由于身患重疾，无法从事科学研究才去写科普的。因此，那些身体尚还健全的科学家则没有人愿意从事此道，认为科普只是低层次的东西，登不了大雅之

① 游雪晴：《立法能够推动"公众理解科学"吗?》，载《科技日报》，1999-01-03。
② 章道义：《有关科普和科学家的四个问题》，载《光明日报》，2000-01-17。

堂。实际政策也是如此。科普创作没有经费，科普著作算不上成果，一篇好的科普文章，对科学事业的推动作用有时要比一篇科学论文大得多，但其待遇却要相差十万八千里。"①可见，我国目前科普工作薄弱的根源还在于国家对其关注、投入、相关政策制定方面做得还不够，以及真正应该投入科普工作中来的科学家们对这项工作的认识尚不深刻。唯有有效地解决了这两个问题，科普工作才能真正运作起来。至于第二个原因，是我刚才提到的，我们的科普工作目前基本上就是在普及科学知识，对科学的精神层面几乎没有涉及。科学知识固然重要，但相较于科学精神，它只是浅表性的部分。我们的民众可以不那么懂得相对论，但他们一定要懂得坚韧、执着；我们的民众可以不那么了解电磁原理，但他们一定要对真理有着热切的信仰……我想，这才是科普工作之根本，也是真实的科学教育之灵魂。但这一点在我们的科普工作中几乎没有做到。第三个原因，我认为我们科普工作的形式过于单一，不生动活泼，这样就无法吸引足够多的人到科学普及工作中来。想想看，除了科普读物，我们目前几乎找不到其他的形式。而科普读物呢，又往往是郑重其事地介绍大量系统的科学知识，还没有学呢，就使一些人望而却步了。为什么？太系统、太呆板、太单一！我们的电视上为什么不能多一点科普性的节目？据我所知，现在电视中播放的一些科普性的节目，如《探索》(Discovery)等都是从外面引进来的，只适合一些知识分子阶层，而我们自己为什么不能制作一些浅显的、蕴含着丰富科学精神的节目推向民众呢？另外，各个社区也完全可以在老百姓的生活环境中设立一些科普画栏，推广一些科普活动，这一点好像在北京的一些社区中已有所作为。据了解，中国是世界上唯一以立法及政府红头文件来推动科普的国家，这足以说明国家对科

---

① 位梦华：《一位科普作家的呼声》，载《光明日报》，2000-01-17。

普工作的重视程度。但如何将工作落到实处，如何以多样、生动的形式推广科学知识，培育全民的科学精神，是一个尚待进一步研究的问题。北京大学物理系主任、中国科学院院士甘子钊教授在《中华读书报》上发表的一篇文章中，对科普工作提出了许多好建议，非常值得我国的科普工作者借鉴。

现在的科普有两大误区。一是过于强调单纯的知识。其实科学普及的不只是知识，更多的是一种科学观、世界观、人文素养、心灵的修炼。二是太功利化。什么有了科学养猪就肥、养蝎子就赚，这种对科学庸俗化的通俗解释，当然也有它的作用，但如果以为科学就是致富，只有一种解释，而没有更高层次的科学理念，是很糟糕的。

好的科普读物应该在知识的传递之外，贯穿这样几个重点。首先是做人。爱因斯坦说过：伟大的科学家的成就往往还不如其人格魅力对世界的贡献大。科学家追求真理、探索未知都是非功利的，特别是搞基础科学的，可能一辈子默默无闻，他们凭的是信念。其次恰恰是非功利的追求带给整个人类最大的功利。科学和知识从本质上讲是属于全人类、服务全社会的，现在都讲知识产权和专利，其实真正的科学家并不重视这些。科学是一代代人积累的，你在前人基础上有所进步，那是你一个人的成果吗？科学的价值不在专利，它只有服务人类才能体现其价值。再次是训练培养当代科学和思维方法，也就是实证和理性的思考方法。历史上有很多科学家迷信，和达尔文一起发表进化论的华莱士就相信人用意念能折弯勺子，获诺贝尔奖的克鲁斯相信鬼神，因为有一次他照相时发现他背后有个美丽的女郎，他认为那是一个魂，后来被证实那女的是当地有名的妓女，只是摄影师在暗室里的一点小花招罢了。而有的科学家之所以信，就是因为蔑视理性，只相信自己的经验和感觉，感觉是不可靠的。科学的基石是实验、实证，而且在同样条件下，实验结果是可以重复的。现在有的人大谈"后现代主义"中的"后科学"，用经验否定实验，是很浅薄的，也是违背科学精神的。最后，要培养孩子从小有一个敏感的心灵去感受世界的美，会受益终身。①

---

① 甘子钊：《科学普及的不仅仅是知识》，载《中华读书报》，1999-09-15。收入本书时有改动。

第四章　教育与人：发展的新视界

第一节　人的发展：整体和谐生成的过程

□ 在教育里，发展也是硬道理。可以说，自古以来的教育都是以"发展"为初衷的。只是在不同的时代，不同的社会背景里，发展的内涵有所不同。今天，我们来谈教育与人的发展关系，首先该谈一谈发展的一些新内涵、新趋向以及我们对发展的新认识。

■ 概念是人的思维形式。随着社会历史的变化，思维要变，概念也要发生变化。形式上、措辞上可能不变，但内涵肯定是有变化的。纵观发展这个概念，到了今天这个历史阶段，它有以下一些发展趋势。了解这些趋势是我们谈"教育与发展"的基本前提。

从发展的宏观方面看，发展已从单纯经济、社会方面转向了综合的尤其是人的方面。以往，我们谈发展往往以社会的经济方面为核心，主要是生产力水平，如炼了多少钢铁、产了多少粮食、修了多少铁路、国内生产总值是多少等。说一个国家发达主要是指其经济发达，说它落后也主要是指经济落后。生产力作为决定社会发展的根本基础，无疑在标志社会发展的水平中具有奠基性的地位。但一个社会除了生产力要素以外，还有其他的一些要素。生产力的水平不能代表整个社会的发展水平，并且如果过于偏重经济方面的发展，还容易使社会其他方面的发展受到伤害。1970年"罗马俱乐部"的报告使以经济为中心的发展概念得到了扩展，即从单纯的经济、生产力的发展扩展到社会的其他方面，如政治、文化、教育、道德价值的发展等。然而今天谈发展仍不满足于从经济领域向社会领域的拓展，它更重视一种综合性的发展，其中尤其强调人的素质的发展。即把发展重心从强调外在于人的社会性发展指标转移到强调社会的最根本、最有意义的要素——人身上。第二次世界大战中，德国和日本在经济上和社会结构上可以说遭到毁灭性的打击，但由于它们有了"人"的发展这个根本性的发展基础，第二次世界大战结束后，它们得以迅速崛起。是发展了的"人"才使得它们从废墟上重建了发达的经济和社会。这种历史向我们表明，人的发展是社会发展的真正财富。人的心理态度、价值观和生活方式的发展状况才是衡量发展的最深层的指标。这是一种"人道主义"的转变。社会的一切发展只有建立在人的发展之上，只有带动了人的发展，才是有意义的，才是符合"人性"的，才能叫作"人"的发展。不管是经济中心还是社会中心的发展观，它们都把真正造成经济、社会发展的"人"掩盖在一大堆抽象的数据后面，使人成了"数据"的奴仆和工具，成了无所谓的东西，所以，它们是非人道的发展观。

　　□ 这个转变也是符合马克思主义基本原理的。马克思主义继承了先贤的"人是万物的尺度"的思想，把哲学研究的目的从自然、哲学观念转回到现实的人之中。他们要求人不再围着其他东西转，而"应围着自身和自己现实的太阳转"，"依照人的方式，根据自己本性的需要，来安排世界"。在个人和社会的要求上，他们把现实的个人的生活作为目的，人成为社会历史的主体，也成为发展的主体。他们说，社会、历史"什么事情也没有做，只有现实的、活生生的人才创造、拥有这一切，并为这一切而奋斗"。历史就是一部打开了的心理学教材，一部社会发展史，归根结底是人的心理的、文化的发展史。

■ 当然，我们不能脱离社会的发展来谈人的心理的发展。发展观的人道主义转变并不以抛弃经济、社会的发展为前提，相反，这两方面的发展是统一在一起的，没有社会的发展，心理的发展必然陷入历史唯心主义的空洞和抽象。在把发展的视点转向"人的发展"之后，我们还应该看到发展观的另一种趋势，即从生物学的、单向度的人的发展向整体的、和谐的人的发展的转变。生物学的发展观把人的发展等同于机体的成熟。生物体有成熟期，也有衰竭期，相对于整个人生来说，它是一条倒"U"形的曲线。大致说来，青壮年之前机体呈积极生长态势，中年阶段有一段保持生长期，但随后机体便日趋衰竭，直至死亡。根据这种观点，人的发展在中年时就要停下来，所以，教育也就主要是针对儿童青少年的。现在，我们的观点已经突破了狭隘的生物论。因为人不只是生物体，其实他的更重要的特性表现在心理属性和社会性上。所以，人的发展就不能仅指生理上的积极变化，还应有广得多的内涵。人的心理的成长就不只是青少年以前的事了。在心理上，人终生都在成长。"心理学研究指出：人是一个未完成的动物，并且只有通过经常地学习，才能完善他自己。"①现代哲学提出，人生是一个生成的过程，也就是说人生是一个发展的过程。所以，在今天，我们"一般认为，个体发展始于生物受孕而止于身体机体的死亡"②。

直到不久以前，人们还认为人生发展是由三大阶段组成的：从婴儿期到青春期的性格形成阶段，成年期稳定阶段，老年期、

---

① 联合国教科文组织国际教育发展委员会：《学会生存：教育世界的今天和明天》，华东师范大学比较教育研究所译，180 页，北京，教育科学出版社，1996。

② 中央教育科学研究所比较教育研究室：《简明国际教育百科全书 人的发展》，总论 1 页，北京，教育科学出版社，1989。

死亡期的衰退阶段。新的观点是，人的发展，除了身体在生物意义上的发育、成熟以外，是一个伴随人的一生的过程。今日的发展论者认为，行为变化过程贯穿于从胎儿期到死亡的全部一生中。行为变化过程反映了不同的个人的不同行为表现增强和减退的情况。例如，人进入老年以后，言语能力往往继续加强，而身体的灵活性却减退了。但是，对那些在不断学习和提高的人来说，当言语和操作结合起来时，在其一生中仍呈普遍增强的趋势。图 4-1 表示了传统的观点和新的人生发展观对心理社会发展认识的基本差别。

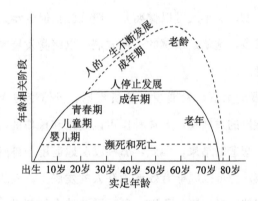

图 4-1　人一生的变化过程

图 4-1 认为人的一生不是永远发展的观点主要关注的是从婴儿期到青春期，因为在这几个年龄阶段里人处于生长变化之中，而认为人的一生不断发展的观点则把发展视作一系列不间断的发展变化过程，无论是增长还是衰退，濒死还是死亡。①

□ 生理上的发展与心理上的发展在表现方式上并不相同。生理的

---

① ［美］詹姆斯·O. 卢格：《人生发展心理学》，陈德民等译，13～14 页，上海，学林出版社，1996。收入本书时有改动。

发展是指人的机体成熟和体质增强，如身体长高了，体重增加了，耐力、活力增强了等。而认知上的发展可能不只是表现为知道的东西在数量上越来越多，还表现为在质量上对某对象了解得越来越深刻、全面、透彻。认知上的同化和顺应永不停止，所以知识不仅在量上，也在质上，与人的经济生活一道"成长"。就情感而言，人生早期存在着情感种类的分化发展。人生之初只有混沌的苦乐之情，但后来情感在外延上细分出如悲伤、忧愁、欢快、遗憾、敬慕等各种情感样式，这是一种发展。但情感还有另一种发展，即内涵式发展。我们说，各个年龄阶段的人都要笑，但笑声里包含着不同的意义，这种意义是他的生活经验的产物；老年人可以像婴儿一般哭泣，但老年人的哭泣在内涵上要丰富很多，这就是情感的一种发展。以终身发展来说，人活到老，发展到老。

■ 从发展动力看，发展观已从机械论、机体论转变到相互作用论。根据机械论的发展观，人被看作可以使用和操作的被动机体，人的发展是外力塑造的结果。因此，那些成功地运用于自然现象的法则和规律，也被认为可以同样有效地用在人的发展上。人的发展只是刺激和反应之间的因果产物，所以，只要了解外在的刺激，便能对人的发展作出"科学"的判断。这种发展观乐于将人的发展分为可被明确测定的步骤，提出"在第几个月时，婴儿不用支持而跨出第一步"或"在一年级第一个星期时，一般学生能学会多少词汇"等定量性的问题。机体论发展观在承认遗传和环境影响的同时，认为发展的决定因素是自己，相信个人在自己终身的发展中，越来越成为自己发展的主要组织者和决定力量。这样，人的发展与其说是塑造，不如说是生长。今天，我们更强调相互作用的发展观，既承认机体的发展的影响，也肯定环境对人的发展的影响，但更重视机体与环境相互作用的结果对发展的重要意义。

这种转变趋势实际上是从客体论向主体论的转变。机械论的发展观把人自己当作被发展的客体，认为人是环境的消极产物；虽然强调人自己的主体作用，但是这种主体又是某种程度上脱离环境客体的抽象主体、单子式主体。实际上，主体与客体从来就是相互发展的，主体的能力具体反映在他对客体的把握程度上。他作用的客体对象越广泛，客体对他的影响也越广泛，他对客体的依赖性也越大，他的主体性也就越强。所以，主体性不是从主体自己单方面衍生出来的属性，它本身就是主客体的一种"融合"物。

第二节　新教育：现代人的个性化生活方式

□ 对照发展观的这种变化趋势，我们今天的教育在关照人的发展方面还存在些什么问题？

■ 一般地说，我们的教育尚没有完全实现发展观的上述转变，具体表现在发展的内容、过程、动力等几个方面。

表现之一：从发展内容上来说，我们今天仍较严重地停留在人的单向度素质上，具体地说就是人的认知性素质上。

□ 这可能与人们的人观有联系。有什么样的人观，就有相应的发展观和教育观。综观人类历史，关于人的本质的观点真是五花八门。有人把人看作自然生物，有人把人看作理性的动物，也有人说人是情感动物，还有人说人是社会动物、政治动物。各种观点，不一而足。与各种人观相应，在教育上就有人提出要顺应人的自然本性，认为后天教育的过多干涉会扭曲人，毁坏人；有人则要求教育必须张扬人的理性，甚至宣布"不懂数学的人"不能入他的校门；也有人要求教育应满足人的各种需要，让人快乐；或者去培养置身于国家机构的特定位置上、为国效力的"公民"。

■ 在"人"的观念上出现这么多的差异，自然有其主客观上的原因。首先，人在不同历史阶段的生存斗争中要表现出某种较占优势的属性，人们容易把这种较为凸显的属性当成人的主要本性。在没有社会分工的群体的活动中，每个个体只是作为群体的一员，与群体天然融为一体，起着简单平均数的作用，他的本性无疑就是群体的本性。城邦制的公民谈不上个性，他就是城邦的一分子。在"知识就是力量"的时代，人的头脑、智力便成为他的主要本性和教育所要发展的重要对象。其次，学生的社会身份也影响了教育"发展"的重点。例如，在古代社会，学生大都是贵族阶层的子弟。他们远离生产劳动，衣食无忧，于是精神本性就成为教育的发展重点。最后，人们的哲学观、价值观的差异也影响着他们对人的本性的取向。不同的人根据自己对人生的理解，就会提出不同的人性观，采取不同的教育观和发展观。

应该说，人的本性是一个多因素、多层次的系统：既有生理性因素，也有心理性因素；既有个性成分，也有社会性成分；既有认知维度，也有情感维度。它们是一个统一体。"把一个人在体力、智力、情绪、伦理各方面的因素综合起来，使他成为一个完善的人，这就是对教育基本目的的一个广义的界说。"[1]如果我们是在全方位观照人的本性的基础上，对个别方面给予必要的重点对待，这是值得肯定的。因为抽象而言，人虽然是一个平衡体，要求我们对各个方面予以"同等"对待，但一旦具体到特定的生活时空，他必然有某种占主导地位的优势属性。所以，人的发展不是"平均"使力的所谓平均发展，而只能是在多点论中有重点论的"和谐"发展。历史上那些固执于人的某一方面的属性的"本性"观、教育观和发展观，其最后的结果总是一样的，即

---

① 联合国教科文组织国际教育发展委员会：《学会生存：教育世界的今天和明天》，华东师范大学比较教育研究所译，195 页，北京，教育科学出版社，1996。

个别向度的发展最后伤害了整个人的发展。理论上可以把人分解成各个方面，但人在生活中，却是一个整体。把人的本质看作自然的、理性的、情感的、社会的等，这只是人的思维的本质，并非真正的人的本质。用单面的思维本质去"发展"全面的人，必然会对后者造成伤害。

□ 今天的认知性单面素质的教育已经给学生造成了许多伤害，许多学生"知识"不可谓不丰富，但就是不懂事、不成熟，不能解决生活中的问题；他们只懂得因果事理，不懂得人际的情理、伦理。有些学生为了"学习"，没有心情去体验亲情。他们不探亲，不通信，不与家人交流感情，有的为参加中考补课，甚至不去参加亲人的追悼会。有的学生不能调控自己的情感，在受到教师、父母的批评后，出现怒目而视、破口大骂、动手打人、迁怒他人，个别人还有损害公物、破坏公共秩序和社会治安的越轨行为。他们常常为一件小事而大发脾气或无理取闹，甚至寻死觅活。很多时候，外在刺激并不怎么过分，但他们却冲动地做出过激的反应。现实生活中许多学生自杀的事例，虽然有各种外在原因，但学生心理闭锁、人格扭曲、缺乏情感调控能力，不能不说是重要原因。单向度的人不仅容易与他人过不去，也很难体验到人格的内在和谐，难以体验到快乐幸福。

■ 唯认知发展型单面人可以说是科学主义时代的畸形儿。科学和技术在其特性和范围方面是普遍的、世界性的。科学知识是人们通过观察、实验所获得的关于事物的知识，这些知识是客观的、普遍的世界性语言。科技革命已为人类创造了一个新世界，这个世界已截然不同于以往任何时期。科学时代要求人冷静、理性、客观。正是人的这种"冰冷"的素质才给了人一个崭新的世界。但这只是问题的一个方面。问题的另一方面是，科学技术不断取得新成就的今天，它也对人的情感提出了更高的要求。科学技术的每一次革命都是以打破人与世界的既定平衡关系为结果的。它使人的生活发生急剧变化，造成社会习惯、风俗和规范方面的广泛的混乱。刚刚获得相对平衡的主客体关系可能会因科技的某一项革命顷刻间瓦解，必须重建。科学时代，人们需要一种在动荡中求安逸、在矛盾中求和谐的人格素质。科技时代既是知识高唱凯歌的时代，同时也是情感的价值日益彰显的时代。高科技需要高情感来抗衡。从这个意义上来说，社会已在呼唤和谐人格和更强的和谐能力，教育如果不能培养出内在和谐的人格，就无法培养出一代新人来促进社会进步。

我们的教育尚未完全实现发展观上的转变，表现之二：从发展的过程上来看，我们今天的教育仍未摆脱"阶段教育"的影响，认为教育主要指学校教育或青少年阶段的教育。

□ 但是我们现在已经有了诸如夜校、函授、电大以及其他形式的成人教育。

■ 不错，我们是有诸多形式的成人教育，但是，这并没有让人们从根本上摆脱阶段教育观。国际上在 20 世纪 60 年代就已把终身教育作为影响教育各层次和所有成分的改革计划中的一项积极的原则①，成人教育只是终身教育中的一个构成阶段。终身教育的讨论虽然是从成人教育计划发起的，但终身教育从人生跨度来说远不止于此，它还应包括胎教、婴儿教育和老年教育，在国外甚至还出现了死亡教育。这些教育形式，在我国还没有得到足够的重视，有的甚至还没有出现。在我国，大中小学的教育占据了绝对统治地位，它们被称为"正规教育"。而"正规教育"在许多人心目中所蕴含的真正意义是，舍此之外的其他教育形式不是正规的教育。人们产生这种偏见是有其道理的，因为在我国，即使是办得相当火热的成人教育，在教学规范、教育改革

---

① ［伊朗］拉塞克、［罗马尼亚］维迪努：《从现在到 2000 年教育内容发展的全球展望》，马胜利等译，136 页，北京，教育科学出版社，1996。

与教育质量方面都还存在不少问题。不少成人接受成人教育不是真正为了"使自己的能力日趋完善和对自己的发展有所贡献而得到幸福"，也不是因为"全部社会的、经济的和文化方面的发展，都要求每一个受教育的公民尽可能地发挥他的潜力"。① 谋文凭、混文凭的现象并不少见。

□ 阶段型教育有一个基本的假设，认为青少年及以前的生活只是成人生活的准备阶段，只有成人及以后的生活才是正式的、有意义的。因此，为了能提高正式生活的质量，前面就需要一个准备阶段。孩子一生下来就是为了早日"长大成人"，小学只是为升入中学，中学主要是为升入大学。没有想到，婴幼儿的生活、小学、中学的生活本身就是一种目的。人生是一个不断生成的过程，任何一个阶段既是下一阶段的过渡环节，更是自具目的意义的一段人生。从这个意义上说，教育不应只是生活的准备，而是人的一种生存方式。如果把大、中、小学的教育阶段从人生目的中剔除掉，所谓正式的生活就要大打折扣。

■ 现代社会时时在变，人们时常有落伍的紧迫感，我们无法用青少年期间学会的东西去应付人生的一切问题，教育因而也无法"毕其功于一役"。把青少年阶段的教育作为生活本领的获取、积蓄，把日后的生活当成对既有本领的使用、提取，这样一种划分方法，显然已经不能适应社会发展的形势。教育应该成为人生时刻需要的事，而不只是青少年的"专利"。现在许多孩子、家长尚没有从旧有的观念中转变过来，总相信只有在该入学读书的青少年阶段读上了书、进入了好学校，人生才有出路，才让人放心。眼前大、中、小学激烈的入学竞争也在某种程度上反映了这种心态。如果我们能真正树立起终身教育的观念，

① 联合国教科文组织国际教育发展委员会：《学会生存：教育世界的今天和明天》，华东师范大学比较教育研究所译，179 页，北京，教育科学出版社，1996。

入学竞争就不会如此残酷。没有考上大学，人照样可以读书，照样需要读书。同时，大学毕业不是人学习的终结，他们仍需要读书。当然我国目前的"正式"教育的学制也有个转变过程。如今学制比较单一，比较僵化，缺乏弹性和灵活性，不能够满足一切发展阶段的人们"随时可学""活到老，学到老"的愿望。

我们的教育尚没有完全实现发展观上的转变，表现之三：从发展的动力上看，我们今天的教育依然受到机械论的困扰。发展不只是变化，也不只是内在的相对持久的变化。发展的核心标准是这种刺激得到主体的"理解"，能与主体融合为一。这里头有个"质变"过程。举个例子来说，有些幼儿在大人的训练下能背出多首唐诗，这是一种变化，且是内在的和相对持久的变化。但是由于儿童对唐诗没有"理解"，他只是鹦鹉学舌般地重复大人的声音。这不叫"发展"。他的这种学习与鹦鹉的"学习"并无两样，他背诗主要是可以因此得到父母和其他人的赞赏、喜爱，背诗只是他获得奖励的一种手段。他可能知道背诗与奖励之间的因果关系，而不知道诗歌内容上的意义。当然，儿童背诗可能有其他方面的益处，但对于学习唐诗来说，他是无所谓发展的。

□ 这个定位很有意义。这使我想起一则笑话，说一个小学生在考数学时，被"3×7＝？"这道题难住了。考完后，他说：眼看就收卷了，我不管三七二十一就填了个"22"。这里，学生可以非常顺溜地说出"三七二十一"这一等式，但由于他没有理解，瞎填了"22"。

■ 机械论的发展观只相信外在的刺激量的不断叠加，认为量的叠加自然就会使人得到发展，它不太注意这些量之间是否发生了"质变"的关系。例如，在体育教学上有的教师就认为，运动量的简单增加可以增强学生的体质。由于没有注意到运动量是否得到了学生原有体质的"接纳""理解"，所以很多情况是运动量越增加，对人体的伤害就越大。教育中所盛行的疲劳战术、题海战术、"头悬梁，锥刺股"战术不正是机械论大行其道的证据吗？很多教师认为大道理重复百遍、千遍就会变成学生的素质。殊不知这种脱离学生的品德理解水平的说教，只是婆婆妈妈似的喋喋不休，它反而引起学生的反感。

□ 机械论希望塑造"标准件"人才，因为它认为发展就是量的叠加，不关心内部的质变，所以如果大家是接受同样的刺激，大家就应该获得同等的发展。这种教师对几十个学生听同一位教师的课而产生不同的发展水平大惑不解，他们反而要质问学生：为什么他人掌握了而你却不行？由于他们有这种"标准件"的假设，所以，他们不仅"标准件"地讲课，还"标准件"地验收，没有个别化教育，没有个性化教育。

■ 的确是这样，实际上发展应该是内部与外部、主体与客体双向决定的，是它们的一种融合物。由于需要主体的参与，发展必然是一种个性化的发展。同样一本教材与不同学生结合，就会产生个性化的理解。所以现代解释论把刺激当作一种"文本"，而不像机械论所理解的那样死板。作为"文本"，不同的人就会从它身上发现不同的东西，产生不同的理解。"文本"也在与主体的融合中获得了生命，成为一种"有机体"，而不再是孤立的"死物"。主体在与刺激的融合中发生质变，产生顿悟，促成创造。创造不是量的机械叠加的结果，它必须是不同刺激的质的融合的产物，任何创造都是发自人的内心深处的。量的叠加只能使负担随学习而增加，学生所学到的每个知识点只能解决相应的问题，众多的知识只以单子式的点共存，没有融合，没有生长，也无所谓"可持续性"发展：这些知识除了应付与之相应的考试外，别无用处；它们一旦应付完这些考试，也就不再对人的生命产生持续性作用。这也就是我们的教育教给了学生那么多知识而学生却无以创造的真正原因。相反，个性化的学习使学生感受到刺激融入原有心理系统，变成一种有意义的、有生命的成分。所谓有意义、有生命就是指它可以根据不同的情况与其他成分灵活融合。所以，个性化学习者的大脑结构是可塑的。实际上，他越学习，越发展，其可塑性就越大。发展虽是相对稳定的变化，但心理结构的可塑性表明了一个人发展水平、发展质量的层次。由于是可塑的柔性结构，所以，它更容易生长，更容易创造出新的东西。

□ 机械论的教育很容易无谓地加重学生的负担，损害学生的学习热情。数量式叠加的知识因为没有与学生的主体人格融合，只能停留在感知和记忆的表层。学生在教师的灌输中只能用外在于自己的陌生知识去应付接踵而至的更新的知识，知识对学生永远是孤立的、陌生的、外在的。久而久之，当陌生的知识之链延伸到一定限度后，他们再也没有心力去应付更多的新知识了，只好从教育的进程中跌落下来，进而厌学、逃学，成为所说的"后进生"；只有一部分天赋较好或在校外得到较好辅导的学生才能达到教师的要求，成为教师眼中有希望的学生。

■ 所以，机械论的发展观往往导致针对少数学生的教育观。这里就是我们所要谈的表现之四，即我们今天这种不健康的教育往往在发展少数的学生，对多数人却弃而不顾。面向少数人的教育并不只是机械论教育观的产物，还是单向度教育和阶段型教育的必然产物。单向度教育只是关心学生在书本知识方面的认知，忽视学生其他方面的兴趣、志向和才智。人才是多范式的，知识是多形态的，既有学科中的结构化、原理化了的知识，也有大量的非结构化、非原理化的知识，有些知识是只可意会、难以言传的。唯认知主义的教育实际上否认知识的多样态和学习能力的多样态。阶段型教育只是面向人生特定阶段的人，对此阶段之外的人的教育则相对忽视，使人丧失了许多发展的机会。对此，我们提出教育要面向全体人，这不仅是指推行义务教育发展全体人、推行终身教育发展全体人的整个人生过程，还指在义务教育和终身教育的过程中，应让所有人都受到高质量的个性化的教育。后一点在今天往往更容易受到忽视因而尤其值得提出。有许多孩子整天得不到教师的关注，成为被教师的眼神、精神忽略的人，成了少数英才的陪衬人。他们虽然入了校，占了入学率，但是他们并没有受到应有的教育，获得应有的发展。这种对人的忽视具有隐蔽性，因而更具危险性。教育并不是让人去"出席"教育的场合，它必须是让人全身心地投入教育当中，与教育情境发生有机的联系，这种教育才有发展的意义。

综上所述，发展观的变迁向我们现行的教育提出了挑战。教育要能适应和促进现代社会发展，就必须用新的发展观培养一代新人。针对上述存在的问题，我们认为培养新人的新教育应该是面向全体的、个性发展和谐的、持续而有个性创造的。

第三节　人的可持续发展：均衡、长久、强劲的人格潜力

□ 自古以来，教育总是关心人的发展的。与过去相比，今天教育与人的发展的关系有没有什么新的标志或时代性特征呢？

■ 与过去相比，今天教育与人的发展的关系我想至少有四点新的标志、四个新的时代性特征。第一，教育在今天已经不只关心少数人而是关心全体人的发展。因为它是建立在全民教育运动的时代背景下，尤其是在世界各国推行教育民主化的过程中，现在教育必须关心全体人的发展。第二，今天讲的人的发展特别强调全人格、全身心、全脑协调的发展。固然人类在早期已经提出过人的协调发展问题，如柏拉图的教育理想、孔子的教育理想，但是毕竟那个时代提的人的协调发展，一是只可能关注少数人而不可能是全体人，二是那时提的人的协调发展也不可能建立在我们今天对人、对脑、对身心关系的科学研究的基础上。所以今天讲的全面发展、全脑发展、协调发展应当有新的

时代特点、新的科学发展基础。第三，今天说人的发展应该强调人的持续发展。因为持续发展这个概念从生态领域迁移到人的发展领域里，就是把人的发展看作一个在学习化社会中能不断学习、终身学习、实现持续化发展的过程。所以教育与人的发展关系一定要关注人的持续性发展、关注人的内在动力性、关注人自身的成长动机。第四，今天的教育应该是发展学生个性和创造性的教育。受传统文化中消极因素的影响，我国教育中扼杀学生创造性和个性的问题较为严重。而开放的现代中国与发达国家一样，将面临一个迅速变化的新世界，没有个性、缺乏创新的人将难以适应这个社会，更难以在这种社会中有所作为。

我们国家的义务教育，作为教育民主化的一个方面，这些年有了极大的发展，但教育机会均等的问题还远远没有解决。一些边远的贫困地区、农村还存在大量儿童失学的现象，我们仍在不断地制造新的文盲。这里有观念上的原因，也有经济上的原因，在一些农村地区，很多家庭供不起两个孩子同时上学。受文化观念影响，他们往往先是确保男孩受教育的机会。应该说，现在女性在受教育的机会方面是远远低于男性的。当然，这也是一个世界性的问题。世界文盲的数字进一步表明女性在教育方面是处于不利地位的，而且女性教育还存在地区差异，发展中国家这方面的问题更严重。这些已经引起了全世界高度的重视。

据 1990 年统计，全国 1.8 亿文盲中，三分之二是妇女，在全国 211.1 万未入学的 7～11 岁学龄儿童中，女童就有 171.3 万，占 81.1％。[1]

---

[1] 郝克明等：《新世纪教育展望：'96 国际学术报告会》，34 页，南宁，广西教育出版社，1997。

世界现有文盲 8.8 亿，其中 2/3 为女性；将近 1.3 亿的学龄儿童失学，60% 为女童。妇女文盲约 40%，而男子文盲则只有 28%。在北美洲、欧洲和拉丁美洲，小学和中学阶段男女学生的入学人数大致相等。但是如果把亚洲和阿拉伯国家放在一起计算，我们发现，小学的男孩比女孩要多 50%，在中学要多 100%。[①]

我们说女性教育更应受到重视，它不仅是教育机会均等的问题，更是人类今后的生命素质能否提高的问题。人生最初阶段的发展与母亲的素养有更大的关系。一个女性能不能孕育一个健康的宝宝，能不能给宝宝最早的良好教育，这都关系到今后的人的素质。所以，女性教育具有非常深远和重大的意义。

□ 其实，对于什么是文盲，现在也已经突破了认为"文盲就是不识字的人"的概念。随着知识经济时代的到来，可能有许多人在某种程度上会成为新的文盲，这可以叫作功能性的文盲，"意味着一个人所掌握的书面文字和一般基础知识还明显地不足以使其在越来越复杂的社会中'行使功能'"[②]。在 21 世纪，不会外语、计算机的人就被列入功能性文盲。那么从社会能力来说，不能与人很好相处、不能与环境协调一致、情感缺失、生命价值意义缺失的人，都可能成为 21 世纪的新文盲。有些人大学毕了业，或者有了硕士学位甚至博士学位，在知识的拥有方面应该很充足了；但如果他不能管理自己的知识，不知道如何去找资料、如何充分发挥知识的效能，他们仍然是知识经济时代的文盲。所以扫盲的意义应该更加重大。"扫盲的目的并不是单纯使一个

---

① 联合国教科文组织国际教育发展委员会：《学会生存：教育世界的今天和明天》，华东师范大学比较教育研究所译，79 页，北京，教育科学出版社，1996。

② 赵中建：《教育的使命：面向 21 世纪的教育宣言和行动纲领》，2 页，北京，教育科学出版社，1996。

不识字的人能够识得几个字，而是要使他更好地同他的环境协调一致，更好地理解生活的真正意义，提高他个人的尊严，接近他认为有益的知识源泉，掌握他走向美好生活所需的实际知识和技术。"①

■ 经济上、观念上的原因只是制约全民教育的一个方面，还有一个更隐蔽、更可怕的方面，表现在教师对已经入学的所谓"学业失败者"的不民主的态度上。现在在学校中，许多学业失败者受到歧视、受到排斥的现象很普遍。一位教育科研人员在某教学班连续听课后发现，该班有两名尖子生，在两天内被各科教师提问共 12 次，而另两名学习上的后进生，在 12 天内都无人提问。为了提高升学率，有的甚至促使后进生自动退学，把他们推到学校门外。②

□ 这部分学生真的是学业失败者吗？我看不然。就看你用什么尺度去衡量。许多人用现行分数指标这把唯一的尺子去衡量学生，并以此划分好与坏。其实有些成绩差的学生在别的方面，如艺术、体育方面却很好。而且这种记分制多是将一个学生与其他同学进行横向比较，较少考虑这个学生比他过去进步了多少。另外，呆板、形式主义和丧失个性的考试，也给学生造成了很大的损害。

■ 现在在评价教学、评价人的发展上，体验性指标出现的频率越来越高了。例如，日本学者提出课程实施应有三大目标：第一是成就性目标，标志学生在知识基础、技能、价值态度三个层面上的发展水平；第二是提升性目标，指学生在上述三个方面的自我提升；第三是体验性目标，它不以行为发生变化为目的，而是更希望和看重人形成体验（如成功感、自尊感体验），更关注内心世界的东西、精神世界的

① 联合国教科文组织国际教育发展委员会：《学会生存：教育世界的今天和明天》，华东师范大学比较教育研究所译，65 页，北京，教育科学出版社，1996。
② 鲁洁：《德育社会学》，372 页，福州，福建教育出版社，1998。

东西。我想如果教师和学校管理者真有了这样宽阔的胸怀和合理的评价尺度，我们的教育决不会制造那么多的悲剧，而能更好地促进学生发展。

对人的发展中一个内在、深层的因素——对情感及其感受体验的重视与人类对大脑研究开发的新成就有关。近些年，人们在大脑研究和生物化学方面所取得的突破，使我们更清楚、更客观地理解了人类行为及其心理机制和学习过程。人的大脑还有很大的潜力值得去开发和利用。过去人们常认为人左脑主要是负责语言、计算、理性思维的，而情感功能则主要在右脑。现在日本学者春山茂雄提出人的左脑不仅仅管逻辑思维，它也具有情感功能，包含喜怒哀乐的感情；它不是单纯的"理性脑"，而是不断储藏着人后天所获得的各种信息，成为经验和知识的记忆宝库。所以春山茂雄称左脑为"自身脑"。[①] 人的右脑主要具有创造性、直觉能力和认识图像的功能，而且右脑还有一个隐蔽的重要功能，就是把人类长期积累的智慧作为遗传因子信息储藏下来。春山茂雄认为，右脑是具有上述功能的"祖先脑"。例如，刚出生的婴儿对世事一无所知，但却能熟练地吃奶，这就是天生的智慧，而且这种智慧源于右脑，右脑具有人类睿智的精华。还有学者认为人脑由三个脑组成：意识和语言脑（左脑）、无意识和想象脑（右脑）以及位于左右脑中间的间脑。右脑的许多奥秘已被人们逐渐揭示出来。它和左脑一样具有五感（视、听、嗅、味、触觉），而且它们是共同运作的。人们通常讲的神秘的第六感觉，其实是任何人右脑中都普遍活动着的一种极为自然的感觉，是一种共同感觉。右脑具有四大功能：谐振共鸣

---

① ［日］春山茂雄：《脑内革命第二卷：右脑的使用将改变你的人生》，郑民钦译，25页，北京，中国对外翻译出版公司，1997。

机能、想象化机能、高速大量记忆机能和高速自动处理机能。① 人的才能及创造的真正机制，事实上不在于人们通常想的左脑而是在右脑。间脑的功能则在于整合脑内各部位的工作，并将其转化为意识。它是记忆与意识的中枢。如果没有间脑，记忆就无法提到意识层面。所以七田真认为，对于大脑的改造，关键在于唤醒间脑和开发右脑。这种新的对脑的认识为我们有效地开发和利用人的大脑提供了理论依据，给我们的教育提供了很多启示。过去我们的教育主要以言语为工具，以逻辑思维为形式，基本上是对人的左脑的开发。这是不完全的。我们必须关注人的全脑，尤其是当代对于创新性人才的呼唤，更需要对与创造性有极大关联的右脑的开发和利用。总之，随着人们对脑的认识的不断深入，我们能够更好地开发人脑，使人生变得更加和谐美好。

□ 从和谐、完整人格的角度看，你认为现在学生最缺少什么？教育要特别关注人在哪些方面的发展？

■ 学生在人格方面的问题主要集中在这样几个方面：第一，认知与情感发展不均衡。由于我们过去较多偏重对学生逻辑认知层面的开发，偏重知识学习，忽视学生的情感体验和积累，因此，学生情感品质和能力低，缺失社会性情感。例如，有的学生没有丰富、细腻的情感，不会控制、表达自己的情感，遇到什么不顺心的事就大吵大闹。学生的社会情感受损表现在：一是感受力下降。孩子"日益获得了那种对其所获取信息进行描述、推理与编码的能力，而同时他也许渐渐失去了对人对事件的感受能力"② 许多孩子感受不到他人的痛苦，感受不到自然、艺术的美。例如，教师带学生外出游览时，学生没有对自

---

① ［日］七田真：《右脑智力革命》，55 页，台北，创意力文化事业有限公司，1997。
② 转引自朱小蔓：《情感教育论纲》，60 页，南京，南京出版社，1993。

然之美的惊叹和赞美。二是认识兴趣的泯灭和扭曲。认识兴趣不仅是认知学习的动力，而且是人的情感特征。可是在沉重的学业负担和心理压力下，学生缺少对事物的探究欲和好奇心。三是从自尊心的丧失到社会责任感的淡薄。学业欠佳、屡遭失败的学生体验不到成就感，自尊心受到打击，而自尊心的丧失是社会责任意识淡薄的最大情感原因。试想一个自暴自弃的人是不可能对他人、社会负有责任的。第二，认知与态度、价值观和品德方面发展不均衡。尽管许多学生成绩很好，但集体意识淡漠，过分追求个人价值。学生在承担责任、关心他人、自我管理方面明显存在着道德缺失的情况。有相当多的学生在家不做事，乘车不让座，同学间多竞争少团结。第三，心理问题多。许多心理问题正是由人格分裂、人格冲突造成的。刻苦学习、渴望成材与自身能力不够的矛盾，渴望自主独立与自主能力不够、家长过多干预的矛盾，自尊与自卑的矛盾，等等。

在学生问卷调查中，在公与私、个人与集体关系问题上，价值观存在着向个人价值倾斜的倾向。对于中学生读书为什么，回答为求知的占 34.7%，为求职的占 38.99%，为振兴中华的占 16.16%。对人生的价值在于奉献，有 17.30% 的学生持否定态度，有 21.13% 的学生回答不知道。……调查显示，只有 68% 的学生表示愿意参加集体活动……回答当集体利益与个人利益发生矛盾该怎么办时，持公而忘私观点的占 2.48%，持先公后私观点的占 30.35%，认为应公私兼顾的为 62.29%。①

---

① 上海教育学院《思想政治课实施素质教育研究》课题组：《上海高中学生思想状况调查报告》，载《教育研究》，1997(5)。

□ 很多家长，甚至包括教师，对学生的全面发展、完整人格的理解有偏差，认为全面发展就是样样都好。

■ 现在很多家长的确希望自己的孩子在各方面样样都好，各方面都能得到发展。可是他们这样一种十全十美的要求孩子很难达到，这就造成孩子内心紧张、压力大、情绪低落，发生内部冲突，造成"不和谐的人"。每一个人的潜能是不一样的，每一个人后天的发展也应该是不一样的，不可能人人都达到像爱因斯坦那样高的智力水平，都达到像雷锋那么高尚的精神境界，都具有贝多芬那么高的音乐才能；我们也不可能要求每个学生都达到读清华大学、北京大学的智力水平和学习能力。所以要承认不可能人人都是十全十美的，要承认每个人发展的绝对水平是不一样的。我觉得培养均衡、和谐的人的提法是比较好的。只要每一个人的各方面都得到发展，不成为单向度的人，而且他的各方面素质，身体、智力、情感、文化等素质都比较协调——协调是其自身内部各要素的协调吻合，人格内部各方面不发生对抗、冲突、分裂——这样的人就是和谐的、均衡的人，就是一个人格健康发展的人。人的发展水平可以分为绝对水平和适应水平两种。他们的绝对水平可能是不一样的。当然，对于这个不一样，你也不能说它是绝对的高还是绝对的低，它只不过是适应的方面不同，即以他自身的协调来满足社会不同层次、不同方面的需要。

□ 知识经济时代我们谈得较多的是知识生产、运用，同时，这一时代也许会更加关注人的智力层面、人的思维。这会不会是对人更大的智力掠夺，会不会偏离培养完整人格的教育取向？

■ 知识经济时代，知识的价值得到了极大的凸显。但要重视的是，我们不仅要讲知识的价值，还要讲知识的形态。经济合作与发展组织关于知识经济的报告将知识分为四种形态，即事实性知识、原理性知识、技能性知识、人力性知识。现在谈知识的学习也与过去有很大的不同。在知识剧增的时代，如何获取知识？学习知识的方式产生了很大的改变。其中包括是用占有性方式还是用分享性方式学习知识，是用维持性方式还是创新性方式来学习知识，这些都发生了变化。这就会推动我们对人的素质，对什么是人的学习能力、创造能力进行新的探索。过去比较偏重的是知识的技能、原理性层面，忽视知识的价值、情感层面；偏重知识内容的记忆、掌握，忽视获取、创造知识的方法、思维。所以从这个角度讲，我认为过去对人的智力、思维层面的训练还不够。在知识经济时代，我们所需要的正是那些具有整合、批判、创造性思维的人，这不是对智力的更大掠夺，而是更好地发展人的智力。与此同时，我们始终应该坚持培养完整人格的教育取向，不应该忘记知识的人文性和价值。

□ 为什么会在当今提出人的可持续发展这个新的概念？

■ 这个概念的提出应该说是时代变迁和社会发展的必然要求。可持续发展观的最初和最核心的内容是要缓解人与自然的矛盾冲突，即我们在满足当代人的需要时，又要考虑不对后代的生存和发展造成损害。我们知道，从中世纪封建神学桎梏中解放出来的人，强烈呼唤人性，要求凸显自身的价值和理性。在随后的几个世纪中，人类把自身的认识理性发挥到了极致，知识、财富源源不断，人类在科技、经济的发展上取得辉煌的成就。然而取得成就的代价也是巨大的。毁灭性地、无节制地开发自然，导致环境恶化，能源枯竭，人与自然的关系从和谐走向了对立冲突。这直接威胁了人类自身的生存和发展。与此同时，人类社会出现信仰危机、道德危机，人自己的片面发展也到了极致。反思过去，当今的人已不再沾沾自喜于已有的成就，开始在更高的层次，以更深刻的目光审视自身，审视在这个世界中的自身。我们"由于掌握了知识和科学法则而开始能够控制自然过程并且能够对它们担负起责任"，"今天的新人已经在领会、认知和理解这个世界了"。① 当今的人不再满足于对世界的认识，而力图从更全面的角度重新认识自我，并成为主宰自己命运的主人，实现和谐的生存。正是在这样的时代背景下，国际社会于1992年在联合国环境与发展大会上提出了可持续发展的新战略。

> 1992年联合国环境与发展大会提出了人类"可持续发展"的新战略和新观念：人类应与自然和谐一致，可持续地发展并为后代提供良好的生存发展空间；人类应珍惜共有的资源环境，有偿地向大自然索取……人类为此应变革现有的生活和消费方式，与自然重修旧好，建立新的"全球伙伴关系"——人与自然和谐统一，人类之间和平共处。②

今天，可持续发展观已不再局限于自然和生态的领域，而是扩展到人类的整个生存时空，以寻求人、社会、自然和谐、长久的发展。在这里，我觉得人的持续发展应该是更为基础和核心的。可以说现在人与自然间出现的问题，自然、社会的持续发展出现的问题，都首先是人自身的问题，是人、人与人关系的问题在人与自然、人与社会关系上的反映。所以，我认为在当今解决人自身的持续性发展问题可能更为重要和根本。

所谓人的可持续发展主要指"既能满足当时的需要，又能保证其身心和谐、均衡、持久的发展力不受损害的发展。也就是说，谋求肉体与精神的和谐圆融，身心发展的有序、均衡、协调，以保持全面的、

----

① 联合国教科文组织国际教育发展委员会：《学会生存：教育世界的今天和明天》，华东师范大学比较教育研究所译，192页，北京，教育科学出版社，1996。

② 赵中建：《教育的使命：面向21世纪的教育宣言和行动纲领》，79页，北京，教育科学出版社，1996。收入本书时有改动。

长久的、强劲的发展能力"①。

　　以往的教育受阶段论发展观的影响，对青少年阶段的教育期望值过高，希望通过这一阶段的教育培养一个人终身所需要的素质。于是人们常常用短视的目光，对青少年学生进行大而全的教育。这样一来反而使学生在重压下丧失了学习的兴趣，甚至产生"学校恐怖症"。阶段论的教育使学生渴望逃离教育，很多学生说愿意干任何苦活、脏活，只要不读书就行。急功近利反而从根本上损害了教育。哀莫大于心死。当学生在毕业后没有了学习的兴趣、动机和态度时，我们的教育应该说是失败的。如果我们相信学习是一辈子的事，那么，相对于传授给学生丰富的知识来说，激发学生积极的学习态度将成为更重要的事情。

　　态度对于一个人的持续发展非常重要。在知识、技能和态度三者中，过去认为知识是第一位的，技术是第二位的，态度是第三位的。现在要调整，把态度放在人的发展的第一位，这是最重要的基础和标志。它是人格发展的动力机制。在当今，人的情感、道德的发展更为重要，我想这里的核心就是，人有没有一种积极的、健康的、开放的情绪和情感态度，人有没有一种积极的、友好的、真诚与他人合作、交往的态度。态度不仅仅是价值观，还包括一种积极的开放的胸怀，所以要求人以积极的态度来实现自己作为生活体的目标，这是最根本的。在知识经济时代我们更需要那些富有积极的工作态度、能与人合作和分享、会关心人、有责任心、有创造力的人。

　　台湾《天下》杂志对台湾企业界人才进行了调查，结果见表4-1至表4-3。②

---

①　李祖超：《现代教育：促进人与社会可持续发展的整合》，载《教育研究》，1997(10)。
②　转引自万明春：《学习社会与终身学习》，载《教育研究》，1997(7)。

表 4-1　企业选用人才时最优先考虑哪一项　　　单位：%

工作态度	能力	过去工作资历、经历	学历	知识	个性
40.7	28.2	18.1	5.1	3.1	1.7

表 4-2　企业进行应届大学生征才时，优先考虑哪些条件（复选）单位：%

工作态度	个人品德	专业知识	工作稳定度（想出国、跳槽）	基本资质	企图心	个人性向	学历背景（学校、科系）	工作经验、实习	外表仪态	社团经验	在校成绩	性别
80.9	71.1	65.6	63.9	50.4	39.7	35.4	28.9	17.7	10.3	6.7	5.3	2.6

表 4-3　企业最重视员工哪些工作能力及态度（复选）　　单位：%

积极主动	专业知识	团队合作能力	企业忠诚度	弹性、可塑性学习能力	沟通能力	苦干实干	独立思考、分析能力	整体规划能力	创新能力	领导能力	国际观、涉外能力	管理技能	忍受挫伤能力
74.6	72.0	70.6	63.9	48.6	43.8	24.5	22.2	18.7	16.0	14.8	9.4	8.2	8.1

　　积极的态度是实现人持续发展的必要条件。人的持续发展与人的终身教育思想是相对应的概念。终身教育概念的出现，被人们认为"可以与哥白尼学说带来的革命相媲美的终身教育概念的发展，是教育史上最惊人的事件之一"。① 那么什么是终身教育呢？有这样一段话："教育，如果象过去一样，局限于按照某些预定的组织规划、需要和见解去训练未来社会的领袖，或想一劳永逸地培养一定规格的青年，这是不可能的了。教育已不再是某些杰出人才的特权或某一特定年龄的规定活动：教育正在日益向着包括整个社会和个人终身的方向发展。"②

---

① ［瑞士］查尔斯·赫梅尔：《今日的教育为了明日的世界：为国际教育局写的研究报告》，王静、赵穗生译，22 页，北京，中国对外翻译出版社，1983。

② 联合国教科文组织国际教育发展委员会：《学会生存：教育世界的今天和明天》，华东师范大学比较教育研究所译，199～200 页，北京，教育科学出版社，1996。

我想这就是终身教育的思想。所以有人说，在当前这样一个空前重视教育的时代，人们所需要的不是一个体系，而是"无体系"。我认为这话是有一定道理的，说明教育在当前这个时代，正在超出历史悠久的传统教育所规定的界限，贯穿于人的一生。现代科学指出，人在生理上具有未完成性，他和其他生物的不同点主要是他的未完成性。"人永远不会变成一个成人，他的生存是一个无止境的完善过程和学习过程。""他总是不停地'进入生活'，不停地变成一个人。"[①]这为终身教育提供了有力的证据。如果我们把原有的教育体系理解为固定的、静止的，那么从这个角度说现在的教育必须突破这个体系，在时间和空间上扩展到它真正的领域——整个人的各方面。"在这一领域内，教学活动便让位于学习活动。虽然一个人正在不断地受教育，但他越来越不成为对象，而越来越成为主体了。""我们今天把重点放在教育与学习过程的'自学'原则上，而不是放在传统教育学的教学原则上。"[②]由此可见，现在一个人的教育是突破了学校教育的终身教育和全社会的教育，我们正进入一个学习化的社会，每一个人都有在任何时候自由取得学习的机会和权利。过去我们总是认为这件事情对中国人来说尚很遥远。这几年我国教育事业的发展速度空前，拿江苏来说，要争取提前实现高等教育大众化。现在对人的持续性发展和社会的持续性发展这一话题讨论得挺热，我认为终身教育与学习化社会的实现是人和社会持续发展的基础。

　　□　与终身教育相联系的一个概念是终身学习，它是终身教育概念的延伸和发展，但我想它们应是相互依存、相互促进的。它们在本质

① 联合国教科文组织国际教育发展委员会：《学会生存：教育世界的今天和明天》，华东师范大学比较教育研究所译，196～197 页，北京，教育科学出版社，1996。

② 联合国教科文组织国际教育发展委员会：《学会生存：教育世界的今天和明天》，华东师范大学比较教育研究所译，200～201 页，北京，教育科学出版社，1996。

上应该是一致的，最终目的都是人的持续发展和自我实现。

■ 随着终身教育理论不断发展，有人认为光提终身教育是不够的。过去，一谈教育总让人感觉是一种外在的给予和管理，似乎始终把学生作为客体教育对象来看待。而教育尤其是 21 世纪的教育，必须使学生作为教育、自我教育的主体，积极、主动、创造性地学习。没有人的学习的内在动力需要，教育始终不能发挥它应有的作用。于是终身学习的概念被提了出来，它是对终身教育的进一步补充和发展，所以一提出来就得到了热烈的响应。欧洲终身学习促进会指出："终身学习是 21 世纪的生存概念。"终身学习最具权威的概念就是由该促进会提出，并经 1994 年"首届世界终身学习会议"采纳："终身学习是通过一个不断的支持过程来发挥人类的潜能，它激励并使人们有权力去获得他们终身所需要的全部知识、价值、技能与理解，并在任何任务、情况和环境中有信心有创造性和愉快地应用它们。"[①]在这个概念里，"一个不断的支持过程"就是教育，说明一个人的终身学习必定离不开终身教育，必须有教育的帮助和支持。

□ 不管是终身教育还是终身学习，都必须以培养学生的可持续的学习动力为目标，让学生有终身学习的欲望、积极进取的态度和一定的学习能力。但是现在普遍存在着学生厌学、害怕学习、对学习无兴趣、学习能力低下的现象。那么在这方面我们的教育应该发挥什么样的作用呢？

■ 这种现象的确很普遍。我们过去那种封闭、枯燥、脱离学生生活的教育，带给学生的是沉重的课业负担、巨大的升学考试压力和不道德的教育方法，造成了许多学生厌学。我想造成这样的现象，过去的教育、学校是有责任的，须深刻反思。为了使学生有学习的欲望、

---

① 转引自万明春：《学习社会与终身学习》，载《教育研究》，1997(7)。

兴趣，成为终身学习的主体，我们的教育从观念到具体操作上都要大力改革，这方面在前面我们已涉及。在这儿，从终身教育与终身学习的角度我想特别强调，教育能否是全人生的过程，教育能否对人的一生有影响，变成一个全人生的过程，关键是看教育能否激励人自我成长的欲望、激活人的内在发展动力、充分调动人的内在潜能。人有没有自我发展、自我成长的内在动力，有没有自我学习的欲望和对知识的好奇心，能不能理解周围人际关系，有没有对美、和谐的敏感性，这些往往是从情绪、情感品质和态度上表现出来的。有无积极的情绪、态度，关系到人能否持久发展。所以从教育与人的发展关系来看，教育一定要培养人积极的、与人合作的、开放的态度，永远要激励人有自我学习的欲望。过去受计划经济影响，似乎人必须按什么固定的规格培养，其实最本质的塑造应当是使其成为一个积极的人。一个积极的人就能不断地适应环境、不断地学会处理问题、学会与人相处、学会怎么学习。如果是这样一个人，他就能在经验积累过程中、在学习过程中成为一个我们所希望的人。

□ 终身教育在我国仍有许多工作要做。一方面是如前所述，我们在青少年阶段的教育并没有让人满意地激发起学生热爱学校、渴望学习的积极态度；另一方面是对大、中、小学教育之外的教育的地位、必要性等方面仍须加强认识。许多人把成人教育只是当作获得社会要求的一张文凭的手段。可以说，如果我们无条件地发给成人一张文凭，或社会没有文凭上的硬性要求的话，参加成人教育的人将极大地减少。

■ 我们的确还有许多事情要做。把成人教育也办成文凭教育，这是很危险的。实际上不管是成人教育还是老年教育，不仅有存在的必要，也有存在的可能。成人教育、老年教育与青少年阶段的教育一样，也是生活的必需，是他们自己生活本身向他们提出了受教育的要求。

成年人和老年人有他们自己的生活内容。现代社会知识陈旧率高，人们在学校所获得的知识与技能不可能让人终身受用；一个人的情感、智力若得不到经常的刺激，就有衰退的危险；老年人的生活使他们面临着退休、患病、丧偶、死亡等生活问题。这些客观上的因素为终身教育提出了一种必要性。另外，人在每个发展阶段都有不同层次、不同内容的需要，成人教育和老年教育也是满足成年人和老年人不同需要的一种方式。

过去人们倾向于认为，成人特别是老人的学习能力衰退，难以继续接受教育；后来人们通过实验纠正了这一偏见，为终身教育提供了强有力的心理学证据。在第一次世界大战期间，美国心理学界的伊尔克斯（Yerkes）曾以 1.5 万美军士兵为对象开展了能力测验活动，得出结论：人的智力下降始于 20 岁以前，随后下降速度逐渐加快，至成年后逐渐丧失了学习的能力。这一结论与当时教育界的传统观念非常吻合。桑代克从根本上纠正了这种风行的观念。他在 1928 年出版的《成人的学习》一书中提出，人的学习能力从 25 岁起开始下降，但速度极慢，在 42 岁之前，成人学习能力平均每年下降 1%，这说明成人教育的可能性。有人提出 50 岁的人的学习能力相当于 16 岁的青少年。脑生理学的研究证明，人的神经系统的发育虽然在 20 岁左右已大体完成，但大脑某些部位的细胞在成年期仍处于发育之中，如主司记忆和思维的脑颞叶和额叶的细胞发育在成年期仍处于未完成状态。当然，成人学习与青少年的学习在有些方面略有不同。例如：儿童青少年的学习较多地依赖心理功能上的智力；而成人的智力更多地依赖其知识积累、社会经验、环境等"社会智力"方面的因素，并且影响成人学习的主要因素，已不再是智力方面的，而是非智力方面的，如身体健康、学习兴趣和动机等。英国心理学家卡特尔（J. M. Cattell）于 1963 年提出，在成人阶段，人的操作智力和受生理机制、遗传因素制约的"流动智力"逐年下降，但语言智力和受知识积累、经验及环境等因素影响的"结晶智力"日益提高，甚至延至老年期。这些研究[①]表明，人的学习应该是终身的。成年人和老年人的学习与青少年的学习既有相同之处，又有各自的特点。过去把成年人、老年人的学习当作儿童青少年学习的一种补充，处于从属的次要地位。依终身教育观来看，它们应该是同等重要的，正如我们人生的各个发展阶段都是同等重要的、不可或缺的一样。

最后，我还想说一说胎教问题。如果说个体的发展始于生物受孕而止于身体死亡，那么胎儿期也应属于终身教育的一个阶段，该阶段的教育已经日益受到人们的重视。西方有学习理论认为，学习的发生以形成条件反射为标准，也就是说凡是能够通过后天条件刺激形成新的反射，这就表明学习已经发生。研究表明，胎儿四个月时的活动范围就包括吮手指、打嗝及在正常的新生儿身上发现的各种反射动作（发声和功能性的呼吸除外），胎儿整个表皮层几乎都能感受到触觉刺激，产生条件反射。

> 一个人对环境影响的敏感性，再也不会比在子宫内生活这段时期更强了。这里发生的任何情况都可能把未出世婴儿投入最小的、正常的或是最佳的生长轨道。但是在过去，有关的研究一直未把中心移到这一人生发展的关键阶段，直到1940年，当胚胎学家和生物学家显示了子宫及外部力量是怎样与遗传发生相互作用，进而影响人生发展的进程时，情况才起了变化。或许正像中国人所认为的那样，婴儿在出生时已经是个9个月大的人了，而并非我们认为的不过一天而已。胎儿期发展的主要阶段显示了未出世婴儿的主要器官多么容易受到有害的环境影响或畸形形成源的破

---

① 参见毕淑芝、司荫贞主编的《比较成人教育》（北京师范大学出版社，1994）的第二章、第五章。

坏。遗憾的是，在胚胎期这一最危险的阶段，绝大多数妇女都不知道自己已经怀了孕。[①]

孕期母亲的情绪状态会对胎儿的情绪产生影响。母亲在情绪状态下，自主神经系统激活内分泌腺，而内分泌腺就直接向血液分泌激素。这些激素多半通过胎盘传给胎儿，在胎儿身上引起相应的情绪状态。胎儿的情绪活动时间往往比母亲的要长得多。这就意味着如果消极情绪传给胎儿，在母亲情绪开始放松时，胎儿的情绪反应仍在进行。[②]

现在很多胎教使用诸如放音乐、给予外界刺激等措施对胎儿施加影响，这些做法在影响胎儿的感受性方面已被证明有效，但这只是一种胎教方式。其实母亲自身的健康状况、营养状况、情感状况对胎儿造成的潜移默化的"教育"更为普遍、深刻和有效。以至于有人声称，胎教的最佳时间始于这位未来母亲自己出生的时候。这也是为什么我们说女性教育具有非常深远和重大意义的主要原因。

第四节　知识教育与人的创造性培育

□ 我们已从全民性、均衡性、持续性三个方面谈了教育与发展的新型关系。下面我们是否可以谈谈创造性问题。前面讲到教育一定要激发学生的求知欲、好奇心和积极的态度，其实这些都是创造性的基础，关系到一个人今后能否有较高的创造力。说起"创造性"，可以说它是现在使用频率最高的一个词。本来，创造性并不是一个新名词，

---

① ［美］詹姆斯·O. 卢格：《人生发展心理学》，陈德民译，123 页，上海，学林出版社，1996。
② ［美］詹姆斯·O. 卢格：《人生发展心理学》，陈德民译，132 页，上海，学林出版社，1996。

那么为什么它会在今天——人类进入 21 世纪时成为一个热门话题呢？

■ 我想有两个原因。一是我们今天的教育未能很好地培养人的创造性，存在着大量扼杀学生创造性的现象。在我国，从小就被灌输崇尚师古的教育，强调接纳、继承，少创新和反叛。再加上从幼儿园开始的升学压力，统一化、标准化的考试压制了学生的想象力、好奇心和求知欲。在几十年的应试教育体制之下，教师很难激发学生的创造力、培养他们的创造意识。其实每个人在小时候都多多少少有些创造力，对许多东西都有强烈的好奇心和探究欲，他们会问大人诸如"人是从哪儿来的？""为什么有白天和黑夜？"等对成人来说自认为理所当然的问题。可是我们的教育经常回避这些问题，所以有人说孩子是怀着问题进学校，却带着句号走出学校的。这导致现在很多学生在学习中没有问题，不会思考。复旦大学前校长杨福家教授说，前几年最伤脑筋的是国外学者来访作报告交流时，下面的听众往往没有人提问，鸦雀无声，这种场面与国外的场面极不相同。学生在教育中显现出的创造性的火花也常常被教师、被标准化的答案所湮灭。例如，有"一个男孩在给小树浇水"这样一道看图说话题，一位学生写下的意思是：小学生在种树。结果被教师判为错，因为标准答案是：小学生在给小树浇水。像这样一些例子不胜枚举。正是因为长期忽视培养学生的创造意识和创造力，我国的创新能力与国外相比差距很大。二是 21 世纪将是知识经济占主导地位的世纪。而创造是知识的更新，是经济发展、国力增强的强劲动力。所以 21 世纪的竞争就是知识创新、技术创新的竞争。1995 年，江泽民同志在全国科学技术大会上讲："创新是一个民族进步的灵魂，是国家兴旺发达的不竭动力。……一个没有创新能力的民族，难以屹立于世界先进民族之林。"①

① 《江泽民同志在全国科学技术大会上的讲话》，载《科技进步与对策》，1995(4)。

要想创新，关键在于要有高创造精神、高创造力的人才。这样的人才哪里来，需要教育，所以"国运兴衰，系于教育"。正因为一方面我国缺少创造性的精神和创造性的人才，而另一方面社会、时代的发展又急需创造力，所以培养人的创造力这样一个话题，会在当今世界尤其在我国成为人们异常关注的话题。正因为如此，我们的教育必须承担起培养民族创新精神和培养创新人才这一特殊而艰巨的伟大使命。

我国的创新能力、国家需求同国际先进水平相差较大。如在1995年，我国基础研究方面的论文数量仅占国际总数的1.54%，基础研究在国际上排名为15名上下；在技术创新方面，我国专利贡献率还很低，不足世界总数的0.1%，大量技术仍需引进，高技术更是如此；就我国已有的技术，在推广和运用上比例只占20%~25%。①

□ 创造性与个性密切相关。我国心理学家林崇德对此有以下概括：

从心理学的角度来分析，创造性是人类在创造性活动中表现出来的思维品质。我们(1984，1992)认为创造性的人才在智力上有如下5个方面特点及其表现：

(1)创造性活动表现出新颖、独特且有意义的特点；

(2)思维加想象是创造性的两个主要成分；

(3)在创造性思维过程中，新形象和新假设的产生带有突然性，常被称为灵感；

---

① 段福德：《知识经济呼唤创新人才》，载《中国教育报》，1998-09-23。收入本书时有改动。

（4）在思维意识的清晰性上，创造性是分析思维与直觉思维的统一；

（5）在创造性思维的形式上，它是发散思维与辐合思维的统一。

创造性人才在人格（或个性）上有如下8个方面的特点（吉尔福特，J Guilford，1967）：

（1）有高度的自觉性和独立性，不肯雷同；

（2）有旺盛的求知欲；

（3）有强烈的好奇心，对事物的运动机理有深究的动机；

（4）知识面广，善于观察；

（5）工作中讲求理性、准确性与严格性；

（6）有丰富的想象力、敏锐的直觉，喜好抽象思维，对智力活动与游戏有广泛兴趣；

（7）富有幽默感，表现出卓越的文艺天赋；

（8）意志品质出众，能排除外界干扰，长时间地专注于某个感兴趣的问题之中。[①]

■ 芝加哥大学心理学教授米哈里·契克森米哈赖，通过访问91位享有盛名的领袖人物的研究创造力的表现，写了本名叫《创造力》的著作。其中分析创造性人物的复合性人格有10种表现。

（1）创造性人物往往精力充沛，但又经常沉静自如。

（2）创造性人物向来聪明但同时又有点天真。

[①] 林崇德：《培养和造就高素质的创造性人才》，载《北京师范大学学报（社会科学版）》，1999(1)。

（3）创造性人物体现了游戏与纪律、责任心与无所谓态度的结合，游戏的态度是创造性人物的典范。

（4）创造性人物的思考一边是想象与幻想，另一边是有现实的根底，两者交互转换。

（5）创造性人物兼具内向与外向两种相反的倾向。

（6）创造性人物同时具备了不寻常的谦卑与自豪。

（7）创造性人物在某种程度上跳脱了男性阳刚与女性阴柔这种严苛的性别刻板印象。

（8）创造性人物比较叛逆而且独立。

（9）创造性人物对自己的工作都很热情但又能极为客观。

（10）创造性人物的开放与敏锐经常使他们陷入悲喜交杂之境。[1]

□ 人才更多是指一种心态。真正的人才不是看他学了多少知识，而是看他是否敢于叛逆传统，能不能承担风险。[2] 不循规蹈矩就有可能产生创造性。这种观念对我国统一的、僵化的、知识教育的模式提出了挑战。

■ 其实，知识教育本身并不一定会扼杀学生的个性和创造性，关键看我们如何理解知识。传统上，我们把知识仅仅理解为客观的、死板的、具有普遍性的东西。这当然不能说不对，但这只反映了自然科学、描述性知识的属性。根据这种知识观，教育当然主要是接受现成不变的客观刺激了，因为描述性知识不存在个别差异，也不容许创造

---

① ［美］米哈里·契克森米哈赖：《创造力》，杜明城译，74～91页，台北，时报文化出版企业股份有限公司，1999。

② 雀儿喜：《老板看重你哪一点》，载《黄金时代》，1999(7)。

性。但是除了描述性知识外，知识还有其他形式。美国哥伦比亚大学师范学院荣誉教授费尼克斯（Philip H. Phenix）认为知识有四个层次：第一是客观可靠的描述性知识；第二是不需要符号媒介，而是通过直接感受获得的体验性知识，它比描述性知识更全面地反映了客体；第三是技能知识，它反映在人的实践能力上，实践将人的理性、感觉、意向和所有身体机能，全身心地用了起来，因而比体验性知识还要完整地反映客体；第四是生存的知识，这是最深层次、最具体化的知识形态，是以上诸层次知识的最终发源地。知识层次越低，就越具体、越全面、越具有主观性，就越是主客体相互作用产生的。如果说描述性知识的获得主要受制于客体的话，其他知识多是主客体共同作用的产物。知识的获得本身就是一种个性化的过程，也是一种创造性的过程。今天的知识教育把自然科学的描述性知识的教育特点泛化到其他知识上，结果造成整个教育中的机械论倾向，剥夺了知识生成中学生个性的作用，也剥夺了学生创造性地获取知识的权利，造成目前盛行的单向灌输、死气沉沉的学习局面。

□ 个性是人的本色，创造是人的天性。传统的教育通过标准化将个性"文化"掉了，也把人的创造本性扼杀了。教育应该是促进人的本性进步的手段，它应该努力创造各种条件，使人的发自本性的创造个性得到张扬。

■ 教育应该在顺应人的本性上提升人的自然本性，违背本性实现不了对天然本性的"文化"。教育应着力于研究人的创造性成长的各种条件，通过作用于这些条件，提升人的创造本性。创造性人才的成长需要相互影响的内在和外在的条件。从内在讲，首先，需要有扎实的知识基础。知识仍然是文化的主要形式，各领域的高创造性人才都有扎实的知识基础，任何高创造性人才都是从知识的积累、扎实的基本功开始的。所以创造不是凭空而来的，灵感也不是上帝赐予的，它来自长期形成的深厚的知识积淀。比如李政道、杨振宁，他们都有着非常宽厚的自然科学、人文科学的基础。扎实的基础是指对核心知识的透彻把握和迁移的能力、基本研究方法的灵活掌握。知识是多形态的，过去较重视抽象化、原理化、结构化、系统化的知识，这对于科学创造是非常必要的，但这不等于是唯一的知识形态。艺术家拥有的可能更多的是形象化的知识。所以要承认知识的多形态，不同门类的人有不同形态的知识。不过所有创造性人才都需要想象力和抽象思维能力。其次，要不断地接受刺激，运用知识。知识是多样的、开放的，所有创造性人才的成长都与知识应用和机会有关。只有不断激活内在存储的知识和能力去应付一个个新问题，重组和不断补充新的知识，才能有更多、更好的创造，这是创造性人才成长的机制。最后，要有良好的思维品质和个性品质。一个有创造性的人，思维敏锐、速度快、知识面广、灵活、开放，情绪、情感健康，有探究的冲动，注意力集中，意志力顽强，等等。当然，这些方面是紧密相连的，试想，一个反应迟钝、思路狭窄的人是很难有高创造性的；同样，一个缺乏热情、心如枯井、缺少好奇心、意志不坚强的人也是很难有高创造性的。这些内在条件应该说正是我们教育大有作为的地方。从外部社会环境来讲，教育主要是为创造性人才的成长提供宽松、支持的环境，热情扶植不同智能类型的人，容忍"怪异"人物。我国许多人在国内是平庸之辈，而一旦到国外就成绩斐然，创见迭出，这只能用外部的社会环境影响来解释。对于儿童，学校教育要从小保护他们的好奇心和创造火花，对创造性人才要通过转换职业、专业、环境等，为他们提供刺激性的动机，要为开发学生的创造潜能建立师生平等、宽松与和谐的学习氛围。每一所学校都要促进学生自主学习，保护他们的探索精神、创造意识和思维。要善于发现和开发学生内在的创造潜能。美国教育界提出了一种新的教育理念：吸引教育。这是基于人本主义心理学思想和社会民主化实践的人本主义教育观念。它强调学校教育的民主化定向、人际交往的情绪吸引、自我意识的积极建构。它研究如何使学校教育为人的发展展示一个充满希望的前景，为人的潜能的开发提供一套激励机制，为把"学校建成最吸引人的地方"而找到一种系统方法。

创造有多个领域，自然科学中有创造，人文、社会科学中也有创造；创造有多个层次，既有杰出的创造，也有日常生活中的小创造。创造并不是高不可攀的，只要教育不再为各种急功近利的东西所扰，而是为学生创造内外两方面条件，学校就会时时有创造、处处有创造、人人能创造。

第五章 基础教育：构建生命新概念

第一节 "基础"新概念

■ 联合国教科文组织国际教育发展委员会编著的《学会生存：教育世界的今天的明天》一书指出："早期儿童的教育对于他们以后的才智与个性的发展无疑是重要的，现代心理生理学和日常的观察都证明了这一点，然而当前的教育体系却往往表现出仿佛这个阶段是与它们无关的。在许多国家里，他们忽视这一点，显然是由于可用于教育需要的资源不足，但是另一方面也是由于没有认识到早期教育对于个人发展的重要性。"①多年前的批评对今天的中国仍有现实意义。早期，儿童天真、好奇、对成人信赖、可塑性强、接受能力强，因此是实施教育的黄金时期。基础教育的重要性不仅体现在它对个人"以后的才智和个性的发展"具有奠基的作用，也体现在它对一个国家的整体发展具有积极的促进作用。孩子接受基础教育不仅仅是他的父母的个体行为，还是一种国家行为、社会行为。和平与发展成为当今世界的主题，国家间的竞争、经济的竞争、政治的竞争、军事的竞争……一切的竞争，

---

① 联合国教科文组织国际教育发展委员会：《学会生存：教育世界的今天和明天》，华东师范大学比较教育研究所译，232～233 页，北京，教育科学出版社，1996。

归根结底是人才的竞争、教育的竞争；一切的发展，归根结底是人的发展、教育的发展。基础教育是衡量一个国家教育发展水平的重要尺度，只有基础教育办好了，整个社会文明才能表现出高水平，国家的整体力量才能得到坚实保障。对于中国这么一个人才结构不尽合理、现代化水平较低的国家来说，基础教育不仅有助于初、中、高级人才的合理搭配，而且可以通过提高劳动者的基本素质，为现代化建设提供一个高起点。

　　□ 俗话说，良好的开端是成功的一半。如同堆积木，积木堆得好不好，关键不在于手的动作是否快、灵活，而在于第一块积木是否摆得好、摆得稳。我想，基础教育就是个人和社会发展过程中的第一块积木。

　　■ 了解基础教育的重要性是从事基础教育改革的起码前提，但懂得基础教育改革的特点则是改革取得实效的保证。对于后一点，我认为更有必要加以讨论。基础教育的改革主要应该围绕"基础"两字来进行，让我们的基础教育真正回到"基础"。何谓"基础"？我国目前对"基础"有两个方面的理解：一是从教育体制上说的，认为基础教育是指整个教育事业的基础；二是从学生的成长方面说的，认为基础教育是每个社会成员为获得社会生存和发展而必须接受的最低限度的教育。美国卡内基教学促进基金会主席厄内斯特·波伊尔（Ernest L. Boyer）博士对"基础"另有独到的认识。他说："我们所说的基础学校的构想之所以为'基础'，是因为从组织上讲，它提出了教育改革从基层做起的一种方法。从教育上讲，它强调学习的最初几年，所以是基础的。从教学方法上讲，它提供了连贯一致的课程，是基础的。从战略上讲，它强调实践证明行之有效的做法，也是基础的。"[1]

---

① ［美］厄内斯特·波伊尔：《基础学校：一个学习化的社会大家庭》，王晓平等译，前言 19 页，北京，人民教育出版社，1998。

我觉得，波伊尔的这一定义对我们有借鉴意义，帮我们拓宽了视野。基础教育之"基础"，不仅仅表现在教育体制、个人成长序列上，还表现在教育的各个方面：课程方面、实践做法方面等。

□ 基础教育的改革总是与素质教育联系在一起的。如果说基础教育中的"基础"表现在教育中的方方面面上，那么素质教育中的"基础"素质又应该包括哪些内容呢？

■ 过去我们提"基础知识、基本技能"，现在仍然需要。基础教育与高等教育、专门教育不同，它是以提高国民素质为目标而进行的非定向的、非专门的教育。基础教育不是为某一行业，而是为所有行业培养人才打基础。所以，它的知识、技能不是为了选拔、升学、择业，而是尽可能为人的身心全面发展提供最有利的条件。但是，仅有传统上的"双基"是不够的。今天我们还要激发儿童积极的学习情感、态度，以便使他们终身保持热爱学习的欲望。从某种意义上来说，这种起动力作用的情意态度比"双基"更为重要。同时，要有批判、创造的优良个性。如果把"基础""全面"理解为大家接受雷同的、有定论的东西，因而用不着批判和创造的个性，则是误解。基础教育无疑需要制度化，但是我们不能把制度化理解为人人接受相同的课程、教法、考试。制度化要为个性的发展服务，所以它是建立在个体差异的基础之上的，是由这些差异本身所要求的相互依存和联系而形成的。应该指出的是，今天的基础教育笼统地定位在让大家享有同等的教育机会上，其实这是教育平等上的低级简单平等，即在课程、教法、考试等问题上搞刻板的整齐划一。实质性的教育平等是让各个有个性差异的学生充分展现自己特有的能力和兴趣而共同取得成功。人们容易把教育仅仅理解为把最大量的知识传授给成长中的一代，但是知识是死的，对于没有批判和创造性的个人来说，这种知识就没有多大的用处。创造性是人的一种天性，人是在创造活动中并通过创造活动来完善自己的。

这种创造性的、质疑的探索性的精神，在当代社会显得尤为必要。培养他们的这种个性，与尊重、爱护他们是密切相关的。尊重爱护他们不是不要规范他们，培养他们的个性不是不要合群。对此，埃德加·富尔在《学会生存：教育世界的今天和明天》一书中说得多么完整、辩证和透彻啊！他说：

> 教育既有培养创造精神的力量，也有压抑创造精神的力量。教育在这个范围内有它复杂的任务。这些任务有：保持一个人的首创精神和创造力量，而不放弃把他放在真实生活中的需要；传递文化而不用现成的模式去压抑他；鼓励他发挥他的天才、能力和个人的表现方式，而不助长他的个人主义；密切注意每一个人的独特性，而不忽视创造也是一种集体活动。认清这些任务乃是现代心理教育学研究最有成果的智力成就之一。[1]

第二节　基础教育诊断

□ 教育的现实毫不含糊地表明，我国基础教育在"基础"问题上存在很多问题。基础教育在很大程度上被办成了升学教育、片面教育。山东省教委（现为山东省教育厅）在对普通高中的调查中发现，许多中学生谈及未来打算时把"升学"列为第一位，只有不到 1.7% 的人有就业的打算，而 13% 的人尚在犹豫之中。[2] 华东师范大学叶澜教授批评

---

[1]　联合国教科文组织国际教育发展委员会：《学会生存：教育世界的今天和明天》，华东师范大学比较教育研究所译，188 页，北京，教育科学出版社，1996。

[2]　《上学只为升学？》，载《特区教育》，1999(3)。

说："在我们现行的中小学教育实践中较普遍地存在着对'基础'认识狭窄化、短期化问题。所谓狭窄化，就是把'基础'具体理解为学好学校开设的主要科目，它们往往是那些要考试的、知识性强的，如语文、数学、外语等，或者是当前社会上较重视和强调的，如计算机等。不少人还认为，加强了外语和计算机教学，就算体现新的基础要求了。所谓短期化，是指强调基础教育对近期的、可测量的考核、评比标准的满足。比如，把学科教学的价值定在考试成绩提高上；把思想品德教育的成效对准文明评比；把体育、美育的成功归结为参赛得奖；把学校工作计划对准上级本学期要抓的中心任务；把教育质量等同于升学率等。其后果是学校围绕着'考'、'评'、'赛'、'查'等具体要求转，尽管大家工作得辛苦又到位，但却渐渐丢失了中小学教育更为根本和长远的价值——对社会发展和青少年发展的奠基性价值。"[①]

上述种种现象严重打击了学生的学习积极性，以至于学生厌恶学习、逃避学习的现象和教师不尊重不爱护儿童、泯灭儿童个性的现象在各地都十分普遍。基础教育的问题牵涉到千家万户，也引起了全社会最广泛的注意。这些年来，人们针对基础教育中的问题提出了"素质教育"的概念，并掀起了轰轰烈烈的素质教育热潮。请问，您认为我国当前基础教育问题的根子是什么？

■"文化大革命"后，我国的基础教育取得了令世人瞩目的成就，这是不容置疑的。对此不给予基本的肯定，是不符合事实的。比如说，我国的义务教育制度对于普及国民教育、提高全民素质的贡献就是巨大的。我们今天说基础教育还存在许多问题，并不是抹杀它的历史成就，而是说在前进的过程中，有些方面已经成了阻碍基础

---

① 叶澜：《更新教育观念，创建面向 21 世纪的新基础教育》，载《中国教育学刊》，1998(2)。

教育继续发展的因素。历史上的成就是在克服方方面面的困难后取得的,今天若不继续去克服眼前的方方面面的障碍,教育就会停止前进的步伐。

应该说,目前我国基础教育中存在的问题的确是很严重的,并且是全方位的。这既有客观上的原因,也有主观上的原因。从客观上来说,首先是教育投入不足,现有教育资源使用效率不高。政府明确规定,国家财政性教育经费应占国内生产总值的 4%,可是这一比例却呈逐年下降趋势:从 1992 年的 2.73% 下降到 1996 年的 2.46%。现在每年亏欠教育经费达几百亿元。这极大地影响了办学条件的改善和教师队伍的稳定。同时,对有限的教育经费还存在低效率的使用问题,绝大部分经费被用于人头费支出,师生比例不合理也严重地影响了有限经费的使用。其次是合格的师资严重不足。尤其像音、体、美这种学科的教师远远不能满足开课的需要。由于教师职业地位的影响,我们不仅不能吸引大批优秀人才从教,相反,有的新教师一上岗就流失了,而在岗教师尤其是优秀教师的流失更加大了这个问题。最后是学校数量不足,辍学问题较严重。尽管我国中小学学校数量近 20 年来有了很大增加,但仍不能完全满足(主要是农村)适龄儿童入学的要求,至今农村仍有约 250 万小学适龄儿童未入学;辍学问题也没有得到很好解决,其中女童多于男童,中学高于小学,西北部地区高于东南地区。[①]

我们教育工作者更应该关注的是主观上的原因。从主观上来说,教育内部存在着许多观念上的问题。不正确的观念带来了有问题的行为。比如说,我们在儿童观上就存在问题。教育观首先表现为儿童观。

---

① 谢维和、裴娣娜:《走向明天的基础教育》,48~53 页,成都,四川教育出版社,1997。

儿童观是人们对儿童的总的看法和基本观点。每个搞教育的人，总会自觉或不自觉地受到某种儿童观的影响。历史上不同时代和不同民族的思想家、教育家都有他们相应的儿童观。从儿童观那里，我们可以透视出一个时代、一种文化对个体的地位和价值的基本看法。与整个社会历史的民主化进程相适应，在儿童观上，总体上人们越来越把儿童当作一个真正的人来尊重、爱护。当然各国存在差异。就我国来说，在基础教育中，对儿童的不尊重现象依然相当普遍，其主要表现就是把儿童看作人成为"真正人"的过渡环节，以为只有成年人才是完整的人，儿童只是"发展中的人"。这句话所隐含的真正意思是：儿童是有缺陷的、不能让人满意的、在达到成人之前没有什么价值的发展阶段。我要很遗憾地说，在教育界普遍存在一种成人霸权主义。它强求儿童去适应成人的社会环境，不承认儿童有自己的生活世界；用成人的价值代替儿童自己的价值，要求儿童摆脱自己的发展特点去模仿成人；把儿童生活看作成人生活的准备，或当作其成人的工具，替他们去实现某种愿望。其实，儿童不只是一个未来的存在，他更是当前的存在。意大利教育家蒙台梭利早就警示我们：了解儿童，注意我们和儿童世界的关系，"乃是一个良心的问题"。成人霸权实际上就是成人缺乏这种"良心"。由于没有这种良心，成人就心安理得地用专横的态度教训儿童，扰乱和阻挠儿童的发展，窒息儿童的精神创造。在这点上，对于我们许多教师来说，卢梭依然是我们的启蒙者。240 多年前，他就说：

　　大自然希望儿童在成人以前就要象儿童的样子。如果我们打乱了这个次序，我们就会造成一些早熟的果实，它们长得既不丰满也不甜美，而且很快就会腐烂：我们将造成一些年纪轻轻的博士和老态龙钟的儿童。儿童是有他特有的看法、想法和感情的；

如果想用我们的看法、想法和感情去代替他们的看法、想法和感情，那简直是最愚蠢的事情。①

　　□ 哲学界对此是不是要负一定的责任呢？目前，哲学对人的讨论很大程度上只是局限于对成人的讨论。在很多人那里，"人学"只是"成人学"，人的本质只是成人的本质，人的社会化只是成人化。我们在描述人的本质时，常用"主体""自由"等字眼，但人们往往忽视了，主体性要有量上的差异，自由也应该有程度的不同。如果只用成人的特性来代替人的本性，势必让人忽视儿童的生活，认为儿童只是一个必然被摆脱的过渡阶段。

　　■ 不尊重儿童一般，必然不尊重儿童特殊。在成人心里，他只有一把"好儿童"的尺子，所以在成人眼里，大多数儿童充满了缺点。他不知道，这种"缺点"很可能就是儿童的个性差异，就是儿童的特殊性，就是教育赖以进行的根据。每个人一生下来就是一个身心独特体，他有不同于其他人的神经活动方向和水平。现在我们的基础教育基本上是根据儿童的生理年龄进行分班教学的，但是教育不只是针对儿童的生理发展，更要促进他们的心理发展，而心理年龄与生理年龄往往并不一致。据心理学的研究，由于人的发展速度的差异，同一生理年龄阶段的儿童在身心发展上存在一个不小的跨度。例如，小学一年级新生的身心发展跨度为3～9岁，初中一年级新生的身心发展跨度为9～15岁，高一新生的身心发展跨度为13～21岁。这一研究结论应该成为我们开展个性教育的理论依据。不重视儿童的个性，而企图对所有的儿童采取简单划一的教育，这不仅反映了儿童观上不成熟，也反映了我们的教师在教育能力上是不合格的。我不明白，我们为什么那么

───────────────

① ［法］卢梭：《爱弥尔·论教育》上卷，李平沤译，91页，北京，商务印书馆，1996。

害怕儿童有个性。很多家长总是要孩子"听话"，许多教师也最希望学生"听话"、不惹事。教师最希望学生安安静静地坐着，希望他们一声不响，不希望他们吵吵闹闹。其实，好孩子的标准绝不是"听话"。我们经常听到形容一个民族是勤劳、勇敢、善良、敢于反抗的民族，但没有人说一个民族是听话的民族。听话意味着灭亡，说一个民族是听话的民族无疑是骂这个民族。那么要求孩子听话又何尝不是骂他呢！记得有一份调查，颇能让我们深思。①

①教师对问题行为的认识：

最严重————————————————————————→最轻微

不道德、	违反课堂纪	夸大的、攻击	退缩的、不爱
不正直、	律、学习的	性的性格特征	社交的性格特
违反权威	勤奋程度	与行为特征	征与行为特征

②心理学家对问题行为的认识：

最严重————————————————————————→最轻微

退缩的、不爱	不正直、残忍、	不道德、违背学	违反权威、
社交的性格与	脾气暴躁、偷	业上的要求、夸	违反课堂纪律
行为特征	懒、耍滑头	大的行为特征	

由上可见，教师的观点与心理学家的观点几乎是对立的。这难道不是对我们教育的讽刺吗？有的教师不尊重甚至羞辱学生。这类随便侮辱学生人格的现象，不能不说与教师的儿童观大有关系。

□儿童观与人性观也具有密切的联系。在人性观上，有一件事我感到很奇怪。在学理上，性善论在传统文化上是占主导地位的，儒家经典《三字经》开篇就是"人之初，性本善"。根据性善论，我们的教育

---

① ［美］林格伦：《课堂教育心理学》，章志光、张世富、肖毓秀等译，187 页，昆明，云南人民出版社，1983。

应该是引导、启发、"扩充善端",形成尊重儿童本性的"园丁式"教育范式。但教育的实际情况却是性恶论占主流,教育是通过强制手段革除"内在的恶性",将外在的文化灌输给儿童。

■ 19世纪末到20世纪初,针对传统教育,欧美掀起了一场新教育运动。该运动以爱护儿童、尊重儿童、解放儿童为特点,使传统的儿童观受到革命性的冲击。当时涌现了一大批献身于儿童解放事业的教育家,如瑞典的爱伦·凯、德国的凯兴斯泰纳、意大利的蒙台梭利、美国的杜威等。他们通过著书立说、创办学校,为儿童权利奔走呼号,赢得了世人的尊崇。受这股思潮的影响,20世纪初,中国也有一批教育家走上了呼吁并践行解放儿童的道路。陈鹤琴说过,儿童不是"小大人",儿童心理与成人的心理不一样,儿童时期不仅作为成人之预备,亦具他的本身的价值,我们应当尊敬儿童的人格,爱护他的烂漫天真。陶行知提出了著名的"六大解放",即教育要解放儿童的眼睛、头脑、双手、嘴、空间和时间。这些观点现在仍具有现实意义。1959年第十四届联合国大会通过了《儿童权利宣言》,使爱护、尊重儿童成为全人类的共同要求。1990年,联合国又专门召开了关于世界儿童问题的首脑会议,中国政府也在会议文件上签了字,承诺在法律上保护儿童的权益。随后我国颁布了《中华人民共和国未成年人保护法》。但是,在我们国家,几千年的传统势力根深蒂固,儿童要得到真正的解放、尊重,还需要一个过程。

除了儿童观上出现了上述问题外,我们在智力观上也存在相当严重的问题。"智"跟"知"是不一样的。"智"有智慧的含义,智慧不仅是结构性的东西(知识结构、认知结构),而且是动力性的东西(热情、渴望、追求)。在人类的早期,对智能的理解虽然笼统,但却是素朴完整的,它明显地包含着情感的层面:经验、知识、信仰、情感和意志交织、熔铸为一个模糊的整体。中国古代的哲人是知仁一体的。在古希腊贤哲那里,作为智慧象征的哲学具有"爱"(仁慈)和"智慧"(聪明)的双重含义。但是近现代以来，人们渐渐看重智中的"认知"成分，把智能概念从古人的哲学理解演变为科学理解。近现代是科学主义大行其道的时代，认知素质成了人的最重要的素质。在西方心理学当中，智慧就被理解为智力，而智力仅仅指人的认知能力。我国心理学界受此影响，一般皆持此说，教育界也没有摆脱这种影响，以至于智育心理学在很大程度上就是认知心理学，智育就是认知教育。实际上，人的心理素质绝不只是认知素质，人的智慧、智力，作为人的综合素质，应该是知、情统一的。在这个问题上，古人的理解反倒更科学些。其实，西方已在突破传统、狭隘的认知智力观，其中有美国哈佛大学教育研究院发展心理学家 H. 加德纳。他在《智能的结构》一书中提出，人类个体有相对独立、自律的七种智能，即语言智能、音乐智能、逻辑—数学智能、空间智能、身体动觉智能、内省智能和人际智能。这七种智能是自律的，它们可以与其他智能保持一种相对独立性，拥有不同的神经加工方式、各自的发展史、独特的关键期。它们从生命的开始就存在着，只是每个个体在某些智能方向上强些，某些方向上弱些。所以，教育为了能积极介入智能的发展：首先要在人的早期对其智能状况给予一定的鉴别，以了解个体哪些智能已开始发动，哪些方面有明显的发展潜力，哪些方面有障碍；然后要弄清各种智能的发展关键期；最后还要有适合的教育体制，要相信人与人在智能及其方向上是有差异的，这为我们前面提的个性教育提供了科学的理论依据。但是，长期以来，我们受西方传统的片面智能观的影响，用一两种智能的尺子衡量和要求所有的学生，造成一方面现有的教育难以培养适应社会各个职业领域需要的人才，另一方面大量过不了逻辑—数学和语言智能关的人才被压抑、埋没，造成许许多多学生身心扭曲、厌倦学校生活。正是在这种教育背景下，我们认为加德纳的上述研究发现和突破为基础教育改革提供了非常重要的理论依据。

□ 但是这一思想并没有在我国教育界得到应有的反响，我们的教育显然还处于认知主义的阴影之下。认知和情感是智慧的两大要素，两者的关系在理论界也有很多讨论。您作为我国当代新的情感教育理论的肇始者和情感教育实践的有力推动者，对这两者的关系是如何认识的？

■ 认知与情感在人的生理上的机能定位不同。研究表明，人的情感在大脑的机能定位是皮质下结构，基底神经节、下丘脑、网状结构边缘系统等是情感发生的重要部位；人的认知主要受大脑皮质中的新皮质的影响。新皮质是后天进化的产物，从发生学上来说，主司情感的大脑部位更为原始。这说明，人的情感的产生和效用比认知要早。情感的反应方式是整体的、弥散的、非线性的，而认知是逻辑的、线性的。情感是主体内心的体验，指向内；而认知是对客体的判断，指向外。当然，这是从相对静态的视角来说的。因为，实际上，人的大脑总是以整体的方式起作用，所以，认知和情感不可能泾渭分明地起作用。它们不是大脑的两种实体性功能，而只是大脑反应方式的两个向度。认知与情感总是相关发展的，忽视了其中之一，另一方的发展就要受制约。皮亚杰认为，某种认知结构总要有与之相适应的情感水平，反之亦然。美国教育心理学家布卢姆等人把知、情的这种相较而进的关系比作"一个人用两个并排的梯子爬墙壁，这两个梯子每一级的间距太大，以致一步一级攀登起来不方便。一个梯子代表认知行为和认知目标，另一个梯子代表情感行为和情感目标。这两个梯子的构造，使一个梯子的每一级正好在另一个梯子的每一级的中间。通过交替地攀登这两个梯子——从这个梯子上的一级踏到另一个梯子上够得上的一级——就有可能达到某些复杂的目的"[1]。弗洛伊德的理论和研究也

---

[1] ［美］克拉斯沃尔、布卢姆：《教育目标分类学　第二分册　情感领域》，64 页，上海，华东师范大学出版社，1989。

表明，在有效的学习和人的情感之间存在着一种健康的结合关系。学习不佳会破坏这种自然的结合，造成学生的消极情感，并使知、情形成恶性循环。教育要发展人的智慧，智慧的发展指标不只是认知的，因此，教育实际上就是要让智慧中的知与情相互作用、相互提升。从这个意义上说，教育正是情感的认知化和认知的情感化。情感不是仅仅从情感自身中得到发展，它要融认知于己身。只有这样，人的情感才能从原初的本能性情感提升为社会化了的、"有知识的情感"。情感发展的真正内涵是情感的理智化、道德化和审美化。认知的发展绝不是信息量的堆积，认知成果只有融入情感领域，才能被内化为"人的"东西；不与情感融合的信息永远只待在人之外，成不了人的素质，信息再多也不意味着认知的发展。所以，知、情又是相互转化的：知要情化，情要知化。没有这种知、情转化，情感越多，成长的烦恼越多；认知越多，心理的负担越重。不与情感保持健康的关系，认知只是在囤积信息，这种认知怎么能叫作智慧呢！

　　□ 这些年来，您在国内外各种场合大力倡导情感教育，看来您对国内外盛行已久的认知主义教育颇有意见，但您的情感教育是否会让人认为是对认知的轻视呢？

　　■ 根据以上对知、情关系的认识，我相信，我们的情感教育是不会拒斥认知的。相反，我们认为，情感只有容纳认知才是完整的和有发展前途的。我们之所以强调要从情感的向度来认识教育，主要是因为当前的教育没有重视人的情感表现及发展状况，没有把人的发展、提升看作重要的教育目标。同时，现有的认知教育也没有正确地利用人的情感，从而使人的认知和智慧的发展大受影响。其主要表现是：

　　第一，忽视情感的作用、价值，忽视人的正向、积极情感参与到学习中来，把学习过程变成纯认知的活动。根据心理学的研究，儿童注意力稳定的时间大概是：7～10岁是20分钟，10～12岁是25分钟；

如果教材新颖，难度适当，教法得体，小学高年级儿童可以保持 40 分钟左右。但有一种现象是值得我们注意的，即儿童在看他们感兴趣的电视或玩电子游戏机时，可以集中注意很长时间。蒙台梭利给我们举过一个例子：

> 我也曾经相信儿童不能长时间地集中注意做任何工作。这里，在我前面是一个三岁的小女孩，她表现出明显的集中注意的神态，正在把一些大小不同的木制圆柱放进恰恰和这些圆柱相应的孔洞里去。她非常小心地把圆柱放进洞去，当她把圆柱全部放进洞以后，又把它们取出来，又立刻把它们放回去。她一次、再次地这样做，把它们取出来，又把它们放回去，总是同样的全神贯注，人们猜不准她什么时候结束。我开始数起来了。当她重复这种动作达四十多次的时候，我走到钢琴边，开始演奏钢琴，同时叫其他儿童唱歌，但是，这个小女孩还是继续做她没有什么用的工作，不离开她的桌子，不抬起她的眼睛，她好象完全从她周围事物分离出去了。然后，她突然停止了，抬起了她的清澈的眼睛，微笑着，现出快乐的神态。看起来好象一个重荷已经从她肩上取去，好象她经过了一个时期的休息(她和孩子们从一次有益的睡眠醒来)一样地微笑着。……经过这样聚精会神地完成任何工作以后，他们常常显得好象休息过，精神振奋了。在他们的心灵中似乎已经为光芒四射的力量开辟了一条道路，就这样表现了他们品性的最好的方面。他们于是变得对每个人都亲善。他们为了对别人有用而工作，他们充满着做个好孩子的愿望。①

---

① 华东师范大学教育系、杭州大学教育系：《现代西方资产阶级教育思想流派论著选》，99～100 页，北京，人民教育出版社，1980。

这里得出了与原有心理学完全不同的结论：有了热情（情感），注意力不仅可以大大地加强，而且高度注意的活动还成了儿童的一种休息、一种享乐，不仅不会劳神，还能提神。更有甚者，它激发和培养了儿童善的本性——而这正是教育的根本目标。现在我们很多教师不注意教学的情感性，反而指责学生精力不集中、好动，把板子打在学生身上。没有情感的记忆在量上和保持时间上会大打折扣。死记破坏了学生的学习积极性。艾宾浩斯通过使用无意义音节测试出来的记忆曲线，究竟能在多大程度上解释人的真正的记忆现象？在思维上，我们重视分析、理解的逻辑——理性思维，相对轻视整体、体验的直觉——悟性思维。应该说后者是我国传统的思维特色，但这个传统遭到了不应有的丢弃。所以我们喜欢那种"头悬梁，锥刺股"的拼命三郎式的学习态度，给学生以无穷无尽的课程、作业。不客气地说，过去心理学忙于从事的仅仅是"心理"的一半的研究，忽视了心理的另一半——也许是更重要的"情感"领域。忽视了情感，学习越多，效果越差。例如，现在学生的作文不再是表达真情实感的方式。实际上，很多儿童从小就被训练出在作文中讲假话、大话、空话的坏习惯，文风也不崇尚自由，而是沿袭"八股"风格。我们看到"祖国的花朵"小小的年纪就告别了纯真的"学生腔"而满纸陈词滥调，还有什么比这更让人悲哀、更让人气愤的呢！

第二，不是用积极的情感来促进学习，而是用消极的情感来干扰学习。被不情愿地给予的、缺乏爱的教育，对儿童来说不是一件美好的事情，而是一种侮辱和折磨。忽视了情感，学生的学习就不会取得满意的成绩，就会激起学生的一些消极情感，如紧张、恐惧、焦虑、冷漠、麻木等。学生本来是热爱学校、向往学校的，可是不用多久，我们的学校就成了一些学生恐惧、逃避的对象。入学前活泼可爱、身心健康的学生为什么经过教育后变得冷漠无情，甚至有心理障碍呢？

上海市智力开发研究所于 1994 年做过一份调查，发现有 10％左右的小学生已产生不同程度的心理障碍。而陈筱红在一篇文章中引用的数据更是让人惊讶："据北京市青少年法制与心理咨询服务中心门诊统计：'学校恐怖症'占门诊儿童的 43.8％。"[①]现实生活中我们亲眼看到的，或从书报上读到的许许多多的事例使我们不能不呼吁，唯认知主义的教育应该休矣。

第三，将情感仅仅作为认知的手段，为认知服务。古时候，有很多哲学家把情感看作有待克制的恶的本性。实验心理学家在论述情绪时，常常把情绪强调为无组织的紊乱或瓦解状态，但利珀不同意这种观点。他认为在某种极端的情绪中确实能发生精神瓦解，然而情绪对行为具有组织的作用。因此，除了极端的情绪之外，情绪唤醒得越多，行为就越可能产生。利珀的观点无疑对情感在教育中争得一席之地有所影响。但那个时候，情感只是被用来服务认知的。为了能取得更好的认知效果，我们才去借用情感的手段罢了。情感的这种地位一直延续到我国今天的教育。正如叶澜教授指出的：我们"有不少教学论著作中也强调教学过程中要十分注意调动学生的情感，引起学习兴趣，使学生乐学、好学，这里，对情感的重视，实际上只是把它作为服务于学习的手段"[②]。很多人已不满于情感的从属地位。例如，当前在国内外兴起的情感教育思潮就把情感提到了与认知并列的重要地位，认为情感不只是可以为认知服务，它自身就是一个相对独立的发展序列。我本人在 1993 年出版的《情感教育论纲》中说过，情感教育"不是探讨如何以情感作为教育手段去推动教学和教育活动，而是论述为什么和

① 陈筱红：《诊断"学校恐怖症"》，载《北京青年报》，1995-12-24。
② 叶澜：《让课堂焕发出生命活力：论中小学教学改革的深化》，载《教育研究》，1997(9)。

如何把情感作为人的发展的重要领域之一，而对其施以教育的力量。所谓情感教育，就是关注人的情感层面如何在教育的影响下不断产生新质、走向新的高度，也是关注作为人的生命机制之一的情绪机制，如何与生理机制、思维机制一道协调发挥作用，以达到最佳的功能状态"①。美国始于 1960 年的情感教育运动也是经历了这两个过程的。早期的理论认为："须动之以情，才能晓之以理；概念性的理论如果从心理和动机激发的角度让学生即刻亲身体验，就能更深刻地掌握。今天的情感教育运动则……更强调要教育情感本身，情绪感受自身就是所要教育的内容。"②我们现在说的情感教育泛指关注人的情感发展的教育，在操作上国内外一般有狭义和广义两种。狭义的情感教育包括诸如培养和训练感受性、冲动控制、愤怒调控、身处社会困境之时找出建设性的处理办法之类；广义的情感教育指相对认知教育以外整个的情感领域，或者把人的情感表现、发展作为教育过程中的基本目标。今天，我们认为，把情感提到与认知并列的地位，对情感来说非但不为过分反而仍嫌不足。为什么呢？认知的目的不是停留在知道客体是什么，其根本目的是要将这种知识内化到主体自身的情感体系和个性之中；只有成为主体自身的价值、态度、信念的知识，才能达到安顿自身情感的目的，也才是主体的真正知识。一切停留在情感、个性之外的知识对主体来说只是假知识。从这个意义上来说，情感就成了教育的根本目的。我在 1998 年出版的《儿童情感发展与教育》这本书中说，关注人的情感发展是教育中的一个本源性、根基性的问题。因为只有情感才是真正属于个体的，它是内在的、独特的，是人类真实意

---

① 朱小蔓：《情感教育论纲》，6 页，南京，南京出版社，1993。

② ［美］丹尼尔·戈尔曼：《情感智商》，耿文秀、查波译，284 页，上海，上海科学技术出版社，1997。

向的表达。从这个意义上说，人的本质正是其情感的质量及其表达。我们确信一个人对某种价值认同、遵循，乃至形成人格，虽须以一定的认知为条件，但根本上是一个人情感的变化发展，包括内在情感品质与外在情感能力提升和增长的过程。

□ 依您这样说来，情感在教育中的地位真是发生了戏剧性的变化。早年人们嫌恶情感，主要是因为把情感仅仅理解为人的原始情感（情绪）。其实人的情感既有原始的本能形态，也有社会化了的、理智化了的情感；既有消极情感，也有积极情感。情感教育就是要发展、培植人的积极情感，充分利用人的积极情感，超越人的本能情感。超越显然不是去消灭它，属于本能的东西，我们无法抛弃，只能超越。但是从您刚才所说的来看，非但情感不是认知活动的手段，反而认知应该是情感发展的手段。

■ 不能说知、情之间没有互为因果的关系，在某种程度上，它们的确如皮亚杰、布卢姆所说是互为目的的。但是从人的根本性上来说，情感无疑更具有目的意义。人的一切活动都是为了满足自己的某种需要，安顿自己的情感。只有为了更好地满足人的情感需要，认知才成为必要。人的大脑结构已经说明了人的进化历程。从情感与认知在大脑中的定位来看，情感的发生更为原始。越是原始的东西，越要伴随人的终身，成为人的主要本性。所以从根本上讲，人是情感动物。马克思曾经批评旧的哲学家，说他们的哲学只是解释世界，而解释世界的目的是改造世界。但是人并不把目的停滞于改造世界上。人的一切行为都是自为的，改造世界的目的最终又要指向人自身，即通过平衡主客体的关系，安顿自己的情感，改善自己的生存境遇。

□ 把情感作为根本的教育目的与我们基础教育中提出的素质教育主题也许有更密切的联系。素质只能是内在的，认知对象只有内化到人的情感个性之中，才能变成人的素质。

■ 正是如此。情感教育正是以强调"内化"为特点，要求新接受的刺激能与原有的心理结构发生深层次的碰撞。情感教育并不排斥认知活动，但它反对那种不含"人情"的认知活动。因为这种认知是在人的外围打圈，不能融入原有的心理结构变成人的素质。它可能是操作性的，认知活动一结束，它就对操作者无任何意义了。这里要指出的是，人的情感品种很多，形态异常丰富，而人们常常容易将情感理解为热情洋溢或处于某种激情状态，其实理智感也是一种情感。理智感的表现可能是热情奔放，更多是沉稳、深沉的。

人的内在素质要通过外在操作形成，且又会表现为外在操作。这里，内和外是相互转化的。但是，现在基础教育在这个内外转化上也存在着严重的问题。我国基础教育中，外在操作层面的事情实在很多，学生从清早到深夜，被各种课业负担压迫着。教师满怀自以为可敬的责任心揪空给学生补课、"加餐"，学生回到家里还要忙着写作业。对于儿童，我们缺乏一种豁达的心态，总觉得什么课程都不能少，一少就不能"全面发展"。课程越开越多，而且一开就难度不小，总觉得没有难度就体现不了课程的意义。沉重的课业负担压得学生没有了学习的兴趣，没有了探究的情致。我们很多作业是重复性的、惩罚性的，学生不需要多少认真思考。当课程多得、难得不能消化时，它们就不能内化为学生的素质，就失去了教育的意义，而只是在占用学生的时间，增加学生的负担，耗损学生的精力。

有一种现象很值得我们深思。在中国，中小学生的学习负担特别重，书包越背越沉。沉重的课业负担并没有带来高素质，这种现象应促使我们反思到底什么是"基础"。基础的东西应该具有"可持续"发展的本性，它的养成必须有助于儿童的终身发展。这就要求基础教育所教、所学的东西必须融入学生的生命之中，伴随着学生有机体的成长而生长。如果学生表面看来学了很多，但所学没有变成自己的内在价值，它们对学习者没有可持续发展的作用；相反，表面看来，知识似乎不丰富，但所学的东西被赋予了生命的意义，那么，它们就会产生大得多的生命力量。这样，"基础"并不只是表现在"量"上，而主要是表现在"质"上。有了"质"，"薄弱"者可变成"坚实"者；没有"质"，"丰富"者也可变成"浅薄"者。我国的基础教育教了学生很多知识，但知识的授受过程并没有很好地发展学生的思维品质，如思维的分析与综合、归纳与演绎，思维的想象性、扩展性、质疑性、批判性等品质。我们的学生知道很多事情，但有时连做人的基本道理都不懂。我们太急于在学生的外在操作层面忙碌了，但这些东西并没有转化为学生的内在价值，所以学生不能将所学的知识融会贯通地联系起来而有所创造。教育不能开发学生的潜力，不能为学生丰富个性，还能叫教育吗？

□ 您讲了我国基础教育中一系列的观念性错误，看来最核心的还是教育目的上出现了观念性偏差。在很多学校，教育目的不是放在人的发展上，而是放在如何应考上，学生仅仅是完成考试而已；一切以考试为中心，考什么便教什么、学什么，怎样考便怎样教、怎样学，师生整天围着考试转。在这一点上，我们很多学校具有惊人的一致性。有时，我们也在说要以人的发展为目的，但就是不能把"人"具体化为"个人"。在教育实践上，离开了个人的发展，人的发展便是空洞的。由于我们的视点不是"个人"，所以就对学生个性采取忽视、扼杀的态度。学习内容成了比学习者更重要的东西。为了对学习内容作出公正、客观的评价，于是排斥主观的、不能"标准化"考试的情感、态度及其评价。应试教育必然拒斥情感，青睐标准化。标准化考试只适合于检查学生外在的、已知的、确定的知识，很难考查学生的内在能力、潜力和主观性的知识。教育中对学生个性、创造性的扼杀，对"标准"答案的"忠贞"几乎到了难以置信的地步。在上海，曾有几个学生不认可教师对巴金文章的解释，他们的解释教师又不赞成，学生们写信给巴金，巴金支持学生们的观点。但教师仍坚持己见，因为教学参考书就是这样说的。[①] 某小学一年级教师教学生认识中国地图，并要求他们根据图形特征回答它像什么。大家的答案各不相同，有的说像一块被咬了一口的美味馅饺，有的说像一个倒放的三角板，还有的说像一片巨大的树叶……教师最后公布的答案是：它像一只引吭高歌的雄鸡！教育部一位负责人还提到这样一件事：有一次上语文课，教师要学生做一道填空题："雪化了是_____。"绝大多数学生不约而同地在横线处填上了"水"，但其中一个同学写的是"春天"。结果这一答案让教师毫不犹豫地打上了叉，并告诫其他学生：雪化了就是水，写春天显然是错了。学生把雪融化了视为春天的到来，这一想象无疑十分新奇，遗憾的是这种新奇且富于诗意的想象却被教师手中的标准答案无情地扼杀了。[②]

■ 考试作为评价环节是不可缺少的，问题是我们不能将考试局限于相对容易命题、容易检测的认知领域，更不能让考试本身僭越了教育的目的。在评价上我们的胸怀要放宽广些，要容许较多的主观性评价。实际上，评价本身有很多取向，如科学主义取向的评价与人文主义取向的评价、内部评价与结果评价、形成性评价与总结性评价等。今天我们提出要对各种取向的评价综合使用，只有这样才能比较完整地反映出学生的整体素质。对教育的评价必须是对学生内在素质的评价。教育不能触动学生的主观世界让学生的内在素质发生改变，教育就没有意义；评价不能反映学生的主观世界和内在素质水平，评价也没有意义。

基础教育的问题很多，我们前面谈的并没有反映出全部。当然，

---

① 李英群：《难倒巴金》，载《南方周末》，1998-08-21。

② 相适：《童心没有标准》，载《特区教育》，1999(6)。

话又说回来，我们有很多学校能够一直坚持正确的办学方针，我们有很多的学校正在努力从传统的办学方式上转变过来，当中出了许多有特色的学校和许多著名的教育改革家。这些，正是我国教育的希望所在，也为我们今天讨论基础教育改革提供了大量经验。

第三节　一种"联系"的课程观

□ 课程是教育改革的重要方面，所以，很多教育改革把课程改革置于核心地位。但是，有时我们感到课程改革的效果不是很明显，甚至还出现了课程越改越多、学生负担越改越重的现象。基础教育要深化素质教育，您认为在课程上要注意什么问题？

■ 课程的改革从根本上来说是课程观念要更新。长期以来，我们的知识学习采用的是接受现成传递的、掌握式学习方式。在制度化的学校中，课程是知识学习的核心，而教师对课程的理解比较表面化、狭隘化，认为所谓课程就是学科及由学科组成的体系，就是教学大纲、教材、教案等。对于什么是课程，人们有很多讨论。"curriculum"原意是指跑道、经历及人生的经历。所以学课程的过程就是一个人成长的过程，就是增长经历的过程，就是不断增加经验、改造经验的过程。这样，课程完全是学生参与文化活动的过程，教育与文化的关系在学校中主要就是通过课程的形式实现的。过去我们对课程的理解比较片面，没有把它置于整个文化中，而是将它窄化为一种知识体系；没有把它看成学生主体参与的学习，而常常错误地把学生当"敌人"。于是传统的课程学习就不可能成为学生参与文化的过程，也就不可能通过课程学习形成真正的主体。在传统思想下，我们的课程主要是一种目标—达成—评价的模式。日本有学者称之为"阶段型"的课程模式，它主要对应于近代工业社会的教学要求。它要把客观化的知识传递给学生，用统一的标准去衡量学生，似乎很客观、很公正、很有效率，但它的问题在于不能把课程中的文化、价值内涵赋予学生。另一种模式，有人称之为"登山型"模式。其认为学习是"条条大路通罗马"的开放过程。所谓"登山"，只要你登上山顶，而不管走哪一条路。这种模式往往先有一个主题，让学生在解决这个主题的过程中增长经验、表现自己。学生可以自己选择上山的道路、速度和方式，想停留、想观赏、想快点都可以，最终目标是一样的。这种方式在我们过去的教学中比较少。南京师范大学附属中学的校长陆一鹏的化学课就是采取这种教学法。他一个星期给学生一个主题，当然，这个主题非常需要教师花工夫去设计，学生围绕这个主题调动他们所有的知识来完成它。现在在国外，很多地方也采取这种主题教学法。主题教学不像我们过去的所谓单元教学法，主题带有一种线索性、贯穿性，其中有核心的概念。这种教学方式激励学生自己想办法表现自己对知识的理解，有助于培养人的问题意识、综合解决问题的能力。所以，知识学习的方式要做很大的改革。

　　□ 过去，我们把课程看成外在于学生的一种客体，学习就是让学生围着课程转；现在，根据您的理解，课程与学生应该不是两个外在对立的东西。课程与学生的生活融为一体，变成学生主体生活的实际内容。学习不是接受，而是生活、生长；不是等待、观望，而是生动的参与。以前的课程冷漠地摆在所有学生的面前，是客观的不可改动的，而在新的课程观下，课程去掉了僵化的普遍性，可能成为具体学生的个别化的价值存在。

　　■ 过去我们的课程往往使知识和价值分离开来，实际上，知识要变得可理解，要变得对生活有意义，它就要和价值融合在一起。按照我们的理解，人的心理是由认知层面和情感层面构成的。人类教育活动在相当长的历史时期，都有教化情感的传统。随着西方近代工业与科学的发展，教育的情感层面日益衰弱，往往撇开情感片面地讲认知教育。人的情感发展有与认知发展不同的标志。现代认知心理学研究认为，在精神和情感不发达、直接印象积累贫乏的情况下，形式主义地掌握大量知识必然造成人的感受性萎缩。美国哈佛大学零点课题研究早已提出这样的问题，即在一定年龄以前，逻辑思维的发展与非逻辑思维的发展存在相互抑制的关系。我们主张珍视、保留人生命早期敏锐的感受能力和强烈的感受欲望，不要急于把它纳入冰冷的逻辑演绎和概念之中。实际上，知识和认知学习，如果不伴随积极的情感活动，它对人的生命价值、对社会的功效都是不能实现的。

什么东西能成为生命可理解的呢？不是知识本身，而是知识当中的意义。人们在掌握知识时，如果没有理解意义，那么，在知识被淡忘以后，它就很难留下什么；如果人们在学习知识时理解了它对生命的意义，即使知识已被遗忘，这种意义定可以永远地融合在生命之中。所以，什么是教育？教育就是过了很多年以后，当学校所教的知识已被淡忘了以后还剩下的那个东西，如果没有体验和理解，就不会剩下什么东西。当然，很多知识虽然终究要被遗忘，我们还是要教给学生，因为知识可以作为形成能力的载体、条件，先在的知识可以构成后续的知识的"前理解"。因此，在教知识的同时，如果我们开放了学生的全部感官，让学生的全部感官参与进来，并且把知识的学习变成他们生命需要的满足，那么学生不仅掌握了知识，通过知识也增长了技能。同时，他们还得到了更多的、长久的、终身受益的东西，终身受益的东西从来都是看不见的。什么叫终身受益的东西呢？是学生内在的情感、态度和人格。

　　□ 课程要与学生的生命取得联系，这不仅是制定课程的目的，也是衡量课程的标准。

　　■ 课程不仅要与生命有联系，各种课程之间也要互相关联，达到连贯的目的。波伊尔提出，基础教育的课程包括"语言"和"带共性的基础课"。在基础教育里，掌握语言是首先和最主要的教学目标。语言不仅包括词汇，还包括数学和艺术，它们都是学习的最基本的工具。说话、阅读、写作和第二语言是我们最基本的语言；数学作为一种世界性语言，可以用来探求数量、空间和时间，数学思维帮我们把事物联系起来，以明白它们之间的顺序和逻辑；艺术是人类体验最具感召力的语言，是开发智力、陶冶情操、提高审美能力的强有力的工具。这三种语言系统有其各自不同的特点，但同时又是紧密相连的。借助词汇，学生探索数学概念；通过数学，他们探索艺术；通过艺术，他们可以更丰富地进行语言和数学表达。遗憾的是，这三门语言目前都没有适当的教与学的方式。语言（包括第二语言）常只被当作一种工具来学习，学语法、词性、单词、句、段、篇等，教师极少要求学生反思语言本身，也不会把它作为一种将人们联系起来的社会活动；数学则变成了做习题、学数字以及无休止地做机械练习的课程，与学生的社会生活联系甚少。正如杜威所说，数学一旦离开了它在社会生活中的应用方面所占的地位，就会变成没有任何目的和用途的抽象符号；艺术语言课常被认为是额外课，总是开设得最晚，撤销得最早。波伊尔认为通过学习八种带共性的课，学生们可以将传统的各学科联系起来，并能把所学的知识与实际生活联系起来。这八种课是：生命周期、符号标志的使用、个体与群体、时空意识、审美观、人与大自然、生产和消费、有目的地生活。所谓带共性，是说它们是全人类所共有的普遍经历，是人类生存的基本条件，是对我们的生活有实际意义的东西。在这八大主题内，每个传统学科都可以找到其归属。

　　这八门基础课是根据它们出现在现实生活中的次序而排列的。从出生开始，最先感受到的便是语言。尔后，年幼的孩子们发现他们是群体里的一员，而首先是家庭的一员。后来他们又有了时间和空间的意识。再后来，孩子们开始对美学有了反应。渐渐地，他们又有了与大自然相联系的意识，知道了诸如我们吃的东西是怎么来的这些事情。随着他们日趋成熟，他们又学会了制作和使用东西。之后，孩子们就会提出有关生活的意义和目的等问题。

通过把注意力集中在人类共同的经验上，孩子们不仅学到了基础知识的核心内容，而且也发现了各学科间的内在联系。他们开始懂得了他们在课堂上所学到的东西与他们自己有多么密切的联系，他们怎样才能使自己的生活朝着对个人、对社会、对伦理道德都有建设意义的方向发展。他们还认识到，尽管人类的经历是共同的，但这些共同的经历却是在各种文化中以非常不同的方式产生的。

下面扼要地谈一谈基础学校的综合课程，以及这八门共同基础课所包含的内容。

1. 生命周期

教学目的：通过对生命周期的学习，所有基础学校的学生都要了解人的生命要经历出生、生长和死亡这样的过程。他们应当获得有关人体的需要与功能的知识，以及养成有益于人的健康的行为习惯；学会赞美人的生命之神圣，并理解不同文化背景下的人们有着并不相同的生活。

2. 符号标志的使用

教学目的：基础学校的所有学生都应当理解人们是通过符号系统进行交流的。引导他们探索语言发展的历史、了解交流的目的、学习新的技术、认识大众传播对人际相互理解能够起促进或制约作用。他们会发现真诚是人际真实交流的关键。

3. 个体与群体

教学目的：基础学校的所有学生都应懂得，每一个人都是各种不同群体（groups）中的一员，首先是家庭的成员。然后，他们还应该考虑群体组织如何塑造了我们的生活，反过来，我们又如何塑造组织机构。最后，学生们应获得公民意识和社会责任感。

4. 时空意识

教学目的：基础学校的所有学生都应当懂得每一个人——无论他处在什么地方——都有感知时间和空间的非凡能力。通过学习历史和了解人类世代相传的历程，学生获得时间感。他们将学习我们民族的历史和其他文化背景下的各种文化传统，同时也将知道他们在地球上乃至宇宙中的空间位置。

5. 审美观

教学目的：基础学校的所有学生都应懂得，人人都具有美感，并可以通过艺术的形式表现出来。学生探索丰富多彩的艺术表现形式，了解不同的艺术作品，从中发现艺术对人类的益处，并且掌握一些蕴含着不同文化特点的视觉和表演艺术的形式。

6. 人与大自然

教学目的：基础学校的所有学生都应当意识到，每个人都与自然界密不可分。引导他们学会认识自然的科学方法，并在这一过程中增加对周围大自然的理解。更重要的是，学生在发现大自然的神奇与美妙的同时，加强了对自然界的敬意。

7. 生产和消费

教学目的：所有基础学校的学生都应懂得人类从一开始就不断地生产和使用东西。他们应当理解工作的价值和尊严，理解作为一个具有创造性的生产者、明智的消费者以及负责任的资源保护者，对于人生所具有的重要意义。

8. 有目的地生活

教学目的：所有基础学校的学生都应认识到，每个人都应该寻求生活的意义与目的。学生要懂得价值和伦理的重要性，懂得信仰是如何影响人类历史的。同时，还应理解服务的意义。

通过学习这八门核心课程，学生会对他们现在所学的全部课程有更深的理解。但是如果把这些有其明确目的的课程只简单地看成对原有学科的新包装，只不过是给旧的内容贴上新标签的话，那就大错特错了。恰恰相反，通过这八门课程，学生不仅能学到许多知识，而且会发现不同科目之间的关联。更重要的是，学生将初步懂得下述几种基本道理：

——我们共享生命的神圣；

——我们相互交流信息；

——我们都归属于群体和机构；

——我们都置身于时空之中；

——我们都有美感；

——我们都是大自然中不可分割的一部分；

——我们都参与生产与消费；

——我们都追求一种有目的的生活。

简言之，基础学校的课程是要使学生学会把各种事物联系起来，把各种知识综合起来，把在课堂上所学到的知识与实际生活联系起来。①

目前我们的课程不仅与生活联系少，课程之间也缺乏应有的内在

---

① ［美］厄内斯特·波伊尔：《基础学校：一个学习化的社会大家庭》，王晓平等译，75～90页，北京，人民教育出版社，1998。

联系，课程之间、教师之间"隔行如隔山"的现象相当严重。任这种状况存在下去，素质教育就会受到极大的伤害。

第四节　人道主义取向

□ 值得庆幸的是，这些年来，我国有一批有识之士热情地投身于教育实验，为基础教育的改革埋头实践、悉心探索，让人们看到了一道曙光。应该说，基础教育改革在我国还算是起步较早、成就较大的。实际上，我国大多数的教改实验出现在基础教育领域。

■ 教育无疑要搞实验，但教育实验又要特别慎重。一幅画画得不好可以涂掉重画，一条凳子做得不好可以弃之再做，电脑输入错了可以删去，但若在人身上犯了错误，却没那么容易改正。当年，英国哲学家、教育家洛克就曾告诫人们，"教育上的错误比别的错误更不可轻犯"。教育实验必须慎之又慎，搞得不好，它要牺牲一代人。但是我们又不能不进行教育探索，教育学不能只是建立在个别权威的经验之上。早在 20 世纪初，德国实验教育学的主要代表人物之一拉伊（Wilhelm August Lay）就提出，实验是教育学真正成为一门独立的科学的唯一方法。当然，教育必须树立一个正确的实验观：是为实验而实验还是根本上为了学生而实验。教育实验不能关在实验室做，它必须是在班级的实际情景里操作，并且，最终是为了解决教育上的问题。所以，教育实验既要求有科学的精神，也要求有人道主义的精神。德国有位学者说，当代德国学校做了不少的教育实验，但最大的问题是教育科研做了很多，学生却没得到什么实惠，学校的教学质量并没有得到提高。原因是什么呢？大家都在忙着想我的科研可以怎么怎么，但很少有人想到，实验过程就是教育过程。实验既要遵循自身的逻辑，更要遵循学生的发展逻辑。我们今天不应忘记上述教训。做科研课题要真正站在学生的角度去好好想一想对学生的学习过程究竟有多少推动，要站在学生的角度去分析学生的学习过程。

□ 我很赞成您说的人道主义精神。基础教育的改革必须是面向全体学生的，要让高质量的教育来有效地培养每一个学生，而不只是那些处境优越的学生。以往我们是以牺牲一批学生为代价，让其中一部分学生得到好的发展。教师在教学过程中更多地关注处境优越的学生，相对而言，对后进生的关心和帮助较少。很多学生在中小学并没有得到应有的发展，他们迟早要被教师视作"学业失败者"，并最终"掉队"。教育的人道主义精神就是要让 100％ 的学生得到最佳发展。按照一些人的观点，如果有一个教师只有 1％ 的"失败率"，即教 100 个学生只有 1 个"掉队"，他将被认为是非常负责任的教师了。但我认为还不够。对于那个"学业失败"的学生来说，他的"失败"是 100％；对于那个"学业失败"学生的家长来说，他们的"失败"也是 100％。做教师的应该树立起"1％＝100％"的观念。牺牲一批成全一批是不人道的，牺牲一个成全九十九个也是不人道的。真正的人道主义在于，对每一个学生的全面关心，让他成为他能够成为的人。

■ 人道是为人的，每个学生都是人，他们都应该是人道主义的对象。这里关键还是我们教师的观念问题。我认识江苏省一所农村初中校的校长，这位校长的基本主张是，教师要用最敬业的精神、付出最大的代价来换取学生最轻的负担、最高的质量。他对教师要求很严，抓得很紧。学生都是就近入学的农家子弟，基础比较差。他们的教师只有十七八位，其中获得大专文凭的不多，本科毕业生更少，但教师们几乎每天晚上都要集体备课，对授课班级的学生提前进行分析，估计哪些人可能一下就能弄懂，哪些人可能不懂。在课堂上，校长规定，各种学科在讲练之间要有一定的时间分配，如教师讲课不得超过 20 分钟、学生练习不能少于 20 分钟等。这样，教师就要用最精练的语言讲课，腾出大量的时间让学生自己练。在练的过程中，教师根据课前对学生的分析在教室里巡视、指导，帮每个学生学会、掌握知识。当时，我跟这位校长说，你的精神我很钦佩，你们对学生有这种感情，教师能这样吃苦确实是很不简单的。他们的毕业生大部分能考取县里的好高中。校长认为，教师拼命吃苦，就是要让学生上好高中，这样才对得起学生。你们说该怎样评价这个校长？

□ 我想他们这样做真正体现了教育的人道主义，即既关注了全体，又关注了个别。我相当钦佩。他们关注每一个学生，不是通过牺牲一批学生来保证升学率。这是一种最起码的人道主义精神。教育的意义在过程之中，学生受益于教育者也正是在这个过程之中。他们是把学生当作人而不是当作接受知识的机器。他们是通过学生接受传递、自主学习、个别化练习的过程去了解学生的掌握程度，对每个学生的学习过程负责任。有很多学校只是关心结果，根据结果来给学生定位，对其学习过程不加过问。因材施教就是通过琢磨每个学生的学习过程予以区别对待。我想，这是不是布卢姆提倡的"掌握学习"呢？

■ 是的。布卢姆应该算是一个很有人道主义意识的教育心理学家。他提出的"掌握学习"有两个核心观点：第一，他认为失败不是教育的必然结果，每个学生都有能力掌握任何教学内容；第二，学习能力的差异是由个人的学习速度造成的，而与期望个人能获得的学业水平无关。只要有足够的时间和机会，每个儿童都能达到高水平的学习。早在 20 世纪 60 年代初，布卢姆就对学生进行积极学习的课堂教学时间做了调查。结果发现，在美国的一节课上，一般学生的积极学习时间大约为一节课时间的 60%，其余的时间则两眼盯着窗外，乱写乱画，胡思乱想，以及莫明其妙地浪费时间。布卢姆还发现，一堂课后，大约有 20% 的学生掌握了所学的内容，而且能继续学习下一个课题，其他学生则不能。如果教学活动继续进行，那教学只是对已掌握了的20％的学生，其余的学生理所当然地乱写乱画，胡思乱想，因为他们缺乏学习新课题所必需的"认知先决条件"，从而也丧失了"情感先决条件"。但是，在传统的课堂里，教师往往只希望有1/3的学生能完全掌握所教内容，有1/3的学生成绩一般，而允许有1/3的学生不及格或刚刚超过及格线。教师通过巧妙的技术十分有效地把这些分类传递给学生，学生自己也十分自觉地、无意识地确认了这种唯心的分类。于是，教师把大部分精力花在那些看上去最不需要个别辅导的1/3优秀生身上。布卢姆认为，教师的这种"期望"是教育中最浪费、最具破坏性的方面。它压制了教师和学生的创造力，降低了学生的学习热情，破坏了相当数量学生的自我形象和自我概念，于是学校成了"反教育"的机构。掌握学习将"掌握"作为每个学生在进一步学习以前必须达到的目标，这样它迟早会促成学生成绩的优良上的一致性。好与差、快与慢这些学习特征是可以改变的。所谓学业失败者就是当他在第一步落后时没有给他机会及时补上造成的。

□ 布卢姆的教育思想至少在我们中国曾经引起过强烈反响，但人们也发现它的一些问题。例如，怎样让早过关的学生乐意、积极有效地帮助慢生，部分慢生的拖累是否给快生造成了教育时空的浪费，从而造成教育上新的不平等，带来新的课堂纪律问题。尤为重要的是，这种以"掌握"为目标的教学如何处理掌握与创造的关系。

■ 你提得很好，当时我对他们的做法也有点疑问，即这样做是不是会学得很死呢？一堂课最终只是以掌握该堂课的知识为目标，有些学生阅读量不多，精神生活不够丰富，掌握知识对学生发展来说是一个基本的要求。所以我对蔡校长说，你们这种方式对学生的持续性发展和培养适应能力、创造能力、综合素质的作用如何，还希望您能进一步探索并加以总结。

第五节　人格至上的发展趋势

■ 发展是人的永恒主题，也是教育的永恒主题。但是回顾发展观的演变过程，我们看到，发展是在从"客体论"到"主体论"这个线索上转变的。客体论的发展观有两个特征：其一，把发展的本质或关键归结到人之外的物；其二，将广义的发展经济学或经济增长理论作为发展理论的主导形态。这是一种以经济为中心的发展观，把 GNP 当成衡量一切发展成败、得失的关键，甚至是唯一的标准。实际上，社会的发展是一个综合的过程，单纯的经济增长是难以奏效的。以物为中心的发展观忽视了人作为发展主体的地位。主体论的发展观将发展的核心从物转到人身上，将理论的切入点从经济发展理论转到社会心理学上，认为要实现发展，必须实现人格的转变。发展观的这种转变也体现在我们的教育上。自 20 世纪二三十年代以来，国际教育思想大致经历了三个阶段。首先是以传授和掌握知识为主的"知识本位"阶段。在此阶段，人们相信一个人只要拥有足够的知识就足以立足社会。从 60 年代中后期开始，人们渐渐意识到只有知识是不够的，一个人要想立足社会还要具有一系列的智慧能力和生存能力。这是一个"能力本位"的阶段。但是，不管是"知识本位"还是"能力本位"都是教人如何做事的功利教育。人不仅要适应社会，应付生活，还要感受生命，享受生活，提高生存质量。所以从 80 年代以后，人们把教育的发展主题从应付外在物质生活转变到丰富内在精神世界上，提出一种"人本位"的教育。教育发展观的转变也体现了这种从客体论到主体论的轨迹。

在基础教育上，我们认为首先要做好全民教育，要关照到每个人的学习权利和机会。1990 年联合国召开的"世界儿童问题首脑会议"作出了这样一个分析，认为目前世界上有一亿名儿童（其中 2/3 为女童）未接受任何基础教育。四年后，由联合国牵头并有 150 多个国家代表参加的"国际人口和发展大会"再次重申、呼吁各国确保尽快实现初等教育普及，在 2015 年以前切实关注教育质量的提高和采取有力措施防止学生尤其是女童辍学。当然，联合国教科文组织的教育宣言《学会生存》提出，教育"机会的平等是要肯定每一个人都能受到适当的教育"，要关心学习质量，要让人受好的教育。今天，基础教育要特别强调对人格的培养，要把人格培养放在首位。这也是国际教育观念的发展方向。过去我们"优先重视获得知识"，"考试和会考是评价所得知识的数量的依据"；但是现在，行为态度和技能的重要性已受到越来越多的关注。联合国教科文组织教育丛书中《从现在到 2000 年教育内容发展的全球展望》一书首先提出了"教育目标的新三级层次"，即把知识—实用技术—态度和技能颠倒过来，成为态度和技能—实用技术—知识。把知识放在最后，态度放在第一。

传统的三层级：　　　　新的三层级：

①知识；　　　　　　　①态度和技能；

②实用技术；　　　　　②实用技术；

③态度和技能。　　　　③知识。

如果把教育目标的三个层级这样倒过来，那么，一个人在早期培养起一种好的态度就变得很重要了。当然，新三层级并不意味着无视有用的知识和创造性的发挥。但是人们越来越看到，那种关心变化和革新，有批判精神和团结精神，富有责任感和思想自主的人，更适合于学习和更新自己的专业和文化知识。实际上，这种新的三层级已越来越多地成了经济领导人的信念、教师的活动特点和评价者关注的目标。例如：英国规定的义务教育基础课程就旨在培养学生精神方面的价值观念和行为；日本强调，"价值观念和行为的培养（宽厚、负责精神、伦理与美学方面的感受性等）在将来应占有更重要的地位"①。日本学者冈本熏写了一篇文章《太阳升起地方的教育》，说到日本的教育更强调精神方面，知识和技能被看成第二或第三位的问题，甚至是"低俗"的事，日本教育法第一条规定教育目的时，并没有提及知识和技能。在日语中，"教育"一词被称作"Kokoro"，意同于英语中的情感、智力、精神、人性等概念。所以，日本人认为，教育不是为知识和技能，而是为了"人格的全面发展"，中小学阶段基础教育最重要的目标是丰富儿童的"Kokoro"。这包括"尊重人类和动物的生存，积极考虑自己生活方式的能力，追求真理的态度，对美和高尚的敏感，尊重大自然，同情和慷慨，对他人的酬谢，自治和自我控制，对公共利益的贡献，平均主义态度，与他人合作，对道德的敏感，优良的日常生活习惯和作风，等等"②。1994 年以来，我因参与主持一项与日本福冈县立大学的合作教育科研项目，三次去日本考察，并做学术交流。当时，我十分惊讶地看到，自己在 20 世纪 90 年代初以来积极呼吁的重视儿童情感发展与体验的教育价值观，在那里的学校有很生动的体现。我看到几乎每一所学校，尤其是小学明明白白地标示自己的培养目标包括"感谢之心""感动之心""仁爱之心""体谅之心"等。我们看到残疾儿童与健康儿童同班学习，健康儿童拉着他们一起活动；我们看到几乎每个学校都有"心理健康保护与咨询室"，有让儿童宣泄、调整情绪的处所和办法。国际教育的这种发展方向很值得我们重视。对儿童来说，人格发展比读、写、算更重要。在基础教育时不抓人格教育，以后就

---

① ［伊朗］拉塞克、［罗马尼亚］维迪努：《从现在到 2000 年教育内容发展的全球展望》，马胜利等译，144～148 页，北京，教育科学出版社，1996。

② 国家教育发展研究中心：《发达国家教育改革的动向和趋势：美国、日本、英国、联邦德国、俄罗斯教育改革文件和报告选编》第五集，295、304 页，北京，人民教育出版社，1994。

很难抓了，甚至来不及了。基础教育是人格态度教育最关键、最好的时期。但是，我们现在还没有这种意识，只是认为"双基"很重要，而所谓"双基"很重要就是指写字重要、解题重要。一个字写错了就罚学生写一百遍、五百遍！这是不是就叫"读、写、算"呢？这就叫基本功吗？世界各国都强调读、写、算，在美国，儿童八岁必须学会阅读，会阅读才可能获得精神世界。基本功无疑重要，但它又是为什么服务的？所以这里的关键是怎么理解读、写、算，怎么理解基础。基本功既要能帮助学生扩展知识，更要有助于形成人格。

第六节　主体创造性

□　对主体人格的重视是符合现代社会对学生的素质要求的。现代社会是变化的社会，如果我们仍然想通过掌握客体的一切变化形式来适应客体的话，这不仅不可能，也将使我们陷入被动。所以当代教育更提倡学生的主体创造精神。只有主体的创造性才足以应付变动不居的客体世界。请问，主体的创造性表现在哪些方面？

■　面向 21 世纪的基础教育，要实现从掌握性学习、维持性学习向创造性学习的转换。对于"创造"这个词，人们往往感到很神秘，认为对小孩子谈创造是不可思议的事。实际上，创造有不同的标准、样式。就基础教育所提倡的创造来说，它主要不是要求儿童去做前无古人的发明、创造。儿童的创造与成人的创造不一样。成人的创造标准是社会的、历史的：别人、前人没有做过的；而儿童的创造标准是自己的：自己未曾做过的。对于儿童来说，主要不是让他们去创造什么新东西，而是培养其创造意识、创造性的个性。当然我们也不是低估儿童的创造能力，因为，事实表明许多中小学生确实创造出了崭新的东西，并在国内外获得专利。创造性人才有三类：第一类如爱因斯坦、居里夫人等。这些杰出人才的创造确实可以为人类的进程带来很大影响。第二类叫作有特殊才能的人，如音乐大师、画家、文学家等。他们在某个方面有很高的创造性。第三类就是指日常的、平凡生活中有创造行为的人才。创造性学习应该更多地包含这方面的内容，让平凡的人在平凡的生活中有所创造，在他们中间也有可能产生特殊人才、杰出人才。所以，这三种类型相辅相成。

我认为，在基础教育里，我们至少应该在以下三个方面注意培养学生的创造精神。一是知识的创造，二是德行的创造，三是文化的创造。现代社会处于急速变化之中，对中国来说，目前既是知识急速更新时代，又是社会转型时代。这是中国最大的时代特点。知识激增要求我们不能停留在维持性的学习上，不能只对学生提掌握知识的要求，而是要学会学习。过去的时代，知识变化比较慢，很多知识被认为是比较稳定的真理性的存在；现在已经进入了一个知识不确定的时代，如果我们仍把教育理解为传授稳定的、确定的科学知识，那将是不够的。当然，在基础教育中，确定性的知识仍占较大的比重，但我们也应根据学生的特点和发展过程逐步增加不稳定的、不确定的知识的分量。在工业革命之前的知识启蒙阶段，知识主要用于启迪人的思想，开发人的智慧，让人成为哲人、智者；知识应用阶段对应于工业社会（约始于 1700 年），把知识有组织、有目的、有体系地用于应用；德鲁克认为，1881 年前后，泰勒将我们带入了知识反思阶段，今天知识正被运用于知识本身。

处于知识非常多、变化非常快的阶段，如何管理知识、如何成为知识的主人便是非常重要的了。掌握知识的学习很可能使学生成为知识的奴隶。所谓知识的主人是指为自己的生活、工作目标而搜寻知识、获得知识、运用知识。知识的生产总是在知识的运用中，一个创新性的人才在知识上的创新与他活用知识是分不开的。我们现在的学生为什么不能运用知识呢？因为我们给学生运用知识的机会很少。所以今后对学生的培养，一定要给他创造学会学习、运用知识的条件、时间和空间。

□ 那么，德行的创造是否指学生能活用道德规范，成为道德的主人呢？

■ 我国在传统上是一个道德本位的国家。但是在长期的历史发展中道德发生了异化，颠倒了道德规范与制定道德规范的人的主客体关系：德成了人的主人，人倒成了德的奴隶。我国的传统文化以"客体主体化"为特征，表现为人向天（自然）的回归，个人对社会的服从，自己为他人牺牲。德要配天，人要配德。道德规范一旦提了出来，就成了人无条件遵奉的对象。由于人在守德时并不强调人对德的理解、怀疑，所以人在德面前是没有多少主体性的。如今，社会已经发生了变化，当今的中国处于社会的转型期，价值的多元特别需要价值的选择能力、判断能力和道德的创造能力。第一，许多传统的道德规范须更新；第二，任何道德规范必须根据具体情况作变通的理解。什么规范要更新，什么时候要变通，都应该有人道主义的标准。道德在任何时候都是为人服务的，人要成为道德的主人，这是人据以创造道德的关键。当然，我们强调道德的创造并不否定基本德目的存在。在社会的飞速变迁中，人们会感觉到，在变动之中还有比较稳定的、相对不变的、被历史所证明了的东西，它们是值得人们去追求的。例如，有人提出七种美德：诚实、尊重、负责、同情、自律、坚忍、奉献。① 所以，对现代人来说，一是在多元文化中对道德的创造能力，二是怎么能够对相对稳定的价值保有一种自觉信奉。这个要求比过去更高了。过去的学生

---

① ［美］厄内斯特·波伊尔：《基础学校：一个学习化的社会大家庭》，王晓平等译，151～152页，北京，人民教育出版社，1998。

只要把教师讲的东西掌握了就行，社会变化很慢，社会的约束力又很强，传统社会是靠社区、舆论等来约束人的；而现代社会，客观上的约束力就小得多，所以对人的道德的内在方面要求较高。这给我们现在的道德教育提出了一个难题。一方面我们要承认，在社会转型时期，价值观多元、多变，不能只要求学生接受教师传递给他的那些道德信条；另一方面毕竟有一些美德需要教育。这是一个两难的问题。

社会在变迁、转型过程中，肯定还会出现一些原来道德的失范现象，所谓"滑坡"的问题是客观存在的。在市场经济社会，商品交易所带来的观念和方法会进入伦理和道德生活中去，人们往往用金钱等来衡量事物。在转型过程中，社会也许要付出这种代价。但是，这里有一个问题要区分清楚：某些道德的变化到底是因社会进步所需要的"变通""更新"，还是"滑坡"？我们经常可以听到，有些人认为改革开放之前的道德状况比现在要好得多，其实这是个不同视角和不同思维方式的问题。社会在变，我们不能用传统的道德标准来衡量今天的道德现象，不然道德的任何进步都将被视为"滑坡"。如果道德的变化有利于社会的进步，有利于人的幸福，那么这种变化就是好的。所以在培养学生德行创造力时还要教会学生判断、选择、创造道德的标准。没有这个标准，学生或无以创造，或是道德失范。总之，现在我们对现代人的要求是更高而不是更低了，现代教育的难度毫无疑问是加大了，现在的教师比过去要难做得多。

　　□ 文化和教育既有一致的地方，也有冲突的地方，怎么协调它们的关系呢？当两者的取向发生冲突时，教育应当如何体现自己的作用呢？

　　■ 我认为教育的最大作用或教育的本质性的功能就是通过造就一种新人来改造文化。教育如果不能做到这一点，它就没有存在的意义。

文化对于一个个体来说是先在的，文化总要先在地影响人，但又需要人来推动文化进步。教育就是要"创造"出一种人来，这种人既能进入既有文化之中去适应它，又能从既有文化中"跳出来"。如果学校培养的人与社会文化格格不入，"进不去"、适应不了，他们就谈不上改造文化、超越文化，可能是一群孤独者、书呆子、"清高"者。人既要能介入文化，又要能清醒地看清楚文化的缺陷，还能通过适当的方式对这种文化产生影响。当然对文化的改造不能完全靠教育，经济发展起着重要的作用。如果经济发展了，高中毕业生可以先工作，边工作边接受多种形式的高等教育，相信那也是一种好的生活方式，又为什么非要去参与全日制普通高校的激烈竞争呢？

第七节 情感优先论

□ 关于基础教育的改革您已经谈了三点，即教师应该有人道主义的思想，充分尊重每一个学生；人格的培养已越来越凸显为主要的目标以及创造性素质应该得到更多的重视。最后还有个问题：目前我国基础教育界出现了许多教育模式，您认为这些模式对于我们基础教育的改革有些什么启示？

■ 我国基础教育改革在 1960 年就已开始，北京景山学校就是在 1960 年 3 月为了探索一条中小学教学改革的正确道路而创办的。当然，20 世纪 80 年代以来是又一轮教育探索、教育实验的高峰，出现了不少好的教育模式。这些模式的创立大多是因为中小学教师出于一种对现行教育的不满和意欲改造的渴望，它们对兴起素质教育、推动素质教育发展起了很大的作用。各校通过对模式的实践和研究，提高了教育理论水平，锻炼了一批高素质教师，形成了锐意改革的校风。很多教师、学校，通过模式实践以后都意识到，教育不改革就没有希望，学校不改革就没有前途。教师思想观念上的转变，应该说是教育改革最有意义的成功之处。在素质教育的改革上，江苏省算是起步较早、普及面较广、力度较大、成绩较好的，不仅对本省，也对我国基础教育水平的提高做出了巨大的贡献。南京师范大学的专业教育理论工作者也是全省较早倡导素质教育及其实验的一批人。我们比较早地成立了全省性的"实验学校研究中心"，参与了一大批中小学的教育实验，并与有关学校合作多年，从理论上概括、提炼出很有特色的素质教育模式。各种教育模式都有自己独特的切入点和特点。例如，愉快教育就是以爱学生为起点，培养学生的学习兴趣、乐趣、情趣、志趣，鼓励学生的成就感；教师乐教、善教，学生乐学、善学；教师精讲，学生巧练，采取多种教学方式和手段，激发和调动学生的多种感官参与活动，使学生从学习活动本身体验到学习的乐趣和满足，同时有能力扎扎实实地打好基础。和谐教育将儒家"礼之用，和为贵"的主张，与柏拉图"节奏与和谐使人心灵宁静、温文有礼"的思想以及苏霍姆林斯基的教育思想结合起来，努力整合教育系统中各要素和各层次的关系，使其和谐而有美感，通过有意识地正视差异、处理差异，使学生在动态的矛盾中发展出积极的和谐个性。审美教育相信，艺术可以对人的智慧和心灵产生综合性影响，可以触及人的精神的任何角落，可以造成完整的个性，所以，它着力于挖掘、调动、创设教育过程中的审美因素，协调学生左右脑的活动，使其逻辑理智能力和情感审美能力互补并举。生活教育以杜威和陶行知的理论为基础，针对当前教育脱离生活实际的现状，致力于开发出"生活基础"的综合课程，按不同学生的身心特点、生活范围和经验方式，培养学生积极的生活观念，养成学生良好的生活习惯。李吉林的情境教育是吸收中国古代"意境说"的思想，利用人的双重编码：不仅用语言，还用图像，通过情境、画面、直觉实现；不仅利用语言记忆机制，还利用情感记忆机制。她用富有感情和强烈情绪的东西创造生动的情境，激发学生的全部感官。情境教育通过情境化使学习变成个体化的学习，变成深化个人体验的学习。

创造一种模式，首先当然要考虑能否有效地促进学生的学习。模式能否成功，关键的一点是要看教师有没有执行该模式的资质。这一点是我们推广教育模式时特别应该注意的地方。现在有很多小学教师在刻意模仿李吉林老师。模仿是青年教师成长的一条有效途径，但是模仿不能变成生搬硬套。李吉林的情境教学是建立在她的个性素质之上的。李吉林老师是一位极富教育资质的教师，其综合素质，包括知识层面、能力层面、人格层面、观念层面都非一般努力和修养而可企及。她之所以成为情境教学的倡导者和带头人，有赖于她独特的教育素质。这一教育素质的灵魂是教育的人文精神：崇高的教育爱，对未成年一代的尊重、信任、欣赏和期待。她的知识积累宽广而目标明确，就是为着学生；她的能力结构中，最重要的是与学生情感、心灵沟通的能力。她的艺术表现能力，她的诗化语言能力，她的幻化、想象和联想能力，她的感动自己又感染别人的能力，都充满着情感色彩和人格魅力。她的成功表明，教师的素质与其人格有着深层的联系。如果只是表层模仿，是很难真正打动人的，或者至少不能长久地打动人。所以模仿需要变异，这种变异还不是技能上的。

□ 不管怎么变异，它应该有一种不变的东西在里头，那么这个东西是什么呢？模式不能机械地模仿，但我们可以学习那些模式所信奉的思想原则。您认为一个成功的教育模式的思想原则是什么呢？

■ 是一种有生命的生动活泼的学习。从以上我们所列举的几个模式看，它们首先都是面向每一个儿童、充分尊重每一个儿童的，然后在知识、技能、态度上特别凸显态度的重要作用，再就是充分利用学生的一切的生命感官，使生命的意义与语言的符号相结合，在教符号时让学生能够联想起他的生活经验，与他的经验融在一起；让学生全面发挥各种感官的作用，满足生命的各种需要。皮亚杰有个观点，学习在本质上是内源性的，要与学生的原有生活经验有联系。在学习新经验时，和原有的经验发生联系；不仅要概括经验，让思维与经验产生联系，还要抽象经验，使思维与思维产生联系。还有一对范畴叫归纳性的概括和建构性的概括。儿童开始是归纳性的概括，把不同的东西归在一起，到后来慢慢可以自己来构建一种概括。开始儿童将教师讲的与自己原有的经验一一对应地处理，到后来慢慢可以转换。从对应到转换，从抽象到反映，从归纳到构建，逐步走向内在化，走向自主。不管是哪种模式，其基本的东西是有生命的学习。什么是有生命的学习呢？有生命的学习是主体参与进去把学习变成一种满足生命需要的活动，是不断地改变经验、重组经验、不断地更新自我、增强自我的过程。美国实用主义教育家杜威的经典思想认为，学习就是经验的重组、改造。我以为他所讲的就是这种有生命的学习。这样，当教师掌握了这种基本机理之后，他就不再表面化地、形式主义地局限于某种模式，他可以创造模式。教学并非都得像李吉林老师那样非常地情感化。像南京师范大学鲁洁教授的课就是非常地理性化，具有很强的逻辑性，但同样具有强烈的征服力。但不管是哪种方式、哪种风格，其成功的地方都是要与学生的生命联系起来，使学习成为学生的生命体验。

□ 教学论里讲教学要使三要素的"序"得到统一，即学生的心理序、教材的经验序和教师的方法序。心理序决定其他两个序，所以要想使教学取得最优效果，先要了解学生的心理状况，看他们的心理中是什么东西占主导地位。由于他们的心理序不同，所以不同的学生，其生命体验方式也不同。

■ 的确如此。要进行有生命体验的教育，就得先了解不同年龄阶段、不同学生的生命特征。现在的教育所提供的教学经验与学生的生活经验在质上和量上并不相通，教师以书本为中心，没有考虑学生的需要，学习不能变成学生的生命方式。一般来说，儿童可能喜欢情感性的东西，但在大学生那里，如果还以这种情感性的东西为主，可能就不适合了。一个人随着年龄增长，其生命体验的方式就越具有理性的特征，所以对他们用理性的分析更具有说服力。根据这个规律，我们提出，基础教育的模式应该是情感优先的。学生的年龄越小，教材的情感内容应当越多，教师的教学方法就越要情感化，教师对学生的情感态度就越重要。我有时候想，对于小学教师来说，他们的专业水平对学生的影响远远比不上他们的情感态度对学生的影响。很多学生之所以喜欢某门课，不是因为它重要，而是因为他们喜欢该课的任课教师。所以，我想，小学教师的业务资格应该是他们的性情、性格、气质、情感态度等；他们的业务进修，与其说是知识的更新，不如说是个性、情感、态度的修养。如果有两个小学教师，一个的知识水平为 90 分，情感水平为 60 分；另一个的知识水平为 60 分，情感水平为 90 分。我认为后者更有资格上岗任教。小学教师一定得是学生喜欢的教师。美国卡内基教学促进基金会和乔治—盖洛普国际学院于 1994 年在向全美小学生提出一个好的教师应该具备哪些品质这个问题时，学生回答最多的是"理解学生的苦衷"（48％）和"对学生友善、友好"（45％），而"精通所授课程"排至第 6 位（33％）。① 美国的学生如此，中国的学生也不例外。1998 年，科利华软件集团选了 16 位学生前往美国参加为期一个月的夏令营，他们在美国见识了与中国教师完全不同的另一种教师："老师与同学们显得特别亲近，没有一点距离感，没有一点压抑感，简直不是师生，而是多年不见的好朋友。"英语极差的初

_____

① ［美］厄内斯特·波伊尔：《基础学校：一个学习化的社会大家庭》，王晓平等译，41～42 页，北京，人民教育出版社，1998。

中一年级学生韩磊写道:"他在课堂上经常询问我,问我听懂了没有,对我越来越关心。我还记得:有一次上课,某个词我不明白,Fred向我询问,我如实说:'I don't know.'他马上走过来向我解释这个词,但是他说的句子我都不懂。可是,他居然跪在我面前,一个词、一个词地向我说明,说了半天,直到我听懂,他才站起身来继续讲课。我当时真的好感动,有哪位老师可以在你根本听不懂他的话时如此耐心啊!"以至于那个学生回国后在接受采访时说,假如他是教育部部长,他要"废除应试教育,开除所有不会微笑的老师!"①在基础教育中,学生不应经历却时常经历的是"应试",学生应该享受却很难享受到的是"微笑"!

美国的初等教育"水平很低",但他们重视学生的情感发展,他们要求学生轻松、兴奋、有趣、活跃、善于社交、热爱自然。相反,我们很多家长望子成龙、望女成凤心切,他们觉得自己的小孩注定要成为什么什么"家",因而从孩子小时候起就拼命、几乎无理性地将其推入认知性活动中。这种违背儿童心理发展顺序、生命体验方式的做法,只能是一种舍本求末的愚蠢行为。美国有个学者认为:从10岁到20岁,人的发展的重点应该是在情感方面;从20岁到30岁,心智的感知能力和智能上的推理能力,则为发展的重点所在。成熟的情感是思想正确、敏慧的先决条件。智能的成长发生于我们发展过程的后半段。② 如果是这样,我们是否感到,我们以往的基础教育正好搞反了呢?

① 王伟群:《梦想 激情 敏感 体验》,载《新华文摘》,1999(3)。
② [美]罗伯特·莱希曼:《生者与死者的对话:知识类》,李胜福等译,62~63页,北京,时事出版社,1997。

第六章 高等教育：重构大学理念

第一节 背景分析

□ 20 世纪 70 年代以来，新技术革命导致人类生产方式发生重大变迁，从而极大地动摇了传统社会存在的现实基础，知识置换土地和货币资本，知识经济代替农业经济和工业经济的趋势不断加强。与此相应，现代知识生产的核心部门——高等教育机构，在建构教育与社会发展之间的现代性关系这一互动过程中的主体地位得到了充分彰显。高等教育有史以来第一次被推到了历史发展的"前台"，成为整个文明社会共同关注的焦点。

■ 事实上，随着信息化知识在全球经济与社会发展中的地位不断提高和作用不断加强，并逐步成为一种具有支配性的社会力量，一个以知识为基础的未来社会雏形正变得日益清晰。特别是 20 世纪 90 年代以来，以信息和通信产业为支柱的知识型产业正逐渐成为许多发达国家经济的主要生长点。1992 年，美国总统克林顿率先提出兴建"信息高速公路"，极大地刺激了经济增长。据统计，到目前为止，经济合作与发展组织主要成员国的国内生产总值中已有一半以上是由高新技术部门生产的。伴随着知识型产业在全球范围内的迅速崛起，1993 年12 月，欧盟委员会第一次将"知识经济"写入正式的国际文件。1996 年

10 月，经济合作与发展组织在发表的《科学、技术和产业展望》报告中明确指出：知识经济是建立在知识和信息的生产、分配和使用基础上的经济；知识是支撑国家经济增长的重要因素。现代高等教育以知识为中心，以创造知识为重点，是知识的保管者、甄别者、传播者和创造者，因而，它对于知识经济的发展有着不可推卸的历史责任。1992年美国加州大学伯克利分校的卡斯特斯教授曾对此做过一个生动的比喻：如果说知识信息是新的世界经济中的电流，那么大学就是产生这种电流的"发电机"。1997 年 10 月 4 日出版的英国《经济学家》杂志更为明确地把大学称为"知识工厂"，认为大学不仅是知识的创造源、人才的培养库、文化的传播者，也是经济的增长源。① 所以，随着知识经济在全球范围内的迅猛发展，现代高等教育将从学术的"象牙塔"中走出来，和社会生活愈益紧密地联系在一起，从而实现从边缘走向中心的历史性飞跃。

　　□ 不过，知识经济给现代高等教育带来的将不只是广阔的生存与发展空间，还包括一连串的问题与挑战。从这个意义上讲，高等教育有必要从根本上调整发展战略，彻底改变以往封闭僵化的办学模式，从现实社会生活的需要出发，从高等教育的内在矛盾着眼，建立一种全新的适应机制。在您看来，建立这种适应机制的最大障碍是什么？您能否对此做一个比较具体的分析？

　　■ 在我看来，受知识经济冲击最大的莫过于 19 世纪以来在西方世界建立起来的工业主义的知识观和知识生产方式。传统知识论是由机器大生产和在经典物理学基础上确立起来的绝对主义世界观所共同支撑的，在它的视野中，知识是互不交叉和彼此缺乏联系的，知识的生产也是受到既定法则的严格限制的。与此相应，学科观念得到了空

---

① 缪其浩、姚诗煌：《知识革命：通向知识经济之路》，载《文汇报》，1998-04-10。

前的强化，学科被划分得越来越细，原来统整化的知识因而也被打得七零八落。相对于日常生活，学术获得了至上地位。所有这些都无不对当时乃至现在的高等教育产生重大影响，有的甚至已经成为传统高等教育的核心原则。我认为，从深层次上讲，这就是重构知识经济时代高等教育的最大障碍。

□ 既然如此，那么在考虑建构现代高等教育之前就有必要首先对现代知识观做一个比较全面的考察。对此，您又有些什么样的思考？

■ 20 世纪 80 年代中期以来，"老三论"和"新三论"①迅速崛起为人们打开了一幅全新的世界图景，加之最近 10 年以来知识产业的蓬勃兴起，从而彻底改变了以往人们对于知识的看法。首先，知识作为整体，其内涵在当代得到了极大扩展。从分类学角度来说，它既包括言传性知识，又包括意会性知识；既包括命题性知识、技能性知识，又包括感受性知识和生存性知识。经济合作与发展组织在其相关报告中明确区分了四类知识：事实性知识（know-what）、原理性知识（know-why）、技能性知识（know-how）和意会性知识（know-who）。其中，前两类知识可以借助语言、符号等载体进行编码，故称为显性知识或编码型知识；后两类知识，尤其是意会性知识属于知识拥有者的"隐含经验类知识"，故又称为隐性知识。现在看来，不管对知识做何种分类，各类知识之间总是彼此相通且可以相互兼容。其次，知识是流变的和不断生长着的。从其内部构成来看，知识包括"智识—能力—人格"三个层面。智识按层次可以分为智识 1、智识 2、智识 3……智识积淀形成能力；能力又可划分为能力 1、能力 2、能力 3……能力积淀形成人格；人格又为生成新的智识准备了条件。最后，知识又是相互生成

---

① "老三论"是指系统论、信息论和控制论；"新三论"是指协同学理论、耗散结构理论和突变理论。

的。其实，各种知识之间并没有十分明显的界限，任何一种知识在一定条件下都可能与另一种知识发生反应，产生共振，生成新的知识。由于这种现代知识观的确立，一种新的知识生产方式也就应运而生了。首先，知识生产和创新在知识经济时代变得愈加多样化，它不仅包括知识的创造与更新，还包括学术创新、技术创新、制度创新和方法创新等许多方面。其次，迫于知识专业化需求不断加强所形成的市场压力，知识生产将不再局限于研究机构和高等学校的基础性研究，而且包括其他法人社团进行的各种应用性和商业性研究。也就是说，今后的新知识将越来越多地在相关市场中作为资源配置的结果被生产出来。再次，随着知识生产系统的广泛分布，知识生产成员之间的内部联系也将由于新的知识生产场所的增加而得到不断扩展。最后，人们开始认识到，创新并非一种线性过程，而是不同参与者和机构共同体展开互动作用的结果，并且，这种互动作用往往与知识的广泛传播和交流联结在一起，从而使创新过程呈现为纵横交叉的链环模式或网络模式。①

　　□ 众所周知，现代高等教育的核心是知识生产。围绕着现代知识观和知识生产方式的变动，您认为高等教育将面临哪些现实的问题？

　　■ 郑耀宗对此曾有一个比较客观的分析，他认为，走向 21 世纪的现代高等教育将面临这样一些问题：①知识和信息爆炸导致课程改革的呼声日益高涨；②大学经营管理上的产业化倾向；③由于社会对人才与科研水平要求不断提高，大学教学和科研改革形势日益严峻；④大学在争取优秀教师和学生、争取科研经费和就业市场等方面的竞争正变得日渐激烈；⑤高等教育国际化使得大学与工商界的联系越来越密切，同时大学之间的国际交流也越来越频繁；⑥要求重新界定大

① 韩维仙、陈世瑛、张达明：《知识经济与高等教育观念》，载《上海高教研究》，1998(9)。

学教育的功能和价值的呼声越来越高。① 正因为如此，世界各国的高等教育都在积极探索，努力实现自身的现代转型，以迎接即将到来的知识经济时代。围绕这一主题，1998 年 10 月 5 日—9 日，联合国教科文组织在巴黎总部召开了世界高等教育会议。该组织的 182 个成员国以及美国共派出 4000 多名代表，其中包括 115 位教育或高等教育部部长出席了本次大会。这次会议对 20 世纪世界高等教育取得的成就做了回顾，并对其在 21 世纪的发展前景进行了展望，同时制定了今后世界高等教育发展的具体行动纲领。会后发表了《世界高等教育宣言——为了 21 世纪：视野与行动》(即《巴黎宣言》)和《高等教育变革与发展的优先行动框架》两份划时代的文件。特别值得注意的是，在本次大会上，陈至立部长以中国代表团团长和学者的身份被两度邀请就中国高等教育的发展状况发表讲演。这在某种程度上反映了国际社会对中国在发展高等教育方面所取得的成就的充分肯定，同时向世人传达了这样一个信息：世界高等教育体系迫切需要中国在其中发挥重要作用。

　　□ 刚才我们以世界高等教育为参照系，从整体和一般的意义上讨论了现代高等教育转型的时代背景。接下来，您能否结合我国的实际情况，分析一下中国高等教育发展所面临的具体社会环境？

　　■ 中国高等教育已经走过了 100 多个年头。中国高等教育的发展曾几经波折，但经过几代人的艰苦努力，终于取得了令人瞩目的成绩。据 1998 年统计，全国普通高等学校已有 1020 所，在校学生为 340.88 万人，成人高校在校生为 282.22 万人，在校研究生为 19.89 万人。我认为，就我国高等教育自身发展历程而言，这已经是很了不起的成就了。当然，也应当看到，我国高等教育毕竟起步较晚，而且在相当

---

① 　郑耀宗：《21 世纪高等教育：香港大学的发展趋向》，载《上海高教研究》，1997(5)。

长的时期里主要是借鉴日本、德国、美国和苏联的办学模式。因此，长期以来，它的办学理念游移、培养目标单一、专业规划过细、课程设计呆板。这和我国现代化建设事业对高等教育的要求相比还有着很大的差距，尤其在知识经济已见端倪、知识对于社会发展的贡献率越来越高的今天，形势变得愈加紧迫。而且，近代以来我国特殊的国情背景导致了历时性与共时性的发展主题相互交织，换言之，我国高等教育的转型不仅要面临共时性的问题——知识经济的挑战，更为艰巨的是，它还必须兼顾历时性的问题——实现农业经济向工业经济的历史性跨越。加之，我国社会发展中长期存在着地域间的不平衡现象：一些沿海经济发达地区已经跨入了知识经济的门槛，而广阔的中西部地区还在为脱贫致富、尽快实现工业化而不懈努力。这种在我国现代化进程中存在的两重任务和两个过程的现象对整个社会经济生活产生了多方面的影响：①现代企业制度的建立和多种所有制经济的竞争与互补；②经济增长从资金投入主导型向智力投入主导型的转变；③国民收入的普遍提高和文化需求的不断增长；④地区间的非均衡发展与双元经济(指劳动密集型经济和技术密集型经济)的并存。① 我国社会发展主题的复杂性，导致转型中的中国高等教育在哲学理念、发展战略、培养目标、课程体系、教学模式和科研规划等各方面都显得无所适从。正因为如此，我认为有必要在现代知识论的观照下，结合我国实际情况，既适应又超前地翻转传统高等教育的办学理念，重新塑造高等教育的社会形象，厘清高等教育的发展思路，这对于 21 世纪中国高等教育的生存与发展来说有着重要意义。

---

① 冒荣：《经济起飞阶段的中国高等教育》，载《教育发展研究》，1999(2)。

第二节　高等教育的现代诠释

　　□ "当今世界，科学技术突飞猛进，知识经济已见端倪，国力竞争日趋激烈"。许多国家为了在"21 世纪知识经济的新角逐中仍然立于不败之地"，纷纷宣布实施"科教兴国"战略，这在客观上给世界各国的高等教育创造了历史性的发展机遇。同时，知识经济对于传统社会的整体性冲击，使得现代高等教育面临着一场前所未有的巨大危机。正因为如此，我认为有必要在回顾历史的基础上正本清源，在知识经济的背景下重塑高等教育的哲学理念，从而为高等教育的现代转型奠定坚实的理论基础。

　　■ 高等教育自中世纪发轫以来，决定它存在与发展的哲学根据，因为时代精神的变化而几度易帜，然而通过其发展轨迹，其中脉络依然清晰可见。1978 年，美国的约翰·S. 布鲁贝克教授出版了《高等教育哲学》一书。布鲁贝克指出："在 20 世纪，大学确立它的地位的主要途径有两种，即存在着两种主要的高等教育哲学，一种哲学主要是以认识论为基础，另一种哲学则以政治论为基础。"前者倾向于以一种"闲逸的好奇"精神追求纯粹的知识和"不受价值影响"地探讨高深学问，以此作为大学存在的基本根据。与此相反，后者认为，"人们探讨深奥的知识不仅出于闲逸的好奇，而且还因为它对国家有着深远的影响"。当社会发展面临越来越多的问题时，高等教育将提供解决"这些问题所需要的知识和人才"。易言之，国家和社会的需要是大学存在的另一种哲学根据。① 事实上，这样两种具有不同价值取向的哲学理念并非 20 世

---

① ［美］约翰·S. 布鲁贝克：《高等教育哲学》，王承绪、郑继伟等译，13 页，杭州，浙江教育出版社，1987。

纪美国高等教育所独有，它们所形成的内在张力自大学产生伊始就客观地发生着作用。12 世纪中期，由于《格氏法典》①在欧洲的流行，一种由司法人员组成的学社开始在意大利出现了，它的"主要活动是就不同的法律条文进行辩论并写出论文"。"这个学社的意大利名称是 universitas，原意可指公共性、共同性，或是一群有共同兴趣和利益的人组成的同仁团体，而这也就是今天的所谓大学(英文 university)的原型。""非常重要的一点是：这个学社是独立和自治的，不受王权或教会的控制，在学社的范围内，思想和言论也都是自由的。"②随着学社逐步制度化，到了 13 世纪，一批大学相继在欧洲各地建立起来了，故而又有人把 13 世纪称为"大学的世纪"。③ 不过，当时全世界的大学也就二十余所，其中著名的有意大利的柏莱斯利大学、法国的巴黎大学和英国的牛津大学。受当时神学意识形态的浸染，中世纪大学的使命主要在于研习学问(包括经院哲学、托勒密的天文学与亚里士多德的物理学)和教化人格(圣徒型的禁欲人格)。可见，最初的大学就已经包含了独立的学术追求和顺世的功利目的这样两种不同的办学倾向，并且由于它们之间相互作用，大学的内涵得到充实，功能得到提升，进而规定了高等教育在今后发展的基本路径。17 世纪末，作为启蒙运动的产物，以德国的哈勒大学为代表的真正意义上的现代大学出现了，这才打破了中世纪大学对高等教育的垄断。其中，1734 年设立的哥廷根大学是当时实科型大学的典范；1809 年由威廉·冯·洪堡倡议建立的柏

---

① 在 12 世纪的欧洲，一个叫约安纳斯·格拉提阿努斯的教士汇编并注释了当时通行的法律，被称为《格氏法典》。这部典籍在教会法令史上是一个里程碑，也是一种新的法律观念的开始。参见万之：《规章制度的胜利》，载《读书》，1999(10)。
② 万之：《规章制度的胜利》，载《读书》，1999(10)。
③ ［法］雅克·勒戈夫：《中世纪的知识分子》，张弘译，59 页，北京，商务印书馆，1996。

林大学是以后研究型大学的开始。洪堡发展并强化了大学的研究功能，自此之后，大学成为研究高深学问的机构、科学与学术的中心，"学术自由"和"学术自治"成为以后世界大学的基本原则。这种大学样式被称为"洪堡模式"，它的思想内涵集中地体现为著名的"科学五原则"：①科学是某种还没有完全得出结论的东西，它取决于对真理和知识的永无止境的探求过程，取决于研究与创造性，以及对自我行动原则的不断反思；②科学是一个整体，每个专业都是对世界、生活现实和人的行为准则的反思，而唯有通过研究、综合与反思，它才能和手工业有所区别；③科学有其自我的目的，而对于真理的自由探求又可能产生服务于社会的最重要的实用性知识；④科学是与高等教育联系在一起的，只有通过学术研究、科学交流和对整体世界的反思，才能培养出具有自由、技艺与力量三重境界的优秀人才；⑤大学的生存条件在于孤寂和自由，国家必须保护科学自由，科学无禁区，科学无权威。①从一定意义上说，"洪堡模式"标志着高等教育由中古向现代转型的初步完成。与德国大学不同，美国高等教育以特有的实用主义精神走出了一条极具本土风格的办学道路。1862 年，美国国会通过了《莫里尔法案》，随后诞生的一批"赠地学院"为以后美国实现高等教育大众化奠定了最初的基础。以威斯康星大学为代表的社区大学（学院）不再把高等学府看成学术的"圣殿"和文化的"象牙塔"，而是强调大学的社区服务性功能，把大学的活动扩展到学院之外，使大学真正成为社区发展的"服务站"。这种大学样式被后人称为"威斯康星模式"。回顾历史，从最初的学社到中世纪大学，之后又发展出了欧洲的"洪堡模式"和北美的"威斯康星模式"，其间贯穿了两种具有不同哲学基础的办学思路，

---

① 李工真：《德意志大学与德意志现代化》，见《中国大学人文启思录》第一卷，52 页，武汉，华中理工大学出版社，1996。

即致力于研究和探讨高深学问还是着力于服务国家与社会。在我看来，这两者之间的矛盾运动充分体现了教育的适应性与超越性之间的矛盾，在客观上构成了世界高等教育发展的现实逻辑，历史上所呈现出来的各种具体办学样式就是这一逻辑的合理展开。无论如何，世界高等教育经过数百年的努力已经成为教育体系中最重要的组成部分之一，尤其是 20 世纪的最后 50 年作为其发展得最为壮观的时期被载入史册，全世界大学生数量增长了 5 倍，由 1960 年的 1300 万人增长到 1995 年的 8200 万人，这是和当今世界的知识化趋势密切相关的。

　　□ 纵观世界高等教育发展历史，其中，坚持"认识论"哲学的高等教育崇尚的是"学术自由（academic freedom）""学术自治（academic autonomy）"和"学术中立（academic neutrality）"，注重的是人的和谐发展；贯彻"政治论"哲学的高等教育把国家与社会利益作为大学发展的首要旨趣，强调的是大学的服务功能。这样两种具有不同指向的哲学理念演绎出了高等教育中的一系列基本矛盾：高深学问是目的还是手段、学术管理是自治还是受控、学术研究是自由还是限制、教育对象是英才还是大众、培养目标是自由教育还是专业教育等。这些矛盾形成的张力事实上就构成了世界高等教育发展的具体动力。

　　■ 这一点可以从高等教育的功能演变得到充分体现。中世纪大学是和当时欧洲社团组织的兴起以及传播宗教文化的需要相适应的。因此，中世纪大学强调的是教化功能，它甚至是排斥科学研究的。由于近代工业革命的冲击，在 19 世纪，各种知识都获得了快速增长。科学学的研究表明，知识增长并积累到一定水平就会逐步分化，从而形成新的学科。因此，新学科的不断出现成为 19 世纪知识生产的一个显著特征。与这种时代背景相适应，德国大学成了粉碎宗教迷信、确立新的科学体系以及自由探讨学术的"象牙塔"，大学的研究功能终于得到了凸显。而按照"威斯康星模式"建立起来的美国式大学显然是和这个新兴国家要求迅速发展经济、吸纳就业、开拓新的经济生长领域有关，和这个民族要求培植独立的北美文化、形成强大的民族凝聚力有关，因此，美国大学更多地重视大学的社会服务性功能。

　　□ 今天，知识经济已经叩响了时代的大门，它为即将跨入新世纪的世界高等教育开辟了崭新的实践空间，高等教育内在矛盾的作用方式也将因此发生质的变化。与此同时，我们要重新反思高等教育存在与发展的理论依据。

　　■ 由于知识经济时代日益临近，知识在社会生活中的基础地位正在逐步得以显现，各种知识产业因而获得了迅速发展，成为各国经济与社会发展的支柱和焦点。正因为如此，"知识论"也就成为现代高等教育存在与发展的一个基本哲学根据。众所周知，大学是"传递深奥的知识，分析批判现存的知识，并探索新的学问领域的"机构①，学术是大学的逻辑起点，对知识的传递、批判和探索是大学永恒的主题。在农业经济时代，高等教育中的知识凸显的是个人价值和人文价值；在工业经济时代，它凸显的是社会价值和经济价值。面临知识经济的挑战，人们更正了以往对知识和知识生产的看法，试图在经济功能和文化功能、科学主义和人文主义、实用性和学术性之间寻求合理的张力，从而重塑大学的社会形象。一方面，大学正在日益成为社会知识、信息、人才、科技和文化的主要策源地和集散地；另一方面，在当代，高等教育的知识生产与创新功能得到了充分彰显：在人才培养上突出创新精神，在科学研究和产品开发上突出高新科技，在职前培训和继续教育上突出新信息与新技术，在国际合作与交流上突出"填补知识空白"和"知识共享"。今天的大学，作为知识传播系统和知识创新系统正

---

① ［美］约翰·S. 布鲁贝克：《高等教育哲学》，王承绪、郑继伟等译，12 页，杭州，浙江教育出版社，1987。

在从社会生活的边缘走向中心，并逐渐习惯于和研究机构与产业部门合作，共同构建完整的国家创新体系①。所以，总体说来，"知识论哲学是建构在知识经济、知识价值和知识创新基础上的高等教育哲学"②。

□ 每一种高等教育哲学都植根于特定时空的文化精神。当知识经济扑面而来，传统高等教育显然无法应对由此带来的挑战，因此，提出"知识论"的高等教育哲学可以说是一种积极的应对，它为现代高等教育转型提供了理论根据。那么，在这种哲学理念的观照之下，您认为对高等教育的现实内涵应当作何种理解？

■ 所谓"高等教育"，按照《世界高等教育宣言——为了21世纪：视野与行动》中给出的定义，它"包括由大学或国家核准为高等教育机构和其他高等学校实施的中学后层次的各种类型的学习、培训或研究型培训"。"知识论"高等教育哲学要求对高等教育的内涵作出一种更新也更为全面的理解。首先，迫于知识经济给社会和其中的每一个成员的生存与发展带来的现实压力，一个以终身教育为特征的"学习化社会"不期而至。因此，当代高等教育从时间上讲不再是所谓"前端式教育"或"一次性教育"，而是贯穿于个人成长的大部分阶段；从空间上讲也不再局限于围墙内的学校教育，越来越多的开放型大学、远程型大学和虚拟大学正如雨后春笋般出现。换言之，当代高等教育已经成为终身教育的一个有机组成部分。其次，作为专业教育而存在的高等教育已不再受限于传统的分科式教育，而是倾向于一种宽口径的培养模式。这不仅体现在大学通识教育的日益发达中，而且体现为专业学科

---

① 国家创新体系包括知识创新系统、技术创新系统、知识传播系统和知识应用系统。

② 杨移贻：《大学存在的哲学基础：大学教育思想的深层思考》，载《江苏高教》，1999(1)。

之间的不断渗透与交叉。再次，人们越来越清醒地认识到把高等教育简单地理解为知识教育的狭隘性，转而开始明确地提出培养学生学习的能力、学习的方法、学习的兴趣和学习的欲望才是根本的目的，并且强调"在实践中学"才是最为有效的学习途径。最后，高等教育不再被人视为一味适应社会的工具，它通过整合继承和传播知识、运用和综合知识、发现和创造知识这样一些基础功能而成为引领社会及其成员进步的实践主体。基于这种认识，我认为可以对现代高等教育的形象做这样的界定：一是作为可进行理论研究或应用研究或可进行教师培训的科学场所与知识的源泉；二是作为在较高的层次上将知识和技能结合起来通过各种适应社会需要的课程获得专业资格的工具；三是作为终身教育的理想汇合点；四是作为有助于教师和学生交流以及国际合作的理想伙伴。

□ 您刚才着力于在世界背景下对面临知识经济挑战的现代高等教育的内涵做了一种扩展性的理解。那么，在您看来，这种"现代诠释"对于说明中国高等教育的现状与未来具有何种意义？

■ 当今世界，新技术革命方兴未艾，知识经济蓬勃发展，国际化趋势空前加强。受此影响，高等教育的国际化特征得到了充分彰显。各国高等教育的发展都必须首先面对统一的现实世界图景。中国高等教育作为世界高等教育的一个有机组成部分，在客观上同样面对着由"知识经济已见端倪"带来的现实压力。既然时代已经赋予高等教育引领社会发展的历史使命，既然当代中国的高等教育迫切需要一种全新的教育理念，那么，对高等教育内涵所做的"现代诠释"从某种意义上讲就满足了这一客观需要，为它在当前与今后的发展确立了可供参照的坐标，提供了可供借鉴的依据，指明了可供选择的方向。虽然，就总体而言，中国的现代化肩负的是双重的历史使命，工业化仍然是现实的发展主题，市场经济和民主化仍然处于完善与改进之中，中国高等教育眼下面临的还是转变功能、调整结构、扩大规模、提高质量等基础性问题，但是，把历史的问题置于现代的背景下、把中国的问题置于世界的背景下来思考中国高等教育的出路，对于重新设计它在新世纪的走向无疑具有深远的方法论意义。

第三节　学术精神与效益观念的融合

□ 通过对以知识经济为特征的时代走向的把握，您对现代高等教育的内涵给出了一种崭新的诠释。在此基础上，我们才可能进一步结合国情，通过整合历史与现实、中国与世界的观察，从整体上来理解和应答我国高等教育在功能上面临的严峻挑战。

■ 其实，伴随着高等教育内涵的不断充实，其功能类型和作用方式也发生了根本性的变化。但在我们的谈话中，我只想集中讨论其中和高等教育转型关系密切的经济性功能、文化性功能和批判性功能。或许我们通过这样一种列举性的说明和辨析能够为洞察高等教育功能转型的一般规律提供一条有益的思路。

□ 我们不妨首先讨论我国高等教育在发挥经济性功能时遇到的挑战。事实上，高等教育的经济性功能在相当长时期内并不为世人所承认和接受。不管是古典人文主义教育家还是理性主义教育家都认为：大学是独立于社会的，学术是独立于经济的；学术是神圣的，经济活动会污染学术的殿堂。即便是学术向生产的偶然转化，也一定会被冠以"奇技淫巧"。对此，您是怎么看的？

■ 现代大学诞生以来，从欧洲的"洪堡模式"演变到北美的"威斯康星模式"，从致力于教学科研演变到强调为社区服务。这反映了高等教育与社会发展的关系正变得日益密切，高等教育的经济性功能就是在这一过程中彰显出来的。但是，过去人们只是局限于从间接的方面理解大学的这一功能，认为大学只是通过培养高素质的劳动者而对经济发展做出贡献。自舒尔茨提出"人力资本"理论之后，这种认识得到了进一步强化。不过，在现实的互动中，人们又找到了越来越多的发挥这种功能的途径。例如：大学的基础性科研成果通过企业的应用型研究转化为现实产品；大学以技术入股的形式和企业共同开发新产品；大学直接生产专利产品，创办知识型产业。同时，随着高等教育大众化趋势逐步加强，这种功能甚至还表现为引导社会消费、扩大市场需求、刺激经济增长、增加社会就业、促进第三产业发展等。另外，当前高等教育日益国际化导致了知识资本、人力资本和货币资本在国与国之间的经常性流动，进而生成了一种特殊的国际贸易方式。可见，高等教育对经济发展的作用方式经过了由局部性到整体性的历史演变。进言之，高等教育的经济性功能在当代的确是凸显了。因此，对于这个问题的看法，我觉得应该采取一种开放和灵活的态度。过去，知识分子耻于言利，认为大学只有远离尘世的经济活动才能保持其固有的纯洁性。在中国，受国情限制，当前能够接受高等教育的人仍然是凤毛麟角，而国家的科技力量和卓越人才又主要集中在大学。所以，面对知识经济的挑战，中国的高等教育和其中的每一个知识分子就不能表现得过于超然，而应当积极地承担起关系"国运兴衰"的历史责任，为国家的强盛、民族的复兴做出应有的贡献。这是一个回避不了的政治问题。邓小平同志提出经济建设就是最大的政治，这是有道理的。正是从这个意义上讲，我认为全国各级各类的高等院校都须进一步解放思想、挖掘潜力、盘活现有的教育资本存量，从而更好地发挥高等教育的经济性功能。

　　□ 当前制约我国高等教育经济性功能发挥的一个重要原因就在于我们仍然执着于工业时代的大学观念，在此影响之下，大学被看作纯粹的学术机构，科研成果的利用与转化被看作产业部门的事情。这就人为地割裂了高等教育与经济发展之间的客观联系。您能否就这个问题谈一点看法？

■ 这里的确有一个思想方法的问题。我国的国情决定了我们的首要任务是实现工业化，但是，我们又必须站到知识经济的高度来看待这种不同于西方的工业化进程。高等教育既要适应现实的需要，又要超越现实，方向性地把握现实。中国作为一个开放的国家，所面临的最大挑战就是经济全球化和知识经济，而居于社会中心的现代高等教育将首当其冲。放眼世界高等教育，面对知识经济的挑战，实现学术抱负与占领市场正成为越来越多的大学所共同追求的两大现实目标。德国《明镜》周刊曾撰文介绍美国麻省理工学院的经验，认为"麻省理工学院是美国最富创造力的发明家大学，学院的师生在现代科学的最前沿，他们在这里创造美国赖以占领全球未来市场的科学知识"，"几乎没有任何一所大学能像它那样把科研和市场营销、学术上的远大抱负和追求利润紧密地联系在一起"，"激励麻省理工学院师生不断向前的是由学术抱负、先锋精神和企业家欲望混合而成的校风"。其实，当今世界的许多一流大学都和麻省理工学院一样，把"诱人的尖端技术及其相称的利润作为发展的主要动力"。这一点和工业社会中高等教育所承担的社会使命无疑形成了鲜明比照。在传统工业社会中，社会分工细致，学科界限明晰，这在客观上造成人们对于大学功能和大学学术的狭隘理解。其中，洪堡提出的"科学五原则"即是有代表性的一个例证。在洪堡时代，"科学"①源于对"系统知识"和"知识体系"的追求，而所谓"知识"是和人的理性经验直接相关的。由这种知识范式生发的学术

---

① 在德语中，一般把"wissenschaft"译为"科学"。由于它是从"wissen"（知道、懂得、理解）而来，故而，凡是以追求"系统知识"或"知识体系"为目的的认知活动均被德国人称为"科学"。

理念必然局限于人们的理性活动，局限于规范的实验研究，局限于特定的学术共同体。换言之，在过去，学术是理性的特权，学术是专属于一定的科学共同体的，学术的范式既是稳定的也是单一的，学术是与广阔的社会背景相隔离的，学术是封闭的。因此，长期以来，大学学术和经济生活、科研活动和物质生产被理解为两个具有自律性的相互隔离的社会领域。大学是纯学术机构，企业是纯生产部门。显然，这是符合工业社会中普遍的分工原则的。但是，自20世纪70年代以来，以信息技术、生物技术与海洋技术为标志的新技术革命从根本上改变了世界的整体面貌和理解世界的思维方式。首先，世界被普遍地看作一个完整的生态系统，一种崭新的可持续发展的理念得到了越来越多的尊重、理解和支持。其次，劳动世界在分工的基础上由于技术进步正日益走向整合化。再次，生活世界基于人们日常经验的逐步统整正在恢复其原初的一体化面目。最后，整个知识世界开始消解严格的学科界限，知识的相互沟通、交叉和融合正在成为一种无法阻挡的历史潮流。在此背景下，大学不再封闭于"象牙塔"，学术不再孤立于社会，知识不再游离于生活，"研究与生产的差别已经到了微不足道的地步"。事实上，只有当工业革命发展到一定时候，理论才会要求转化为技术。今天，我国已经走到了一个科技转化的时代，因此，学术就不能简单地理解为传播结构化的基础知识和启蒙人、训练人的智力思维活动，它应当包含知识传授、知识发现、知识应用和知识综合四个方面。事实上，知识和学术只有在不断运用中才能重构重生，而运用得越多，产生知识的机会也就越多；运用程度越深，产生高级知识的机会也就越多。开发我国第一代激光印刷技术的王选院士曾经谈到他的"八次选择"，很好地说明了高等教育中几类知识相互转化的关系。他认为自己的成功得力于专业的沟通和学科交叉的优势，得力于把理论型的知识运用于满足技术需求。在他看来，技术更新的动力主要来自市场的需求张力，来自对市场利润的理性追求，来自企业可持续发展的内在压力，来自由市场需求所激发的年轻知识分子的创造热情。王选的道路是值得当代知识分子推崇的，它实际上揭示了一种知识产生的机制。我们过去比较多地关注的是原理性知识和理论性知识，它们主要是通过抽象思维产生的，要把它们变成技术性知识和应用性知识，就必须依赖于市场需求和经济拉动。所以，市场需求就成了知识产生的一个很重要的源泉。高等教育过去看不到这一点，因而就疏远经济活动。现在的高等教育应生产更多的技术性知识，生产和培养更多的具有创造性的人才。因此，学术和生产不再是天河两边的牛郎织女，而是通过保持一种有效的张力，即学术在运用中不断地转化为现实生产力，同时知识的应用又不断地催生出新的知识和新的学问，从而形成一种正向的支撑关系。在知识经济的时代，大学的知识创新将不再独立于经济、独立于市场，大学与企业、学术与经济、科研与生产的价值实现将越来越依赖于它们之间的相互支撑。当然，这种支撑关系在我国要得到真正实现还必须依赖于一个开放而健全的市场的形成，依赖于一种同样开放的高等教育的办学与管理体制的建立。

□ 新的学术观的确立推动了产学研一体化的进程，它可以看作大学与企业、学术与经济、科研与生产之间的相互支撑作用的具体实现方式。

■ 知识经济的高竞争性特点，要求高校的科研成果以尽可能快的速度转化为现实的社会生产力。与此相应，它要求尽可能减少中介环节，实现大学与企业、科研与生产在结构与功能上的同一，在实践中就出现了"产学研一体化"的操作模型。最初的"一体化"主要局限于高等院校、科研机构以其人力资本和技术专利入股的形式与企业展开合作。我国目前在这方面的实践基本上还只限于此。在我看来，这只是"一体化"的一种初级形式而已，即双方只维持一种相对疏离的暂时性的合作关系，它们彼此之间是相互独立的，可以说，这种合作是有保留的和随时准备放弃的短期行为，它不具有战略性意义。尔后，人们开始认识到这种合作的有限性，于是通过组建独立的法人来规约彼此的经济行为，共同分担市场风险。例如，1998 年，"新黄浦"出资 1 亿元与复旦大学组建合资公司。复旦大学遗传工程国家重点实验室的两个课题组以技术入股，占股本 30％，另将总股本的 10％以干股形式给予重要科研人员。但是，由于研究课题的短期性和对科研成果的市场预期的不可知性，此类合作仍旧缺乏一种稳定的基础。在这方面，或许我们可以借鉴其他国家的经验。例如，美国的斯坦福科技园区从 20世纪 50 年代开始就在尝试一种更为直接的合作方式，这就形成了后来举世闻名的"硅谷"。

斯坦福大学的科技园区——硅谷，率先使大学科学研究与工业企业联合，把最新的科技成果推向生产第一线，不光对当地的经济发展，而且对高等教育和社会发展产生了巨大的影响，学校由此扩充了资金，高薪聘请名教授任教，学术水平不断提高，步入世界一流大学行列。到 1974 年，"硅谷"已有 800 家高技术公司，斯坦福大学实验室的最新成果则源源不断流入这些公司，致使"硅谷"成为世界上新兴工业最密集的地方，美国电子工业的新产品几乎全部发端于此。"硅谷"还集中了 6000 名博士，高科技人才的密集程度在全美首屈一指，在全世界也是绝无仅有的。

斯坦福大学令人瞩目的业绩，产生了极为可观的社会和经济效益。美国众多的大企业争先恐后地资助这所大学，同时也从大学实验室获取难以估计的利润。充裕的资金又使大批优秀科技人才涌入，斯坦福大学的教学科研水平大大提高，对高等教育的影响和吸引力与日俱增。

斯坦福大学各学科从联邦政府领取的科研经费在 80 年代中期已居全美院校第二位，仅次于麻省理工学院。该校培养出 16 位诺贝尔奖获得者，在 1100 名学术委员会成员中，有 14 位国家科学奖获得者，62 位国家科学院成员，95 位美国艺术和科学院成员，24 位国家工程科学院成员，7 位国家教育科学院成员。"硅谷"科技、产业一体化的成功启示是长远而深刻的。①

事实上，以"硅谷"为代表的"科学工业综合体"或"科技园"②的蓬勃发展，表明科研成果孵化成型的具体方式发生了质的变化，从而为当代学术的发展找到了不竭的源头。高等院校以其整体力量与各种科研机构和拥有高精尖技术的企业展开全时、全程、全方位的渗入式合作，从而真正实现了科研与生产"你中有我，我中有你"的系统整合。"硅谷"的成功激励了世界各国纷纷起而效仿（表 6-1）。

"硅谷"模式是现代高等教育在发挥经济性功能的过程中崛起的一种为历史证明了的成熟而可行的实践范式。它给人的启发是：大学经济性功能的发挥必须以遵循学术自身发展的逻辑为前提，必须以不颠覆大学存在的基本根据为界限，必须以大学成长与社会发展的相互支撑为原则。基于这样的合作框架，相信随着知识经济的迅猛发展，更多有效的实践模式将会不断生成，高等教育的经济性功能也将因此得

---

① 贺芳玲：《世界著名理工大学的特征》，载《上海高教研究》，1999(4)。收入本书时有改动。

② 英国科学园区协会将"科学园区"定义为拥有地产的企业。它具有以下特征：①与大学或其他高等教育机构、研究中心有着正式的业务关系；②具有在各机构之间扩散技术和商业技能的管理职能；③鼓励以知识为基础的商业和其他相关机构的产生和生长。科学园区还包括技术园区、研究园区、创新园区等。参见曾国屏、李正风：《世界各国创新系统：知识的生产、扩散与利用》，138 页，济南，山东教育出版社，1999。

表 6-1 世界部分科学城（园）基本情况①

国家	名称	地理位置	始建时间/年	占地面积/平方千米	科研机构数	高等学校数	公司企业数	职业数	科技人员数	主办单位	统计年份
美国	斯坦福研究园	帕洛阿尔托市	1951	2.67			60	28000	7000	斯坦福大学	1988
	北卡三角研究园	北卡罗来纳州	1959	31	45	7	50	23000	4800	北卡罗来纳州	1998
苏联	新西伯利亚科学城	新西伯利亚市南	1957	15	60	14			25000	国家	1990
英国	剑桥科学园	剑桥市	1970	0.53			322	13700	3000	三一学院	1988
	安蒂波利斯科技城	尼斯市西北	1969	24		1	800	15000	2500	国家、尼斯地区	1994
法国	法兰西西岛科学城	巴黎市南	1983	400	占全国43%	占全国60%	8000		30000	国家、巴黎大区	1994
德国	西柏林科学园区	西柏林威丁区	1983	0.063			78		1600	国家、西柏林市	1994
	卡尔斯鲁厄技术工厂	卡尔斯鲁厄市	1984	0.018	4	1	32	800		地区银行、企业	1994
意大利	诺·奥尔蒂尤斯技术城	巴厘市	1982	0.06	6	4	16		500	南方开发署	1994
西班牙	卡图贾科技城		1988	0.75	16	1	20		4000		1994
日本	筑波科学城	东京东北	1963	284	46	2	200	50000	13000	国家	1994
	关西科学城	京阪奈地区	1986	150	50						1994
韩国	大德研究团地	汉城（现为首尔）南	1974	28.7	21	4	22		7000	官产学合作	1988
新加坡	肯特岗科学园	肯特岗	1979	1.25	4	1	12				1988

① 转引自谢仁业：《大学科技园》，载《上海高教研究》，1998(7)。收入本书时有改动。

到进一步彰显。

□ 以上，您更多地从世界范围内分析了现代高等教育发挥经济性功能的可能性、基本机制和操作模式。接下来，您能否就我国的情况做一些分析？

■ 其实刚才已经涉及一些我国高等教育的情况。从历史上讲，我国高等教育肇始于清代的洋务运动，"经世致用"曾是其生长的最初动因。民国之初，随着德国大学精神的输入，中国的大学逐步演变为独立于社会的学术社团。在这个过程中，它渐渐背离了其原初的存在根据，大学在学术文化中找到了新的生长土壤。1949 年之后，在一段时间内，高等教育中的意识形态色彩变得越来越浓厚，大学的政治性功能得到了充分凸显。长期以来，在我国，高等教育作为上层建筑，它和经济基础的构筑、和社会生产力的发展之间似乎并不直接相关。近年来，人们从发展生产力的角度来思考这个问题，一度把经济性功能庸俗地理解为唯经济建设马首是瞻。一时间各种短线专业、实用课程、创收教育在全国各地泛滥成灾，甚至很多人把开办"三产"为学校创收也作为高等教育的经济性功能来理解。在这一问题上，之所以会产生这么多的误解、形成这么大的误区，除了历史原因之外，我认为很大程度上是因为人们狭隘地理解了知识和学术的发生机制。甚至现在还有很多人把学术文化和经济活动对立起来，认为经济因素一旦介入科学研究，就必然会影响到学术的独立性，影响到基础理论的研究质量。殊不知，新型知识、技术性知识、应用性知识、人力型知识和市场需求的知识恰恰是在这个过程中产生的。因此，那种认为高等教育与经济联姻在根本上是有悖于学术规律的想法实际上是仍旧没有跳出二元论的思维窠臼。当然，传统的计划体制也使得中国的大学对于千变万化的经济活动反应迟钝。高等教育从专业设置、培养目标到课程规程、教学方式和科学研究都很少反映市场的需要。这不能不说也是一个很重要的原因。

□ 应该说，我国高等教育长期以来并不关心社会经济生活，甚至现在仍对此很不敏感。如果说最近几年它在人才培养方面稍有作为，比较重视市场动态的话，那么，在科技转化和形成新的学术范式等方面则成效甚微。除了刚才分析的历史、认识和制度性因素外，您认为还有哪些制约性因素？

■ 前面我们已经谈到，在未来的知识经济时代，大学将不再独立地承担知识生产的任务，未来所有的理论知识和实践知识都将在相关的市场中产生。因此，知识的生产系统将呈现出广泛分布的趋势，生产的智能化、产品的信息化、市场的虚拟化将使得大学与企业在部分功能上趋于整合，大学和知识型企业的合作将成为一种新的潮流。但是，首先，从目前我国的情况来看，这种转变的具体环节和方式还有待进一步探索。其次，企业和大学、企业家和科学家对这种合作还很陌生，不习惯于彼此合作，不善于调整自我的角色，在现实生活中往往导致商业机制和科学机制之间的冲突、企业家和科学家之间的矛盾。1999 年，在中关村上演的方正"逼宫"事件即是有力的证明。① 再次，由于知识生产机制的变化，学术方式相应地发生了质的跃迁，"述而不作"及其表征的传统学术道德在当代成了知识生产的巨大障碍。与此同时，新的学术方式和学术道德还远未建立，这在一定程度上势必造成思想混乱。最后，特别想澄清的一点是，在当代，强调发挥大学的经济性功能，并不意味着搞"一刀切"，要求所有的高等院校、所有的学科专业和所有的学者都必须无原则地去迎合经济活动。大学发挥这一功能的方式应当是多样和多元的。总而言之，从知识经济的内在要求和高等教育发展的自身逻辑来看，充分发挥高等教育的经济性功能恰恰满足了这两方面的需要，甚至可以说，正是由于这两方面的客观要

---

① 郑稚心、刘澜：《方正上演"逼宫"》，载《南方周末》，1999-09-24。

求，高等教育的这一功能在当代中国才第一次得以彰显。

　　□ 改革开放 20 年，中国正从一个封闭的传统社会走向开放的现代社会。在这个过程中，就高等教育的功能而言，受到影响和冲击最大也最深远的与其说是经济性功能，不如说是它的文化性功能。长期以来，大学作为文化和精神的象征，作为社会主流文化的策源地和集散地，可以说，发挥文化性功能是大学存在与发展的生命线。但是，随着我国步入转型期，社会价值发生了震荡，出现了某种混乱。这些势必影响到大学的文化性功能的发挥。同时，知识经济时代的迫近要求对大学的文化精神和文化性功能做有别于古典人文主义的理解。对于这些问题，您是如何思考的？

　　■ 从某种意义上说，大学是人类精神理想的实现，它所构筑的是人类精神文化的"象牙塔"。长期以来，人们把实现大学的文化性功能理解为传承社会文化、提升社会价值、研究高深学问、弘扬科学精神，从而发挥"象牙塔"对社会的文化辐射作用。这种作用一般认为是通过一种氛围，借助于一定的情绪和情感价值所形成的"大学文化场"，用一种隐性的方式来影响周围世界的。现在，这种基于传递功能的作用方式越来越受到时代的挑战。今天的大学已经不再只是传播社会文化的工具，它正在日益成为创造新文化的中心。众所周知，文化就是一种创造，只有创造者的创造才能使社会产生新的文化。文化的生命不仅在于积淀与传承，而且在于它的不断创新。今天，大学不再是一个完全自律的封闭的"独立王国"，作为一个开放的自组织系统，它和社会的其他领域处于不断的互动之中。在此过程中，大学的文化的创造潜力获得了空前的开发。同时，由于大学成员的创造意识和创造力的激活水平都比较高，尤其大学生正处于创造力旺盛的时期，因此，许多最新的文化潮流源于大学校园。事实上，"前喻文化"和"同喻文化"的日益发达恰好说明了这一点。总之，大学正在成为创造知识的重要场所。从这个意义上说，现代大学的文化性功能首先就体现为大学对于文化的创造功能。

□ 1852 年，纽曼在其所著的《大学的理念》一书中认为，大学是"一切知识和科学、事实和原理、探索和发现、实验和思索的高级保护力量；它描绘出理智的疆域，并表明……在那里对任何一边既不侵犯也不屈服"。在洪堡看来，大学是研究"高深学问"的场所，它所恪守的是"为科学而科学""为学术而学术""为艺术而艺术""为真理而真理"的价值准则，它所崇尚的是"学术自由""学术自治""学术中立"的学者人格。[①] 在我国，蔡元培先生认为"大学者，'囊括大典，网罗众家'之学府也"，在此基础上，他倡导大学的"三境界"思想。[②] 所有这些都表明了大学坚持的是人类文化价值的精华，因此，它具有"化民易俗，近者悦服，而远者怀之"的文化提升功能。但是，从我国高等教育的实际情况来看，这种提升作用似乎给遮蔽了，对此，您是怎么看的？

■ 20 世纪 80 年代中期以来，随着改革开放的深入，新旧体制的冲突不断，我国高等教育因为失去了往日的文化光环和传统体制的庇护曾一度变得茫然失措。由于没有做好适应社会转型的各项准备，人们在认识和实践上出现了偏差。为了迎合不断变化的社会文化偏好，也为了满足生存的现实需要，高等教育开始追求各种短期效益。如果评价一个学者，就看他发表了多少文章，得了多少奖项，教师们就只能制造一些没有多少思想价值、学术价值和社会意义的文章和著作。而大学生们则忙于外语、计算机等各类证书考试，很难把追求学术作为自己的学业理想。就大学氛围而言，不少学校忙于建筑一流的大楼，

---

① 张祥云：《走出"象牙塔"之后：论"象牙塔"在高等教育发展中的当代命运和价值》，载《上海高教研究》，1998(11)。

② 所谓"三境界"是指：不为资格而学术，具有苏格拉底式的独立不惧的精神和兼容并包。

购买一流的设备，对培育大学的整体文化精神不够重视。梅贻琦先生有句名言："大学者，非谓有大楼之谓也，有大师之谓也。"没有真正的文化氛围，相信很难造就真正的大师。由此可见，身处这样一个转型的历史时期，高等教育的文化性功能不可避免地将经受前所未有的巨大冲击。

□ 当前我国高等教育在发挥文化性功能上的确走了一些弯路，大学对社会文化价值的提升功能由于追逐眼前的蝇头小利而被稀释和弱化了。这是问题的一个方面。但是，也应当看到，过去大学是一个封闭的、善于自我欣赏的、顾影自怜的"象牙塔"，它对社会文化价值的提升完全是不自觉的，它需要的是远离社会，它并不真正关心社会文化的进步和市民生活质量的提高。今天，大学走出了"象牙塔"，回归现实生活，这究竟是有利于大学文化性功能的发挥呢，还是对这一功能的伤害？

■ 一方面，大学从"象牙塔"中走出来，教师和学生走出校园进入社会生活，这本身就是沟通大学文化和社会文化的一座桥梁。事实上，两种文化只有面对面地进行交流，才能谈得上发挥价值提升功能，否则就是纸上谈兵。过去，两种文化彼此隔离，各自实行自己的价值评判标准，所谓价值提升只具有象征性的意义。从这个角度讲，现在恰恰是大学的价值提升功能最可能得到很好发挥的时候。另一方面，高等教育中存在的浮躁现象和商业化取向导致传统的人文价值受到了迄今为止最大的挑战。换句话说，以往高等教育中所包含的超越现实的古典主义的文化精神正在经历一次彻底的"除魅"。如果这样的话，那么，大学文化对于市民文化而言也就无所谓发挥引导和提升的作用了。所以，至少从目前来看，这是一种两难，是一个文化悖论。

□ 所以，我们须重新理解大学所包含的文化精神。大学作为文化的"象牙塔"，它的存在价值究竟在何处？在今天，大学究竟要不要走出"象牙塔"？这种"走出"又具有何种意义呢？这些问题似乎都还没有现实的答案。

■ 事实上，高等教育中的文化悖论是社会的转型和知识经济的迫近所导致的。但不管社会如何变迁，所谓"大学之道，在明明德，在新民，在止于至善"的文化性功能将得到持久的发挥，大学所保有的"独立之精神，自由之思想"将"历千万祀，与天壤而同久，共三光而永光"①。不过，在不同的时代背景下，这种功能的作用方式将有所不同。尤其在今天，大学的确不能再像过去那样把自己封闭于"象牙塔"中来发挥文化功能，大学的文化同样要不断更新，这就需要一种持久的动力源泉。显然，走出"象牙塔"，和各种社会文化进行对话和交流，彼此交融，彼此互动，将有效地推动高等教育摆脱故步自封的古典主义的文化心理，从而进入一种良性的成长状态，当然，要真正达到这一目的还需要很长的时间。

□ 那么，您是否认为高等教育中存在着一种永恒的价值，并且它总是高于一般的社会文化价值？

■ 不管是何种教育，说到底都是一种文化的事业。而所谓文化，无非是人对生命意义的追索。从这个意义上讲，我认为的确存在着一种亘古不变的文化价值，它包含了人类对自身存在意义的不断反思。高等教育中的文化实际上就集中体现了这种文化价值。最近，我国在高等教育中开始强调学科建设的重要性，强调学科梯队对于学科成长的价值，强调学术传统对于学科建设的意义。一所大学的学科建设水平一定程度上体现了这所学校的研究实力和文化积淀。过去，我们不太重视学术传统，现在看来，学术传统不仅保存了一种学术研究范式，而且通过学术传统保存了高等教育中所包含的那种恒久的文化价值。

---

① 《陈寅恪文集之三·金明馆丛稿二编》，212页，上海，上海古籍出版社，1980。

但是，我们又不能简单地认为这种价值就一定高于其他的社会文化价值。

根据费尼克斯的知识层级学说，其实最重要的是生存知识，而生存知识可能多存在于市民生活中。相反，知识分子由于不断地接受抽象性知识和命题，他们的思维方式可能早已远离了活生生的生活感受和生活体验。例如，道德的问题，在卢梭的时代，他认为道德存在于贫民的良心中间。可能知识分子的思维方式要做一点转化，科学不能等同于道德，抽象的知识不能代替生活，那种体现生命本身意义的东西可能存在于最普通的生活中间。所以，对于文化价值高低的问题我们要有一个新的理解，而前面所谈的高等教育的价值提升功能只是从最一般意义上讲的。

　　□ 您能否就现代高等教育的批判功能谈一点看法？在您看来，今天中国高等教育实现这种功能的根据和基础是什么？

　　■ 我认为现代高等教育有责任、有能力发挥批判功能，甚至可以说，"强化大学的批判功能将是 21 世纪的大学教育至关重要的行动"[1]。大学之所以能够发挥这种功能，是因为拥有一个知识分子群体。追溯历史，"知识分子"作为一个特定的社会阶层，在欧洲，它出现于 18 世纪，由于他们不属于任何特定的经济阶层，知识和思想是他们唯一的凭借，所以他们才能坚持自己的思想信念。这类似于孟子说的"无恒产而有恒心者，唯士为能"。在俄国，人们把知识分子称为"社会的良心"，以能否充当"社会的良心"来区别知识分子和受过高等教育的普通人。所谓"社会良心"，我认为就是康德所讲的"有勇气在一切公共事务上运用理性"的启蒙精神。可以说，现代高等教育是沐浴着启蒙

---

① 陆有铨、潘艺林：《21 世纪的行动：增强大学的批判功能》，载《教育发展研究》，1999(3)。

精神成长起来的，它从诞生之日起就保有这种批判的传统，这是大学精神的核心。

□ 在我国，由于经过了历次政治运动，许多人谈"批判"而色变，认为批判就是全盘否定。显然，这种看法有碍于高等教育批判功能的发挥。为此，您能否首先就批判的内涵做一个辨析？

■ 过去，由于受机械唯物主义的影响，人们对批判有一种误解，认为批判就是彻底的否定，是摧毁性的和"无根基的"行动，借用黑格尔的话说，就是"恶的否定"。而事实上，批判是一种扬弃，它不仅包括否定的向度，也包括一种建构和完善，它恰恰很好地体现了一种理性主义的传统。当然，我国社会正处于一个急剧转型的时代，一切传统的价值和行为规范都要借助于理性来进行反思，一切新生事物也同样要经得起理性的考验。同时，伴随着知识经济时代的迫近，创造和创新的时代主题得到了充分的彰显。创造性的一个很重要的标志就是批判性，没有批判、没有反思、没有独立思考，就根本谈不上会有什么创造。可见，"批判功能是以创新素质为核心目标的大学教育获得成功的前提，也是大学发挥好其他功能的基础，是大学的根本功能之一"①。1998 年联合国教科文组织发表的《世界高等教育宣言——为了21 世纪：视野与行动》就强调大学应当独立而充分地就各种社会问题发表意见，"通过不断分析社会、经济、文化和政治趋势，增强批判功能和前瞻功能并成为预测、警报和预防的中心"②。

□ 那么，您认为当代中国高等教育发挥其批判功能的可能性和现实性究竟在哪儿？

---

① 陆有铨、潘艺林：《21 世纪的行动：增强大学的批判功能》，载《教育发展研究》，1999(3)。

② 赵中建：《21 世纪世界高等教育的展望及其行动框架，'98 世界高等教育大会概述》，载《上海高教研究》，1998(12)。

■ 我认为，现代高等教育发挥批判功能的第一个根据就是大学拥有学术自由。可以说，自高等教育产生之日起，它就为从世俗权力和宗教权力中获得学术自由权进行了不懈的斗争。直到洪堡时代，学术自由才真正确立为现代大学的一个基本要素，甚至当时的德国皇帝威廉三世也认为："大学是科学工作无所不包的广阔天地，科学无禁区，科学无权威，科学自由！"①学术自由作为大学存在的一个基本依据，是发挥批判功能的一个先在条件。如果没有这种自由，大学仍然依附于某一种力量，就不可能进行独立的思考，也就不可能对社会、政治、经济、文化等领域展开全面、彻底而深刻的批判，也就称不上是社会的"清醒剂"。高等教育的独立性在过去是以"象牙塔"的形式出现的，所以要求它始终保持一种"世人皆醉我独醒"的"灯塔"形象。现在看来，由于大学与社会发展的关系越来越密切，那种通过远离社会生活而形成独立态度的做法显然已经无法适应今天大学所承担的越来越复杂的社会使命。因此，在知识经济时代，大学的学术自由必然是在与社会生活保持有效的张力关系中才能得到真正实现，而这种张力关系又是在现代学术观与知识观的基础上建立起来的。

□ 从历史和现实来看，大学的学术自由总是由国家和社会赋予的，从这个意义上说，这种自由是相当脆弱和相当有限的。那么，国家和社会为什么要赋予大学这种权利呢？它的根据是什么？

■ 在高等教育的发展历程中，尤其在一个科技发达、知识的作用越来越凸显的时代，大学对于国家的政治生活、经济生活和文化生活都有着举足轻重的作用，而一定程度的学术自由恰恰可以保障知识生产和学术发展的顺利进行，只有这样，大学的作用才能得到很好的发

---

① 李工真：《德意志大学与德意志现代化》，见《中国大学人文启示录》第一卷，52 页，武汉，华中理工大学出版社，1996。

挥。换句话说，学术自由推进了学术发展，而学术的发展又保障了学术的自由。因此，我认为学术的发展是高等教育发挥批判功能的第二个根据。社会批判有很多种，而真正体现"社会良心"的批判往往只有大学的批判。因为大学批判是不带任何功利色彩和世俗目的的，它是根据人类的基本价值进行的批判。这种批判区别于一切非理性的、情绪化的指责，它是基于一定的学理根据、学术态度和独立的学者人格所进行的批判，它既是最宽容的，也是最严厉的，同时，它也不惧怕任何外在的压力。20 世纪 50 年代，马寅初先生坚持"新人口论"，对我国当时执行的政策进行的批判就是一个很好的例证。① 所有这些特点使得高等教育发挥的批判功能区别于社会上流行的各种传媒批判和市井牢骚。因此，大学的批判是一种专业性的批判，它不是一种泛泛而谈，而是由一定的专业化知识所支撑的。

　　□ 这里就有一个问题，如果不具有某种知识，是不是就被剥夺了批判权？如何来看待知识分子精神对于大学批判功能的支撑作用？

　　■ 事实上，在当代社会批判中，"立场和知识"已经成了一对矛盾。一般来说，真正的批判应该是既有立场又有知识的批判。这里就有一个对知识的理解问题，专业化知识是知识，各种基于生活体验和感受的知识也是知识。知识分子出于人道的关怀、济世的精神同样可以保证批判方向的正确性。所以，大学的批判不是千篇一律，它有着不同的批判范式，但是，从根本上讲，高等教育的批判是以其特有的学理支撑区别于任何其他形式的社会批判的。我认为发挥高等教育批判功能的第一个根据就是社会政治生活的开放程度。江泽民同志在第三次全国教育工作会议上提出："要鼓励和支持冒尖，鼓励和支持当领

---

① 马寅初：《附带声明》，载《新建设》，1959(11)。

头雁，鼓励和支持一马当先。"①这充分体现了我们党和政府希望和鼓励培养出真正具有创造个性的人才的决心，同时也表明了党和政府希望建设清明政治的魄力和决心。事实上，健康的政治必须广开言路，需要各种科学论证作为政治决策的理论依据。现在，各级政府比较自觉地借助大学的专业批判力量来为各类行政决策提供论证。在当代，知识分子将通过这种方式用他们的知识来发挥批判功能和参与政治活动，这是推进政治建设健康发展的一个有效途径，这也是高等教育发挥批判功能的一个崭新领域。所以说，现代高等教育的批判功能应当包含合理的政策论证。从这个意义上讲，高等教育不但不应该远离政治，而且应当更加积极而有效地介入政治活动。随着我国政治体制和民主法治建设的不断完善，高等教育发挥批判功能将会有一个更为良好的外部环境。与此同时，我认为，知识分子也应该实现自我改造。自古以来，中国知识分子就有"仁以为己任"和"明道救世"的使命感，但同时也就形成了一种自大的心理，认为自己的意见一定是真理，政府都应当无条件地采纳，似乎只有这样才是清明的政治，自己的价值才得到了体现。在我国历史上，有很多知识分子因为缺乏对批判功能的理性认识而酿成个人悲剧，这是很值得今天的知识分子进行反思的。事实上，任何一个政府，作为社会协调机构都必须从宏观上来取舍利弊，加之，我国的情况特别复杂，既有历史遗留下来的问题，又有时代提出的新的挑战，所以，在政治决策和取舍利弊时的确有孰轻孰重、孰先孰后的问题。政府对待来自大学的批判应持宽松、宽厚、宽容的态度。知识分子也应放弃本位主义，用明智和健康的心态来实现批判的功能。而且，在我看来，批判只是一种态度和倾向，大学的批判关

---

① 《江泽民在全国教育工作会议上发表重要讲话强调：国运兴衰系于教育，教育振兴全民有责》，载《人民日报》，1999-06-16。

键在于向社会表达这种态度和倾向。因此，知识分子必须改变传统的功利取向，摆正自己的位置，而不是站在政府的对立面，只有这样才能在高等教育的批判与清明的政治之间建立良性的互动关系，从而使大学的批判功能得到良好发挥。

第四节　高等教育的发展战略

□　在社会急剧变革的今天，我国高等教育采取一种什么样的发展战略，这是一个时代性很强的课题。目前，为适应经济体制和经济增长方式的根本转变，教育部提出高等教育要走内涵发展的道路。这就要求改革高等教育的管理体制，调整高等院校的布局结构，实现教育资源的优化配置，提高办学的规模与效益，扩大高校的招生数量。显然，所有这些措施都是针对传统的发展战略提出来的。那么，您认为这样两种发展战略在根本上有何差异？

■　现代发展战略强调高等教育的产业性、办学体制的市场性、布局结构的层次性、招生规模的大众性。总之，现代高等教育一方面从知识经济的角度重新诠释了大学精神，另一方面越来越多地依赖于市场对于高等教育的引导和调控作用。这在客观上规定了我国高等教育发展战略实现现代转型的基本方向。由于高等教育的发展战略是一个十分复杂的问题，因此，在这次讨论中，我只想就我国高等教育的布局结构、扩大招生规模和民办高等教育的问题做一点分析。我认为我国高等教育的布局结构集中地体现了传统管理体制上的弊病，条块分割、重复设置、校均规模偏小、投入不足、办学条件较差、办学效益不高等问题十分突出。例如，至 1994 年，在中央，教育部门只管理 10％的学校，其余 90％由 65 个业务主管部门管理；在地方，教育部门管理近 70％的学校，其余则由省级其他部门和地级市、区管理。就校均规模而言，全国 68％的高等院校没有达标，千人以下的专科学校就有 146 所。同时，学校类型和层次划分不清、结构不合理是相当普遍的现象。[1] 为此，我国高等教育必须大力调整布局结构。它的目标并不在于合并几所学校，而是要从整体上优化结构、改善条件、增加效益、提高质量。按照教育部的设想，调整普通高校布局结构要实现三个具体目标：①按照全国性、区域性和地方性的服务覆盖面规划学校布局；②按照人才培养规格的差异性建立合理的院校类型结构，即少量的教学科研并重型的大学、相当数量的以培养本科生为主的教学型大学和大量的培养实用型和技能型人才的专科和高等职业学校；③逐步形成综合性院校、多学科性院校和单科性院校比例较为合理的布局。[2] 这个过程是和我国社会主义市场经济体制的建立相同步的。

□ 最近几年，围绕着调整高等院校的布局结构，全国各地都做了一些"并校"的事情，其中比较有影响的是广西大学、扬州大学、上海大学、浙江大学等。您对此是怎么想的？

■ 在今天，知识的传播、知识的发现、知识的应用和知识的综合是要并举的，所以，教学、科研和社区服务这样三种功能并重已经成为现代高等教育的主要办学目的。因此，在中国，目前有一批大学要集三种功能于一身，甚至大部分的大学应当做到这一点，当然是不同水准和不同偏重地体现这三种功能。同时，国家在发展计划中明确提出要办几所顶尖的大学，要把北京大学和清华大学等办成世界一流的大学，把中国人民大学、北京师范大学等一批学校办成具有特色的大

---

① 胡瑞文、卜中和：《优化布局结构 改革管理体制：对当前高等教育布局结构调整的思考》，载《上海高教研究》，1997(2)。

② 唐景莉：《高等教育：内涵发展战略显示巨大成功》，载《中国教育报》，1998-12-02。

学。为了更好地实现现代高等教育的办学目的，也为了集中优势办好几所顶尖大学而进行的少量"并校"，从国家发展的角度来看，我认为的确是有必要的。不过我们也应当看到，世界一流大学并非都是"巨无霸"，欧洲大学和美国的大学在办学思路上就有差异，英国大学崇尚"小的是美好的"。所以，是不是只有搞"航空母舰"才能进入世界一流大学的行列，规模的扩大对于高等教育而言究竟应具有什么样的条件？提升高等教育品质的关键究竟在哪儿？这些至关重要的问题值得认真、科学地论证和探索。

传统体制导致我国高等教育在结构分布上比较分散，单科性的院校比较多，这部分学校由于投入不足，往往办学条件较差，规模也比较小，社会适应性也很差。通过合并，从理论上讲是一种资源互补和优势强化，这有利于国家重新配置和整合有限的教育资源，也有利于部分学校充实和完善专业设置、扩大办学规模、提高办学层次。但是，由于这种合并实际上是一种政府行为而并非市场作用的结果，因此，合并以后的学校究竟能不能实现资源的最佳配置，能不能很快地实现融合与转型，会不会因为没有遵循市场规律而发生不必要的内耗，所有这些问题似乎只能留待以后去总结了。不过，在我看来，既然"并校"是为了实现教育资源的重组，那它就必须同时遵循市场和教育本身的内在规律，搞"拉郎配"或靠强制性的行政命令来实现这种重组，效果一定是事与愿违。20 世纪 50 年代的院系调整给我们留下了不少经验和教训。再有一点，现在有一些学校不在深化管理体制和教学改革上下功夫，而是热衷于通过"并校"实现外延的扩展，忽视了修炼"内功"，忽视了培育作为高等教育灵魂的大学精神。规模不能代替质量，只注重规模的扩大而忽视质量的提高，这非但无助于高等教育的健康发展，反而会从内部制约高等教育的长远发展。

□ 第三次全国教育工作会议对我国高等教育的发展战略做出了重

大调整，在《中共中央、国务院关于深化教育改革全面推进素质教育的决定》中提出：扩大高等教育的规模，"通过多种形式积极发展高等教育，到 2010 年，我国同龄人口的高等教育入学率要从现在的百分之九提高到百分之十五左右"。那么，您对此和由此引发的多米诺骨牌效应持一种什么样的看法？

■ 美国学者马丁·特罗在 20 世纪 70 年代率先以高等教育的入学率区分了精英型、大众型和普及型三个发展阶段。我国高等教育在 21 世纪初的发展目标就是要达到大众型的发展水平。1999 年 6 月，国家决定在原定招生计划的基础上扩大招生 33.1 万人，其中研究生扩招 3900 人，普通高等学校扩招 22.7 万人，成人高等学校扩招 10 万余人。而江苏在此之前已经连续 3 年每年增招 1 万人。政府还承诺，今后几年将继续以此速度扩大招生。可以预见，不出几年我国高等教育的增量和存量都将有一个质的变化。从目前来看，增加高等教育的规模，有利于增加高等教育的入学机会，推进教育平等；有利于满足社会新的人才需要，尤其对高学历和高创造型人才的需求，有利于形成新的消费热点，拉动国内需求，刺激经济增长；有利于延缓当前的就业压力，为国家进一步调整产业结构、增强国有大中型企业的市场竞争力和解决下岗工人问题提供缓冲时段。但是，也应当看到，由于较低的产业技术水平对高学历人才的需求制约，由于旺盛的教育需求和时有涨落的人才需求之间存在的落差，由于大学生在就业观上受传统思想的影响，由于高等教育专业结构调整对于人才需求变化的滞后，高等教育在人才输出上很可能出现结构性的供过于求、普遍的学历贬值的问题，并最终形成恶性循环。[1] 有人提出，高等教育的大众化有利于增强年轻人的创业能力，可以通过鼓励创业来解决始终存在的就业压

---

[1] 冒荣：《经济起飞阶段的中国高等教育》，载《教育发展研究》，1999(2)。

力。但是，由于高等教育在教学改革和创造性培养方面的滞后性，也由于我国鼓励创业的各种机制还没有建立起来，包括金融风险制度、自由市场等，因此，鼓励创业只能停留于理论层面。

有学者认为，通过实现高等教育的大众化可以彻底解决基础教育中的应试问题和课业负担的问题。但事实上，东亚一些国家和地区，包括日本、韩国都已经实现了高等教育的大众化，而应试教育的现象却没有丝毫的改变，反而在近几年有愈演愈烈的趋势。人们为了在就业市场上获得竞争优势，希望在接受高等教育时能获得更有利的象征价值，为争取进入名牌大学而进行更为严格的应试教育。当然，这与社会的控制方式有关，但更主要的是深层次的文化问题。谈到实施素质教育，2000年，在江苏、浙江、湖南、广东等省将率先进行"3＋X"考试，这是我国对高考制度的一个重大改革，试图通过改变测试方式、改变试题形式，引导基础教育由应试教育向素质教育转变。不过，如果处理不当，有可能事与愿违，它非但不能减轻学生的课业负担，反而还会加重学生的记忆压力。我想是否可以根据现代高等教育的不同类型来进行不同性质的考试。教学科研型的大学可以坚持选拔性考试，教学型大学能否采取一般性的选拔，而大量的专科学院是否可以不必经过考试就让学生入学。换句话说，能否不仅仅局限于考试内容和形式，而是从其是否考、考一般性的知识还是考提高性的知识等几个层面来思考这个问题。当然，最终目的还是实现"入学门槛的多元化"，从而既解决实施素质教育的外部条件问题，也为解决高等教育大众化之后教育质量下降的问题提供一个思路。

现在很多人认为必须大力发展高等教育。从他们所持的依据来看，大多是这样几个：认为我国高等教育发展水平与经济发展水平极不相称；从产业结构和劳动力资源配置结构演进的趋势看，认为我国高等教育必须有一个更迅速的发展；从知识产业发展的角度看，认为应当加大高等教育的发展力度；从居民储蓄资源和动机分析，认为我国高等教育发展有客观基础；认为我国现有办学资源没有得到充分利用；等等。[①] 我认为，这些理由只说出了一个问题，即我国高等教育的发展水平还不高。这是一个毋庸置疑的事实，因为我国发展高等教育的时间还不长，而且自新中国成立以来，其中还经历了几次较大规模的变动。目前，虽然居民存款富足，教育消费需求旺盛，而且国家经济实力比起过去也有了很大的增强，但是，是不是所有这些依据就构成了大力发展高等教育的充要条件？在我看来，仅仅从外部来分析发展高等教育的条件是远远不够的，我们还需从分析中国高等教育的现状入手，从高等教育自身的规模与效益的矛盾关系入手进行分析，从高等教育大众化可能对其自身引起的变化入手进行分析。[②] 同时，除了关注我国高等教育与世界高等教育的发展共性以外，还必须从我国的现状分析入手，尤其要考虑到沿海发达地区与中西部地区的差异。这可能是目前制约高等教育大众化目标真正实现的一个关键性因素。在我国高等教育发展模式的选择策略上，我比较赞成有些学者提出的"轴线＋偏差"的模式。[③] 不过，我想补充一点，即高等教育的发展不仅受制于国民经济的发展水平，同时受制于高等教育的内在矛盾，只有协调好这样两个向度的关系，我们才可能对高等教育的现代发展战略有比较清晰的认识。

□ 事实上，高等教育的大众化是历史发展的潮流，问题的关键在于现在是否已经具备了大众化的客观条件，实施大众化所引起的质量、

---

① 何祚庥、兰士斌：《高等教育适度发展还是大力发展？》，载《上海高教研究》，1998（7）。
② 秦卫东：《21世纪高等教育发展的背景分析》，载《上海高教研究》，1998（9）；赵中建、张敏：《精英·大众·普及型高等教育发展模式述评》，载《外国教育资料》，1997（2）。
③ 杨广云、谢作栩：《我国高等教育发展速度的探讨》，载《上海高教研究》，1997（8）。

规模、结构之间的矛盾关系应该如何解决。从这个意义上说，民办高等教育的确是推动大众化的一条有效途径。但是，目前我国民办高等教育尚处于起步阶段，因而也存在着不少问题，您对如何办好民办高等教育有什么想法？

■ 随着我国高等教育办学体制愈加灵活，民办高等教育无疑成了我国高等教育的有益补充。从国际上来看，高等教育的私营化已经成为一个发展趋势。就我国民办高等教育而言，目前最重要的就是如何使它健康地发展下去。我认为其中要处理好几个问题。第一，要处理好投资方和经营方（办学方）的关系。从投资方的角度来看，投资教育和投资其他产业一样都要获取利润，而目前投资民办高等教育的主体的实力毕竟有限，筹资渠道比较狭窄，这就造成了学校常常由于后续投入不足而在经费上捉襟见肘。因此，雇用教师不够、教育缺斤少两的现象在我国目前的民办高等教育中是很普遍的。大多数办学方则要求尽量按照教育规律办事，注重长远利益。所以，资金不足导致民办大学中经济规律和教育规律之间矛盾激化。可以说，目前在国内真正办得好的民办大学其实并不多见。从国际经验来看，要保证私立大学得到顺利发展，有一个条件是不可或缺的，就是私立大学必须有比较充足的资金来源。早稻田大学可谓日本的"私学之雄"，它的成功经验中就包括广开财源，如争取社会捐助、政府投资和校友捐款等，仅1990年，它就有472亿日元的收入。同时，日本政府还积极资助和扶持私立高校的发展，每年都有一笔专门经费用于此项资助，其中包括经常费用（1995年为2803.5亿日元）、教学和研究设施补助费（1995年为92.5亿日元）和研究设备补助费（1995年为27.53亿日元），而且，政府还在税制上给私立高校以优惠。正因为如此，日本的私立高校才发展得这样生机勃勃。这一点给我们提供了很多的启示。第二，由于社会处于特定的转型时期，民办高等教育还只是刚刚起步，因此，在这个过程中不免泥沙俱下，很多并不具备办学资格的学校利用人们迫切要求接受高等教育的心理，不顾条件限制，纷纷开始招生。这在一定程度上造成了社会办学秩序的混乱，对社会和个人都造成了不必要的损失。因此，我认为在发展民办高等教育的同时必须加强法治建设。一方面，对民办高等教育的办学和经营主体进行相应的资格认可；另一方面，通过法律保障民办大学的合法权益，保证政府对其自主的办学活动不进行干涉。第三，民办高等教育是普通高校的有益和必要的补充，这既是从满足人们的教育需求的角度来说的，也是从为社会培养各种实用型人才的角度来说的。一般来说，由于民办大学规模较小，教师也多采用兼职聘任制，因此，它就可能根据人才市场的需求快速应变，利用自己在机制和管理上的灵活性来设计一些实用性很强的专业，开设一些学生就业需要的课程，从而在市场竞争中求得生存和发展。丁祖诒创办的西安翻译学院在这方面做出了宝贵的探索。丁祖诒认为民办大学就应该培养复合实用型人才，为此，他在课程设计上做了大胆的改革。西安翻译学院的学生除了学习外语专业全部课程以外，还必须学习其他的涉外专业，如国际贸易、国际旅游、国际会计、公关文秘、市场营销、计算机应用等，同时再加上多项现代化技能。①事实证明，按照这种模式培养的学生是受到市场欢迎的。因此，只要客观条件适宜，自身定位准确，我国民办高等教育在今后就一定会有比较大的发展，这一点是毋庸置疑的。

第五节　高等教育的品质提升

□　近几年，随着知识经济观念深入人心，人们愈加明确了现代高

---

① 《百花丛中最鲜艳》，载《扬子晚报》，1999-07-13。

等教育对于社会发展的价值和意义。在此基础上，我国高等教育通过增强经济性功能、扩大办学规模获得了巨大发展。但是，也有学者认为，现在我国高等教育发展中的主要问题不在于外延的扩展而在于办学质量提升。这里涉及了两种发展观念，对此，您持什么看法？

■ 所谓发展，既是量的积累，但更重要的是质的跃迁。发展的根据在于事物的内在矛盾，矛盾的展开既是外延的拓展，也是内涵的丰富。发展的内涵与外延是相辅相成、相互支撑的。但是，一个时期以来，我国高等教育的改革和发展都主要围绕着解决高等教育与社会发展的外部关系展开，如高等教育的投资、结构和规模的问题，却忽略了高等教育自身品质的提高，忽略了高等教育的教学改革，对高等教育如何培养人的问题的研究也不够。正因为如此，我国的高等教育理论至今仍然显得学理根据不足、研究深度不够、研究层次偏低。由于人们在实践中所关心的主要是高等教育的外部关系，还没有把注意力转移到内部规律上来，迄今为止，我们很少见到对高等教育育人和教学机制的研究。例如高等教育的教学改革实际上已经到了紧迫关头，基础教育已经在进行自主学习、探索性学习等学习模式转型的实验研究，但是大学很少进行与教学相关的实验研究。目前，我只知道这样一个实验，就是南京大学的胡有清博士经过 5 年时间所进行的有关文科理论教学的研究。[1] 正因为我们过去较少关心高等教育内部教育教学改革问题，所以最近几年，大学本科教学质量不同程度地呈滑坡趋势。这不仅是由于办学规模扩大而导致的资源不足以及社会转型而导致的商业化与功利化取向对高等教育的侵蚀与干扰，而且更主要的是由于人们没有从高等教育自身的矛盾出发，从关心高等教育的质量尤其是教学质量入手来制定高等教育的发展战略，因此，本科教学中暴

---

① 胡有清：《文科理论教学论》，南京，南京大学出版社，1999。

露出领导精力投入不足、学校财力投入不足、教师力量投入不足和学生学习动力不足等问题。为此，1994 年教育部首先从 9 所工科院校开始进行本科教学质量合格评估的试点工作，到 1999 年已经有 144 所学校完成了这项工作。在此基础上，1999 年教育部又率先对南京大学、南京农业大学、上海医科大学（现为复旦大学上海医学院）和上海中医药大学四所院校进行了本科教学工作的优秀评价。由于指导思想明确、评估指标体系合理、组织工作细致，所以这项工作对于推动各校加强本科教学管理、恢复本科教学秩序是相当有成效的。而从世界高等教育的发展趋势来看，重视本科教育和提升本科教学质量也已经成为世界各国高等教育界的共识：1996 年欧洲大学校长会议（KPE）公布了《制度化评估：质量战略》的报告；1998 年美国卡内基教学促进基金会发表了《重建本科生教育：美国研究型大学发展蓝图》的报告。由此可见，当前世界各国都把发展高等教育的重心放到提高办学质量上，其中，教学改革是提高办学质量的有效途径之一。当前，我国高等教育中普遍存在着专业设置狭窄、人才规格和培养模式单一、人文教育薄弱、教学内容陈旧和教学方法呆板等问题，这样的高等教育显然滞后于时代的要求。面对知识经济的挑战，我认为，目前我国高等教育发展中的主要矛盾不是规模的问题，与并校和扩招相比，提高高等教育的内在品质、提升高等教育的办学质量才是根本和迫切须要解决的问题。

　　□ 改变传统的大学培养目标，是提升高等教育办学质量的一个前提条件。大学的培养目标是时代精神的一面镜子，它集中体现了一个时代对于人才的看法。"洪堡式大学"培养的是研究高深学问的专家，"威斯康星式大学"培养的是各种实用性人才。新中国成立前，我国一些大学坚持区分"学"和"术"，潘光旦先生就认为大学教育的宗旨不只是教人做人、做专家，而且是要做"士"——承担社会教化和开启风气之责任的知识分子。在过去计划经济条件下，我国大学的培养目标普遍趋于单一化、模式化和政治化。今天中国的高等教育要直面的是知识经济、市场经济和国际化的挑战，那么，它对于传统大学的培养目标构成了多大的冲击呢？

■ 过去大学的培养目标比较笼统和单一，缺少个性化，缺少层次和专业特征，因而也缺少区分度。在这样的指导思想下，用一种格式化的方式培养人，就必然导致千人一面的结果。例如清华大学，学校条件在国内是一流的，生源也是一流的，学生普遍具有比较高的潜质和个人成就动机。但是在传统体制下，经过四年的培养，通过对毕业生的追踪调查发现，其毕业生和其他工科院校的毕业生相比没有太大的区别。究其原因，就是因为清华大学和其他工科院校的培养目标和人才规格是同一的，是和社会需求、学生的成就需求与发展潜力相脱节的。这个例子说明，在传统体制下我国高等教育的培养效率是很低的，它造成了极大的教育浪费，同时也说明这种体制扼杀了学生的创造性。而目前清华大学所进行的一系列教育教学改革正是基于对这种传统的人才培养模式的反思而展开的。现代大学开始强调培养目标的类型特征、专业特征、层级特征、校型差异和地区差异。在1998年全国高等院校专业目录修订的基础上，教育部组织全国1000多所学校同步修订1999年的教学计划。我们从中发现，经过修订的教学计划已经打破了过去对培养目标和培养规格的简单而笼统的规定，开始体现出个性化和多元化的发展趋向。例如：复旦大学作为一所具有悠久历史的综合性大学，提出要通过通才教育、素质教育和个性教育培养创新人才；华南师范大学突出师范性的特点，强调培养学生具有从事学科教学所需要的基本理论和基础知识，具有独立获取知识、提出问题、分析问题和解决问题的基本能力。这就预示我国高等教育在今后人才培养规格的设计上将继续朝着这个方向努力。

□ 那么，您认为高等教育在制定培养目标的时候会受到哪些因素的影响呢？

■ 第一，由于高等教育与社会之间的关系越来越密切，因此，在制定高等教育的培养目标时就应当体现对社会需求的积极应答。今天的社会要求人才具有很强的适应性和很宽的专业知识面，为了适应这个变化，现在的大学越来越强调人才培养的宽平台、宽口径，强调知识、能力和素质的协调成长①，重视培养应用型人才和复合型人才。比如，东南大学就提出要培养理论、管理和经营"三元一体"的工程型人才，而且不仅要培养工程师还要培养跨国公司的经理和高层次的政治家。这就大大突破了以往的专业对口的观念。第二，我认为培养目标的制定还受到学校特色和学校传统的影响，具有不同文化背景的学校培养出来的人是不同的。比如，南京大学和南开大学都是有近百年历史的综合性大学，由于南京大学有重视科学、重视学术研究的传统，所以它十分重视学生研究能力的培养，而南开大学培养了像周恩来这样的一代伟人，所以它十分重视在做人方面对学生施加影响，强调学问与做人的统一。

□ 现代高等教育强调确立一种个性化、多元化的培养目标，为的是增强学生适应社会的能力。现在看来，一个人仅仅拥有一些专业知识是远远不够的，复合型的人才应具有综合素质。物理学家劳厄认为，素质就是把所学的知识忘光后剩下的东西，这个东西就是人的思维能力。大学生素质的培养不能仅仅依赖于专业教育，专业教育只能造就专家，一个真正和谐发展的人必须同时接受专业教育和人文教育。当前，我国高等教育中人文教育方兴未艾，您能否就人文教育的当代形

---

① 有学者认为21世纪的人才培养模式应当是知识、能力和素质并进培养的模式，称为KAQ模式。参见潘云鹤：《面临挑战：大学的应答》，载《上海高教研究》，1997(5)。

态、专业教育与人文教育的关系以及人文教育的实施途径等问题发表一点意见？

■ 人文教育在国外被称为"通识教育（general education）"，在我国被称为"文化素质教育"。这种教育源于古希腊的"博雅教育"（或称"自由教育"），它是教育的人文主义精神在大学中的具体表现，它是针对工匠式的专业教育提出来的，它反对的是教育中的功利主义和工具主义倾向。长期以来，许多人在思考这样的问题：大学能否实现"既培养学生成为专业人员，又培养其成为有教养的人这样一种双重目标"？能否不仅使人学会"做事（to do）"，而且使人学会"做人（to be）"？通识教育就是对此所作的回应。它所承担的使命包括：补缺、纠偏，摆脱狭隘与浅薄；整合、贯通，由知识的统摄渐臻智慧的领悟；超越功利，超越"小我"，弘扬新的人文精神。[1] 随着现代社会的不断多元化，大学教育越来越倾向于培养多元人才。通识教育将在培养全人的理想观照下，通过多元化的实践方式来达到全人教育的目的。[2] 这里有两个问题要澄清。第一，通识教育不同于通才教育，通识的要义在于强调"识"与"通"，即见识与智慧的通性，强调人的智慧及其对人类文化的"统摄"。通才教育则强调知识的广博性，它可能将人们导向广阔的知识领域。就其教育的价值形态而言，通才教育要实现的主要是工具性价值，通识教育则看重教育的内在价值，其希望达到的教育目的是一种整体意义上的文化目的。两者虽一字之差，但其出发点与归宿是不一样的。第二，在通识教育中，应当整合科学文化与人文文化。一般来说，科学文化价值观较为尊重事实、依从客观，以理性的力量和认

---

① 龚放：《现代大学通识教育之我见》，载《上海高教研究》，1997(2)。

② 参见郑汉文的《通识教育与现代社会之实践探讨》（发言稿），林治平等的《以全人教育为本的通识教育理念及其落实实施》（发言稿）。

知的方式达到把握世界的目的；人文文化价值观则较为尊重生命、崇尚文化，以精神的力量和情意的方式达到把握世界的目的。但是，科学文化也属于人类精神文化的一部分，并且科学精神本身就是一种人文文化。说到底，科学文化也好，人文文化也罢，就其"人为的"和"为人的"本质精神而言，它们在人的身上是不可能真正"分裂"的。因此，在通识教育中就更应当在整合的意义上使它们保持互为融合和互为作用的关系。

□ 通识教育，我们又称为"文化素质教育"，这种文化素质是和专业素质相对的，事实上，这对矛盾也是大学教育中的一对基本矛盾。在现阶段，您认为应当赋予这对矛盾以什么样的时代内涵？

■ 研究高深学问是大学存在的根据，它区别于基础教育，就在于它是以专业训练和养成专业素质为旨归的。但是，在今天，知识、学科和专业的概念都受到了挑战，对于专业的理解更为灵活了，传统的专业界限正在被打破，专业教育正在向通识教育回归。在大学教育中，是否存在独立的通识教育，换句话说，离开了专业教育的通识教育是否可能？

□ 那么，您认为现代通识教育的途径究竟有哪些？

■ 通识教育所要传达的是一种精神性、氛围性的文化，因此就必须有一些中介来帮助它实现这种文化传递。现在很多学校主要是用课程的方式来解决这一问题的。应该说，在一定历史阶段，开设一些通识课程来进行通识教育有一定的必然性和优越性。这种课程既包括显性课程也包括隐性课程。由大量的人文讲座和文化论坛所形成的氛围文化就是进行通识教育的一种隐性课程。我们今后越来越主张，上大学不只是为了取得文凭，而是把它看成一个年轻人在他生命最重要的时期所获得的一段经历，而这种经历又一定是由很多刺激性的、令人向往的高峰体验所构成的。这种体验可能要通过接触那些品学兼优的人和一些特殊的氛围来获得。随着时间流逝，那些激起体验的知识可能被忘却，但它对年轻人心灵的开启和灵魂的震撼却会作为一种经验永远保存下来。从发展趋势来看，显性课程的比重将不断下降，通识教育的课程结构将趋于精简和合理化。当然，开设通识课程，其效果在很大程度上依赖于现有教师的文化素质的提高。而且，不同类型和不同层次的学校应当开出不同特色的通识课程，如师范院校的通识教育就应该偏重师范精神的教育。与这种运用课程进行通识教育不同，现在美国的大学开始倾向于德国人的看法：参加研究工作本身就是通识教育。由于现代通识教育关心的并非知识，而是一种思维的方法，因此，当学生注视着教授们探索新知识时，就可以领悟一些新颖的思想方法。美国大学重视通过学生选修的专业进行通识教育。"叫一个想当物理学家的学生花费时间去学习西方文化遗产，可能会很不耐烦。假如叫他以物理学为学习中心，讨论物理学在历史上的影响，物理学对社会产生的结果以及物理学与伦理学的关系之类的科目，他就会注意了。一个学生只要认识非专业学科与专业学科的关系，他会热心钻研的。"①这种通识教育的思路在卡内基教学促进基金会发表的《重建本科生教育：美国研究型大学发展蓝图》的报告中得到了充分体现。我认为这两种开展通识教育的思路都有一定的历史合理性，在愈加开放的现代高等教育中，应该尝试用多元化的思路来进行多元化的实践，倘若如此，高等教育必将从中受益。

　　□ 我们认为，提升高等教育品质的关键在于进行教学改革。而目前我国高等教育中普遍存在着内容陈旧、方法呆板、创新不足的问题，这些就决定了教学改革的中心任务。

　　■ 事实上，由于我国高等教育长期以来的封闭和落后，再加之知

---

① 转引自单子：《大学教育与素质教育》，载《上海高教研究》，1996(6)。

识经济日益迫近，今天教学改革的任务十分繁重。在我看来，教学改革的起点是培养目标，教学改革的中心是课程和教法，教学改革的核心是创新精神的培养。前面我们已经比较多地讨论了高等教育培养目标的转型问题，区分了各种类型学校的培养目标。接下来，我想就我国高等教育教学改革的其他方面谈点看法。一是我国高校的课程内容陈旧，严重滞后于现代科学的发展。我国著名的白鳍豚专家周开亚教授就认为，现在生物系开设的课程和他 40 多年前读大学时候的情况没有什么区别。既然生物科学已经发展到可以从分子层面来解释动物结构的水平，那么我们就没有必要在教学中再回到肌肉和骨骼的层面来演历人类生物科学发展的全过程。当科学研究已经找到一种新的解释模式、表达模式的时候，如果在现场教育中仍然坚持使用一种低水平的解释模式和表达模式，那样显然不能带动学生思维前进，而是迫使学生负担了许多过时而不必要的知识，从而造成学生的知识超载。这种知识超载是由知识分配不合理造成的，这也是我国教育中普遍存在的一个问题。一方面，原理性的知识很多，陈旧的知识很多；另一方面，生存性知识不足，学科前沿的知识不足。这一点亟须改变。所以，新一轮教学改革要求出版一批反映最新学科成就的教科书来尽快更新教学内容。二是目前我国高校的课程结构老化，学科划分过细，过分强调课程的专业化，不利于培养学生的创造性。说到教学改革首先必须调整课程结构，而调整的重心在于重组课程和精简课时。我国高等教育在一定程度上因袭了工业时代强调学科分化的弊端，从而导致了专业壁垒森严、学科界限明晰、课程叠加和重复情况突出，学生课业负担过重。然而，在今天这样一个综合的时代，各种学科知识要在人的生存经验面前接受考验，从而以生存性知识为核心来整合各种知识。同时，当今社会对复合型人才的需求不断扩大，从而要求在高校教学中加强基础、淡化专业、实行宽口径教学。正因为如此，学科重组势在必行。适当地重组课程，建立一种群集课程，这无疑有助于提高教育效率、避免教育浪费、整合教育因素、促进教育创新。但是以学科重组为主题的教学改革事实上步履维艰，改革已经到了攻坚阶段。其中原因，第一，是因为教师的知识结构老化陈旧，无法适应新的综合课程，而精简课时就需要教师重新制定教学大纲，甚至一些教师可能因此而没有课上。所有这些措施实际上就是教师在革自己的命。第二，由于学科和专业壁垒森严，各个学科之间、各个教研室之间囿于以往形成的门户之见，很难进行沟通和交流，更不必说在开设的群集课程中展开合作了。总之，当改革冲击到教师自身利益和习惯势力时，改革总是有一定难度的。

□ 除了课程以外，目前对我国高校的教学起着制约作用的因素还包括教学方法上的严重滞后，您是否就这一问题谈点看法？

■ 我国高校的教学长期以来存在着方法单一、手段陈旧的问题。几十年来，高校教师在课堂上习惯于讲稿加粉笔的传统教学手段，极少有教师愿意采用一些现代教育技术来增强现场教学的效果。在手段陈旧的背后，存在着一个深层问题，即高校的教学主要是一种单向度的传授，教师仍把教学看作一个控制的过程，因而赋予教学的弹性极少，教师的教学理念远远落后于时代的发展。现代高等教育的教学将越来越强调培养学生的思维方法，而不是对传统专业知识的掌握。所以，现在到了急需由教学向学思转变的时候了。现代高校教学改革的一个重要目标就是确立一种新的学习方式，使学生在主动的、双向的、探索的、研讨的过程中成为学习的主人，从而提高自学能力、研究能力、创新能力，这才是符合今后社会对人才素质的要求的。而这种学习方式的转变比以往任何时候都更为强调实践对于学习的价值和意义。经济合作与发展组织提出："知识经济中边干边学是最重要的。学习的一个基本方面是将隐含经验类知识转化为编码化的知识，并应用于实践，进而又发展出新的隐含经验类知识。"波伊尔提出的重建美国研究型大学的本科教育的方案认为，教研人员和学生共同参与研究活动能有效地促进教学。他把这种"以研究为本"的合作性学习、团队学习作为改革本科教育的第一个有效途径。美国麻省理工学院的创始人罗杰斯也认为，"培养学生专业能力的最有效途径，是教学、研究与关注真实世界问题的结合"①。

同时，这种合作也为实现教学内容的现代化提供了思路。现在，有些教师不愿意从事本科教学，把教学工作和学术研究看成相互对立的东西，这实际上是对学术所做的一种偏狭的理解，认为教学和科研是可以彼此独立的两个领域。现在，人们越来越体会到，一方面，教学是具有独立学术价值的。教学是一项学术性的事业，它虽然从已知开始，但不局限于已知，最好的教学不仅传授知识，同时也改造和扩展知识，更重要的是教学也是一个能动的过程，教师不仅善于创造一种求知的共同基础，而且通过各种活动，把学生与自己都推向新的创造性的方向，教学同样需要教师的创造性。② 另一方面，在知识经济条件下，教学和科研是要结合在一起的，教学和科研的界限将变得越来越弹性化，两者之间的渗透性和互动性特征将得到充分显现。

□ 教学改革的旨归是学生创新精神的培养，这也是实现我国高等教育现代转型的依据所在。同时，开放的高等教育也是培养学生创造性的基本条件。所以，最后您能否从这一角度对如何在教学中培养学生的创造性发表看法？

■ 可以说，长期以来由于传统体制和落后的文化因素的制约，我

---

① 王沛民：《争创一流的 MIT 办学精神与实践》，载《上海高教研究》，1996(3)。
② ［美］欧内斯特·波伊尔：《学术水平反思：教授工作的重点领域》，见《发达国家教育改革的动向和趋势(第五集)》，30～31 页，北京，人民教育出版社，1994。

国高等教育处于一种封闭保守的状态，从而在一定程度上制约了学生创造性的培养。具体而言，其中包括单一的人才规格和培养模式、不合理的课程结构、呆板的知识传授方式和落后的教学理念、被应试主义主导的考核和评价方式以及僵化的教学管理模式等。所有这些都使得学生无法获得精神上的自由、广阔的知识背景支撑以及思维上的灵活性。比如，我们过去比较重视基础教育中的应试问题，这是一个在我国教育中曾经普遍存在的问题，它也在高等教育中发挥着重要的调节和杠杆作用。说到底，应试教育强调的是专业化知识的重要性而忽视思想方法的培养，强调的是知识的唯一性而实际上否定了创造的可能性。这是一个深层的文化问题，是与工业化相匹配的教育观。创造是知识经济的主题词，因此，有必要突破工业主义的干扰来培养这种创造性，但是，工业化还是我国大部分地区正在努力实现的现实过程，这是一对尖锐的矛盾。所以，在当前我们提倡培养学生的创造性更多是从教育所具有的超越性特征来说的。在我看来，它也应该有地域差异的问题。但是不管怎么说，培养创造性人才既然已经成为当前中国教育的最大课题，那么，在高等教育教学改革中就应当凸显这一时代主题。斯腾伯格认为，人的创造力是智力、知识、思维风格、人格、动机和环境六种因素相互作用的结果。目前的大学教学常常过分强调智力和知识的作用。智力因素偏重认知的能力和记忆的能力，却不太强调培养学生对认识活动的自我控制和自我调节的能力，不太注重学生认知策略的养成；知识因素则更注重灌输陈述性的知识、原理性的知识，却不太关心学生完整知识结构的形成。除此之外，我认为还应当在教学中鼓励学生形成独特的思维习惯、思维方式和思维风格，同时必须兼顾对学生的人格培养和激发学生进行不断创造的动机。从某种程度上讲，在教学中对学生进行情感、意志培养，对于创新精神的养成是至关重要的。当然，在教学过程中有意识地营造安全、自由的互动情境也是培养学生创造性所必不可少的条件。只有把这几个因素同时在教学中加以整合，才有可能培养出具有创造性品质的人才。要做到这一点，又离不开高等教育整体的现代转型，离不开开放的高等教育体制的建立。从这个意义上说，我国高等教育的改革是一项立体、综合的事业，因而，它需要我们为此付出更大努力。

第七章　网络教育：引发学与教的革命

第一节　网络走进了人类生活

□ 信息化、数字化已经成为人类社会生活中一个热门的话题，计算机及其网络似乎已渗透到了人类生活的每一个角落。无论是在政治、经济领域还是在文化、科教领域，计算机及其网络都在以一种令人吃惊的速度发展，那么这一切究竟是在一种什么样的背景下发生的呢？人类信息技术何以有如此飞速的发展？

■ 现代信息技术的发展是信息科学发展到当代社会的一个必然结果。我们知道，人类社会在发展过程中主要使用过三种资源：一是农业社会中的土地等物质资源，二是工业社会中的能量资源，三是当代社会中的信息资源。在农业社会中，人们利用水、泥土、石块、树木等唾手可得的物质聊以生存，他们将这些物质资源做成石器或铁器工具用以开垦土地、射杀猎物。由于物质资源的不易移动性、笨拙性等限制，农业社会中的人们只能过着"面朝黄土背朝天"的日子，生活非常简单、封闭。到了 18 世纪，瓦特改良蒸汽机之后，人类社会进入了利用能量资源的时代，从热能、电能到原子能、核能，人类社会所使用的工具不断改进，人们的劳动很大一部分由机器所替代，人类的解放日益成为现实。然而，即使是在这样发达的时代中，人们之间的交流仍然要受到时间、空间的限制，电话、电报只能限于个体与个体的沟通，整个社会仍然是较为封闭和个别化的。在这样的社会背景下，人们再一次寻找到了一种新的资源：信息。利用信息作为资源，人类可以生产出智能化的工具，计算机就是这类生产工具的代表。1938年，美国贝尔电话实验室发明了世界上第一台继电器式数字计算机。两年之后，在1940年，贝尔实验室的帕津森和罗威尔提出电子模拟计算机的基本概念。到了1946年，美国宾夕法尼亚大学研制出了世界上第一代计算机。那时候计算机可是一个庞然大物，它占地近3000立方英尺①，使用了1.8万个真空管。其后，贝尔实验室又相继发明了晶体管、硅集成电路。这些大力推动了微电子技术的发展，使得计算机处理器最终可以在一小片芯片上"安家落户"。1982年，世界上正式出现了286计算机，7年之后，升级到486计算机。到了1995年，高能奔腾微处理器出现，596计算机投向市场。今天我们知道，计算机早已发展到奔腾Ⅱ，甚至奔腾Ⅲ。短短50年间，计算机系统发生了我们难以想象的变化。如今，一名中学生操作的计算机远比10年前一名最高级的计算机工程师操作的计算机都要快。计算机的出现为网络的出现奠定了坚实的硬件基础。网络最初是美国国防部的设想，他们试图研制出一种网络系统用于战争中的彼此交流。这种设想是在20世纪60年代中期提出的，到了1969年，美国正式运作了世界上第一个网络系统——ARPA网络。此后，各国开始竞相发展本国的计算机及网络事业。据报道，1998年，世界上至少有1亿人使用计算机，2000年将超过3亿人。全世界250个国家和地区中有240个提供网上服务。因特

---

① 1立方英尺≈0.0283立方米。

网正以每年100％的速度发展。① 计算机的运用使人类社会生产获得了前所未有的大发展，人工智能决策系统、指挥系统、操作系统、信息处理系统使人类成为联系密切的群体。人力的解放、网络上无所不在的信息获取以及更为"神奇"的人机交流，人与他人、人与群体的交流变得简单易行、无所不在……可见，以计算机为核心的现代信息技术发展将人类带入了一个前所未有的生活空间。现代信息技术的发展与18世纪的蒸汽机技术、19世纪的电气技术一样，是一种具有划时代意义的人类进步。

第二节　网络教育所独具的优越性

　　□ 随着科学技术的发展，先进的技术手段在教育领域中得到越来越广泛的应用，尤其是计算机及其网络。如今，多媒体教学正在校园中以较快的速度、较大的规模展开，与此同时，网络化学习也逐渐成为可能……有人预言，计算机及其网络在教育领域中的大范围运用将引发教育革命。对待这个问题，您怎么看？如果引发教育革命，那么这场革命将涉及哪几个方面？

　　■ 现代信息技术在教育中的运用必然要引发一场现代教育技术的革命，而现代教育技术的发展将直接决定着各国教育的发展水平。陈至立部长在《应用现代教育技术推动教育教学改革》的文章中强调："要深刻认识现代教育技术在教育中的重要地位及其应用的必要性和紧迫性；充分认识应用现代教育技术是现代科学技术和社会发展对教育的

---

① 蔡佩仪：《无网不胜　无智不立：迎接信息时代的挑战》，载《教育理论与实践》，1999(2)。

要求，是教育改革和发展的需要。"①

那么，现代信息技术尤其是计算机及其网络在教育中的运用究竟会引发教育及教育技术上什么样的革命呢？大体而言，计算机及其网络在教育领域中的广泛运用可以有效地帮助解决校园行政管理、图书馆管理以及学生管理、评价等众多问题，但最重要、最有革命性的影响则直接表现在教学环节中。如果说，计算机及其网络运用真的会引发教育革命，那么这场革命的核心一定就是教学过程。

首先，计算机及其网络在教学环节中的运用为学生的学习提供了大量的信息，极大地扩大了学生知识面，使学生能更深更广泛地学习所学科目，也开阔了他们的视野，增进了他们对周围世界的了解。以往的教学是师生面对面的教授与学习，教师作为知识的掌握者，拥有的知识量、知识范围、知识层次直接限制了学生的学习内容，并进而限制了他们对知识的掌握以及对周围世界的认识。要想获取更多的认识，学生往往要在课后花费很多的时间与精力。计算机及其网络教学出现后，网络化学习就使这一问题轻易得到了解决。在计算机及其网络中，学生随时可以调出自己所需的信息，可以在一节课中同时学习到原属于不同学科的各种知识。这样，不仅学生的知识面开阔了，信息量增大了，而且课堂效率也得到了极大提高。一节课可以学到以前好几节课的内容，同样是 45 分钟，但其知识含量有了很大的提高。其次，计算机及其网络在教学中的运用改变了学生的学习方式，由原来的同一、被动变为多样、主动，让学生实现了真正意义上的"交互学习"及"发现学习"。以往，一个教师面对所有的学生，这就使得所有的学生都不得不接受统一的内容、统一的进度、统一的程序，这种统一步调的教学造成了学生没有创造力、没有个性，甚至还严重影响了部

---

① 陈至立：《应用现代教育技术推动教育教学改革》，载《中国电大教育》，1998(6)。

分学生的学习兴趣、学习信心和学业成绩，因为他们无法适应教师教学的一律化。但通过计算机及其网络学习，情形就不一样了：学生可以根据自己真实的学习水平与自身独特的学习方式自主地选择适当的学习内容与方式，还可以根据计算机及其网络对学习情况的反馈，自主地决定学习的步骤与进度。同时，计算机及其网络教学程序的设计使得学生必须通过探索才能够获得知识，这就能提高学生发现问题和解决问题的能力，改变他们以往被动接受的学习方式。以往在课堂中，学生不仅学习被动，同时，他们还只能局限在与教师的交流中，同伴之间的交流机会与时间都微乎其微。实现了计算机及其网络学习后，同伴之间的交流大大增多，他们在彼此平等的接触与竞争中，学习的主动性、积极性、灵活性都大大提高，同伴间相互学习的机会也有所增多。最后，计算机及其网络在教学领域中的运用容易实现教学资源的共享，在各个层面上实现教育的平等。在教学环节中，不平等现象是极为普遍的：同一节课中，教师对学生关注的不同可以造成学生学到的知识极为不同；同一学校中，由于各班级师资水平的差异，学生的学习状况要受到影响；不同地区、不同学校，学生会因为教育资源的差异而受到不同的教育。这些不平等现象受客观的多种因素的影响，并非简单的一项措施可以解决的。倘若我们能够尽量实现更大规模的计算机及其网络教学，学生可以面对高水平的、同样的教师，可以用同样的教材，那么，学生学习条件的平等就能得到一定的保障。同时，优秀教师资源通过计算机及其网络可以被更多学生共享，这会进一步提高学生的成绩和素质。北京的一些中学(如北京市第四中学、北京市第五中学、北京市一零一中学)，率先开办了网校，以让更多的学生得以共享优质的教育资源。这就是计算机及其网络教学给我们提供的优势。

计算机及其网络在教学中的运用具有如此之多的优势，这可能会给教师带来一种错误认识，好像他们必须制造更多的软件，创造更多的资源才能满足学生的学习。恰恰相反，网络化教育中，师资和软件并不是最重要的因素，最重要的是学生要有机会使用，学生要能适应计算机及其网络。只有在这样的情况下，网络化教育才能真正实现。

对于计算机及其网络在教学中的运用，我国一些地区已有所实践。如1994年2月，国家教委基础教育司(现为教育部基础教育司)批准在全国许多地区进行"语文'四结合'教学改革实验研究项目"，下面就是他们的一些实践探索。

小学生阅读的双主教学模式：在传统教学中，阅读理解课的教学目标一般是通过"预习、重点字词讲解、默读、朗读、查字典、小组讨论和总结"等环节来达到的。其中主要教学环节是默读、朗读和讲解。在传统教学模式下由于班级集体授课和每节课时间的限制，在一堂课上教师只能结合课文的重点字词进行讲解并就课文进行示范朗读，实际能让学生自己默读和朗读的机会很少。要完成阅读理解课的教学目标，关键是要让每个学生都能积极、主动地进行默读和朗读，即全身心参与阅读过程。显然，在传统教学模式下，对于大多数学生来说这是难以做到的(只有少数优秀学生才能达到)。有计算机特别是多媒体计算机作为教学媒体，就可以通过编制大量与当前课文紧密配合的课外阅读课件(通常称为"同步阅读课件")来解决这个问题。教师讲解完课文中的重点字词后，除了让学生默读和朗读课文以外，还可让学生从计算机中选择若干同步阅读课件来进行学习。这类课件不仅能提供适合学生理解水平的、既有趣味性又符合教学要求的阅读材料，还可通过改变显示时间的长短和适当的提问与测验来检查学生的阅读速度和对阅读内容的理解程度。由于多媒体教学软件具有超文本结构，学生在阅读过程中若遇到难以理解的字词，可以通过"热键"方式随时在计算机上查询，省去传统教学中的"查字典"环节。这种自主、交互的阅读学习方式，从内容的选择到效果的检查都可以按照个别化方式进行，因此既可以大大增加全班每一个学生的课外阅读量，又可以充分发挥每位学生自己的主动性与积极性，同时还大大减轻了教师的教学负担。在此基础上，还可在计算机系统上进行全班性的阅读速度和阅读理解能力的竞赛(在给定时间内让全班学生阅读同一篇课外读物并由计算机评分)，通过寓教于乐，达到更好的教学效果。

小学生低、中年级段作文的双主教学模式：……我们把多媒体计算机应用于小学低年级和中年级的作文教学中，并采用由"创设情境—指导观察—局部分说—整体总说—打字表达—评议批改"六个教学环节组成的新型教学模式来进行作文教学试验。其中，除第1、第2、第6三个环节主要由教师发挥主导作用以外，其余环节(包括第6环节)均可体现学生的主体作用。在"创设情境"环节中，根据不同的教学内容，设计并利用不同的多媒体教学软件，通过多媒体的真实情境引起学生的观察兴趣，利用多媒体软件提供的图像、动画、活动影像等图文音像并茂的情境代替课本上的静止画面，让学生"看情境讲述"或"看情境写话"(写一段话或写一篇短文)。由于多媒体计算机提供的情境比课本更生动更真实，能更容易地引起学生的兴趣，因此有助于培养学生观察事物的能力，也更容易激发与培养学生的想象力。利用多媒体软件的友好交互界面和多媒体的文本结构，教师可以针对学生的实际情况，按照由表及里、由浅入深、由个别到一般、由具体到抽象的认识规律，采用不同的观察方式，有效地指导学生进行观察，以提高学生观察事物、分析事物的能力。与此同时教师要积极启发学生的想象力，在想象的基础上采用先"局部分说"，然后"整体总说"的方式让学生练习口头讲述。这样既可贯彻由简到繁、循序渐进的教学原则，使学生不会感到有压力，又可为认知主体提供更多的练习"讲述"或"写话"的机会，即主动进行语言文字表达的练习机会。在"打字表达"环节中，让学生在观看生活情境的同时，把想写的一段话或想写的一篇短文，通过"想打"方式，用键盘在屏幕上打出来。这样就可达到让每一个学生都积极思维、主动参与的目的，所以，这里的"打字"起促进思维、帮助认知的作用，而不是要在这个环节让学生去练打字。在"评议批改"环节中，通常是在教师指导下，学生参与评议和修改。如果是在计算机网络环境中则可以选择学生的优秀作文或有典型错误的作文发送到每个学生的终端机上，供全班同学共同赏析和评议。这种基于网络(特别是基于多媒体网络)的评议批改，由于全班学生都能看到同一篇作文，这就使每个学生都来积极参与评议和修改。在试验中学生普遍表现出很高的参与热情，因而能收到传统作文教学无法比拟的效果。①

□ 计算机及其网络教学确实为学生们开辟了一个前所未有的广阔学习空间，改变了学习方式，扩展了视野，增强了能动性、自觉性。那么，计算机及其网络教学是否也给教师们带去了一个全新的教学空间，在这个空间中，教师们将如何发挥他们的作用呢？

■ 计算机及其网络教学改变了学生们的学习方式、学习态度，它也一定会改进教师们的教学工作。计算机及其网络教学可以有效地改

---

① 何克抗：《论现代教育技术与教育深化改革(下)：关于 ME 命题的论证》，载《电化教育研究》，1999(2)。收入本书时有改动。

进教师的教学手段、教学方式，并可以将教师从繁重的传授知识的任务中解放出来，更多地关注学生、引导学生的学习活动。以往的教学是教师凭一块黑板、一支粉笔，以讲解为主的教学。这种单一的教学方式只能让学生通过视觉、听觉来学习，许多生动的教学情境得不到展开。而通过计算机及其网络教学，教师可以通过动画、图形影像、声音等多种媒介进行教学，让学生增强体验，实现眼、耳、口等多通道的"全感官"学习。教师还可以通过计算机及其网络的模拟功能"再现"真实的情境，让学生进行直观的学习。有一次，我去听一所小学的语文课，所讲的课文是《詹天佑》。这篇文章的教学有一个难点，就是要让学生理解詹天佑在设计京张铁路的过程中，曾为方便火车上山而设计的一条"人"字形铁路的真实构造。"人"字形铁路在我们生活中极为少见，仅凭教师讲解很难描述出"人"字形铁路的真实构造。此时，教师通过计算机及其网络教学展示出"人"字形铁路的影像，还模拟现实中火车走"人"字形铁路的真实情况，结果，无须讲解，学生对"人"字形铁路的构造、功用一目了然。计算机及其网络在教学中的运用可以改进教师的教学方式、提高教学效率、节省教学时间，更可以将教师从繁重的教学任务中解放出来，利用更多的时间去真正实现对学生的全面教育。在我们以往的教学中，教师绝大多数时间用于知识的传授，却在有意或无意间忽视了对学生成长为"人"的教育。学生的知识、智力虽得到了发展，但人格、个性、情感、意志的发展却极为缺失。在计算机及其网络教学成为可能之后，教师可以将更多的时间与精力投入教学生如何为"人"的教育中去，这对学生"全人格""全身心"的发展是极为有利的。

□ 我还想进一步与您探讨一下，利用网络学习，是否有利于学生的思维训练，因为计算机—网络教学不能仅仅作为教学辅助手段，也不仅仅是利用网络更方便地采集信息。教学改革最本质、最核心的追求目标应该是促进人的思维发展和创造能力的提高。

■ 你说得很对，计算机—网络学习的价值不仅在于技能层面，而且在于促进人的精神意识层面发展，在学生的学习过程中，培养学生的学习目的意识、提高学生学习动机的兴趣热情、激活并训练学生的探索能力。我看到一份介绍德国北部港口基尔市基尔中学在这方面成就的资料，这所中学的计算机网络指导教师科恩向访问客人介绍他们的一次有趣的对比实验。他的介绍很能印证我们的上述观点，并能非常生动地体现教师在网络教学中的作用：

他们鼓励两个班的学生在网络上搜索关于德国古城特利尔罗马时代的遗迹，但是，他们对其中的一个班附加了一个要求。这个要求是，从这些遗迹中，探索罗马帝国衰落的原因。最后的结果差异很大。两个班学生查出的资料包括：罗马人2世纪在特利尔修建的凯旋门——"黑色城门"，这是罗马帝国鼎盛时代的建筑，至今依旧巍然屹立着；罗马贵族当年热衷观看奴隶与雄狮搏斗的斗兽场；至今仍然令人惊叹的豪华的罗马人浴池。这些基本素材虽然是相同的，但是一个班仅仅着眼于对遗迹风光的描绘，另一个班却深入探索这些遗迹显示出的历史变迁的原因：雄踞欧亚的罗马帝国毁于奢侈腐败。他们还检索了有关罗马帝国的历史资料，重读了卢梭的《罗马盛衰原因论》，印证了自己的结论。

科恩认为，有如在茫茫大海上航行需要航标一样，学生从因特网上提取信息，同样需要"航标"，兴趣主题就是他们的"航标"。他说，引导和鼓励每个学生根据自己的兴趣，选定关注的主题，是帮助学生高效地提取计算机网络信息的重要前提。

科恩还说，兴趣主题是从教育心理角度提出的概念，而从计算机网络技术角度看，兴趣主题就是向搜索引擎输入的主题或关键词。使用关键词的搜索方法，学生在因特网上几乎可以找到所有相关的知识。兴趣主题可以提高学生思维的目的意识，激活他们的思维活动和领悟能力。一些他们以前看不出有任何联系的信息，在思维目的的引导下，就有可能展示出信息之间内在的联系。教学实验证明，学生根据自己的兴趣选定主题，他们探索的目的意识就会更强，智力发展往往也更快。科恩最后说："在教学过程中，我的工作是发现学生的兴趣，引导他们选定有价值的兴趣主题，随着他们认识的深入，观察他们兴趣的变化，不断发展他们的兴趣主题，提高探索目的的价值，深化探索的过程。这样做实际上是在培养学生研究问题的能力。特别是在探索过程中，学生能够将兴趣主题划分为许多相关的课题，并且掌握了划分的思维规律，此时，他们的研究能力和逻辑思维能力就有了质的提高。"①

□ 那您是不是说，计算机及其网络在教学中的应用可以将教师从繁重的教学任务中解放出来？这对教师而言确实是减轻负担。但从另一个角度来讲，一些教育学家针对计算机及其网络在教育中的运用提出了这样的忧虑：新技术的运用将使教育完全"非结构化"，技术将取代教师，学校会彻底衰落而由远距离教育等其他方式代替。这是否可能呢？新技术可能完全替代教师吗？

■ 发展计算机及其网络教学、网络化学习绝不会削弱教师的作用，更谈不上替代教师。相反，这对教师提出了更多、更高的要求。这一点在教育领域中表现为两个方面。其一，从微观的教学过程来看，教师不再被视为知识的唯一拥有者。计算机及其网络可以传授给学生更多、更精确的知识与信息。同时，实现了计算机及其网络教学后，

---

① 因年代久远，本文献未能查到来源。为尊重作者，此处予以保留。——编者注

每个学生可以在个人学习的过程中按自身实际状况选择不同的学习方式、学习进度、学习路线以实现最佳的学习效果。这些优点都是教师教学所不能实现的，但是，教学过程是复杂的、由活生生的能动的学生参与的，而不仅仅是单纯的传授知识。传授知识的目的，学生要能够以自己适宜的方式去完成，要能够对知识、信息进行辨别、选择、运用，要能够构成对日后学习有用的基础性、背景性的"前结构""前理解"，以不断架构在学习中将要学到的新知识。这些任务，却是计算机及其网络教学所不能实现的。计算机及其网络教学作为一种方式，首先，教师要帮助学生适应、学会使用这种方式，要教会他们如何查找知识、发现知识。其次，教师要能够在学生面对众多信息不知所措时，帮助他们选择知识，组织知识。最后，教师要教会学生面对知识的态度，教会学生以一种兼有批判、创新精神的态度去对待知识。由此可见，即使计算机及其网络给了学生再多的信息，也替代不了教师的经验和智慧。如何将信息变成知识，如何将智能变成智慧，这只能在教师的指导下完成。正如联合国教科文组织在其《从现在到 2000 年教育内容发展的全球展望》一书中所提到的那样，一个有创造性的教师应该帮助学生在自学的道路上迅速前进，教会学生怎样对付大量的信息，他更多的是一名向导和顾问，而不是机械传递知识的简单工具。如果说以往教学过程中教师只顾传授知识这一环节，那么今天，他们要面对学生的学、计算机及其网络的教以及自身的向导和顾问角色，这难道不是对教师提出更多、更高的要求吗？

其二，计算机及其网络在教育领域中的运用对教师提出了更高的要求，这一点还可以从教师对学生的整体培养中得以佐证。教育不同于教学，学校承担的是"教育"学生的工作，这就意味着教师不仅要保证学生学习知识，更应该关注学生整个身心素质的全面发展。然而，以往有的学校恰恰忽视了这一点。正如裴斯泰洛齐、小原国芳等教育家批判过的，"有教学的学校，而无育人的学校"。当今，学校"育人"的功能被时代所强烈召唤，如果教师传授知识的任务大部分可以由计算机及其网络替代，那么教师就可以更多地投入"育人"的工作中去了。教师的育人工作是要实现学生"全身心""全人格"的发展，是要在学习基本知识与技能的同时实现学生基本态度的养成、基本价值观念的形成。我们知道，人格的形成过程，人对世界、同伴的基本态度与基本价值观念养成的过程与学生的智力发展过程是截然不同的，其教育方法、教育态度也完全相异。在学生人格形成过程中，教师要能够在了解学生的基础上对其加以引导。这就要求教师能深入学生内心，了解学生的心灵和精神上的特质，了解学生对他周围人与事的真实态度、看法，了解学生对这个世界及其价值、规范的衡量标准与期待……唯有这样全方位、深入的了解，教师才能够真正对学生人格的形成做出指导，而不只是给出肤浅的、表面的、强加于学生的命令、要求；也唯有这样，学生才可能由内向外地发生改变，而不会只是在形式上敷衍教师。可见，教师"育人"的工作是需要教师因人而异地做全面、深入、细致的引导工作，这绝非一台计算机及其网络所能完成的。

　　□ 我可以想象出您刚才描绘的这幅"美丽"图景，希望能像您描绘的这样，学生可以自主学习，教师可以辅助学生学习、引导学生人生发展。但是，如果计算机在学校中大规模运用，教师仅教学生使用计算机就会占据他们绝大多数的时间，他们哪来的时间去培育学生人格发展呢？

　　■ 你考虑的这个问题确实会在计算机教学推广初期出现，这是不可避免的。任何新生事物的出现，我们都会有一个适应期，但只要这个适应期能在教师的引导下积极地度过，学生与教师一定都会通过计算机教学获得很好的发展。我这样说并不是凭空想象，也不只是单纯预测，而是有事实根据的。

20 世纪 80 年代中期，美国苹果公司的教育家们在对教育技术的市场预测中，迫切希望研究和了解这样一个问题：当以计算机为核心的现代教育技术像使用书和纸一样方便时，教师和学生的教学活动会发生什么变化？于是，他们开始了一项称为"明日苹果教室"的教育改革实验研究。

该项实验研究实质上是在探索和创设一种信息时代的学习环境和教育模式，因此受到学生欢迎。在第一学年末，学生的注意力和学习态度就有了明显改善，开始从被动的知识接受者转化为主动的探索者和个性化的独立学习者。尽管对教育技术的掌握花费了一定的时间和精力，但当他们逐渐熟练地运用新技术在教师的指导和帮助下学习和研究各种知识和技能时，学习的兴趣、能力和效率越来越高。过去人们经常担心，学生整天和计算机打交道，会因缺少和同伴的交往而变得孤独。实验得出的结论却完全相反：运用新技术的自主学习比传统课堂讲授更能促进学生之间的交流与合作。这种新的教育模式促进教师的观念和行为发生了深刻变化。教师们感到，他们更多是作为管理者和引导者，而不是说教者。新技术把教师从大量重复性教育活动中解放出来，将创造力献给更具挑战性和个性化的师生交往和共同探索，正如一位教师所言："新技术使我保持了作为一名教师的热情，但我现在同以前不一样，现在我是指导学生，他们自己把握着自己的教育，创造他们自己的知识，用他们自己的创造力去研究并向他人表达信息。"①

可见，在"明日苹果教室"的实验研究中，学生和教师确实经过了

① 桑新民：《高科技与教育的未来》，载《新华文摘》，1997(5)。收入本书时有改动。

一个适应期，但适应期一过，计算机教学的优越性就逐渐凸显出来了，给教师和学生都带来了利益。

　　□ 计算机及其网络在教学中的运用，为教师和学生的发展都带来了巨大的推动力，也提出了更高的要求，但就如您在开篇中所叙述的那样：计算机及其网络的发展日新月异，无时无刻不在进步。那么，作为指导者的教师面对日新月异的技术变革，又应该如何适应呢？他们要如何保持走在技术发展的浪尖上，以反过来指导学生呢？

　　■ 这个问题很有针对性，我想，在现实生活中一定有很多教师有这种顾虑。这种顾虑导致了两种局面：一种局面就是教师拼命地追赶技术，疲于奔命地来往于电脑、学校与班级之间，却恰恰忽视了他们学技术的初衷是更好地指导学生。这种局面是我们不想看到的。而另一种局面我们就更不愿看到了，有的教师惧怕自己不能自如地掌握这门技术，惧怕自己在学生面前失去自己的"师道尊严"，因此就严令禁止学生使用计算机及其网络。据我所知，这种现象还不是个别的。

　　我认为，无论是以上两类教师中的哪一类，他们都没有很好地理解计算机及其网络教学。有一位哲学家曾经说过：现代教育技术包含了两个内容，一是现代教育技术本身，二是现代教育技术的使用。现代教育技术，即计算机及其网络的使用绝不是有人以为的会用最先进的计算机。这种使用，是理念指导下的使用。事实上，无论计算机及其网络怎样发展，它最后都会以一种最易于人们使用的方式呈现出来，因此，使用并不是主导问题，而关键在于教师们有没有主动适应这种发展、变化的理念。教师们应该保持敏感度、敏锐心，能主动抓住技术的变化趋向。教师们还应该抱有生成感、历史感，不仅要能感知到技术最新变化的趋向，而且能横向、纵向地梳理出技术发展的脉络，及时地把握住科学技术进而是时代变化的走向与内在精髓。再进一步，教师们应该有高瞻远瞩的视角和高度的使命感，在把握住科技时代变化的走向后，要能及时地感知到在新时代学生应该以什么样的方式来学习、来思维，并及时给予指导⋯⋯这些才是教师面对新技术所应该做、所要做的。

　　□ 看来计算机教学的运用真的会在教育领域引发一场革命，将教师与学生从传统的束缚人的教学中解脱出来，找到自我，找到自由。我国目前计算机教学的发展情况是怎样的呢？它有没有可能逐渐成为一种主要的教学形式，为我们的学校教学工作带来大规模的改进？

　　■ 我国由于经济状况、城乡分布状况以及东西部差异等原因，要在全国范围内推进计算机教学，将是一件需要长期努力的工作，要按实际情况逐步实现。目前，我国计算机教学的实际情况究竟是怎样的呢？据华东师范大学祝智庭老师统计，到 1998 年年底，我国中小学装机总数已近 100 万台，配置计算机机房的学校已达到 6 万所，许多学校在开展计算机教育的同时也已将计算机用于教学。而按照教育主管部门的计划，到 2002 年，全国将有 15 万所学校（占学校总数 20％）开展计算机教育，同时在全国建设 100 所高水平的信息化教育示范学校和 1000 所信息化教育实验学校。在高等教育方面，到 1998 年年底全国已有 450 所高校接入中国教育和科研计算机网（CERNET）。[①] 从这些数据中，我们可以清晰地看到计算机教学在我国目前的发展状况。另外一份资料表明：我国在进入 20 世纪 90 年代之后，PC 系列计算机相继进入学校和家庭，多媒体 PC 机开始应用于教育，中国的教育软件也开始了真正意义上的市场化。在 1995 年，中国的教育软件市场已基本形成，产品已不仅仅限于教育管理软件，开始向家庭教育、学校课堂教学、社会教育领域进军。到了 1996 年，国家计委（现为国家发展和改革委员会）又将"计算机辅助教学软件研制、开发与应用"列入国

---

① 祝智庭：《关于教育信息化的技术哲学观透视》，载《华东师范大学学报（教育科学版）》，1999(2)。

家"九五"重点科技攻关项目。[①] 由此，我们可以看到：计算机教学的推广已得到政府的关注，它有广阔的市场前景。至于计算机教学是不是可能成为一种主要的教学手段，这在某些发达地区是可能的。并且，据我所知，随着近年来教育对社会发展的作用越来越凸显，随着技术的飞速发展，计算机的普及不再只是虚幻的想象。已有一些地区、一些学校试着将计算机作为主要的教学手段。前不久，江苏省教委（现为江苏省教育厅）筹划开办了"江苏高校网上远程教育试点工作"。因为现代远程教育是随着现代信息技术的发展而产生的一种新型教育方式，是知识经济时代人们终身学习的主要手段。依托现有江苏教育和科研计算机网络，用高速信道连接有关高校，以此即可实现网上远程教育。在 1999 年的首批招生中，东南大学的计算机科学与技术专业和南京邮电学院（现为南京邮电大学）的通信工程专业第一批共招收 400 名学生，苏州大学、江苏理工大学（现为江苏大学）作为助学点，实行异地定点网络化集中学习。江苏省这次实行的网上远程教育试点工程就是以计算机教学为主要手段的，学生在助学点学习，但所学内容、所接受的教育却是主办学校经过互联网传送给他们的；学生可以自主选择所需课程，通过完成专业教学计划规定的学分来获得学位。在这个网上远程教育试点工程中，学生学习方式、教师教学方式虽发生了改变，但是学校课程设置、课程结构、教学质量、学生评估是以办学学校在校生为参照的，绝不允许降低教学质量。因此，我们应该相信，以计算机为主要手段的教学方式是一种新型的、有效的教学方式。

以计算机为主要手段的教学方式为我们当今寻求多种方式，共同推进教育活动带来了许多启发。同时，它给传统教学模式、培育模式带来了革命性的改变。首先，在教学模式方面，它打破了以往以教师

---

① 《教育技术蓬勃发展：教育技术 50 年（上）》，载《中国教育报》，1999-09-20。

讲授为主的传统模式。例如，在江苏省实行的网上远程教育试点工程中，设想将教师每次讲课的时间从以前4学时降为1学时，而剩下的3学时用于学生通过计算机进行自主学习，进行学生与教师、学生与学生之间的单独对话。这样，教师就可以通过计算机对每个学生的学习状况进行检查，可以对每个学生的个别情况进行有针对性的辅导。我们一向追求的个别化教育才可能真正实现。同时，也只有这样，学生才可以根据自身的独特情况自主选择学习方式、学习路线，学生与学生之间的交流、彼此帮助也才可能真正实现。可见，以计算机为主要手段的网上教育使得以往教学模式所不能实现的教学的个别化、自主性、交互性可望得到真正实现。

其次，以计算机为主要手段的教学方式不仅可以改变传统的教学模式，同时，它也可以使得传统的学校培养模式、管理模式发生革命性的变化：在学籍管理方面，它可以改变以往一所学校对学生进行管理的模式，而采取几所学校共同管理学生；在课程选择方面，学生获得较大的自主权与较大的选择空间，他们可以选择所学专业的课程，也可学习所在学校的课程，而各学校之间则实行课程互通、学分互认，为学生的学习提供极大的便利；在资源配置方面，网上教育真正实现了教育资源的共享，无论是教师还是教材、教案都在计算机网络中公开，大家可以共同使用。

最后，在学生修课、咨询、实验方面，学生不必再像以往那样要完全跟随教师才能进行，完全可以在网上进行虚拟性的实验、请教师答疑、进行考试。这一切，都是以往的学校培养模式不能为学生提供的。可见，以计算机为主要手段的网上教育确实为学生的成长提供了更多的机会、更大的空间、更充足的自由。

美国2000年每间教室都联上信息高速公路。在美国，大学几乎都建立了校园网，并联上 Internet，这些大学和政府部门、大型组织一道，为中小学的师生提供了许多教学、学习、讨论和交流的园地，为美国的中小学提供了大量的网络资源。与此同时，美国已经开始把注意力放到中小学校基础设施的建设上来。美国总统克林顿于 1996 年提出了"教育技术行动"(education technology initiative)，到 2000 年，全美国的每间教室和每个图书馆都将联上信息高速公路，让每个孩子都能在 21 世纪的技术文化方面受到教育。

日本借网上教育探索新的教育体制和教育模式。在因特网时代，日本人不仅在设备投入上大做文章，而且还积极地借助因特网进行教育革新。1995 年 5 月，日本文部省和通产省联合实施了一项在基础教育领域有重大影响的试验研究项目："100 所中小学校联网试验研究"(实际参与学校为 111 所)，该项目不仅让试验学校师生了解和学会使用 Internet，而且通过一系列科学试验探索新的教育体制与教学模式。

英国出台世界上最大的公私合作的教育系统。英国在这方面采取的行动也令人瞩目，从 1989 年开始，英国在全国范围内所有高等学校中实施一项称之为"计算机用于教育创新"(computers in teaching initiative，CTI)的庞大项目，其目标是要通过计算机、多媒体与远程通信技术相结合(在当前就是通过 Internet)，实现对高等院校所有学科(包括文科、理科、医学、环境等各个领域)从教学模式、教学内容到教学组织形式的彻底变革。该项目动员全国所有高等院校参与，从一门一门学科做起，到目前为止，在 8 年多的时间内，已有 24 门学科不同程度地实现了这种变革。该项目对传统教学的影响及其深远意义，目前还难以估计。但是"CTI"这个新术语及相关的大量刊物(目前已有 20 多种)早已越出英伦三岛，在整个欧洲乃至全世界范围日益成为人们关注的焦点，已是不争的事实。另据英国 BBC 报道，1998 年为该国的"网上教育年"，该报道称，一旦"网上教育年"计划实施，6 岁的孩童都可以在因特网上学习。ICL、SUN 和英国电信（BT）都参与了该项计划，因其技术在学校推广使用，这些公司将受益，政府及企业双方都把该计划的发起视为一次令人振奋的机会。ICL 公司负责该项计划的戴卫·文普瑞称："对学校和学生来说，是使用新技术的绝好时机。"英首相布莱尔则称之为："这是世界上最大的公私合作的教育系统。"①

第三节　网络教育向家庭、社区渗透

□ 计算机及其网络教学让学生在学校教育中得到了发挥的空间，享受了发展的自由性，但我们知道，现代教育是一个囊括了学校教育、家庭教育、社区教育等多种教育形式的大教育概念。那么，计算机及其网络除了在学校教育中能发挥优越性以外，在其他教育领域中是否也有被运用的可能性呢？

■ 当然有了，我刚才不是跟你提到过华东师范大学的祝智庭老师吗？他现在就在上海与一批老师共同进行"应用现代教育技术改革中小学教育的理论与实践研究"，这项研究的最终目标是要探索出校园网在支持素质教育中的作用与实现途径。我们知道，素质教育本身就是一

---

① 何克抗：《发达国家的网上教育》，http：//www. edu. cn/zhong-guo-jiao-yu/yuan _ cheng/hai _ wai/200603/t20060323 _ 13641. shtml，2019-12-27。收入本书时有改动。

种全方位、多角度的教育。它关注的不仅是学生在校内的成长，更是学生在任何场合中全身心、全人格的发展。如果学生在校内得以实现在计算机及其网络上自主、广泛的学习，但是回到家中或在校外学习其他知识时，仍然不得不面对家长、教师的灌输，他就又会回到从前的被动状态。那么，这种教育的分裂也必然造成学生人格、个性的分裂。这种做法对学生而言是非常有害的：他们不可能连贯地、完整地发展自我。因此，在这项研究中，祝老师他们不仅"探索如何以网络和多媒体技术为支持来改革课堂教学模式，改变以教为中心的传统方法，实现教学相长"，还将计算机及其网络推广到课外教育、家庭教育、社会教育等多个领域，探索计算机及其网络支持学生课外活动的方法与模式，探索计算机及其网络在家庭教育、社会教育中的作用与实施的方法、模式。具体的还有"进行课外活动网站的开发、观测信息化课外活动对于儿童智力结构的影响"，"开发家庭教育网站，探索信息化家庭活动模式及其教育作用"，等等。我认为这些开发活动都是非常有意义的，它将对学生的全面发展产生很大的积极影响。

　　□ 计算机及其网络在课外教育、家庭教育、社会教育中的全面、广泛运用究竟会给学生们的全面发展带来哪些正面的影响呢？

　　■ 我认为给学生带来的最大的影响就是让学生能够在一个具有连贯性的教育环境中成长。在前面我们已分析了计算机及其网络在教学中的运用可以开阔学生视野、增强学生的自主性等，这些优越性在学生的课外学习、家庭学习中仍然会存在，学生完全可以驾轻就熟地通过使用计算机及其网络完成学习活动。这是连贯性的一个表现层面，即学习方式的连贯性。但学生绝不是学习的机器，课业学习虽是他们的主要任务，但同时他们还要有自己的交往、娱乐、游戏等其他方面的发展。这些方面的发展如何全面实现呢？以往，学生的交往仅限于接触到的同学、同伴，他们的游戏、娱乐也受到工具、场地的局限……在这种情况下，学生的发展余地是多么狭窄。我曾经说过，学生的发展应该是多通道、多层次、多方位的，学生只有在接触了尽可能多的外界刺激后，他们的发展才会尽可能地宽广。我想，尽职尽责的教师、家长在以往也都会尽自己所能地为开阔学生的发展而努力，但是，精力、财力等外在条件的束缚往往会使教师、家长的努力事倍功半。而在使用了计算机及其网络之后，这种局面就可以改善了。学生可以在网上结交到各种各样的朋友，他们可以在网上聊天、下棋、共同游戏；他们可以足不出户，在家里就欣赏到桂林山水的清秀，欣赏到珠穆朗玛峰的雄伟，甚至可以有家长的"结伴而行"。这些，都是计算机及其网络的"功劳"，而且，它给学生的是一种具有连贯性的生活方式。学生无论是学习、游戏，抑或是交往，都能借助计算机及其网络来实现视野的开阔、自主性的发展。

第四节　发展全民网络教育

□ 计算机及其网络教学、网络化学习确实可以给学生的生活带来效率与便利，可以为学生带来自主与自由，然而网络教育绝不会是十全十美的，它也有许多自身无法解决的问题。例如，网上会有一些不健康的内容，孩子常和电脑接触会变得内向，等等，对这些问题您如何看？有没有好的对策？这些问题会削弱刚才您提到的网络化学习的优越性吗？

■ 网络教育作为教育方式的一种，确实存在着自身无法克服的一些问题，这就像其他教育方式也各有利弊一样。同时，作为一种新型的教育方式，它的不完善之处可能会显得更明显、更多一点。我认为这都是正常的，重要的是我们能否认清这些问题，并做出适宜的解决。

目前针对网络教育，人们普遍认为学生过多接触机器会变得不会交往，趋向闭塞、孤独。关于这个问题，我们先要划分交往形式与交往内容的区别。人与机器交往只是一种外在的形式，但机器所能呈现的内容极为广阔与丰富，是我们平时通过人与人交往所不能达到的。并且，在人与机器交往的背后，实质性的仍然是人与人的交往。因此，从交往内容上来看，学生的交往范围是扩大而不是缩小了；随着视野的开阔，学生的心胸会随之开阔；随着交往世界的扩大，学生可以接触更多的朋友；随着信息量的增多，学习则会日趋广博、丰富。这些都是网络教育独有的优越性。比尔·盖茨在其《未来之路》中就曾指出，计算机所提供的信息可以激发起学生的求知欲和想象力，可以让学习变得充满乐趣，让教育环境更加富有人性。可见，只要学生在网上发生了实质性的交往，他们是可以很好成长的，不会像人们猜测的那样变得过于自我和闭塞。

现代信息技术的社会效应：沟通方式的变革。沟通是人们相互之间传递、交流各种观念、思想、情感，以建立和巩固人际关系的过程，被学者们视为社会交往结构的基本要素之一。语言作为信息交流的第一载体，始终是人类沟通的基本形式。文字的出现，虽冲淡了人们原有的时空概念，使得跨地域沟通成为可能，但却存在着异步性"时滞"障碍。由计算机通信技术所引发的新一轮信息技术革命，尤其是"信息高速公路"为代表的互联网络的出现，基本上消除了跨地域沟通的"时滞"，使人类沟通发生着一场深刻革命。首先，现代信息技术可以同步交换信息，因而可用作社会交往的基本沟通方式。迄今为止，人类尚没有找到一种优于语言的基本沟通方式，现代信息技术的出现，使人类拥有了一种虽不如语言快捷，但基本上可以同步交换信息，且能进行跨地域沟通的方式。与此相比，文字沟通虽有可跨地域交流的优点，但由于不能同步交换信息而只能用于辅助性的沟通方式。其次，现代信息技术可以提供多主体共享的沟通形式，因而可以用之于社会成员的大众化交流。对一个社区而言，不仅有两两交流的人际沟通，而且有多人参与的大众化交流，因而要求有一种多主体共享的沟通形式。语言可以用于多主体进行大众化交流，这是显而易见的；电话是远距离会话工具，但基本上用于两两交际，因而不能用作大众化交流手段；现代信息技术则可两两交际，又可进行多主体大众化交流，是一种能满足社会需要的新质沟通方式。最后，现代信息技术可以进行远距离交流，打破了传统沟通的地域限制。由于迅速、高保真及网络用户的迅速增加，人类沟通正在形成跨时空的特点。预计 2001 年，国际互联网络的用户将达到1.1 亿，使用者将超过 3 亿人。可以说，现代信息技术所创造的新质沟通方式正在实践着加拿大学者马歇尔·麦克卢汉关于世界将成为"地球村"的预言。①

针对网络教育，还有人认为网络化学习会导致学生某些器官与功能退化。例如，有人指出：今后的学生可能不会书写、不会计算、不会表达情感，甚至是没有情感。关于这个问题，我们要一分为二地来看。其一，我认为部分器官的退化是正常的。在所有物种当中，我们人类并不是所有器官都是最强大的。例如，我们的手没有有些动物的爪子有力，我们的牙齿不像有些动物的牙齿那样锋利，这都是进化的必然结果。计算机的使用可能会使得我们的手或其他部位没有从前那样灵活了，我想这也属于正常发展。其二，至于计算机的使用会造成人的某些官能退化，我想，这是能够通过软件设计及与其他教学手段

① 何克抗：《现代信息技术的社会效应》，载《新华文摘》，1999(5)。

混合进行教学得以避免的。例如，前不久，科利华集团在提出第三代教育软件设计时，就提出要让其具有"情感性"的特征。该集团提出：要让学生通过使用软件了解在自然现象、历史事件、特定场合与特定物品中由社会所赋予的那些约定俗成的文化现象和深沉博大的文化精神。这就可以避免机器无情感性的缺憾，当然，在使用计算机教学的时候，我们也应有针对性地使用其他一些教学方式，以实现手段之间优劣的互补，将教学中的问题尽量解决。

有人指出网络上会有一些不健康的内容，它们会不受教师、家长控制地去毒害学生的心灵。网络上确实存在着一些负面内容会侵害学生的心灵。曾经有一家报社的记者走访了众多大学、中学，经调查后发现，学生用计算机看黄色图片、文章已是一种普遍现象。英国牛津大学的一项调查表明，学生通过互联网观看黄色内容的时间比通过互联网进行学术交流的时间还要多。[①] 不健康内容的存在是一个客观事实，但我们不该因此而限制学生使用电脑。应该看到，网络教育的主流是好的，而针对这些负面内容我们可以通过"加密"和加大国家法治化管理对它们进行控制。学校可以给电脑配置相应的软件，限制不健康内容的登录，而国家也应针对这些内容制定相应的法律条令，对其严格管理。如此几管齐下，可能会较好地限制这些不健康内容的出现。其中，对学生的教育也是重要措施之一，因为只有外在控制加上学生内在的意志努力，网上不健康内容毒害学生的现象才能够得到有效转变。

综上所说，我们对待一件新事物，不应该将其所伴随的问题看得过于可怕，而应该针对它们想出一些对策，以扬长避短。但我这样说，并不轻视网络教育带来的问题。事实上，我们目前对计算机的态度也有另一个极端，就是认为网络是无所不包、无所不能的，这种态度是

---

① 李凌己：《岂容"电脑黄毒"危害青少年》，载《光明日报》，1991-01-20。

过于"迷信"了互联网的功能，与以上夸大互联网的问题的做法一样不可取。确实，在网上，我们几乎可以找到所有我们想要找的东西，但是这些东西毕竟是虚拟的。例如，在网上虽然有太阳，但我们却享受不到阳光的温暖；网上是有众多的信息，但是感受不到当某些信息从一位长者口中说出来时，我们心中泛起的那种虔敬与信服。可见，互联网纵然有许多优越性，但它绝不是万能的。

□ 计算机在教育中使用的优越性已被越来越多的人所认识到，再加上整个世界都在逐渐朝着信息化、网络化的方向发展，那么，教育的信息化、网络化的趋势也是不可避免的，网络化学习终将成为教育中的一种普遍方式。面对这一趋势，我们整个社会，整个教育要做好哪几方面的准备，才能真正跟得上这一趋势？

■ 从我们整个社会来看，感受到社会信息化、网络化趋势的人群分布是十分集中的，并且为数也不是很多。从中国互联网络信息中心1999年所做的一次网上调查问卷中我们获悉，中国目前的上网用户中，年龄在21～35岁的用户占79.7％，具有大专以上文化程度的用户占89％。① 可见，我国网络应用人员绝大多数是有文化的年轻人，而占人口绝大多数比重的中年人、老年人却很少接触网络。那么，网络的普及就是一件很困难的事。不接触网络、不了解网络，我们怎么谈社会的信息化与网络化？通过社会中的另一些研究与调查，我们发现，我国中年人、文化层次一般的公民不接触网络，主要是他们对网络普及化的意识还不够。例如，前不久北京联想网校有一个统计：联想家用电脑的用户中70％是为了孩子，鲜见有中年人为了提高自身应用能

---

① 中国互联网络信息中心：《中国 Internet 发展状况统计报告(1999 年 1 月)》，载《计算机与通信》，1999(2)。

力或为赶上时代发展趋势而购买电脑的。① 我们都知道：计算机在中国的发展已有近 10 年时间了，"信息化社会""数字化生存"等最先进的未来生活观念也逐渐渗透在我们周围，但大众的意识、观念仍未改变。这不能不说是我们国家、我们教育的一大遗憾。目前我们既然已经意识到这些问题，看到社会的信息化趋势锐不可当，就应该早采取一系列措施来改变目前的状况，为整个社会的信息化发展做好准备。

首先，增强人民意识是当务之急。我们应该通过教育，通过媒体宣传使人们认识到网络的优越性、认识到整个社会信息化发展的必然性。未来的社会是一个学习化的社会，终身学习是我们适应社会发展的唯一方式。那么，终身学习何以成为可能呢？网络教育将是其主要的方式。通过互联网，人们可以不断扩展自身的知识。同时，学习与工作也不会成为相互冲突的两件事，互联网为我们提供了极大的选择空间。未来，不会学习、不能学习的人是必将被社会淘汰的，而使用互联网是我们能够进行学习的前提。因此，是否接触网络，正是目前我们绝大多数成人须考虑的一件事。其次，在增强人们意识的同时，要为人们能够使用网络进行培训。我们要注意的是，网络是我们未来学习、生活的一个工具，因此，对它的要求主要是会使用，至于设计程序、了解构造等只是少数计算机专业人员的工作。这样的话，培训工作就显得较为简单了，各个单位可以根据自身的能力选择一些培训人员对自己的员工进行培训。而社会、教育机构是这一培训工作的主要承担者，它们可以通过办班、上门授课等各种形式对人们进行培训，使他们尽早、尽快掌握网络的基本使用方法。最后，我们还要创造条件，进行网络教育的实验研究。我们应该组织一批进行网络技术研究与进行教育研究的人坐在一起，进行思想交流、碰撞，探索出真正合适、

----

① 闫斐：《电脑与网络知识：下册》，116 页，北京，北京燕山出版社，2008。

可行的网络教育模式，以让正在成长的一代青年人受到良好的网络教育。

总之，我们应该看到，网络技术将给人类带来一场革命，我们的学习方式、思维方式甚至生活方式都将发生根本性的改变。并且，还会不断有更新、更先进的技术不断涌现，对我们产生重大的影响。我们必须为此做好各方面的准备，唯有这样，我们才不会被抛弃到时代发展的末端。

1999 年 7 月 14 日，中国互联网络信息中心（CNNIC）公布了"中国 Internet 发展状况统计报告"最新的统计数字。和以往的统计调查相似，本次统计继续参照国际惯例，采用网上计算机自动搜寻、网上联机调查等方法。CNNIC 在今年 6 月 15 日至 30 日期间进行了网上联机问卷调查。此次调查得到了国内众多知名 ISP、ICP 站点的支持，约 30 家国内站点在主页上为本次调查问卷旋转了链接，共收到有效答卷 52549 份。与前几次调查相比，问卷数量有了大幅提高，这也在客观上保证了本次统计结果的准确性。

截止到 1999 年 6 月 30 日，我国 CN 域名共有 39045 个（其中 AC502 个、CON22220 人、EDU615 个、GOV1663 个、NET2221 个、ORG649 个、行政区域名 1175 个），WWW 站点数约 9906 个。从域名的地域分布来看，北京（36.71%）、广东（14.97%）、上海（7.73%）位居全国前三位。我国的国际出口总带宽为 241 M，连接的国家有美国、加拿大、澳大利亚、英国、德国、法国、日本、韩国等。其中，中国科技网（9CSTNET）8 M，中国公用计算机互联网（CHINANET）195 M，中国教育和科研计算机网（CERNET）8 M，中国金桥信息网（CHINAGBN）18 M，中国联通互联网（UNINET）12 M。我国上网用户人数共约 400 万（其中专线上网的约为 76 万，拨号上网的约为 256 万，两者都有的约 68 万）。用户中男性占 85%，女性占 15%；年龄段比较集中的分别是 21～25 岁（39.9%）、26～30

岁(21.7%)、31~35 岁(11.4%);按地区分布北京(21.02%)、广东
(11.77%)、上海(8.71%)最多;用户的文化程度高中(中专)以下
2%、高中(中专)12%、大专 27%、本科 48%、硕士 9%、博士及以
上 2%;用户人均月收入 500 元以下的占 21%、500~1000 元的占
29%、1000~2000 元的占 28%、2000~4000 元的占 15%、4000 元~
6000 元的占 4%、6000 元以上的占 3%;在用户上网所使用的操作
系统中,Windows95/98 占 93.6%,WindowsNT 占 5.1%。

用户上网的主要目的是获得新闻方面的信息(56.8%)、学习
计算机等新技术(9.7%)、工作需要(9.4%)、休闲娱乐(8.2%)、
获各种免费资源(7.2%)等。……用户认为将来最有希望的网上事
业依次是:网上有偿信息服务(20%)、网络通信(20%)、网上购
物(16%)、网上学校(11%)、虚拟社区(9%)、网上炒股(8%)、
网上游戏娱乐服务(6%)等。[1]

□ 最后我想问您的是,今天我们所谈的"网络教育"与当前整个社
会强烈呼唤的"创新教育""个性教育"之间究竟是什么样的关系?虽然
在前面您已谈到网络在教育中的普遍使用可以促使教师们投入培养独
特、完满的学生的事业中去,但是网络是否也可能培养学生的独特个
性与创新性呢?

■ 如果你问我网络是否可以培养具有独特个性的人,是否可以培养
学生的创新性,那么我先给你举几个例子:比尔·盖茨从小学开始就迷
恋计算机及其网络,后来得以在网络界大展拳脚,开创了微软公司。而如
今,戴尔、杨致远等人,更是将个性完全展示在他们所经营的网络之中。
网络教育同样可以担负起培养具有创新性、具有独特个性的人的任务。

_____

① 《我国 Internet 发展状况最新统计报告公布》,载《扬子晚报》,1999-07-29。

至于网络如何才能培养具有创新性、独特个性的学生，这一点关键在于网络所负载的内容的实质。目前我们所进行的网络教育绝大多数停留在以文字符号呈现信息，通过已设定的程序训练学生思维的阶段，这一点只要打开各学校的网站就可以一目了然了。虽然在这样的教学中，学生的学习方式、交流方式等会有所改变，但是仅通过文字、符号、固有的程序，学生的感受、想象、情绪、情感等品质仍不能得到发展，我们培养出来的学生不还是不完满的吗！如今，整个社会都在呼唤创新教育、个性教育，这说明创新性、独特个性已成为当代每个个体最重要的品质要素了。更深一步而言，究竟什么是创新教育？这个"创新"的本质不就在于个体能够具备独特的个性吗？你刚才问我，网络教育与创新教育是什么关系，它们应该是属于不同范畴的概念吧！但在网络教育中，创新性仍应该是最高培养目标。现在许多学校把计算机及其网络作为一种工具，却不去思考要通过这种工具达到什么样的目的：是通过使用网络使学生的思维更加严谨缜密，还是通过使用网络使学生变得更为现代、更为完满、更为自由？答案当然是后者。但是，究竟通过什么样的方式来实现这一目标呢？前不久，科利华集团宣布：他们所开发的第三代教育软件要具备远程性、交互性、情感性等特征。所谓情感性，就是要学生了解在自然现象、历史事件、特定场所与特定物品中由社会所赋予的那些约定俗成的文化现象和博大精深的文化精神，力图通过一些细小的设计，传达出制作者对人格、对健康心灵的全部理解并以此教育学生、培育学生的情感。我认为，这一努力正是促使网络教育向培养独特个性的人这一方向迈出了一大步。确实，计算机及其网络都只是冰冷的工具，但在这些工具之中，除了公式化的程序之外，还可以有丰富的语言、变幻的图像，以及隐藏在语言、图像之后的深层的精神。只有用精神来感召，学生才可能从内心深处由内而外地发生改变。这样，网络教育才能培养出具有情感、个性的完满学生。

第八章 道德教育：创造完满人格和德行

□ 德育的概念一直有狭义和广义之分。狭义的德育是指道德教育。目前人们普遍把德育理解成包含思想教育、政治教育、道德教育、法制教育和心理教育五育的广义的德育概念。那么我们现在对德育问题的探讨是广义还是狭义呢？

■ 德育，在我国已约定俗成为广义的大德育概念。这里，我们主要探讨大德育中的道德教育。多年来道德教育给人们的印象似乎是：它非常重要但又常常被忽视、被冷落；它费时多又总是吃力不讨好，效果差；它最应跟实际相连但又总是太空泛、太形式主义；它是教师最难教、学生往往不喜欢的教育领域。其实，道德教育是对人的发展有着重要作用的领域。因为智力和德行的发展是人的发展的两个主要方面，其中德行对人的成长起着核心和基础的作用。正因为如此，20世纪80年代以来国际社会不约而同地重视这个领域。在我国，德育也越来越受重视。朱镕基总理曾指出：智育与德育相比，我们要更重视德育；数量与质量相比，我们要更重视培养高素质的人才。从历史发展讲，道德教育是一个古老的、有着千百年优秀文化积淀的领域。在当今，也是各学科为其提供新知识最多的一个领域。对于这样一个充满着许多困惑、问题、荆棘、压力和责难，但同时又充满着挑战、魅力、生机和希望的领域，我们有兴趣、有责任去面对矛盾、探讨问题，为道德教育的发展贡献一些思想智慧。

第一节　道德教育的时空

　　□ 面对经济高速发展，社会多层次、多侧面的变迁，教育受到了前所未有的挑战，而在整个教育中，德育受到了最强烈的震撼，受责难最多。您认为主要是哪几方面的挑战？

　　■ 的确是这样的。现在德育受到的批评和指责是最多的，集中表现在长期以来德育的实效低。德育很难真正打动学生的心灵，不少学生普遍表现出道德上的知行脱节、言行不一；同时面对现实问题也很难培养出有道德选择、判断、创造能力的主体性道德人格。具体说来，灌输的、无主体性的德育观，脱离实践、空洞说教的德育方法，远离学生生活现实的德育内容等都受到了挑战。现今德育的问题很多，挑战也很严峻，我们的讨论不可能面面俱到。我想，我们还是从德育实践中的困境和观念上的误区谈起。这些年我反复思考，觉得德育的理念问题是造成德育长期实效低的重要原因。德育究竟是不是一种单独时空中的活动？我的看法是，不存在从生活整体及学校教育整体中抽离出来的德育。可是，对这个问题，长期以来，在德育的理论与实践中一直存有误区，即认为德育是一种单独的教育，它可以脱离学生的整体生活在一个相对封闭的德育课堂上培养人的德行。这就会造成这样一些现象：德育课上成了空洞说教的课，许多学生不喜欢德育课。学生即使来上课也是要么在做数学、语文的作业，要么在看课外书。

　　□ 道德是在人的关系中产生的，源于人的生活，所以它应渗透于人的生活的方方面面。脱离活生生的人际交往，脱离生活世界的德育课，学生是很难对它产生兴趣的；也就很难形成道德体验，并进行道德判断、选择，进而产生道德行为。

■ 是的。我自己也困惑，不知道从什么时候开始，德育就成了学校教育中脱离智育、体育等其他学科的单独领域。讲德、智、体、美、劳五育并重，其实这是从教育的目标上来说的，即教育要培养有德行的、智能发展好的、有审美能力的等各方面都有所发展的人，但并没有要在时间、空间上为各育划分独立的领域。我们却把德育从完整的教育中割裂、抽离出来，仅仅靠单独的课程，如思想品德课等，配备单独的教师，设立单独的机构(如政教处、德育处)来实施德育。这样使得对人的全面教养、对人的灵魂原本起着整体作用的教育变成了某一门课的任务、某一本教材的任务、某一个或一些教师的任务、某一个机构的任务，变成了在一个集中的时段里进行的事情。这种教育思维方式带来了很不好的影响，造成了许多问题。我们可以看到，这几年大、中、小学与道德教育有关的课程越开越多，教材越编越厚，课时越来越多，但效果很不理想。我认为这是形而上学的思维方式造成的后果。道德教育在本质上是人格的、生命的完整生活质量的教育，这种教育是不可能离开智育、美育等其他各育的。它必须依托其他各育而存在，以诸育为载体，而且诸育中也应该渗透着道德教育。例如，学科教学中就有克服困难、实事求是、与人合作学习的问题。那么为什么学科教师就不能充分利用教育时机进行道德教育，非要等到专门的德育课去教呢！另外，从根子上说，它也离不开人的生活。道德是在一个人的完整生活中体现的，生活中处处有道德，生活中会碰到人与自然、与社会、与他人的各种关系，种种关系都会表现出道德的问题。若学生在生活中遇到这些道德问题时没有人去引导，而到一个集中的时段再去教育，效果就不会好。关于这个问题，苏联著名伦理学家德罗布尼斯基在 1970 年写过一本很重要的书——《道德的概念》。1992 年我到莫斯科大学进修道德教育哲学时，想去寻访这本书的作者时才知道，他在 20 世纪 70 年代中期的一次空难中去世了。后来我见到了他的夫人，了解到了这本书产生的背景。这本书被俄罗斯伦理学界认为是迄今为止无人能超越的、学术价值很高的著作。在这本书里，他提出了这样一个我很感兴趣的核心观点，就是不要把道德从人的活动中分离出来，道德不是区别于社会现象中其他现象的特殊现象；不能限定道德的空间范围，道德渗透在社会生活的一切领域，无时不在、无处不在，如进入政治关系、国际关系、生态关系、人际关系、家庭关系以及私生活中，进入物质生活、经济生活、精神创造、科学认识中，同时也发生在与周围生活的接触中和个人对自身的态度中。道德是行为的、价值的、关系的、心理的、思维的和语言的多层次的构成物，而历史上常常把道德归结为某一物，如归结为情感、归结为价值等。他认为道德实际上有着极其复杂的结构，不能简单地归结为仅仅是一种现象。从这个意义上说，并没有独立自主的道德活动，道德活动是包含在人类各种活动体系之中的。德氏的理论使我有豁然开朗之感，给我的启示就是，我们要从根本上来调整对道德的认识、对道德教育的认识。道德教育是和其他教育，与生活交织在一起的。所以这儿有两个不能抽离：道德教育不能从活生生的完整生活中抽离，不能从其他诸育中抽离。若抽离就是形而上学。

　　□ 照您这么说，难道道德教育就不能像智育一样单独来进行吗？

　　■ 这个问题问得好。至少从某种程度上讲，德育是可以单独地作为一个实体来进行的。我们可以开一门课程，可以有一支单独的队伍，可以组织有目的的道德教育活动。问题是这支队伍、这门课、这本教材、这个活动不能有脱离整体教育的思想，不能自我孤立。它们必须是一个整体、系统。当然作为单独实体来做，更重要的、关键的是用什么样的内容、方法和机制，能不能实现道德教育本身的目标。还有教师本身的素质，教师本人愿不愿意、善不善于教德育课；他是不是有坚定的道德信念，他有没有宽阔的知识面和丰富的生活经历，这都关系到德育效果的好坏。

　　□ 那么无论是渗透性的还是单独的道德教育，您认为应该选择哪些基本的内容呢？现在我们在内容的选择上有没有一些缺陷呢？

　　■ 对于学校现行道德教育内容的选择和安排，我也有些看法。我认为道德教育是人类教育形态中最古老、最有文明传统的。可以说人类早期的智慧很多是用在道德教育上的，有很多优秀的东西。而且道德在人类价值系统中具有恒定的价值，具有基础性价值，具有稳定性价值。我认为道德教育在内容上要选择那些相对恒定的德目来进行，比如勤劳、勇敢、诚实、守信、公正等基本德目。这些德目虽然具有历史的、民族的、文化的差异，但包含着人类文明共同的、基本的价值取向。我认为，这些基本的东西要通过价值传递传给下一代。1999年在北京举办的"为了共和国的诞生"革命英烈事迹展览，以及1996年推出的"红岩魂"展览都引起了巨大的轰动。这说明革命传统教育在今天仍有广泛的群众基础，英烈们用生命和鲜血铸造出来的伟大品格、伟大灵魂、伟大真理依然震撼和激励着当代人。所以我们要注意开发我国历史上丰富的道德文化资源，尤其是革命道德品格力量，把它们变为推动我国现代化进程的巨大精神动力。

　　□ 我国正处于价值的多元化社会，一些传统的道德价值观受到了冲击，由此，以传授这些价值为目的的美德袋式的道德教育也受到了巨大的挑战，那么这种挑战是必然的吗？

　　■ 回答这个问题前，可以首先看看西方道德教育走过的道路。19世纪末到20世纪初，西方社会进入垄断时期。社会变革带来了一场"新教育""进步教育"运动。这次运动极大地冲击了一切旧的教育思想、教育形式，主要是长期形成的宗教的、强制式、灌输式的道德教育。这种道德教育的实质是灌输宗教教条，它使学生压抑、服从而不是创造和自主。新教育运动就是针对旧道德教育提出的。他们要求尊重个人的能力、兴趣和经验，认为不存在一种绝对的道德真理。道德教育的核心是培养儿童道德判断能力而不是机械的品格训练，儿童道德是在参与实际生活的过程中，在与他人的合作交往中发展起来的。在一个多元化的社会里，并不需要给学生传递人类基本的道德规范。新教育运动的兴起和发展，使得对儿童道德和道德发展的研究日益增多，其中尤以皮亚杰、科尔伯格为代表的认知发展理论影响最大。他们认为儿童是自己道德的建构者，儿童的思维发展是道德发展的必要条件，任何外来影响都只有通过儿童的认知结构的过滤才能发挥作用。这样一场新教育运动使得主知主义成为道德教育的主流，它高扬人的道德理性。主知主义的道德教育是西方社会从传统向现代转型时的产物，是对传统宗教式、压制人性的道德教育的扬弃。它提高了学生的学习兴趣，激发了道德思维，促进了学生道德认知能力的提高。这对于批判传统无主体的道德教育具有积极的意义。可是后来人们发现，主知主义的道德教育并不能完全解决社会的道德问题，如有的人认知水平很高，有很强的道德思维能力，可在现实中却很少有道德行为。这不禁使人们问，这种以培养人的道德思维、理性能力为首要任务的道德教育能行吗？于是到 20 世纪七八十年代，这种主知主义的道德教育便由于其自身的局限，受到了人们的批评，出现了一种对传统道德教育、对品格教育的回归，人们呼唤回到亚里士多德时代。其实这样一个反复是值得我们深思的，它使人们重新思考人类要不要一些基本的价值。这些基本的道德价值对人生究竟有什么意义。尽管人们有了科技、有了金钱，但人们最终还是感悟到发展人与人之间的亲情、诚实、信赖等人情、人文价值更为可贵。而且我们也不能抽象地培养人的道德判断、思维能力，它必须在掌握人类一些最基本的道德规范的基础上进行，同时个体也有遵循这些最基本规范的需要。例如，在南京举办的焦波的《俺爹俺娘》影展，引起了社会各界的极大反响，观看影展的许多人都流下了眼泪。为什么那些看上去并不漂亮的普通农民的生活黑白照能使人产生如此强烈的共鸣呢？我想正是这些照片唤起了人们心中对孝敬、孝顺这些中华传统美德的认同感和代入感。由此可见，道德教育不只是培养人的理性思维能力，它必须承担传递人类基本价值观的使命，它必须让个体在情感上认同、接纳这些规范，用生命去体验、内化这些规范。所以，在当今，重视美德和品格的道德教育仍有其存在的必要性。

　　□ 那么这些基本的美德是不是能教得好呢？如果用那种灌输、说教的方法，恐怕当代转型社会中具有很强独立意识的新一代是很难接受的，他们会觉得老掉牙、老生常谈。

　　■ 是这样的，老一套灌输的方法已不适用于新一代了。在转型社会，你跟他讲勤俭，他却说要鼓励消费，两代人会发生很多冲突。我觉得这里就有个怎么做的问题，有个在转型的社会如何对学生进行美德教育的问题。长期以来美德袋式的教育之所以受到批判，一个重要原因就是它忽视了学生的主体性，忽视了学生的情感体验，把学生的头脑作为一个容器来灌输。西方 20 世纪七八十年代道德教育传统的回归，正说明道德主体性的重要。亚里士多德的美德论的关键在于，他认为"美德不仅是'知之'，而且是'乐之'、'好之'。如果只是知之，却在情感喜好上并不趋向之，就不能说美德已经形成"[1]。在他看来，道德外部行为的内部相应"心态"是重要的，必须是有意识的选择和下决心坚持到底。种种现实告诉人们，只有道德认识、道德思维是不够的，道德教育必须激发主体的内在动机、内在生活体验，让个体处于真实

---

[1] 包利民：《生命与逻各斯：希腊伦理思想史论》，275 页，北京，东方出版社，1996。

的社会关系中发展美德。其实，这是在对传统美德袋和理性思考的基础上的高层次复归。它扬弃对美德内容作单向灌输的传统封闭方式，具有现时代的特征。

□ 对于那些离学生现实生活较远的革命道德传统，应该怎样有效地教给学生呢？

■ 进行革命道德教育，我觉得要找准它与当代社会心理的契合点，找到新的文化展示样式。尽管革命年代已成过去，但英烈们大公无私、以身殉国的凛然气节和崇高品格在今天的现代化建设中仍然有巨大的感召力，仍然能激起人的情感共鸣。对于学生，我们的道德教育应尽量与他们的生活经历相连，用他们能理解的方式来表述。比如刘胡兰的事迹，我们可以从她与学生年龄相仿讲起，拉近英雄人物与当代学生的距离，从而激起学生的道德情感体验，为他们树立道德榜样。另外可以安排学生喜爱的一些活动，如观看革命影片、参观展览、举行革命歌曲演唱会、参观革命教育基地等，让学生在一种情境中不知不觉地得到心灵的震撼。

第二节　道德学习的特殊机制

□ 道德知识与科学知识应是两种不同形态的知识，可是现在在教学中总是把两者等同，运用同样的方法来教授，我想这也是德育实效低的原因之一。那么道德知识与科学知识究竟有什么不一样呢？

■ 的确，这两者是不同的。首先，从道德的产生来看，原始社会的物质生产秩序和人类自身生产秩序不能得到较好维持，使原始人既出于被迫又是自愿地约定一些行为规范和准则，从而化解矛盾，调整人际关系，形成社会中良好的生产、生活秩序。正如有的学者所说的，道德作为一种普遍的社会准则，作为社会某种公共秩序的象征，表现的是凝聚着社会大多数成员的共同意愿的结晶。从道德历史的产生，我们可以很好地理解康德所说的"道德是人为自身的立法"。它是人的内在自觉需要，而非外在强制；它体现了人在实践中的一种价值追求，它是人事之知、价值之知。这不同于科学知识。科学知识是人在认识外在客观世界的过程中所获得的关于事物和客观对象的规律，是一种事实之知、客观之知。其次，它们体现了人的不同理性力量。道德是靠人的身体力行来实现的，所以它又是一种实践之知，体现人改造自身的实践理性，而实践理性的目的或对象就是人的行为本身。这又不同于人们掌握科学认识的理性，那是以认识对象、把握对象和改造客观世界为目的的，是一种理论理性。最后，道德是存在于各种关系之中的，如它存在于人与人、人与自然、人与社会等关系中，而科学知识是存在于客观事物内部的规律。因此，道德必然具有科学知识所没有的独特个性，即情感性、情境性和践履性等。道德教育是不同于其他各育的。那么什么是有效的道德教育呢？我认为不要以为关于道德知识的教育即是道德教育，不要以为道德教学即是道德教育。美国实用主义教育家杜威在 1909 年出版的《教育中的道德原理》一书中，第一部分对学校的德育目的问题论述得十分精彩和透彻。今天重温一下依然感到既深刻、清晰，又非常贴近现实。

一位当代英国哲学家曾经要人们注意到道德观念和关于道德的观念之间的区别。凡是能够影响行为，使行为有所改进和改善的观念就是"道德观念"。同样可以说，凡是属于（不论是算术的、地理的或生理学的）使行为变得更坏的那一类观念就是不道德的观念；可以说，与道德无关的观念就是对行为没有影响、既不使它变得更好也不使它变得更坏的观念和片断知识。那么"关于道德的观念"，在道德上可以是漠不关心的，或不道德的或道德的。在关于道德的观念、关于诚实、纯洁或仁慈的知识中，没有使这些观念自动地转变为良好的品格或良好的行为的性质。

在道德观念即任何一种成为品格的一部分、因而也成为行为的起作用的动机的一部分的那种观念和关于道德行为的观念即也许仍然是缺乏活力的和不起作用的、如同很多关于埃及考古学的知识那种观念之间的区别，是讨论道德教育的根本问题。教育者——不论是家长还是教师——的职责就是务必使儿童和青少年所获得的观念最大限度地是用这样一种充满活力的方式获得的。即它们是指导行动的活动的观念，是动力。这种要求和这种机会使道德目的在一切教学中——不论是什么问题的教学普遍存在并居于主导地位。如果不能做到这一点，一切教育的最高目的是形成性格这句人们所熟悉的话就会成为伪善的托词；因为人人都知道，教师和学生的直接的、即时的注意力必然在大部分时间内是放在智力问题上。它谈不上把道德上的考虑放在最重要的地位。如果目标是使学习方法、获得智力的方法和吸收教材的方法比不用这种方法时使行为变得更开明、更连贯、更富有生气，这不是不可能的。

"道德观念"和"关于道德的观念"之间的这一区别给我们说明了校内的教师和校外的教育评论之间一种不断出现的误解的根源。后者仔细查看了学校工作计划、学校中开设的课程，但没有看到为伦理的教学或为"道德训练"留出任何地盘。于是他们断言，学校在性格训练上什么事也没有做，或几乎什么事也没有做。关于公共教育在道德教育上的不足，他们变得语气强烈，甚至感情激昂。另一方面，校内教师则抱怨这些批评是不公正的，而且认为他们不仅"教道德"，而且他们在每周5天中每日每时每刻都在教道德。在这个争论中，教师大体上是正确的，如果他们错了，那不是因为没有留出毕竟只能是关于道德的教学的专用课时，而是因为他们自己的性格或他们学校中的气氛和理想、或他们的教学方法、或他们所教的教材不能详细地使智力的成果与品格生动地联合起来，以便使它们成为行为中起作用的力量，因此，如果不去讨论所谓直接的道德教学（或最好说是关于道德的教学）的局限性或价值，那就可以确定一个十分重要的观点：当我们考虑到通过教育使道德成长的整个领域时，直接道德教学的影响，即使充其量说，比较地在数量上是少的，在影响上是微弱的。所以，这种更大范围的、间接的和生动的道德教育，通过学校生活的一切媒介、手段和材料对性格的发展就是我们现在讨论的题目。①

□ 既然道德有这样一些特性，那么道德学习是否具有与科学学习不同的特殊机制呢？

■ 我认为人的道德学习与科学学习是不同类型的学习，道德学习有其特殊的机制。因为道德具有情感性，它在转化成人的德行、美德时就不同于人们认识、学习知识的过程，它必须有情感上的认同、接纳，否则道德是不会真正内化为人的品德的。正所谓"行道而得之于心谓之德"。情感不仅支撑着人的道德认识系统，而且在知向行的转化中也起着巨大的推动作用。在德育中，大量以非理性的心理形式，即主体的欲望、情绪、情感、意象等来表现理性的内容。我们把体验认知型心理结构设定为德育的基本心理模式，即德育一定要以人的情感体验为中介。通过体验，认知才可能把德育内容带进人的生活情境，与

---

① ［美］约翰·杜威：《学校与社会·明日之学校》，赵祥麟等译，142～143页，北京，人民教育出版社，1994。

个体的生活经验及其感受联系起来，从而不仅理解价值，而且体验价值、力行价值，最终落实到人的行为之中。可是，长期以来，我们的德育不重视激发学生的情感，忽视他们的情感体验；把道德教育等同于知识及科学教育，试图把道德像传授科学知识一样传授给学生。譬如有位教师在上思想品德课时完全按语文课分字、词、句、章来讲解，让学生反复朗读道德规范，让学生死记硬背，这种做法不能激发学生的内在需要，忽视了他们的情感体验。其实这是两种不同的学习方式。我们常常将道德的学习等同于学科教学中的学习，如中学思想政治课和大学里的"两课"往往是这样的。学科式的学习主要是主客两分的方式。虽然今天的知识观已不把客体的知识看得那么固定了，主客观之间的界限也已经打破了，但相对而言，它还是分离的。由于道德的学习作为伦理之知的学习，它主要不是以主客体对立两分的思维方式进行的，而是以主客体统一的与具体情境相融合的情感体验方式学习，所以德育的过程必然要触动人的情感态度系统。另外，道德存在于关系中，是人在面临一个境遇、一个真实关系时的选择。所以道德的学习完全是一种关系型的思维，它的主要任务是培养人格，形成德行。而德行不是抽象的，德行最终还是要表现在关系上，表现在人与他人、与社会、与自然、与操作对象发生关系中。一个有自我控制的人就是一个有德行的人，一个盲目扩张自己的人就不是一个有德行的人，所以我认为德行的修养是一种关系性的思维，在关系中要求自己、调节自己。在德育中，我们要根据一定的教育目的，创设可感受的对象，创设有移情效应的气氛，创设理想的或冲突的情境。通过情感的中介作用，使受教育者在意识和无意识层面尽可能地活跃起来，运用想象、幻想、无意识记忆、直觉、灵感等方法来把握价值体系。现在很多学校逐渐重视道德教育中的情境教育。教师在课堂上模拟一个道德环境，通过音乐渲染、实物演示、角色扮演等方法激发学生的情感体验，实现审美与道德的相通和互补，让学生不知不觉地接纳规范。我认为这样做还不够，还应多让学生进入真实的道德情境，教师既可以把社会上发生的道德事件引进课堂，又可以利用校园中发生在学生身边的事件来教育学生。例如，我听过一堂小学四年级的思想品德课，题目是"不懂不要装懂"，教师用很少的时间给学生讲了什么叫"不懂不要装懂"的道理，而用绝大部分时间请学生谈一谈在他们自己身上以及周围同学中有没有不懂装懂的事情。学生的积极性非常高，有的说出自己当时的感受和怎么做的，以及学习之后应该怎么做；有的对同学的行为进行分析、评判，课堂气氛非常活跃。这种学习，让学生真正参与到教育和自我教育中来了。

□ 您刚才讲道德还具有实践性，也就是德育一定要落实到学生的行动中。可是在现实教育中，常常忽视由知到行的转化，把德育仅仅局限于课堂的说教，缺少道德实践，有些学生嘴上能说一套大道理，可一旦面临现实道德情境时却难以做出有道德的行为或不知所措。所以，道德教育一定要让学生真正行动起来。

■ 是的。道德是一种道德理性，道德教育必须强调学生的道德实践。说到底，一个人的德行也只有在其实践中、行动中才能体现出来。而且也只有在做中，学生才能更好地把握、理解规范，才能有更深、更丰富的情感体验，从而逐渐养成自觉的道德行为习惯。洛克早就指出，德行教育最重要的是要多做，反复地做，直到做好。多做的好处是：可以知道儿童是否具有做的能力，是否具有"儿童的天赋的才力与体质"，可以知道事先还得对他们做些什么教导和训练。另外，只有经过多次训练，德行教育才可以在他们身上形成习惯。这种植入他们天性中的习惯一旦形成，他们就会自然而然地去做。杜威有一句名言——"从做中学"。他十分强调在活动、生活中培养学生的品德。1998年，美国哥伦比亚大学的访问学者弗朗西斯来南京师范大学访问时，我问她，通过多年的研究，你们认为哪一种德育方法最有效？她说在语言的、行为示范的、实践的这三种德育方法中，实践的德育是最好的、最有效的。纵观各国的德育情况，都非常重视活动德育，方法也日趋多样。1998 年我到美国时遇到一个六七岁的孩子，他为了攒足钱买玩具，就在大热天到街上去卖自制的饮料。其实，在这样一个行动中，他就会碰到许多道德问题，他要自己去思考、处理。比如遇到一个非常口渴但又没钱的穷人时，他该怎么办；又如他要不要遵守一种诚实、守信的经营之道；等等。他通过自己的亲身实践来解决这些问题，恐怕要比教师在课堂上空洞的说教效果好得多，印象深刻得多。这个过程还可以培养他的劳动意识、自力更生的意识、克服困难的能力和意志。这些对他的道德成长都有很好的帮助。所以，我认为道德教育一定要让学生走出课堂，进入广阔的社会生活中去，让他们在其中感受道德，践履道德，选择行为方式，在活动中发展品德。下面是这方面的典型例子：

> 据报载，美国加利福尼亚州有的小学自 1990 年以来，在学生中开展"捡硬币"活动，借此教育学生珍惜每一分钱。吉尔罗伊的一所小学四年来共拾得 100 万枚 1 分硬币，由学校统一存入银行，加上利息，共创造 11114 美元的财富。银行为鼓励孩子们将这件有意义的活动继续进行下去，专门派车装上 100 万枚硬币拉到学校展出。校方决定将这笔钱作为奖学金，奖励品学兼优的学生。

> 据报载，全美建立了中学生社会服务网，服务范围不断扩大。具体服务内容，如为穷人募捐，在贫民收容所帮厨，为低能儿当家教，到社区或学校自助餐厅无偿服务，帮助无家可归者，自愿教跑步、游泳、体操等。全美现有自愿服务人员 6000 万，中学生占相当大的比例。教育机构认为，引导中学生尽力而为地贡献自

己的时间和才能，干力所能及的无偿服务工作，有利于培养他们对自己公共社区的责任感。一个人年轻时就做好事，往往会一辈子都做好事。①

□ 德育课程中有一种活动性德育课程，就是寓德育于活动、实践中，以实践和活动为基本特征的德育方式。但我总觉得这些活动经常搞成形式主义的花架子，是做给别人看的，好像并没有调动起学生的积极性。这方面的例子有许多。

案例一：某校为迎接全国同行和一些领导参观，安排了一系列活动德育内容。有些活动项目提早两个月进入强化训练，由于训练内容原本没有基础，要从头开始，难度又很大，学生中午、晚上和星期天都泡在训练之中。据家长讲，学校平时不练，临时急抓，哪有这样搞教育的。学生对参观者讲，你们今后不要来参观，你们一来，我们就倒霉了。在参观的日子里，全校学生每天都有活动时间和丰富的活动内容。没有专项表演任务的学生反映：你们多来参观就好了，你们一来，学校就有活动，课外作业也少，可以放松几天；你们一走，活动就没有了，我们又开始苦了。

案例二：某校为向参观者展示学生劳动习惯和动手能力，安排了学生养鸡、养兔活动。学校从来就没有开展过这种活动，学校无鸡和兔，学生也无饲养经验和能力。学校只好临时从教师和家长家里借来鸡和兔，学生好奇，一拥而上，反复折腾，半天下来，送还的鸡和兔多半一命呜呼了。有的教师和家长不无感慨地

① 纪大海：《德育新视点：对德育疑难问题的应答》，177 页，成都，四川教育出版社，1996。

说，学校为啥老爱搞这种假场面啊！①

对于这种现象，您是怎么看的？

■ 现在许多地方在做活动性道德教育，很时髦。总体上说，这比仅仅靠说教的道德教育好。但问题是怎样才是真正的"活动"，我认为关键要有学生的主体参与。所谓主体参与，就是学生必须真正地看、真正地想，与他自己的生活发生联系。比如，南京市秦淮区组织部分小学生进行了一次特别的夏令营，组织学生到快餐店劳动两天，我认为这是很好的。它起码有以下几点意义：一是可以接触社会。现在学生总是"两点一线"（学校和家庭），让他们到快餐店待上一段时间至少可以让他们看看形形色色的人，哪怕是一些不好的东西也要让他们知道。这样才能在实践中不断提高他们分辨是非的能力。二是可以实现角色承担。他们不再是家里的"大小姐""大少爷"，而是服务员。这样，他们就必须给别人端盘倒水，体会到服务员的工作滋味，体味劳动的辛苦和得到别人谢意时的高兴。三是要践行一些社会角色规范。比如站要怎么站，话要怎么说，懂得言谈举止都应有一定的规范性和约束性。这种规范和约束对人的意志是很好的锻炼，个人不能随随便便，想干什么就干什么。这些角色规范的践行，对学生今后道德的成长是很有帮助的。应该说这些活动是有意义的，学生也会真正有所收获。所以，活动道德教育不只是学校组织的一次活动，而是必须调动学生的主体性；学生必须主动积极地参与进去，要真正地活动起来，真正有了感动。这样的活动才是有意义的活动。

---

① 纪大海：《德育新视点：对德育疑难问题的应答》，173～174 页，成都，四川教育出版社，1996。收入本书时有改动。

第三节 道德教育中的个体与环境

□ 一个人是不是只要洁身自好、自我修养，就能提高德行呢？一个人周围的环境、生存关系对他的道德成长究竟有什么作用呢？

■ 我国传统道德教育总是要求人"吾日三省吾身"、闭门思过、自我修养，我认为应该对它的弊端进行反省。既然道德是关系的产物，我们就不能只看个人而不研究人所处的关系。我们要在关系中考察究竟对人怎么要求、对关系中的双方怎么要求。他们是双向互动的，个体构不成道德。中国文字"仁"就是"二人"嘛！只有在两个人中间才会有伦理道德。我们的德育只要求个人要怎么样是不对的，至少是不全面的，道德教育必须重视人的生存关系。人在好的生活关系中容易生长出安全、依恋、归属、自信、自尊等生活感受，而这些感受构成人德行成长的基础。比如人有没有安全感、归属感必然与有没有自尊、自信联系在一起。而在这一点上，我们一些教育者是不顾的。他们总是着力于怎么把规范教给学生，而轻视学生的生存关系，不能给他们安全感、归属感、尊严感，结果当然事倍功半，不能使学生形成良好的品德。我曾经接触过一个男孩，他在三岁前是一个非常活泼、开朗的小男孩，后来由于父母没时间带他，交给幼儿园全托，只有星期天才回家。母亲渐渐地发现，他讲话少了，失去了往日的开朗、自信。这是怎么回事呢？原来幼儿园的教师为了让孩子们不吵不闹，经常对孩子说：不许吵，否则就罚站。这样就使得原本活泼的孩子，因得不到安全感、归属感，而产生对人的疏离感。这给孩子的人格发展造成了不好的影响，而且这种影响对人的一生发展不利。这个男孩尽管后来成绩一直都很好，考上了大学，但性格有些孤僻，寡言少语。其实中小学中也存在着一些类似的情况。比如有的教师批评学生时使用一些带有侮辱性的话。在这样的道德生存境遇里，学生怎么能和学校、家长配合，怎么能和同学合作，怎么能对教师、家长产生信赖心理呢？没有信任、没有合作，又哪来的道德呢？现在学生生存关系中一些负面情感，如恐惧、焦虑等对个体德行成长的破坏作用还没有引起教育者的足够重视。我认为人在一定的德育环境中，其正当的安全感、归属感、自尊感、自然情趣必须得到满足，它们是树立个体健康自我形象感的重要内容。而一个拥有健康自我形象感的人在人际交往中常常表现出积极、主动、开放的态度。这种态度正是健全人格、道德人格形成的首要基础或者说是最重要的基础性情感。没有它们，人对置于其中的道德关系和道德教育环境便没有基本的依赖感，也就构不成对其中所引导的道德价值的应有的反应、接受的兴趣与态度。受教育者在一个有安全感、信任感的集体中，不会感到道德是外部强加的，可以在自然、轻松的气氛中，甚至是在无意识冥冥之中接受一定的道德文化导向。人在获得安全感、信任感的状态下，消极的情绪可以用人们易于接受、认同的方式宣泄。按照情绪心理学中情感产生及其相互转化的规律，恐惧、害怕容易转化为攻击、仇恨，而安全、信任容易转化为同情和爱。所以，我们在德育中，一定要给学生提供和谐融洽、安全有序的人际关系和生存空间。但是，十分遗憾，现实教育中还存在着伤害学生自尊心的事例。

　　□ 一个人的生存关系是由哪些方面构成的？

　　■ 生存关系是由个体与社会中大大小小的社会共同体之间的互动关系构成的。我们有权利要求有一个公正、健康的社会共同体，它大到一个国家，小到一个社区、一个家庭、一个班级等。让我们先从家庭探讨起。关于家庭对人的道德成长的作用，历代的教育家有许多的思想，如卢梭、蒙台梭利等。关于这个问题，我在苏联时曾经问过一些哲学家：你们对当代社会上道德滑坡承担什么样的责任？他们对我耸耸肩说，他们不负任何责任，因为道德教育的事主要是家庭的事，而不是道德哲学家的事。当时，我并不理解他们的话，后来我才渐渐地有所领悟。原来他们强调的是家庭教育对人的德行培养的重要奠基作用。因为很多道德知识是隐没的、意会的，所以道德的学习常常要靠模仿、习染、熏陶，是在无意识、不知不觉中进行的。道德教育就是要让儿童在早期形成好的习惯、好的情感反应模式。关于这一点，亚里士多德的思想里就有所体现。他认为在品德培养过程中，儿童的最初印象是极为重要的，"所以，人在幼时，务使他隔离于任何下流的事物，凡能引致邪恶和恶毒性情的各种表演都应加以慎防，勿使耳濡目染。已经安全地度过了开始的五年，儿童就可以在往后的两年，即到七岁为止，旁观他人正在从事而他们将来也应从事的各种功课工作"①。他认为要尽量早地让儿童反复从事"应当从事"的工作，以便从中养成相应的高尚习惯，这是品德教育的重要一环。人在孩提时，他的德行多是靠在家庭中对父母行为的模仿、观察习得的，而且早期形成的行为习惯又是比较稳固的，它的好坏影响到人今后的成长。现在有的孩子有各种道德上的问题，性格孤僻、冷漠，甚至走向犯罪。其实这很大程度上是由于他们小时候没有在一个健康的家庭中成长，父母吵架、家庭暴力等行为给他们造成了坏的影响，使他们没能从小形成良好的道德行为习惯。所以说家庭在个体早期道德行为习惯的养成中有着不可替代的重要作用，父母一定要为孩子创造一个严格要求的，但同时又是宽松民主、温暖、有分寸的家庭环境。

□ 儿童进入学校后，他大部分时间是在学校中度过的，所以学校环境的好坏对他德行的成长也有着非常重要的作用。

---

① 包利民：《生命与逻各斯：希腊伦理思想史论》，274 页，北京，东方出版社，1996。

■ 是的。学校的校风、班风、师生关系、伙伴关系都构成了个体与个体间的互动。班级温暖、师生关系融洽等，有利于形成亲情关系之外的社会公众教育系统中的依恋感、安全感、归属感。虽然这些在伙伴、师生间产生的情感与在家庭中亲子、血缘关系中产生的情感不太一样，但它们在心理上是异质同构的，它们在人的内心激起的心理感受是相同的。在这个良好关系的建构中，教师起了很关键的作用。上海有一位中学优秀校长认为，他小学的数学老师给了他很大的影响。有一天数学课上要考试，他由于踢足球把膀子摔断了，绑着绷带不能写字。这时老师走过来，轻轻地对他说："不要急，你说，我帮你写。"老师就这样帮他答完了卷子。这件事使他很感动，他想，天下什么人最好？老师最好，自己将来一定要当她那样的老师。后来他数学学得很好，考上了大学的数学专业，参加教育工作后成了一名优秀的数学特级教师。由此看出，这样一种好的情感关系实际上是建构对人的信任感、与人的合作关系、亲善关系的基础。这些也是人格成长很好的基础。20世纪90年代以来，人格理论的一个观点是，人格的基础是自尊、自信。而自尊、自信单凭自己是不能建立起来的，孩童时期的自我概念是靠外部的评价建立的。教师对他的评价可能是一句话、一个眼神、一个手势等，这个外部评价会转变成他内部的自我评价。如果他的师生关系、伙伴关系不好，别人总是埋怨他、指责他，他怎么可能与教师配合、接受教育呢？所以现在的道德教育只要求个人做什么而不要求群体做什么，我觉得这是不合理的。社会共同体应该给个人德行成长提供良好、平等、和谐的环境，这是一种无形的道德力量。如果一个人从家庭到学校再到工作中始终保持着这样良好的情感链条，那么这个人的心理就比较健康，他对人、对集体、对社会就有信任感。有信任就会有亲近感，就能够与人合作，道德就能得到发展。

□ 在个人道德成长过程中，个体与社会共同体之间是不是有一种互相促进、双向互动的关系？

■ 这当然是一种互动的关系。环境好可能促进个体的成长，而个体的主体性强也可能影响小环境，改善小环境。这是互为因果、相辅相成的关系。个体适应环境不是被动地顺从，而是主动调整环境，创设良好的道德环境，这体现了主体自身的道德能力。而且个体在这个改造过程中自身德行也得到了很好成长。比如江苏无锡五爱小学进行了以"和谐教育"为主题的教育改革，他们树立了学校关系的和谐是儿童个体生命和谐发展的重要条件这样一个教育观念，以创建和谐的师生关系为核心构建学校和谐的物化和人文环境。在这一过程中，一方面，教师、学校有义务为学生创建这个环境；另一方面，也是更重要的方面，就是要引导学生自己去改造不好的环境，创建和谐的环境。儿童的成长过程中不可能没有困难，克服困难本身就体现了道德的力量。所以人和共同体的互动里有两重性，一方面要强调社会共同体和德育教养者有责任为个人道德生活提供健康的道德大环境，通过激励、刺激，引发人更高的道德需求，允许个体在创造所属社会的道德文化时，展现出个体的价值取向和个性，从而为个体的道德发展尽可能创造良好的、宽松的外部社会条件。另一方面又要强调个体对共同体也负有责任。你不仅享有共同体，你也要为共同体做贡献。这才体现出你的道德主体性。所以说道德是在个体与社会良性的、双向互动的关系中形成的。这里有一个思维方式转化、道德策略调整的问题。我们必须以促进人的整个素质发展为目标，建立系统的、整合的道德教育观。整合的德育观包括：促进学生认知、情感、能力、意志等品德素质的综合发展；规范约束与自主发展、教师指导及自我学习的交互作用和相互整合；德育过程改进与创建良好社会共同体的整合。

第四节 道德教育中的德行创造

□ 我们的德育，在学生很少的时候就灌输崇尚师古的思想，强调接纳、继承而少创新，个体的道德社会化过程往往是单向的个体对社会的适应过程。这造成培养出来的学生缺少主体性和个性，缺乏对于现实道德规范问题的分析、判断、选择和创新的能力。我想今天我们是不是应该强调个体道德社会化过程中的主体性、能动性，强调个体的道德创造力呢？

■ 德育是重要的文化生产力，是人的文化创造。在社会急速变迁的当代，不能仅从传递的角度，仅从成人的立场讲德育，德育中一个很重要的任务是实现个体的道德社会化。对于道德社会化，传统的规范性定义为：人在一定的社会道德条件（包括道德环境、道德关系和道德教育）下，逐渐掌握社会的道德价值体系，并内化为自己的道德生活准则，从而客观地适应道德生活，被社会伦理规范体系所接纳的过程。长期以来，这个定义的经典地位未曾动摇过。但是我认为这个过程应该是双向的，这里不仅包含个体单向的适应、遵守社会既有的规范、实现个体道德社会化的过程，而且包含个体与社会两个层面双向还原、双向互动、双向建构的过程，个体不断创造出新的规范的过程。固然，人作为社会中的个体，一方面，要接受社会的影响，遵从社会的规范，从而取得社会的认可和接纳；另一方面，个体又以具体化、多样化、个性化的道德实践使社会的伦理观念与结构得到改进，并不断适应新的秩序，达到新的适应。所以在道德社会化过程中，个体也应该是积极的创造者。今天的学生，在价值观的选择上已经不受过去传统的封闭的元价值观的约束，他们有自己的独立意识，时常以自己的行为实现新的价值追求。例如，10 岁的学生从自己家里拿书到班里去交换，他觉得很坦然。又如，面对"劳模上课该不该收费"的问题时，许多学生明显地表现出对传统美德"君子不言利"的反叛，他们认为付出了辛勤的劳动就应得到相应的回报。所以个体是有选择性、创造性地接受规范的。德育这个领域不应是一个墨守成规的领域，它应是充满创造力的。

□ 刚才您讲到了道德的创造，那么我想问一下，现在提的创造性中是否不仅包含着智力创造还应包括很重要的德行创造呢？

■ 是的。我觉得这可以从两个角度讲。其一是创新性人才的德行层面。过去我们谈创造性人才，比较多的是从思维品质的创造性、独特性、反应敏捷性、新异性来说的，但当今由于社会的合作性的需要、社会大生产的需要，人与人之间相互依存性越来越强，我们更须强调人的合作意识、与人分享的能力和愿意享受情感愉快的能力。创造性人才的德行层面现在显得非常重要。杨福家教授就讲过，现在我们培养一个学术骨干容易，却难培养出一个学术带头人。因为一个学术带头人不仅要有很高的学识，而且必须有与人合作、分享、奉献的意识和能力。美国心理学家加德纳提出多元智能理论，即人类个体存在七种相互自律的智能。其中的人格智能隐含着智力里面有一种用德行、情感人格特征来表征的智力。这种智力活动往往体现人的德行能力，即能正确地认识和把握自己，能与人合作，能共同做事，有心胸。又如分享学习，其实知识是在分享、运用过程中发展和创造的。因为知识具有人文性、人事性、主观性，而不仅是客观、固定的。其二是德行本身的创造。这也是非常重要的，可以从两个方面考虑此问题：一是根据社会经济、政治的发展能及时形成一些相应的道德能力；二是根据人的阶段发展能及时地、积极地突破现有的东西，发展相应的道德能力。美国道德心理学家科尔伯格在晚年提出了个体道德发展的第七阶段的观点，就是个体对伦理的修正和调整。即人的道德发展的最高阶段就是有主体性的人，他能对道德规范本身做调整和创新。德行创造对于推进社会新文化、带动社会新风尚有很大的作用，它体现了人的道德主体性。现在道德领域出现了很多问题，有些问题可能并不是真正的问题，而是人们用老标准衡量新问题，这就要更新道德观念，更新规范。传统道德主要是从规范人、约束人的角度来谈的，它往往造成"两面人"。人们以为道德就是一堆规范，其实道德包括一个人在面临一个境遇、一个真实的关系时的选择。当然这种选择可能要用以往的规范处理，也可能要创造一种新的规范。人创造道德是为了人自己，人在社会生活中不断创造新道德，一方面承认有些美德是客观、相对恒定的，另一方面又必须看到道德是发展的、历史的。一个人成为道德主体就是既能非常自觉地服从那些人类的美德，做一个诚实的人、公正的人，又能适应环境，包括影响和改变环境。一个道德主体应能调适好人与人、人与自然、人与社会的关系。

□ 我们的德育应如何培养学生的道德创造？

■ 在这方面，我们过去做得是不够的，所以现在在德育中我们要改变机械的行为训练的做法，改变把规范、条例当作知识向学生进行灌输的传统做法；应充分发挥学生的德育主体性，培养他们对现实道德问题的分析、判断能力，对规范的选择、创造能力。科尔伯格运用两难故事发展学生道德认知能力的方法，是值得我们借鉴的。这方面许多学校已开始做了，如有的在课堂引进现实的道德问题、道德两难问题，让学生分析、讨论，锻炼他们的道德思维、道德判断和道德选择能力，培养道德态度、道德信仰。另外让学生走入现实的道德生活，在具体的情境、关系中进行判断、选择，自觉认同、内化规范，并创造新的规范，实现真正的道德自律。

□ 的确如您刚才所说，现在这一代儿童的独立、主体意识很强，表现出一种愿意接受新事物的个性。中国青少年研究中心孙云晓等编写了《向孩子学习》一书，其中提出了这样一个新的教育理念，即"向孩子学习，两代人共同成长"，您对此是怎么看的？

■ 我觉得在这个社会急速发展的时代，道德也是要不断发展的，"向孩子学习，两代人共同成长"这样一种观念的提出是极为响亮、清新和极具现实意义的。1998年，一个课题组在小学做了一个调查，结果是多数教师认为现在的学生不如以前的学生，他们对学生的评价70％是批评性的、否定的。[①]《向孩子学习》这本书就是从这里做起的，孙云晓等人不认同这个调查，重新向孩子、家长、教师、教育研究者调查，其中也对我做了访谈。我们分析了新生一代的许多优点。现在的孩子生长在一个社会经济、文化极大发展的时代，他们乐于接受新事物，主体意识、平等意识增强，他们有一些新的道德观念，我们是不能漠视、不能小看这些观念的。因为其中就包含着新的社会、新的生产方式和生活方式的萌芽。其实孩子有着许多值得成人学习的地方。这就给我们提出了一个新的问题：道德教育是不是只是上代人对下代人的传递和教育，道德教育需不需要两代人共同成长？我们在孩子面前依然摆出一副权威、真理化身的形象还行吗？在这个问题上我们就要打开思路。既然社会在向前进，年轻人身上可能有老年人身上没有的新道德品质，所以道德教育就不仅是老对小的教育，而应是双向的教育。如果我们的教育者没有这样的观念，道德教育还是不会有好的效果。所以"向孩子学习，两代人共同成长"在今天应是一个值得大力倡导的教育观念。成人、家长在孩子面前已不再是绝对的权威，孩子有许多地方值得我们学习。"信息化决定了两代人的双向社会化，成人'化'孩子，孩子也'化'成人。"[②]其实这也就是美国人类社会学家米德

---

① 孙云晓：《向孩子学习》，1页，昆明，晨光出版社，1998。

② 孙云晓：《向孩子学习》，200页，昆明，晨光出版社，1998。

所讲的"后喻文化"，即长辈反过来向晚辈学习。她从文化传递的角度，将人类社会由古及今的文化分为三种基本的形式：前喻文化、并喻文化和后喻文化。前喻文化是指晚辈主要向长辈学习。并喻文化指晚辈和长辈的相互学习。我认为对于这样的文化现象，成年人要做的是努力掌握并实践一种符合社会文化实际的新的教育模式，即对话式、交互式、融合式的教育模式。在这种模式中，成人与儿童相互是教师、学生，他们的角色是互换的，工作是互动的。成人可以以自己较为稳定的价值观影响儿童的情感品质，使之具有道德性、永恒性；在情感理解力、控制力、表达力等方面给儿童以帮助。成人也可在高新技能、信息、开放、宽容的态度等方面向儿童学习。新时代的新文化是互补互生的文化，是交融出来的文化。因此成人对待儿童的最聪明、最明智的方式就是平等、对话、相互尊重、相互欣赏和相互补充。

由孙云晓主编，晨光出版社 1998 年出版的《向孩子学习》一书中概括当代孩子所具有的主要优秀品质有：

1. 乐于接受新事物。最为典型的现象就是有些孩子对电脑技术的掌握要大大胜过成人、胜过他们的父母，在这方面父母们就不得不向孩子学习。"有一位大学知名教授在一次与别人讨论如何使用计算机时，面对自信而不服输的同事时用了他认为最具反驳实力的论据，即我儿子是这么说的。"

2. 主体意识强，有批判、创造精神。"有一次，我与 9 岁的儿子在公共汽车上闲聊，我的孩子说了一个好好先生。我想他那么小哪懂得好好先生呀，于是就说，好好先生不错啊，人缘好。他说，好好先生哪叫人呀，他是人后面牵的狗，谁让他往哪边走他就往哪边走。这怎么是人呢，这不是狗吗？如果 10 个人牵着他的话，他不就被勒死了。我说好好先生谁都不得罪。他说根本不对，他谁的话都听，他也就得罪了所有人。这种没有自己想法的人太可怜了，人都应该有自己的想法。"

3. 有很强的环保意识。孩子们经常会有这样的忧思："地球上要是断了水，我们是不是都会成为木乃伊？现在温度越来越高，有一天，南极和北极的冰都化了，我们是不是会被鱼吃了？世界正在被沙漠覆盖，要是地上种不出庄稼了，我们该把家搬到哪儿？石油被用光了，小汽车吃什么？"

4. 有非常自律的道德意识。"一个小学四年级的女孩与本班的 5 位同学一起参加了年级组织的数学竞赛。卷子发下来后，她只得了 80 分，最后一题没做被扣了 20 分。这孩子的爸爸在看她的试卷时发现最后一题她曾经做了几步，而且是对的，可是却被擦掉了。爸爸就问她怎么回事，她犹豫了一会儿说竞赛前，数学老师交代说，要为班级争光，竞赛时互相之间适当地看一下不要紧。最后一道题不会做，我就偷看了同学的卷子。快交卷子时我想，这样做就是得了第一名也不光彩，就把它擦掉了。"[1]

第五节　道德教育的情感性范式

□ 您多次强调情感在人的道德形成中的重要性，能不能再具体谈一谈它的特殊作用呢？

■ 我认为情感不仅是道德认识转化为道德行为的中间环节，而且在个体道德形成的完整过程中，始终具有特殊的地位和价值。首先，人对道德信息的接受以情绪的活动为初始线索。人对道德观念的真正

---

① 孙云晓：《向孩子学习》，昆明，晨光出版社，1998。

接受、理解一般是在八九岁抽象思维发展后。但道德教育并不是从这一年龄段才开始的，原因在于婴幼儿的自然—社会性情感，如社会性微笑、依恋感等，是人的道德发展早期最重要的心理基础。如果成人能对这些情感加以保护的话，它们就能为个体今后道德的发展打下良好的基础。其次，人对道德价值的学习以情感—体验型为重要的学习方式。道德学习可以分为三种。一是事实性的知识。它是关于道德是什么、为什么等的知识。对于这些知识要用逻辑—认知的方法来掌握。二是评价性知识。这是人类积累下来的价值经验，如道德准则、社会习俗等。这类知识就要以情感性或体验性的思维来把握，要投入人的热情才能理解。三是人事性知识。它是人在直接或间接参与道德交往关系中由本人领悟而获得的道德经验与体会。这类知识的获得要通过生动的直接接触，使参与主体们的思想、情感、意志相互渗透、交融。所以在德育中要注重引导学生用情感—体验的方式学习。再次，人的道德行为的发生受情感的引发和调节。情感使人的道德认识处于动力状态，从而在一定程度上保证道德认识和道德行为的统一。例如，当一个人不断积累了一些积极情感体验后，就会在行为上产生某种偏爱的立场、定向的行为。而且情感本身也可构成特殊的道德认识，即以道德直觉的方式引发或调节行为。在生活中，所谓良心、义务感、道德冲动便是这种以情感为载体、有效引发和调节人的行为的道德认识。另外，由情感的状态水平所构成的稳定的道德心境是人们的道德行为的恒常心理背景。最后，人以情感为核心的动机系统还是个人道德发展的内在保证。

　　□ 依您的观点，是否可以说当代的德育要更关注人的情感层面？

　　■ 是的。我认为现在要特别重视情感在个体道德和道德教育中的地位和价值。关于道德教育的研究，历史上出现过许许多多的学派，最为突出的两个，一是以赫尔巴特为代表的"美德传授性"道德教育范式，一是以科尔伯格为代表的"认知发展性"道德教育范式。比较起来，后者的研究及应用极大地突破了传统美德袋式的道德教育，凸显道德教育的主体精神，对于道德教育从传统走向现代起着理论里程碑的作用。但是道德教育的认知发展性范式把道德情感和道德行为习惯从属于道德认知结构中，使之处于从属的地位，从道德教育的完整过程来看，是有其局限性的。我认为道德认识不是道德教育的唯一形式，人的情感素质及其发展往往从更深层次上表征着人的道德面貌。个体的德行形成绝不可能仅仅通过认知层面——"关于道德"的知识的掌握而实现。对于个体来说，道德知识能否成为道德观念取决于情感投入程度。一个人仅仅掌握了事实性的"关于道德"的知识，则仅是"知道"而已，它们并没有真正进入主体的观念之中。所谓观念，一定是一种习惯化的反应方式和固着化的价值取向，必定是认知和情感的融合统一。由于道德在本质上是人对自身的精神需求不断提升的结果，它主要用情感满足与否及用什么方式满足和表达来表征自身的精神需求，所以德育的过程虽然必定伴随道德认识的进步、道德行为的表现，但更为牢固的基础和深层核心还在于人的情感—态度系统的改变。通过综合各学科发展成果，反省教育及道德教育的已有观念和经验，特别是正视当代道德教育现实之不足，我们愈加认识到，必须高度重视情感在个体道德形成及德育中的地位和价值。

　　□ 我知道您一直主张重视情感在人的德行成长中的作用，您是从什么时候开始接触这个领域的？

　　■ 最早的理论吸引是 1985 年。那时我读到国内《哲学译丛》中翻译的苏联著名伦理学家、莫斯科大学哲学系主任吉塔连柯教授的文章《马克思主义感觉论原则及其在伦理学中的地位》，被其极大地吸引了。我十分认同他的一些基本思想，如道德情感是伦理学大厦的基石，唯理性主义对近现代道德理论的负面影响，情绪感受是个体道德形成的丰富心理基础，等等。那时，我不仅以道德情感为研究领域完成硕士论文，而且后来有机会专门去莫斯科大学吉塔连柯教授身边专攻道德教育哲学九个月。回国后，我梳理收集到的资料，用于建构一个"情感性道德教育范式"的框架，并联系、开辟一批实验学校，研究、探索实践操作模式。我把以情感体验为基础，以情感—态度系统为核心，以情感与认知相互影响、促进和发展为过程，从这些情感素质层面以保证人的德行构成的道德教育理念、取向及其实践操作样式称为"情感性道德教育范式"。它作为一种教育理念来呼吁道德教育理论和实践工作者，重视受教育者的主体性和道德教育本身的情感性特点，从而有效地实施德育。

□ 这种"情感性道德教育范式"会不会因为强调了德行的情感层面而忽视对学生道德认知的培养呢？

■ 这种范式绝不是在批评主知主义道德教育时又走向另一个极端——只培养人的道德情感，只培养那种没有认识基础和内容的、不受人的道德理性所调控的绝对的情感。它是一种重视认知和情感协调、整合，实现外铄的教育与激发学生自我内在德行成长需要的整合，强调道德教育的全时空性、实践性和主动性的德育范式。关于道德教育的研究，我国教育理论工作者有一个与加拿大多伦多教育学院学者的合作项目，在我们国内主要以华东师范大学、东北师范大学，还有南京师范大学为研究和培训基地。我曾两次向加方介绍过"情感性道德教育范式"的理念与实践，其中关于认知和情感在道德形成中的作用以及我们对皮亚杰、科尔伯格道德认知理论的认识，双方都是能够理解的。

□ 您的情感式道德教育范式中的"情感"与心理学讲的情感、情绪是否一样？

■ 这个"情感"概念既源于传统心理学中"情绪、情感"的概念，又不限于其特定的内涵和用法，而是指相对于人的认知层面、认知领域的情感层面、情感领域。它不仅仅是人的心理过程中即时即景出现的情绪、情感，而且表征着人的整个的情感发展水平。第一，它是每个个体内心生活的一种复杂的多层次的过程，包括感觉和知觉，情绪、激情、心境、热情，赞成和谴责，共同感受、同情、爱惜、友谊、忠诚和许许多多其他的东西。这是充满热情的、深刻的道德—心理机制，人的道德积极性和伦理上的自我发展正是通过这一心理机制表现出来的。第二，现代心理学已从人的基本需要中划分出交往的需要、在交往者的激情中定向的需要、共同感受的需要、特殊的价值信息的需要，认为个人行为的道德性和自我感觉依赖于这些需要。因此，情感实际上已成为反映人的整个精神价值追求的内在动机系统本身。我们可以把它看作标志人的情感发展的连续体，包含着以人的情绪基调、情绪表达方式、情趣爱好、情感体验性质和水平、价值倾向，乃至人格特征、情操等。它们之所以被称为"情感性"，是因为是从情感—态度层面，而不是从认知—判断层面，主要从内在动力系统，而不是从外在能力系统标识人的道德发展水平的。

□ 这样的"情感性道德教育范式"在实践和操作上需要哪些条件保证呢？

■ 我认为有三个条件：一是教育者有无情感—人格与技能，二是是否形成情感交往或"情感场"，三是受教育者是否有情感经验的积累和改组。道德教育是伦理之知，它与科学知识不同，学生向教师学习的不是客体化的知识体系，而是充满主观内在性的、主体选择的观念体系。它们附着于情感化的人格身上，吸引学生自觉自愿地趋近和认同。显然教育者的资格与教育成效绝不在于其关于道德的知识有多少，而在于支撑其道德观念的挚爱真情如何。比如，大家都熟悉的斯霞老师，正是以她的一颗爱心、真心、诚心、童心去打动学生的，并令其受到学生爱戴。伦理知识总是出现在人的具体实践中，即人只有在道德交往的实践中才能真正领悟和运用它。因此我们必须把个体的社会微观环境看得十分重要，承认每个个体的道德觉悟都有其形成的历史文化土壤，有其道德情感交往的烙印。他们是周围人的肯定情绪、共同行为、善良、相互理解和协调的种种体验的强化所致，是大大小小社会共同体中道德氛围的力量使然。情感性道德教育不仅依赖于健全的规范、制度、楷模，更依赖于人的日常生活情境的改善和优化。我们还不能取得整个社会大环境的完全改善时，必须提倡人们努力去建设道德系统的微观环境。受教育者所有的道德反应、敏感和觉知，将会以一种情绪化的记忆方式、理解方式融入自己已有的道德生活经验，并不断地改造、重组道德经验的结构和取向。这一经验积累与结构过程不同于认知积累与结构化的心理过程，它是特定"情感场"中的"情节"给人留下的"道德情结"。

我们与江苏省丹阳师范学校附属小学合作实验"情感性道德教育范式"，该校教师创造了大量"情感性道德教育"的教学设计。如：

1. 以语文课为切入点，运用"文眼"领悟法进行"有机沟通三类课程，培养爱祖国基础情感"。"文眼"是语文课文主题思想的集中表现。围绕领悟"文眼"，在语文教学中，学生初步掌握"文眼"的内涵，再通过与其他两类课程沟通，深刻理解"文眼"，提高感性认识，激发情感，进行实践。

"习作例文"《雨中》有这样一段描写："那满满的一大筐苹果又回到姑娘的货车上，闪着亮晶晶的光芒。"这就是《雨中》的"文眼"，我们就围绕这个"文眼"采用下列方法，落实三类课程沟通。

（1）破析"文眼"，按事情发展顺序读讲课文，分析写作方法。联系《思想品德》教材中的《帮助有困难的人》一文中"一方有难，大家帮助"的观点，有感情地朗读有关章节，并高歌《爱的奉献》，以歌解文，以声抒情，领悟"文眼"的内涵：拾金不昧，助人为乐。

（2）扩展"文眼"。教师通过课外阅读《雷锋》《朱伯儒》等书籍，举办"我周围发生过这样一件事""爱的奉献"等主题班会，讲解故事，表演节目，使学生在领悟"文眼"的过程中，情感有相当的广度和深度。

（3）再现"文眼"。由"文眼"所反映的意境，让学生领悟课文主题的真实性和广泛性，教师再通过进行评比、展览、交流，激发学生弘扬中华传统美德。

（4）操作"文眼"。教师组织学生学习《雨中》的写作方法，写身边的好人好事。教师评讲习作，巩固助人为乐的教育成果，使学生学习和运用"文眼"在习作中的表现手法，以文抒情。

由于多侧面领悟"文眼"，因此，学生理解较具体、深刻，情感体验实在、丰富，效果较好。90%的学生能有感情地朗读《雨中》。由于掌握了写作方法，又有亲身体验和写作素材，因此习作优秀率达47%，同学互相关心蔚然成风，在校内外做好事210件。

2. 以思想品德课为切入点，"有机沟通三类课程，培养爱祖国基础情感"。

（1）猜一猜，引趣孕情。有的课可以根据教材内容，设计谜语，让学生猜一猜，使学生怀着浓厚的兴趣、思想专注地进入新课，为爱国主义情感内化做铺垫。例如，教第八册课文《守时的孩子》之前，教师出示了一只闹钟，让学生静听"嘀嗒嘀嗒"的声音一分钟，幻灯屏幕上显示我国炼钢工人、纺织工人一分钟为祖国做贡献的数字的插图。接着请学生们猜谜语："最长又是最短的，最多又是最少的，最快又是最慢的，最珍贵又是最平凡的，最易被人忽视又是最会使人后悔的。"学生兴致勃勃很快就猜出谜底，教师趁势将学生的兴趣引向课文："时间是宝贵的，我们应该怎样珍惜时间，为祖国而学习和锻炼呢？请同学们学习课文《守时的孩子》。"教师还未教课文，已把学生带进为祖国而惜时、守时的意境中去了。

（2）看一看，触景生情。具体的情境可以使人们产生相应的情感。为了唤起、培养和强化爱祖国的基础情感，可以有意识地创设相应的情境，创造相应的氛围。例如在第六册课文《可爱的江苏》教学中，结合讲解，教师用幻灯投影南京长江大桥、熊猫电视机、小天鹅自动洗衣机、江南鱼米之乡的图片，播放无锡太湖、苏州园林的电视录像片段，介绍江苏人民忘我劳动、积极为祖国做贡献的动人事例。画面展示了江苏人杰地灵、经济发达、物产丰富、风景优美等可爱之处，使学生产生了家乡可爱、祖国可爱的依恋之情。

（3）听一听，以情激情。情感具有强烈的感染力，情感共鸣是感染力最明显的表现。革命前辈、英雄模范是极富有情感的活生生的"人"。备课时，教师挖掘教材中的情感因素；教学时，以名人、榜样之"情"感染学生之"情"。如思想品德课第十册《全心全意为人民服务》中有一段扣人心弦、催人泪下的情节描写："当天夜里十一点钟，周总理从昏迷中醒来，他看一眼身边的同志，用微弱的声音，十分吃力的说：'我这里没事了，你们还在这里干什么？快去照顾其他同志，他们那里更需要你们……'在生命的最后时刻，他想到的仍是人民群众……"教师就在学生看图激发情感的基础上因势利导，让学生听这段课文的配乐朗诵。形象的语言、动人的音乐、感人的情节扣动了学生的心弦，启迪了他们的心灵，使他们萌发崇敬、爱戴周总理的情感，萌发要像周总理那样全心全意为人民服务的情感体验。

（4）读一读，悟"文"生情。思想品德课的任务是通过学习课文提高学生的道德认识，培养他们的道德情感。教师通过读课文，使学生产生道德情感体验。例如第十一册《做党的好孩子》这一课，介绍了赖宁热爱祖国、热爱中国共产党、诚实俭朴、关心集体、热爱劳动、尊老爱幼的具体事例，字里行间蕴含着丰富的情感。教师组织学生有计划地默读、朗读、分角色读有关内容，使学生通过朗读，在悟"文"的基础上理解赖宁的情感世界，从而产生向赖宁学习，争做党的好孩子的情感和心愿。

(5)算一算，晓理动情。"理"就是对客观事物的根据性认识。教师要让学生把课文中蕴含的情感引入道德观点的思考之中，使它由感性认识上升到理性认识，把外部的情绪转化为内部的道德体验，在晓理的基础上动情，在动情中晓理，做到理中有情，情中有理，增强感染力和说服力。例如，教第十一册《要艰苦奋斗》时，让学生运用数学课上学到的运算技能做计算题："每人每年节约一角钱，全国全年可节约多少钱？按每40万元盖一座教学楼计算，全国每年节约的钱能盖多少座教学楼？"不算不知道，一算吓一跳。身边的事例、确凿的数据使学生懂得了勤俭节约、艰苦奋斗的重要性，自然而然产生了应该勤俭节约、艰苦奋斗的情感体验和自觉要求。

(6)画一画，以图表情。思想品德课教材中许多课文配有简易插图，教学中，教师引导学生根据课文内容想象绘画或临摹插图，这样既激发了学生的学习兴趣，帮助理解课文内容，又能从另一个角度来表达自己学习课文后的情感。例如，教第九册《不屈的小英雄》，让学生认真学习课文内容之后，临摹不屈小英雄张六子在烈火中永生的插图，或者把爱国小英雄张六子与日本鬼子作斗争的事迹画成简单连环画。这样不仅有机沟通了思想品德课和美术课，提高了学生的文化知识素质，而且使学生能用儿童画的画面形象、鲜艳的图画色彩这些"潜台词"来表达自己对抗日爱国英雄的敬佩之情、学习之心。

（7）唱一唱，以声抒情。教师结合思想品德课教材内容，掌握好明理激情的火候，在群情激奋的"节骨眼"上，让学生"一吐为快"，放声高唱有关歌曲，抒发心中的感情，会收到事半功倍的效果。谐和的气氛、贴切的内容、鲜明的节奏和真挚的情感再次使学生受到感染和教育，更加有利于他们理解和掌握课文观点、深化道德情感、强化道德观念。例如，学习第五册课文《苦难的童年》时，当学完课文，讨论蛇医季德胜说的一句话"我这个当了半辈子'蛇化子'的人，如果没有共产党和人民政府，恐怕早已像我的父亲一样被折磨死了"，大家一致认识到：党是人民的大救星。最后，师生齐声高唱《唱支山歌给党听》。这激越的歌声，既是对课文内容的注释，又是学生学习课文后的感受；既是师生以声抒情、以声传情的教育载体，又是总结课文、课末点睛的神来之笔。

（8）演一演，以动移情。教师根据课文内容编排课本剧，设置情境让学生演一演，使学生进入角色，学习就会成为一种创造性活动，学生就会感到这是一种富有情趣的精神享受。例如，教第九册《为四化建设努力学习》时，教师让一些学生结合课文表演我国第一个电子学博士韦钰的几个故事：为祖国努力学习，门门功课优秀，多次被评为"好学生"；在德国留学期间，韦钰废寝忘食、夜以继日，刻苦学习获得博士学位；拒绝德国杜林教授的挽留、美国的邀请，毅然回国，为四化建设做贡献。课本剧演出生动形象，激发和培养了学生要像韦钰那样为祖国而学习，忠心报效祖国的情感。

（9）说一说，交流促情。教师结合教材内容调查、研究学生的思想品德现状，请表现好的学生现身说法。有理论、有事例的交流发言，对后进生是一个极大的教育和促进，能促使他们情感的转化，促使他们道德观念上的转化。教师发现有些学生不尊敬父母长辈，就结合《孝敬父母》的教学，请一些能够孝敬父母的学生在课堂里向同学们说一说自己是怎样孝敬父母、为他们分担忧愁的，给他们戴上小红花，并把他们的姓名写在"发扬中华美德，孝敬体贴父母"的光荣榜上。这不但是交流和鼓励，更是鞭策。这样的情感氛围增强了全班学生孝敬父母的体验、情感，改变了原来不孝敬父母的学生的道德观念，达到了学用结合、知行统一的目的。

(10)做一做，用行唤情。情感的特点之一是实践性。人的认识一点也离不开实践，实践是情感形成的基础，也是丰富情感的有效途径和推动情感发展的动力。爱国主义情感教育也要注意实践性，在实践中用行唤情。例如，教第十一册课文《爱科学，学科学》后，教师布置学生们完成根据"思考与练习"内容改编的"作业"：回家用毛笔蘸米汤，在白纸上写爱祖国、爱家乡、爱学校、爱班级、爱学习、爱科学、爱锻炼、爱劳动、助人为乐等内容的祝福语，还可以画上插图。到下节课，教师让学生把自己写好的条幅浸在含有少量碘酒的水里。等字画全显露出来后，请学生观看插图、朗诵祝福语、当场评分，课堂气氛空前活跃。学生通过自己亲手操作，表演"小魔术"，体会到处处有科学，学科学是多么重要。最使学生激动不已的是，自己能够用化学反应这种科学手段，来表达对祖国、对科学的热爱之情。学生们回家后仍沉浸在兴奋之中，就指挥邻居小弟弟、小妹妹进行同样的行为实践，和他们一起行动，激发爱祖国、爱科学的感情。这种实践越多，情感越深，学生越乐意实践，从而越能养成自觉行动。

第六节　发展性道德教育初识

□ 从您上述所谈的内容中可以感受到，面对中国社会转型期道德教育现状，您正在探索道德教育转型问题。您能具体谈一谈为什么要进行德育转型吗？

■ 可以。在社会转型期反思我国的道德教育，我想存在着德育转型问题。我认为可以提出从传统的制约性德育向现代发展性德育转型的重要观点。其根据主要有三个方面：①人类所创造的道德的功能，在人类历史演变中发生了功能上的演变和转化。物质生产、消费比较低下的社会，需要大量的以道德的形式来调节经济利益、维护社会秩序。后来，道德被作为进行阶级斗争的工具。近现代，人们比较多地强调道德是人的一种独特的实践方式。人类社会已发展到了今天，我们更多地强调道德是人自身心灵、精神成长的重要方式。道德功能的演化过程启示我们：现在重要的是开发和发展道德作为人自身精神、心灵成长的方式。②人的发展已经成为教育的时代性主题，也是人类的时代性主题。③由中国当代德育问题引发的。中国当代德育问题，我把它大略概括为三个方面：一是传统文化遗留下来的保守性，二是泛政治性，三是形式化、表浅化的所谓科学性。同时，在泛政治性里面也隐含着计划经济体制遗留下来的单一性模式，或模式的单一性。其最根本的弊端是德育的制约性。长期以来，我们主要把德育看成是制约性的，似乎其不是缘于生命的、有助于生活质量的、有助于人精神和心灵成长的一种工作，道德教育往往受不到人们的欢迎与信任，效果不好。因此，在当代有必要强调，不凸显德育的发展性特征，是不能形成面向今天这样一个新世纪的、伟大时代的新的德育局面的。

□ 看来社会转型必然带来道德教育的转型，那么您提出的发展性德育与传统的制约性德育有何不同？

■ 发展性德育具有不同于制约性德育的转换性特征。转换性主要表现为三个方面。①发展性德育相信人的德行发展的资源首先是人本身。发展性德育并不是从教育者的设计和控制开始，以自己权威者的身份来对所谓受教育者进行教育，而是首先从人本身起始，相信人本身就有道德发展的丰富资源。这是一个立场的转换。②发展性德育主张人的发展，包括德行的发展是一个动态的过程。它不同于个体对道德价值的适应和再适应过程，并且不宜于把成人的道德价值、抽象的道德原则、道德标准强加给有差异的个体。我的一个合作伙伴对他的孙子进行个体发生学研究，发现了好多有趣的故事。他的故事说明了我们过去对德育的许多认识是错误的。3 岁的小朋友一进幼儿园就被规定要遵守 30 条规则，小朋友十分紧张和恐惧。请问这是对他们进行德育，还是反德育呢？对 3 岁的小朋友提出要培养道德责任感，这种成人世界的标准到底适合不适合儿童，这种过早的、过高的德育要求，到底是德育，还是反德育呢？这是值得思考的。不宜把成人世界的标准强加给不成熟的儿童。③发展性德育，既反对传统的强制性的情感认同，也要克服形式化的认知发展范式，如片面理解从皮亚杰到科尔伯格的认知发展方式。它们有形式主义的局限。所以，发展性德育，主张使人的道德认知能力与道德情感能力协调发展。这是从发展的内在机制说的。

□ 那么该怎样建构发展性德育的模式呢？

■ 建构发展性德育的模式，不仅在于其理念层面，更重要的是探索发展性德育的机制与过程。关于发展性德育的机制应该有许多，有认知方面的、行为方面的。鉴于过去对教育或德育的情感方面的研究相对薄弱，我想就发展性德育情感机制及其表征发表一点意见。①我认为人的生命早期的联系感、安全感、依恋感、秩序感等，是人的德行成长最主要的、起始性的情感机制。对于这个问题，俄国哲学家索洛维约夫在他的一篇非常重要的论文中提到人类学家对人类原始部落的考察，发现人类个体最早的三种情感是道德的原始材料。他们经过考察发现，人与比自己低等的生物相比，为了区别于生物，发展出羞耻感。人为了发展出与同类的关系，发展出同情感。人为了发展出比自己高尚的东西，发展出敬畏感、仰慕感。他认为，从人类学的考察结论可以得出，这三种情感是人类最初的道德材料。我想，这是一个重要的实证资料。第二个实证资料是人类对胎儿、婴儿的研究。过去，在心理学家研究的基础上，哲学家得出的结论是：人在1岁时产生了与成人的联系感。最近的研究表明，胎儿在母体内就产生了联系感。从联系感到出生以后与其抚养人之间正常的、健全的情感应答中，婴儿建立起安全感、依恋感。特别是对依恋感的详细研究，可以令人信服地认为，这种情感是事实性的存在。所以，可以不需要价值上的预设，就可以说明人本身在道德上是可教的。意大利女教育家蒙台梭利发现，幼儿在1.5～2岁出现对格局、秩序的敏感。我的研究生做了这方面的工作，发表了硕士论文。像这样一类情绪表现都是人类最重要的、辅助其德行成长的起始性情感机制。②在人性的内部就有自爱心和利他心这两种情感的需求。那么，这两者是什么关系呢？英国经济学家和伦理学家亚当·斯密在18世纪后半期写了两本书：《国富论》和《道德情操论》。前者的依据是人的本性是自私的，后者认为人的本性中是有同情心的。19世纪中叶，德国有一位历史学派经济学家认为，这是亚当·斯密问题。到底人是自保、自爱的呢，还是可以同情的呢？对人性中这两种根本性的品质怎么看呢？最近，我又思考了一下，觉得我们过去在德育研究中总是把这两者相互排斥、对立起来，并认为德育的目的是要发展人的同情心、利他心，进而把人的自保心、自利心压制下去。现在我觉得亚当·斯密的这两个命题都没错。这两个命题是否具有统一性，还须重新研究。自保、自利与同情、利他可能本身就是唇齿相依、互利互存的。两者至少不是非此即彼，而是一个镶嵌的关系，你中有我，我中有你。如果承认这样的一个理念，那么，我们德育工作的观念就会有很多的转变。其实，我们观察一个人的行为，就无法说清楚是完全自保还是完全利他。③发展性德育的情感机制，还须从环境中去找寻。在此，环境是指个体之外的大大小小的社会共同体，小到一个班组、家庭，大到民族、国家。大大小小的社会共同体是德行发展的重要中介。它们是不是给个体提供了足够的、支持性的道德环境呢？过去，我们往往说不清这个问题，讲德育时总是撇开个体本身的人性，也撇开环境本身已有的深层关系。我们总是强调德育做得怎么样，做得好不好。其实，个体在环境所构成的生存状态以及他的适应状态上产生的情绪上的感受，是我们教育中的一个很重要的前提和中介。如果提供了支持性的道德环境，他主要表现为顺遂，他就有顺遂感。当然这是指比较健康的、公正的社会环境对于健康的道德需求的满足。在这中间有许多变式：不健康的社会，不能满足个体的正当需求；也可能是健康的社会，不能满足个体的不正当需求。它可以衍生出多种关系来。但是，总体上说，如果这种互动构成的是正向关系，那么，他获得的顺遂感、自我认同感、悦纳感，引起他的自尊心和积极的自我形象的构建，都是德育的非常重要的机制。④在此基础上的、有一定目的的德育的引导还是非常必要的。因为，毕竟个体不可能对比较远的和比较大的利益共同体完全有正当和清醒的认识。那么，人在有目的的引导和设计中，所获得的情感的表现主要是什么呢？我个人认为首先是安全感、信任感，在此基础上才是价值上的认同感、共通感，最后是敬仰、敬慕和一种追求高尚的情感。

　　□ 最后请您谈一谈发展性德育的研究工作及方法。

■ 好的。对这个问题，这几年我个人在实验幼儿园、实验学校与一些同志一起研究，有了一点粗浅的体会。我认为对发展性德育的研究，须做比较细致的、过程的、机制的研究。我们现在的主要精力也放在这里。比如：①个体的发生学研究。我们以一些婴幼儿为研究对象，在他们的家中、幼儿园中，从其出生开始进行个体的发生学研究。②进行教育现场的现象学研究。③把教师和教育理论工作者联合起来，一起做德育的工艺学研究。其主要是强调在有意识、有目的的设计中，它的工艺过程是什么，其中的机理、奥秘是什么。④由于德育具有很重要的民族文化性，还须做民族文化认同以及这种文化认同的内在机理的研究。⑤专业工作者也须进行概念构筑性的、历史文献性的研究。总之，我觉得德育研究应当把精力用在过程和机制的细部研究上。当然，与教育学中其他学科相比，德育学科有它的难度。例如，政治上某些必要或不必要的干预性，文化上的复杂性，评量上的多元性、隐在性。这些会令许多人望而却步。研究德育，比教育领域里其他问题的研究更加步履维艰，相对于其他学科，德育学科的工作更加有难度。我们希望有更多的人来参与这一项有重要意义的研究工作。

第九章　教师教育：应对
教育挑战的原动力

第一节　新世纪新形象

　　□ 可以说，跨世纪的教育面临着千载难逢的机遇和严峻的挑战。中国现代化建设的关键在人才，人才的培养又在于教师，教师的作用日益凸显出来。教师成了维系和决定全局的关键性因素之一。教师的作用与形象也在不断地变化与提升着。

　　■ 的确，在 21 世纪我们对教师的当代作用已有了新的认识，对教师的形象有了新的期待与呼唤。

　　　　我们把即将来临的世纪认作这样一个时代：遍天下的所有人和公共机构将不仅把追求知识视为达到目的的手段，而且也视为目的本身。将鼓励每个人抓住一生中可得到的各种学习机遇，而且每个人也都会有抓住机遇进行学习的可能性，这意味着我们对教师期待更高，要求更严，因为这一设想的实现在很大程度上取决于他们。在教育青年不仅满怀信心去迎接未来，而且以坚定和负责任的方式亲自建设未来方面，教师的贡献是至关重要的。自中小学开始，教育就应该致力于迎接这些新挑战：参与发展，帮助每个人理解并在某种程度上掌握国际化这一现象，促进社会团结。教师在培养积极的或消极的学习态度上也起着决定性的作用。他们应激发好奇心，培育自主能力，鼓励思考的严谨性，并为正规教育和继续教育的成功创造必要的条件。教师作为变革的因素，在促进相互理解和宽容方面，其作用的重要性从未像今日这样不容置疑。这种作用在 21 世纪将更有决定意义。①

□ 面临终身教育和全民教育运动在全世界蓬勃兴起的挑战，教师的作用更加重要，人们对教师的形象期待也更高、更严。我们该怎样理解新时期教师的作用与形象期待呢？

■ 全民教育运动的开展，终身教育、主体性教育、素质教育的实施，均对教师的作用与形象期待提出了超过以往任何时代的新型标准和要求。我个人认为，新时期教师的作用与形象会有以下一些重要的变化。

第一，新时期的教师是创造性的知识传递者。

近代制度化的学校教育形成的授受式的教师传递知识的方式，现在正面临着极大的挑战。后现代社会，西方发达国家已经迈入了知识经济时代。知识经济在我国也已初见端倪。这个时代迫切需要更多的知识，同时，更急切地需求造就大量的能创造新知识的人。这要求教师转变知识观，形成对知识的正确认识。教师要知道，人类迄今创造的知识分为四大形态，事实性知识、原理性知识、技能性知识、人力的知识。同时，教师也要明确，知识是不定型物，知识的演化经历了启蒙、知识应用、管理知识三个阶段。过去，教师常常认为知识是确

---

① 《教育：财富蕴藏其中》，联合国教科文组织总部中文科译，134 页，北京，教育科学出版社，1996。收入本书时有改动。

定的，教科书是物化的知识体系，教育的过程就是把这些确定化的知识传播、传授给学生。但现在，我们知道知识是不定型物，就是说知识不仅是客观化了的、明晰化了的、"真理"化了的东西，而且在人和知识之间存在着互动关系，人在知识中的作用越来越强了。由于人在知识中的意图不断地变化，人的组织方式在不断地演化，人在不同的时间里使用同样的知识，对知识的解释也会不断地扩展、不断地发展、不断地演化，所以，知识既是确定的，又是不确定的，知识是不定型物。所以当代教师就不能再墨守传统的知识观，将知识仅仅看成是不变的、结构化的东西，将教学过程看作传授固定化、结构化的知识的过程。

□ 授受式教学方式、教师知识传递的方式总还是存在的吧？

■ 是的，授受式的教学方式仍须保留，即教师知识传递的作用仍然存在。但是，教师必须考虑传递知识的目的及方式等问题。换言之，教师在传递知识的同时，要努力把传递知识的过程变成学生发展的过程。那种把学生看作知识的"受纳器"而单向进行灌输的教学方式，是不能促进学生的发展的。教师传递知识不在于仅仅强调传递知识的数量，而要更关注学生掌握这些知识后究竟获得了多大程度的发展。如果学生在接受知识时，心智得到了开启，逐步掌握了知识的内在结构，并学会了探求知识的方法，获得了一种生成性的学习工具，那么，他们也就获得了自我成长的翅膀。特别是，学生获得了知识，形成了一定的素质，日后，这种素质将会成为学生未来发展的内在动力源。传递知识同时要促进学生的发展。早期的教学在传递知识的过程中也讲发展学生，但主要指教授知识的教化、育人作用。近代工业化社会的教学主要从工具层面上谈传递知识的作用，尤其重视学生拥有知识的数量。知识经济时代，传递知识旨在促进学生的发展，让学生获得一种学习新知识、探索新知识的能力。因为在知识急剧增加的当代，只有让学生获得学习的方法和能力，让他们学会学习，才能有益于他们的生存和发展。怎样才能使学生获得学习知识的能力呢？这涉及教师处理教材的问题。教师要创造性地使用教材并教会学生学习的能力。教师使用教材，不是教教材，而是创造性地理解教材、使用教材。教材对教师而言仅仅是一种媒介，教师处理教材时，不能简单地灌输教材，而应高水平地、有创意地处理教材。教师处理教材的过程其实就是进行创造性工作的过程。教师的创造性体现在，他要发现学科教材内部的知识联系及结构化或半结构化特征，善于将这种联系揭示出来，将结构化的特征提取出来，并帮助学生发现这些知识及知识间的联系和结构化特征。如果没有教师的指导，学生往往很难发现这一点。教师的创造性教学正体现在教会学生发现知识的联系和结构化特征上。教师要能够发现教材中知识的联系和结构化特征并教会学生发现之，就必须具有渊博的知识及展望学科发展前沿的眼光。若教师具有了高超的知识素质，就能高屋建瓴地理解、把握、发现、处理、驾驭教材的内部组织结构并把它充分地表达出来。这要求：①新时期的教师必须具有一定的知识素养。教师既要有陈述性知识、程序性知识、条件性知识，又要有监控性知识。教师的陈述性知识不能太少，否则，会底气不足。教师的程序性知识是指教师知道怎样把知识进行合理的转化，按照艺术的、合理的方式呈现、陈述知识。教师的监控性知识是指教师知道在什么时候呈现什么知识。许多青年教师不会处理教材，不会监控自己的教学行为，如本来用不着提问的问题非拿出来问学生，结果，适得其反，事倍功半，不能达到预期的教学效果。②教师创造性地传递知识，还要善于选择、处理所教授的教材。教师只有自己会选择和处理教材、发现教材的内在知识结构，才能讲清教材的结构；教师只有发现教材所表征的价值意义，才能教学生理解教材的价值意义。教师创造性地传递知识还包括通过选择最重要的知识，呈现最重要的方法，使学生学会迁移知识、举一反三，活化思维，培养具有转识成智的能力。因此，教师的知识观有了新变化，教师不仅仅是教书匠、传授知识的人，不仅仅是一个把知识装入没有情感、没有个性的僵化的物器中的知识的贩卖者。③教师除了有一定的知识结构，还应具有激发学生求知欲的能力。所谓创造性的知识传递者是指一个能处理知识、发现结构、进行有效的知识传递，并能激发学生的求知欲、使学生具有积极的学习态度的教育者。④教师还要有科学精神，理解知识所负载的价值及意义。这样的教师才能创造性地发现知识，并在教学过程中积极地引导学生生动活泼地掌握知识。知识既有事实层面，又有价值层面。近代以来我们较多地强调事实层面的知识，或者过多地强调知识本身的事实及原理。启蒙时代的人十分重视科学精神，到了现代、后现代，这种科学精神才开始失落。一个有科学精神的教师会十分执着地追求科学知识所蕴含的价值及意义，尊崇科学精神，并善于将这种科学精神传递给学生，以激起学生对真理的热爱。同时教师严谨治学的品格以及务实认真、锲而不舍、坚韧不拔等人格特质也都会在传递知识的同时得到充分展示。⑤创造性的知识传递者，还必须具有个别化处理问题的能力。早期的教育尤其是正规的教育是少数贵族的教育，现在是全民教育。少数人的教育，可以进行近距离个别教学，而现代教师则要面对各种身心发展条件有差异的全体学生，学生数量多，班额大。这就拉大了师生间的距离，学生直接接触教师的机会减少，教师也难以面对几十个学生来投入自己的情感。尤其是计算机网络教学手段的普遍应用，以及可编撰的知识通过计算机进行加工、处理以后，教师的作用更是发生巨大的变化。那时，学生问教师的问题多半是计算机无法处理的问题，而教师的任务将主要是培养学生解决问题的能力，而不是按部就班地教授知识了。教师要能应对学生即时性的问题并妥善地处理这些问题，这要求教师具有相应的教学机智，要求教师在浩瀚的知识海洋中能个人化地解决某一个富有创造性的问题。为什么这么说呢？因为对同一个问题，程序化的解决方式是一样的，但就不同的学生而言，由于其智力、能力及思维方式的不同以及反映的问题不一样，就需要教师进行创造性地处理解决了。即教师能把统一的、程序化的知识进行个别化处理，能够个别化地指导学生以满足他们不同的解决问题的需求，能察觉并应对学生存在的困难。

□ 在以上讨论中，您对新时期教师作为创造性的知识传递者的含义进行了具体的、展开性的阐释，我觉得很有意思。

■ 第二，新时期的教师是创造性的促进学生人格发展者。

为什么说教师是创造性的促进学生人格发展者呢？因为教师要面向全体学生，这些学生的身心发展水平各不相同。对待身心发展程度不一样的学生，教师既要有促进学生人格发展的能力，又要有这种意识。教师应该关照每一个学生，既要关注学生身心发展的共同性，又要观察、发现、应对、处理学生身心发展的差异性、丰富性，甚至是更为灵活深入地处理之，而不是简单地应付了事。这是一门学问。有的教师虽然发现了上述问题，但处理方式很简单；有的教师则会以婉转的方式妥善地处理之，避免对学生造成不必要的伤害。另外，具有创造性的教师不仅能处理发现的问题，更能主动地走近学生的心灵，帮助学生心灵获得更好的成长。我们必须明白学生的问题行为，往往是其内心的外化。教师发现了这些问题，不等于就了解了学生的精神世界，更不等于就走近了学生的心灵。教师还必须深入体察学生的内心世界，与之同感受、同思考并以自己的人格去影响学生的人格发展。

□ 教师走近学生的心灵的切入点就是进行感情投入，就是教师爱。有了教师的爱，就可以激发出学生的情感，教师的人格与学生的人格就开始互动、影响和沟通，在潜移默化之中教师的人格转化成了学生的人格，教师也就完成了人格化育的任务。

■ 这里，教师与学生互相向对方敞开心扉就非常重要了。因为学生的心扉不是对每一个教师都敞开的，他对许多教师是闭锁的。尤其到了网络时代，师生关系的情感沟通显得尤其重要，教师的作用是关注学生并与学生进行情感交流。比如，教师了解学生的需要、动机及情感特征等非智力因素。事实上教师一旦从批量的传递知识的方式中解放出来后，教师的作用就更多地体现在对学生的人格产生影响上。正因为教师人格的感染、示范作用，学生对人格高尚的教师往往十分敬仰，记忆十分深刻，乃至对教师的教诲可以终生不忘。教师的这种影响对学生的成长起着十分重要的作用。

第三，新时期的教师必须是一个终身学习者，是一个能在实践中不断反思自己的教育观念、教育行为及教育效果的研究者。

□ 过去，我们不要求教师成为教育研究者。教师角色一向被认为是权威的、法定化的角色，只能机械、被动地反映角色的要求，因此，教师只要接受别人生产的现成的知识，能如实地传递给学生，能影响和促进学生的道德成长就可以了。现在为什么特别要求教师成为教育研究者呢？

■ 我认为主要有如下三个原因。①社会变革的因素。传统社会像一个沉睡的巨人，苏醒的过程极为缓慢，教师的职责是传授知识、教化人格，教师的角色成为法定的、权威化的社会代言人。教师只要承担社会的责任、满足社会的要求、接受现成的知识产品，而无须去创造知识、无须研究如何教学等问题。而近现代社会变化之快，令人眼花缭乱，尤其是人的变化，更是丰富复杂、变化多端、个性鲜明、观念各异。教育理念也不断地发生着根本性的改变。如 20 世纪中叶，教师专业化的研究深受结构功能主义的影响。人们把教师职业化看成一个结构，认为教师的行为只要符合专业的"结构变量"，努力寻求专业中普遍运用的准则或标准，就能发挥很好的作用。仿佛这种专业结构是静止的，只存在数量的扩充，我们只要努力保证结构中数量间的张力，就可以保持结构的平衡。这是一种静态的结构主义观，倡导孤立、被动地适应标准与准则。现在，我们要突破，消除结构功能主义对教师专业化研究的影响。当下社会变化迅速，教育观念更新对教师产生了巨大的冲击。如果我们还用相对固定的、结构状的专业化标准来衡量教师的专业化，已经远远不够了。因此，教师只有不断地反思自己，研究自己在教育、教学中遇到的诸种问题，并寻求答案，才能应对教育教学面临的挑战。这是教师必须成为研究者的原因之一。②教师还必须研究个性、情感、能力呈现千差万别的儿童。儿童的身心发展具有丰富性、多样化、独特性等特点。儿童的心灵之间只有近似性、相似性，而没有绝对的一致性。教师要研究、发现儿童之间存在着的差异性与独特性，个别问题个别对待，关注每一个儿童的身心特点并有目的地进行因材施教，以促进每一个儿童都能得到健康、活泼的发展。③教师自身的成长过程也需要研究，特别需要教师自己研究自己。过去的教师处在被研究者地位，现在教师要成为研究者，把自己作为研究的对象，研究自己的教育理念和实践，反思自己的教育实践，反思自己的教育观念、教育行为及教育效果，以便对自己的教育观念进行及时的调整，从而提高自己的教学效果。因此，教师必须成为一个积极的、有意识的、有反思实践能力的研究者。有人甚至这样强调反思的作用：教师的成长＝实践＋反思。

　　□ 教师的反思与研究指什么呢?

　　■ "反省是教师专业发展和自我成长的核心因素"。它是由经验型教师向专家型教师转化的核心要素。教师的反思过程实际上是使教师在整个教育教学活动中充分地体现双重角色：既是引导者又是评论家，既是教育者又是受教育者。因此，反思的本质是一种理解与实践之间的对话，是这两者之间的相互沟通的桥梁，又是理想自我与现实自我的心灵上的沟通。它是教师超越自己的思维能力，是一种创造能力在教育实践中的体现。这种能力在实践中培养，在操作中一般有三种表现：一是实践前的反思，它属于一种成熟性的反思，具有前瞻性，即重视经验教训对未来的指导；二是实践中的反思，它属于过程性反思，具有及时反馈的功能，最明显的实例是在课堂教学中，根据学生的反应随时调整教学内容和方法；三是实践后的反思，这是回顾性反思，使实践经验得到升华。此外，也可以分为学习性反思和批判性反思。批判性反思是教师运用合适的教育理念来反思现实中的教育问题、教育弊端，在批判中开拓教育的新思路，创造教育的新经验，形成教育的新模式，在教学中前进，在创造中发展。

□ 您觉得教育第一线的教师的教育研究与专业理论研究工作者的研究是否有区别？如果有区别，那么是什么？

■ 一个好的教师必须是一个教育研究者，但教师的研究有其特殊性。这是我在自己的教育实践中发现并在认真思考后得出的体会。教师的研究与专业理论工作者的研究不同。我们过去没有分清第一线教师的研究和我们的研究有什么不同，我们总想把他们带入我们的理论框架与概念范畴中，这是不切实际也不合理的。他们主要应当研究他们自己的教育教学实践，研究的目的是提高、优化实践。两者的研究目标、性质、方法均不相同。因此，教师是一个特殊的教育研究者。

第二节 教师教育的贡献与局限

□ 振兴民族的希望在教育，振兴教育的希望在教师。培养和建设一支 21 世纪的教师队伍，对教育事业的发展具有决定性的影响。而教师的培养与师范教育的改革发展密不可分。近一百年来，我国的教师教育已经形成了以独立设置的各级各类师范院校为主体，其他教育机构共同参与的、多渠道、多规格、多形式的培养和培训中小学教师的教师教育体系。这一相对独立的教师教育体系，成为教育"工作的母机"，支撑了世界上最庞大的基础教育体系，为教育事业的发展做出了重大的贡献。

■ 是的，多年来，我国师范教育已经取得了辉煌的成就，为我国教育事业的发展培养了大批合格的教师。特别是我国目前正在实施"科教兴国"和可持续发展战略，人们已经越来越明白，实现这一宏伟目标的关键在于人才，而人才培养又在于教师。无论是基础教育，还是高等教育，亟须提高教师的素质，改善教师队伍的状况，以满足社会对培养人才的要求。1999 年召开的全国教育工作会议作出了深化教育改革、全面推进素质教育的决定。会议认为，国家要全面推进素质教育需要很多条件，但最重要的条件是教师的素质。会议明确指出："建设高质量的教师队伍，是全面推进素质教育的基本保障。"改革开放以来，经济体制改革不断深化和教育事业快速发展，使我国教师队伍建设进入了一个新的发展时期。党和国家极其重视教师队伍建设，先后颁布了《中华人民共和国教育法》《中华人民共和国教师法》，教师队伍逐步走向了法治化轨道。经过多年来的建设，教师队伍的状况有了明显改善。我国教师教育事业发展取得了巨大的成就，为我国中小学教师队伍建设做出了历史性的贡献。以基础教育为例，1980—1997 年各级各类师范院校累计培养毕业生 3649.03 万，接受学历培养的教师为481.67 万。这些新教师和接受过学历教育的教师大大改善了教师队伍的整体状况。[①] 师范教育事业也取得了令人瞩目的成就，其发展速度、规模、水平都有了明显提高。

---

① 马立：《抓住机遇 迎接挑战 深化改革 开拓前进》，载《高等师范教育研究》，1998(1)。

与 1980 年相比，师范院校培养能力已有明显提高，各级培训机构建设得到明显加强，全国大多数地区师范教育的规模和数量已基本满足中小学发展的需要。师范教育专业设置比较齐全，与中小学开设的课程基本衔接。高等师范教育除本、专科教育外，还举办研究生教育。1997 年具有博士学位授予权的高等师范院校有 14 所，专业有 125 个，具有硕士学位授予权的高等师范院校有 37 所，专业点 869 个。师范院校整体水平得到了提高，教育教学改革取得了明显成效。

20 年来，政府不断增加教育投入，师范院校管理不断制度化、规范化，师资队伍的整体水平迅速提高。从我国现代教育的普及与发展来看，教师教育为我国全民素质的提高做出了巨大的贡献。此外，教师教育还形成了一整套有效的经验。这些宝贵的经验为未来我国教师教育的发展提供了有益的参考。

□ 近 20 年来，我国教师教育确实为教育事业的发展做出了巨大的贡献，但也必须看到目前我国教师教育的不足，客观上还有许多亟待解决的问题。尤其是教师的素质远远不能满足教育事业发展的需要。

■ 我多年从事师范大学的科研、教学及管理工作，深切地感到：我国的师范教育存在着不少迫切须要解决的问题。比如：我国的师范教育体系单一、封闭，学科不丰富，学术水平偏低；教育学课程的贡献率太低，不能体现师范大学的教育特色；教育的培养目标单一，师范生的知识面过窄，创造力不强，缺乏情感、人格素养，实践操作能力较弱；等等。这些问题严重影响了新教师的业务水平。

□ 现行单一的、封闭的师范教育在培养和输送职前教师方面存在着许多不足，如已经出现了"社会拒绝师范学校的毕业生"的现象，它无形中影响了师范教育的权威性。您如何看待这个问题？

■ 这么形容，也许言过其实。对师范教育的评价是个很复杂的问题，并不那么简单，但现行师范教育培养质量有问题则是肯定的。在我看来，造成这些弊端的原因大体有五点。①生源差异。师范生生源总体看不如同级综合性大学的生源好，本科师范院校的生源在整体素质上低于同类综合性大学。②学术氛围与校园文化差异。一类综合性大学具有浓厚的学术氛围、多学科交相影响、共融共生的优势，师范大学现在虽然也有师范、非师范多种学科并存，但总体上学科基础和实力不如综合性大学，教师的水平也有差异。③学生的职业观、理想、成就动机差异大。综合性大学的学生职业选择面宽，他们可以畅想自己成为科学家、企业家、文学家等，其成就动机一般较高。师范生没有多少职业选择权，只能做教师，其成就动机相对较低。师范生职业去向过早定型化及对教师职业素质的片面理解等因素直接影响了学生在校学习的积极性与主动性。另外，师范生毕业分配较有保障，客观上使学生少有奋斗的动力。④互动环境与效应不同。师范大学的教师生活经历、经验比较单纯，学生未来的职业十分相近，师生之间、生生之间互动环境为学生构成的成长经验与综合大学的多学科、多职业、多经历互动带来的生活经验的丰富性相比是不同的。据说我国锦州师范学院（现为渤海大学）这两年实行在校师范生到综合大学做"访问学生"的制度颇有成效，较好地解决了互动环境与效应不同的弊端。⑤师范院校长期有办学规范的传统，但优势也很容易成为劣势，容易产生划一效应、抑制个性发展、缺少生气、缺乏自由空间、影响创造性等问题。所以，我认为传统的封闭式的培养教师的师范教育体制已到了非改不可的时候了。当然，由于我国人口众多、幅员辽阔、经济发展不平衡，独立设置的师范院校不可能一下子都取消。显然，今后多元体制并存培养教师将是重要趋势。我认为，一般来说，师范生由于受过教育学、心理学的训练上岗较快，但也表现出知识面不宽、后劲不足、创造性缺乏等问题。现在到了该认真思考这个问题的时候了。这样说并不代表排斥教师教育的专业性，相反，我认为教师教育的专业性不可动摇，强调教师专业成长是必然趋势。多元化培养与专业成长并存，有两方面的含义：一方面，强调专业化成长并不意味着仅靠师范教育来实现；另一方面，强调综合性大学参与培养师范生也不等于取消或否认师范课程对教师成长所具有的独特作用。

□ 有人尖锐地指出师范院校教育学课程对未来教师培养的贡献率不高，您如何看待这个问题？

■ 这个问题很重要，现行的师范教育主要靠教育学、心理学、教育技术学三门公共课体现师范性质，解决教师的职前培养问题。我的看法是，这几门课都是需要的，关键是教什么、怎么教。我个人觉得：第一，现有的教育学原理过于抽象和空泛，观照教育实践不足。我们认为个人化的教育观念是支撑教师成长的主要因素，而个人化的教育观念不仅依靠教育学原理、知识来训练，还包括教师对社会发展进步的看法，对人生、生命的积极、乐观的看法，对学生的平等、热爱的情感。教师教育观念由许多方面组成，不仅仅受教育学原理、知识的影响。师范生没有教育工作经验及体会，没有"前理解"及相应的知识背景，抽象的教育学原理很难形成他们个人化的教育观念。从根本上说，个人化的教育观念要在教师工作岗位上逐渐形成。但教育学方面的基本知识是很重要的，它给未来教师一个基本的认识框架，它唤起师范生对未来职业的向往，它通过教育理论对教育实践的观照培植师范生对教育问题的敏感性。第二，在教育技能上，现有的教育学科并不能提供很好的帮助。教育技术课程，如多媒体技术、网络技术等可以帮助学生学习教育技能、技巧，但因学习硬件条件和教师队伍的限制并不能达到理想的教育效果。现有的教育学课程对帮助学生形成技能更是无助。过去我们对教师的教育教学技能的理解有误区，认为教师的技能就是"三字一话，再加上多媒体"。实际上，教师的技能是指表现在教学、教育过程中的教育技能，而不仅仅指工具技能。因此，我们对技能的理解要扩展，教师在教育教学过程中的技能非常细致。例如：怎样在教授知识的过程中，将教学方法及教学过程展开，方法之间如何衔接；如何维持师生教学过程中的互动关系；在师生互动中，教师如何对学生的情绪、注意力等做出及时的反应与处理；教师如何使用体态语言；等等。苏格兰师范学院重视训练师范生的技能和技巧，仅在观察技巧上就有一千余种方法。该师范学院的教师通过对实际的中小学教学的研究，把所有的观察技巧归纳、整理为教学内容，可见其教育教学的细致程度。较之而言，我们的教育学原理讲授的内容大而空泛，无法形成学生的技能、技巧，难以为师范生的成长起实实在在的作用。那么教育学原理性知识究竟该不该要呢？我认为应该保留，问题的关键在于不要强求学生死记。教师应通过这些知识训练未来教师的教育敏感性及教育的思维方法，教会学生发现、捕捉问题的能力，培养对教育工作的热情以及对教育事业的兴趣和志向。第三，现有的教育学课程不能帮助师范生培养教育思维方式。我认为教育思维方式不同于其他的思维方式，它是独特的看人方式，独特的人观、社会发展观等。现今的教育学未能帮助学生学习、提炼并形成教育的思维方式。由于目前开设的教育学课程存在上述一些缺陷，我们不能不遗憾地承认教育课程对未来教师培养的贡献率不高这个现实。

当然，对此有人持反对意见，认为三门基本公共课程代表了师范大学的特色，如果否认教育学、心理学的作用，师范大学与综合性大学就不存在本质上的区别了。在我看来，我们应当维护教育学课程的必要性及设置的合理性。那种认为做一个教师无须接受教育学课程训练的观点是不对的。解决这个问题的关键在于如何对教育学课程进行改造。

第三节　中国教师教育新体系的探索

■中国的教师教育体系要改革、要创新。中国师范教育体系的改革有两个参照系：一是国际教师教育改革的经验与教训，二是国内教师教育改革的探索与经验。

□国际教师教育改革与发展的道路，为我国教师教育改革提供了哪些可资借鉴的宝贵经验？

■师范教育诞生于 17 世纪末，发展于 18—19 世纪。师范教育的发展时期正是机器大工业生产取代工业生产、科学技术迅速发展、实施普及义务教育、迫切需要大批受过专门训练的教师的时期。师范教育正是顺应了这样一种要求而产生并发展的。这是教育史上的一个巨大的进步。从此，教师职业走上了专业化发展的道路。

第一，国际师范教育体制在 300 多年的历史中，经历了多次重大的变革。其发展的轨迹大致是：①由于对学科知识水准要求越来越高，师范生的学历不断升高。这样一来，师范教育体制也相应进行了改制，走过了从初等师范学校→中等师范学校→师范专科学校→本科师范学院的学历逐步升高的道路。②由独立设置的师范大学和综合性大学共同培养中小学教师。国际师资培养，最早由独立设置的师范大学来承担。随着教育发展，社会对学科水准及教师专业化水准的要求越来越高，独立设置的师范教育体系不但不能满足培养高质量的师资的需求，反而限制了高质量师资的培养。社会必然要求用综合性大学的教育体制来培养师资。③职前职后一体化。国际教师教育推行职前职后一体化改革。这是因为教师的成长不是靠职前教育就能完成的，而是一个终身发展的过程，因而教师教育应当是一个终身教育的过程。

第二，国际师范教育的培养思想及培养模式也发生了几次重大的嬗变。用什么样的培养思想及培养模式来指导师范教育，实质上是指培养什么标准的教师的问题。早期的国际教师教育从当时的社会政治、经济及科学技术发展水平出发，要求培养知识传递型的教师，重点培养有教学效能的教师。随着社会发展，科学技术进步，教师培养思想发生了相应的转变，要求培养创造性、情感人格型的教师。用什么样的方式来培养教师，即在教师教育的模式问题上，300多年的国际教师教育经历了两次大的变革：从17、18世纪教师的正规训练至19世纪有一定思想指导的教师教育。概括起来说主要有行为主义的教师教育及人本主义的教师教育两大类。行为主义的教师教育又被称为以能力为基础的教师教育或以操作为基础的教师教育（performance-based teachers education，PBTE）。这一改革计划自20世纪60年代在美国兴起后，许多国家实施了这个计划，因此成为国际性的实验研究。这种教师教育提出以胜任教职为本、以操作技能为本的概念，重视通过教育培养外显的行为，有明确的操作技巧，强调重复训练达到熟练，讲究工作效果，但忽视师范生的人格、情感培养。这种行为主义的教师教育经过十多年大规模的实验，引起了广泛的争议。人本主义教育家批评这种预先规定的目标，提出"师范生"是控制自己的学习还是受某个外在的体制控制的问题……这场改革已过去几十年，但它的基本主张和信念、思想，即师范教育专业专门能力是可以培养的、可测的，已渗透到教师教育的实践中去。现在，美国的教师教育修业计划有60％用外显的行为目标来表征。人本主义的教师教育是一种与行为主义的教师教育相对立的师范教育改革实验。美国的库姆斯（Combs）强调，一个教师应该学会利用自我、发展自我而不是获得一套能力和外显的技能。教师的"自我"就是教学的"工具"，换言之，教师本人的心智与人格成为教学的内容和手段。教师教育就是帮助人发现和发展"自我"，以促使师范生心智和品格成熟，使之成为一个有学识、信赖人、友好、有威望、懂分享与自我克制、会反省的人。教育旨在帮助学生探求教育概念、价值和意义，不只是获得某些能力、技能。但是，人本主义倾向的教师教育由于构思模糊、缺乏严格性，也受到了不少批评。

现在，行为主义的教师培养模式与人本主义的教师培养模式开始走向融合，并在此基础上出现了许多崭新的培养模式，如理论型的培养模式、理论实践并重型模式、反思实践型模式等。这些新型的教师教育模式都强调教师要有一线教学经验，强调加强教师在中小学的实习期及教师动手操作能力培养。

□ 我国在教师教育新体系的探索方面，积累了哪些经验？

■ 我国的师范教育，自 1897 年创建以来，历经一百余年的发展。1922 年，我国师范教育实行了深受美国学制影响的壬戌学制。新学制动摇了单纯依靠师范教育培养教师的模式，在开办师范学校的同时，在普通高中设师范科；在提高高等师范院校水平的同时，普通综合性大学设教育系或教育学院。结果，独立的师范学校急剧萎缩。据统计：1922—1928 年，师范学校减少 38.7%，师范生从 43846 人降到 29470 人，减少 32.8%；至 1930 年，27 个省内受过师范教育训练的教师仅占 27.7%。[①] 这种形势引发了教师是否须专门培养、独立的师范教育体系有无存在的必要之争。1932 年政府重申设置独立的师范教育体制是完全有必要的，师范教育重又获得了发展。新中国成立后，1957 年我国全面学习苏联经验，提出全面向综合性大学看齐的口号，重新讨论师范教育的存废问题。1980 年我国召开全国师范教育会议，重申"师范教育'是工作母机'，是整个教育的基本建设"。1996 年全国师范

---

① 王炳照：《中国师资培养与师范教育：纪念中国师范教育 100 周年》，载《高等师范教育研究》，1997(6)。

教育工作会议再次强调现行的培养师资的三级师范教育体系原则上将长时期内稳定不变。总体来说，我国师范教育的发展虽然一波三折，但至今已形成了独立的师范教育体系，这一体系在培养大批急需的中小学师资中发挥了重要的作用。但是，目前这种三级师范教育体系面临着不少新问题，值得探讨。许多方面的改革还有待加大力度，有待向纵深处拓展。

当前，我国的教师教育改革突出反映在体制改革、教学改革及课程改革等几个方面。

第一，体制改革。体制改革的成就体现在这样几个方面：①目前我国教师教育体制仍然是独立设置的，如师范大学等，在经济发达的省份和地区也开始尝试实行综合性大学培养教师的新探索。独立设置的师范教育体制，在近几年内将继续发挥其培养师资的重要作用。原因在于我国的国情与其他国家不同，我国的教师地位还不够高，并且教师的培养要有一定的计划性，中国还须用独立设置的师范教育来保证为中小学教育提供充足数量的教师。②为了解决教师学历达标的问题，国家对师范教育的体系结构进行了必要的调整，实行了从三级师范教育向二级师范教育的过渡。部分经济发达省份的师范教育开始走综合性培养教师的路，并且，在办好高等师范院校的同时，允许或鼓励部分条件好的综合性大学培养教师。

□ 您指的综合性的含义是什么。为什么培养师范生要强调综合性？

■ 作为一个教师，他需要宽阔的知识视野及宽广的胸襟。这种教师只有在多学科和学术水准较高的环境中培养才可能实现。相反，单学科或学术水准低的学校无法培养良好的师资。单一的学科环境使学生之间无法通过多学科的影响及互动来提高自身的素质。现在，不少师范学校在争取升级，我个人认为，一定不能再走这种单一的师资培养道路了。培养有良好素质的师范生，必须在多学科、综合性的院校中，依靠其学科众多的优势才能实现。

□ 那么，师范大学能不能办非师范专业？

■ 这个问题已经有所突破，而且实践证明，必须突破。师范大学完全可以办非师范专业，这不仅可以给师范大学带来经济效益，满足市场对人才的广泛需求，而且可以为其注入活力，并将单一的学科视野转变为多学科的视野。只有众多非师范与师范专业共融共生，才可能支撑一个运作良好的教师教育事业。

□ 非师范性质会不会影响师范性？

■ 问题的关键不在于此，不是非师范性办起来了就一定会影响师范性，而是师范性本身有没有搞好。师范性，就是要加强教育科学和教师教育研究，使作为教师的综合性素质有高水平和高质量的培养条件。一是要提高教育学科对培养师范生的贡献率。二是学校的人文环境、人文精神要富有个性，以利于学生人格的养成。三是学校要对师范生提出未来从业的要求并对其进行必要的训练。所以，师范院校的师范性要加强。目前，不是非师范性影响、降低了师范性，而是因为我们没能真正领会师范性的要义、真谛，降低、弱化了师范教育的师范性。所以，一方面，师范大学要强调综合性，因此又必须强调多学科性；另一方面，又要强调学术性，即师范院校的学术水准要上去。南京师范大学这几年的改革道路就是这样走过来的。我们强调以学科为龙头，建设一流的师范大学，同时我们又强调建设一种综合性的新型师范大学，进而提出了教学、科研两个中心并重的办学追求，旨在通过丰富的综合性、强有力的学科性和高质量的学术性来提高教师的学科水平并开阔其综合视野，为培养创造性的教师奠定厚实的基础。而以往的讨论，总是各执一端，厚此薄彼。结果，师范性变成了低水准的师范性，学术性成为不重视师范特殊性的学术性，所以师范教育一直没能走出一条健康的道路来。知识经济时代，要培养创造性教师，非坚定不移地用这样一种发展战略和这样一种培养思想来造就有文化、有知识、有多学科视野、有科研意识和初步科研能力、学科基础扎实、人文知识广博的教师不可。尽管非师范性质的那些学科不承担培养教师的工作，但仍可以对师范教育产生一定的积极影响。因此，处理好"综合性"与"师范性"的关系，是办好师范教育的重要问题。

□ 那么说，独立设置的师范大学（学院）可以取消？

■ 我认为鼓励有条件的综合性大学培养教师不等于独立设置的师范大学（学院）一定要取消，更不是独立设置的师范大学（学院）都一概取消。我国在一定时期内必须保留一批独立设置的师范大学（学院），特别是一批质量好、水平高的学校更不能轻易取消。因为那不仅不符合中国基础教育庞大、中小学教师队伍承载过大的国情，而且会直接影响教育学科发展及教育科研队伍建设。与此同时，中等师范学校要加快缩减，甚至到一定时候消亡，少数办得特别好的中等师范学校可以升格为高等师范专科学校，以培养具有大专学历的教师。原有的高等师范专科学校，有条件的可升格为高等本科师范院校，培养有本科学历的初中教师，但这些师范学院同样可以同时发展非师范专业，以拓宽综合性培养教师的道路。

□ 1993 年，我国通过了《中华人民共和国教师法》，其中对在中国建立教师资格制度做出了原则性规定。此前全国有 1300 余万在职教师取得了由国家认定的教师资格。在第三次全国教育工作会议的推动下，教师资格制度实施的第二阶段——面向社会认定教师资格即将开始，您对此事有什么看法，您认为此事对原有的师范教育，会产生什么样的影响？

■ 有教师资格制度做面向社会招聘教师的基础，中小学在聘任教师时可以提高学历层次，可以有更大的选择面，这无论在外部还是内部都对中等师范教育形成压力，迫使中等师范教育压缩规模，早日走向消亡。这无论对现有中小学教师质量，还是对中等师范改革都是有历史进步性的。但我觉得有一点要提请各方面注意，即开放教师市场，使教师来源多元化不能削弱和动摇对教师职业做专业化的认定。教师必须经过包括执教学科在内结构完整的、特有的职业培训，教师专业化是一个完整的概念，它不但包括将来执教学科专业，而且要受教师人文文化、教育科学、职业伦理道德等方面的专门培养。我们必须一方面走开放化、多元化培养教师的道路，另一方面坚持维护教师专业化的神圣地位。

□ 在这方面，中学教师、小学教师和幼儿教师的培养体系是否应有不同的格局和构成？

■ 是的，我认为，我们首先应放开高中教师的培养体系。因为高中目前主要采用分科性教学，综合性大学完全可以参与培养高中教师。当然，必须增加教育专业的培养。初中教师既分科培养，又讲究一专多能。而小学教师、幼儿教师则完全应当专业培养，因为小学教师和幼儿教师的素质有很强的职业独特性。比如，多学科教学能力、带班能力，教育学、心理学、发展心理学的学科素养，与儿童打交道的情感品质与能力，等等。

□ 这儿涉及这样一个问题：究竟如何处理与定位师范性与学术性的关系？

■ 这是长期以来争论不休的问题。一种观点认为，中小学教师不需要太高的知识和学科水准，因而特别强调师范性；另一种观点认为，降低师范教育的学术水准，会导致培养的师资水平不高，因而要求提高学术性。我主张使用"综合性"与"师范性"这两个概念。理由是：师范大学是多科性学校，它与综合性大学一样，具有多学科专业，不是单科型院校。师范性大学与综合性大学的共性是综合性。师范只是它的特性。所以，对于师范大学来说，处理好共性（综合性）与个性（师范性）之间的关系是十分必要的。

第二，教学改革及课程改革。目前国内的师范教育教学改革方兴未艾，教学改革的重点是要改革传统师范教育的培养思想和培养模式，其中最主要的是要突破教育的单一性与封闭性，走综合性培养的道路。这几年，我国师范教育改革的经验表明：必须以很高的学科性、很强的学术性水准来综合培养、造就有发展潜能的教师。

如何改革现行高等师范教育，提高师资职前培养的质量，是当前的一个热门话题。提高质量的关键是课程结构的改革，课程改革是国际师范教育界都非常重视的重大课题。

高等师范教育，顾名思义是普通高等教育中的师范教育。它既属于高等教育体系，又属于师范教育体系；它属普通高等教育性质，但又以师范教育为特色；它同样以培养高级专门人才为目标，而它的培养对象是从事基础教育工作的高级专门人才。根据高等师范教育的这一特性，同时为了便于对师范教育的课程设置进行分析与比较，我们把构成师范专业的课程暂且区分为以下两类，即师范性课程和学术性课程。前者主要是指围绕培养学生的从教能力和素质而设置的课程，它一般包括教育理论课程（公共教育课程和学科教育课程）和教育实践课程（教育实习等）；后者主要是围绕培养学生的学科（专业）素养而设置的课程，一般包括学科（专业）课程和公共课程（公共必修课程）。以上划分是相对的，实质上以上两类课程都同时包含有学术性和师范性两种因素。所以这种划分法是以不排斥师范课程中的学术性和学术性课程中的师范性为前提条件的。

我国高等师范教育现行的办学模式源于 20 世纪 50 年代的苏联模式，属定向培养模式。其课程设计也以苏联模式为蓝本，属定向培养模式课程。从课程设置框架结构看，课程设置是典型的"三层楼"构架，即按照学科知识掌握和技能训练的先行后续关系依次设置三大块课程：公共基础课、专业基础课、专业课。三块课程相互重叠呈三层楼形状，最底层为公共基础课，中间层是专业基础课，最上层是专业课。体现师范特性的师范性课程在"三层楼"中是分开设置的，公共教育（教育学和心理学）课程从属公共基础课，学科教育课程和教育实践课程则从属专业课。从课程设置内容体系看，它主要按照某一学科的知识体系来设置，形成以学术性课程为主体的课程体系，师范性课程处于"边缘性"位置。从课程设置性质分类看：课程类别比较单一，必修课占绝大多数，选修课很少；理论课居多，实践课偏少。这种课程设置的优点是，强调以培养学生的"三基"即基础理论、基本知识和基本能力为准则，学生接受的专业知识和技能训练比较系统、牢固，专业基础比较扎实，专业素养较高。其缺点是过分强调专业对口，专业口径比较狭窄，教育模式比较单一；课程结构总体上偏向于综合性大学的模式，师范性课程在整个课程体系中所占的比例很低，没有充分体现出师范的特性。据统计，教育理论课在教学计划中所占的比重为 7% 左右，教育实习一般为 6 周。这一比重不仅大大低于当今西方国家师范专业教育课程占课程总量的水平，也明显低于我国近代各级师范学堂和师范院校教育学科所占的比例。[①]

上述这一课程设置框架以及由此所形成的人才培养模式适应了新中国成立初期建立社会主义计划经济的需要，对于促进我国基础教育的恢复与发展发挥了极其重要的作用。但这一框架自身所固有的局限性在我国改革开放以来，特别是社会主义计划经济开始向社会主义市场经济转轨过程中逐渐暴露出来了，并已成为当前高等师范教育人才

---

① 教育部师范教育司组织编写：《教师专业化的理论与实践》2 版，280～283 页，北京，人民教育出版社，2003。

培养模式改革与创新的障碍。因此，在迈入 21 世纪时，如何在总结过去课程设置经验与传统的基础上，继承发扬原有课程设置的优势与特色，克服其不足与局限，全面构建面向 21 世纪的高等师范教育课程设置及其人才培养模式，是当前摆在广大高等师范教育工作者面前的一项急迫而又极具挑战性的任务。

□ 当前，我国高等师范教育课程改革的情况如何？

■ 20 世纪 90 年代末，教育部师范司（现为教育部教师工作司）部署"面向 21 世纪全国师范院校的教学内容与课程体系"的改革工作，并以科研立项的方式调动全国高等师范院校的教师参与师范教育教学模式的研究。南京师范大学为了"切实加强创新教育，培养高素质创造性人才"，进行了教学内容和课程体系改革研究与实验。在改革与实验中，我们尤其重视并加强第一课堂作为创新教育主渠道的作用，建立教材更新的动态运行机制和管理体制。我们强调在教学过程中，注意对知识的创造性传授，既及时反映学科发展动态和最新研究成果，又联系社会生活及不同行业、职业的实际；在拓宽专业口径的基础上，构建新的专业平台，使课程设置体现专业理论比较扎实、专业知识宽而新的特点。我们大力加强通识教育课程建设，改善学生的知识结构。我们继续加大任意选修课比例，逐步使任意选修课所占学分达总学分数的 1/3 左右，为学生自主学习和个性特长发展创造必要的条件。我们正在对教育学课程进行必要的改造，初步设想把原有的教育学课程分为三块：第一块为师范教育的基础教育，第二块是教育学科的综合知识，第三块是教育实践。我们力图在这三块上扩展，丰富原有的教育学体系。

华东师范大学的教育课程设置也有较大调整，其课程由四个板块十几门课组成，即综合理论板块、教育能力板块、教育技术板块、实践能力板块。

第一板块：当代教育思想

　　　　　　　教育思潮的历史演变

　　　　　　　教育心理学

　　　　　　　当代教育课程理论与课程创新

　　　　　　　中小学教育改革研究

第二板块：教育研究方法

　　　　　　　研究报告写作

第三板块：多媒体和网络教育技术

　　　　　　　课件的设计与制作

第四板块：教学策略

　　　　　　　课堂管理

　　　　　　　师生沟通的艺术

　　　　　　　教育评价与测量

　　　　　　　优秀班主任研究

　　　　　　　心理健康教育与辅导

　　华东师范大学的课程设置具有如下特点：综合性，即以系统组织的方式综合教育学科的知识，形成学生综合判断与灵活运用的能力；问题性，即注重实际问题的引入，以形成学生的问题意识和解决问题的能力为目标，具体的知识只是教学的手段；案例性，即利用案例和通过案例将理论与实践有机地结合起来；专题性，即打破一门课一上就一学期的传统，将一门门课中最精要的内容提炼出来，以专题带课程；实践性，聘请有经验的中学校长、特级教师、模范班主任和教育行政干部授课，紧贴教育的实践情况。上述师范大学的课程改革为我国的师范教育改革提供了有益的经验。

第四节　教师的情感人格与教育素质

　　我们无论怎样强调教学质量亦即教师质量的重要性都不会过分。学生的学习态度以及对自己的想象，在基础的早期阶段即基本形成。在此阶段，教师起着决定性的作用。学生要克服的障碍——贫穷，困难的社会环境，身体残疾——愈是繁重，对教师的要求就愈多。教师为有效对付这一切，只能展示极为多样的教学才能以及表现出不仅是权威的，而且也是情感同化、耐心和谦虚等的人文品质。如果一个儿童或成年人遇到的第一位教师是一位未经过充分培养并且缺乏积极性的老师，那么他们未来进行学习的基础本身就缺少坚固性。委员会认为各国政府应努力重新确认基础教育师资的重要性并提高他们的资格。每个国家应根据自己国家的特定情况，确定应采取何种措施以在最有积极性的大学生中招聘未来的教师，改进他们的培训工作并鼓励他们当中最优秀者去最艰苦的岗位上工作。此种措施的采取是绝对必要的，否则，不可能希望看到在最需要改善的地方教学质量能有重大的改善。①

　　□　我听到您多次在不同的场合提出教师的教育素质这一概念，为什么您用"教育素质"这一概念，而一般不提教师素质呢？

　　■　我认为教师这一职业有强烈的、鲜明的职业特征，即教育性。它要求与其他行业一样有自己特定的知识结构、能力结构、伦理结构，

---

① 《教育：财富蕴藏其中》，联合国教科文组织总部中文科译，139 页，北京，教育科学出版社，1996。

但所有这一切都必须通过"教育性"体现出来，而不同于其他从业者。教师的任务最终是关怀人、提升人的素质。教育中的关系主要是人的关系，而且是生命的相互创造和提升的关系。所以我们必须强调教师素质要有一种核心和灵魂的东西。也就是说，教育素质是综合性的有特定内涵的概念，其核心和灵魂是影响人、促进人、改变人的一种智慧本领。

　　□ 教师的教育素质与教师的情感人格素质有什么关系呢？

　　■ 我认为教师的情感人格素质与教育素质的关系特别大。教育主要通过情感人格素质层面去影响人、教化人，即通过情感的交往与影响，使对方情感发生变化的方式来实现教育目的。所以，我非常强调教师的情感人格素质。我从 20 世纪 90 年代中期以后，对此做了大量的理论研究及实验研究，尽管这个研究还很不够，但已初步勾勒出教师情感人格素质的结构图。

　　我认为教师的情感人格结构包含四个方面。

　　其一，教育观念。

　　教师的教育观念是教师在教育教学中对学生的主体认识以及对自己教学能力的认识，它直接影响教师的社会知觉、判断等心理过程，从而引发其相应的教育、教学行为。教师的观念具有如下特征：①它是个人化的独特的观念。②对教师自身而言这是其信奉的价值观，具有真理性。尽管这种观念可能是错误的，但它是教师自身根深蒂固的认识，很难加以改变。③这一观念有显著的情感性与评价性特征。④这一观念具有突出的情境性，离开了特定教学情境的教育观念是不存在的。教师的观念不是教育哲学理论，完全是体现在教师教学行为中的个体处理教育问题的态度和方式。

　　教师教育观念的内容很多，如教育价值观、人才观、师生观、学生观、课程观等。其中，有两类观念至关重要，即教师的学生观与教师的教学效能观。教师的学生观指教师的学生发展观和教师对学生的信赖与期望。教师的学生观可以外显为不同的教师教育态度和相应的教育方式。例如，教师的期望可以对学生的身心发展产生巨大的作用。教师的教育教学效能指教师对自己影响学生行为和发展的主观判断。例如，教师对自己有能力完成教育任务、教好学生的信念，教师对教育在学生发展中的作用的判断，等等。教师的教育观念与教师丰富的社会化过程息息相关，教师在同化社会文化的过程中，逐渐树立起自己的教育观念，在个体社会化过程中形成的这种教育观念一般不易改变，除非遇到了特殊的挑战。

教师的观念影响教师的成长和学生发展的深层心理活动。一方面，它在选择工作任务和认知策略以完成工作任务中起着导向作用。可以说，教师的观念决定了教师的教育教学行为。另一方面，教师的观念直接影响着学生的成长。因为教师的学生观与教师的期望，通过教师的教育方式这个中介变量来作用、影响、实现学生的发展与成长。因此，我认为教师的观念是教师成长的支撑性品质。

其二，教育思维方式。

上海有位特级教师向我讲述了他女儿梅梅 10 岁时发生的一件事。一天，女儿放学回家，原本干净的球鞋穿脏了。她妈妈就把鞋子洗干净了。哪知女儿第二天一早要穿这双鞋。结果，女儿很不高兴，指责妈妈坏了她的事。那位特级教师就不声不响地将注满热水的小玻璃瓶塞进鞋内干烫，经过多次反复后，终于把鞋子烫干了。他问女儿："爸爸好不好?"女儿不假思索地说："爸爸好，妈妈坏!"他说："梅梅，你把这件事写成一篇周记给我看。"当时，那位特级教师想检测一下这件事的教育效果如何。哪知，女儿却冲他叫道："烦死了! 我作业还没做，哪有时间做这件事!"那位特级教师对我说："这件事对我震动很大，看来，教育不可能立竿见影。"

那位特级教师说得对。教育作用往往是隐性的，效果常常比较缓慢。他要求女儿立即用书面语言来表达教育的效果，结果隐性的教育效果遭到了彻底的破坏。教育就像一颗种子，从播种、发芽到开花结果有一个过程。因此，教育需要耐心，教育需要等待。那种急功近利地要求教育立刻显性化、语言化的做法，是非常有害的。

我们教师的教育思维方式既有理智性特征，又有情感性特征；既有现实性特征，又有超越性特征。他不仅相信教育事实之间的逻辑关系，也相信教育事实之间大量的非逻辑关系；承认教育对人的发展影响既可能是连续的，也可能是非连续的；教育既是可控制的，也是不可控制的；教育既可能是显性力，也可能是隐性力；理想的教育必须创造，教育是面向未来的事业，教师不能没有幻化性思维、浪漫性思维、创造性思维。正因为教师有了爱，教师的思维方式才具有弹性。没有爱心的教师，其思维一定会绝对化。因此，教师的思维方式与其情感人格素质有着内在的、必然的逻辑联系。

其三，教育行为的艺术和技术。

教师的艺术和技术是多种多样、丰富多彩的。外化为教育行为的艺术和技能有分别对自己、对学生的三组情感与技术。对自己：①识别、认识自己的情绪、脾性、趣味；②善于表达、控制自己的情绪；③能够激励自己、战胜挫折。对学生：①善于识别、体察和感受学生的情绪，并做出相应的反应；②善于与学生沟通情感，能够分享和移情；③善于欣赏、鼓励、调动学生的积极情感。表现教师行为艺术和技术上的情感品质和情感能力来源于以下三个条件。第一，来自教师本人情感世界及其情感经验的丰富性。情感经验的丰富性使教师善于发现和重视学生情感经验并且帮助其分析、认识情感经验。第二，这一行为艺术和技术反映教师的自我监控水平，即根据学生即景的情感表现状态，随时调整、灵活运用各种教育教学手段的能力。第三，教师自身的语言修养，包括词汇的丰富性、用词的准确性、修辞手段和体态语的使用等。

其四，教师的教育风格类型。

教师人格—情感在不同级别、类型的学校教师中，在不同的具体教育者身上显示为风格和类型的明显差异性。最粗略地划分，可将之分为自然型和表演型。自然型又可分为含蓄型、沉稳型、温柔型和热烈型。表演型又可分为故事型、诗歌型、哲理型等。不同类型和风格对不同年龄的受教育对象、不同神经类型和人格的学生、不同的教育场景会有不同的适应范围。

学生在提到有影响的教师时指出，这些教师通过把自己沉浸于教材的内容和教学技巧之中，来激发学生的学习激情。这种回答远远超出了曾提到的能力、身份和智慧。学生愿意对那些能够传授激情、有理智感染力的教师做出反应。学生的兴奋点开始搏动后，学习便成为愉快的而不是苦涩乏味的了。就这样，教师沉浸到教材之中，换得了学生有效的学习。

教师沉浸于教材之中，这并不影响他深入学生之中。相反，学生把有影响的教师看成特别容易接近的人，觉得他和蔼可亲，随时准备倾听他们理解教材时碰到的困难。这种通过崭新的方式呈现教材以唤起学生注意力的能力，经常被看作教师创造力的表现。但把教师的这种行为标榜成"创造"，是一种误解，因为那就意味着只有特殊天资的教师才具有这种能力。实际上，一位能用新方法展示教材的教师并不一定具有什么惊人的创造力，而只是因为他更乐于花时间去思考怎样向一个具体的对象最佳地传授知识罢了。换句话说，创造力就像对学生的关怀和进入教学角色一样，可能是教师教学热情的反映。

□ 通过您的介绍，我明白了教师的情感—人格素质是教师教育素质的核心品质。探讨这个问题意义重大。您再介绍一下这项研究的进展情况好吗？

■ 20 世纪 90 年代以来，我们在江苏、上海等地不少学校中做过许多宣传工作，通过报纸、杂志及其他新闻传媒获得了一大批读者和知音。我们常常接到教师们充满感情的来信，述说自己对情感教育以及提高自身情感素质的渴望。除宣传外，我们从 1994 年起在部分学校开展这一内容课题的行动研究。我们在南京市琅琊路小学、上海市宝山区红星幼儿园、江苏丹阳师范学校附属小学和江苏省南菁高级中学等开展主体性情感教育（包括道德情感教育）的实验、实证研究，设置课程、精心设计课型、培训队伍等，进行对少年儿童情感识别能力和移情能力的开发和训练。一批中小学、幼儿园教师正是在实验活动中，增强了情感教育意识，自身的情感—人格素质也有了提高。同时，我们对江苏十余所学校开展的素质教育实验进行情感—素质定向的再研究，着重揭示其素质教育的操作中情感活动与认知活动正向互动的机制，总结教师控制教学、教育中情绪—情感层面的心向与能力，描述学生情感与认知活动协调发展的状态。与我们合作的一批教师现在已经会初步使用"情感教育""情感性发展""情感教育资源""情感—人格素质"等术语，会做学生情感发展方向的某些测量，会设计情感性的教育教学活动，与学生建立健康、亲密的交往关系，会总结自己的情感教学、情感教育的心得体会。其中，对如何利用课程、课堂教学进行情感教育，以及在教学活动中如何体现情感—人格素质，我们做过较为详细的概括，并利用两组表现性指标分别描述和测查教师与学生的情感水平。

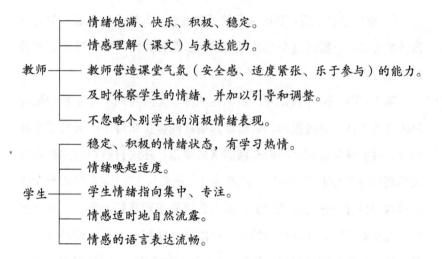

教师
—— 情绪饱满、快乐、积极、稳定。
—— 情感理解（课文）与表达能力。
—— 教师营造课堂气氛（安全感、适度紧张、乐于参与）的能力。
—— 及时体察学生的情绪，并加以引导和调整。
—— 不忽略个别学生的消极情绪表现。

学生
—— 稳定、积极的情绪状态，有学习热情。
—— 情绪唤起适度。
—— 学生情绪指向集中、专注。
—— 情感适时地自然流露。
—— 情感的语言表达流畅。

1997 年以来，我们着手对各级各类师范生情感—人格素质形成途径做行动研究。以教育价值观念、教育思维方式、教育行为技艺和教育风格类型四个方面作为框架，以高师、师专、中师三个类型的学生以及高中、小学、幼儿园现职教师为调查对象，拟定预测问卷，做尝试性调查。经过筛选、初测后，各学校针对如何提高师范生的情感—人格素质，探索适合本校教育实践传统的新的教育操作思路。目前，此项工作正在进行之中。

□ 有人说：未来教师应当是反思型、反省型的，这与您提倡的情感性人格素质有什么关系？

■ 反思型、反省型教师培养问题成为师资培养的重要课题。即使是反思型、反省型教师也应具备情感性人格素质。所谓反思型、反省型教师是指能够不断总结、反思自己的教育教学工作，调整自己、创造教育新经验，提出教育新思想的教师。这样的教师必须具有以下一些情感—人格素质方面的条件。

第一，情感的开放性。反思的基础是自我认知，人的自我评价必然带有情感的色彩。因此，要有自我开放、谦恭的胸怀，能够接纳不同意见，也能够悦纳自己。

第二，情感的敏感性。反思教育教学工作的前提，是对工作状态之敏感。工作状态反映在教育教学过程中，在师生交往中，在对学生情感状态的反应中。因此，教师要正确地体察学生，体察自己的情绪并加以适当的调整。

第三，情感的驱动性。对教师工作的研究不同于对学术、专业本身的研究，这种对经验的反思具有明显的具体情境性和个人特征。反思的结果是对自己教育教学工作的调整。这需要人在情感上的自愿、意向上的趋近。

第五节　对创造性教师的新诠释

□ 人们对教师职业理解的片面性往往导致不良的结果。传统的观点认为，教师是知识的传递者，无须进行创造。那么究竟我们应该如何看待教师职业的创造性呢？

■ 对于创造性的解释，美国卡内基教学促进基金会主席波伊尔有新的诠释。他提出，大学教师的学术水平有四种：发现、综合、运用、传递。有四类教师人才：发现知识的人才、综合运用知识的人才、运用知识的人才、教学传授的人才。他认为，教学是一门学术性的事业，它虽然从已知开始，但不限于已知。最好的教学不仅传播知识，同时改造、扩展知识，更重要的是教学是一种能动的过程，教师不仅善于创造一种求知的共同基础，而且不断地通过活动把学生和自己都推向新的创造性的方向。教学同样需要教师的创造性。这一理解可以帮助我们转变观念，有利于我们树立新的教师教育观念。

教师的创造性是一个重要课题。所谓有创造性的教师是指能用自己独特的教育理解来发现和创造行之有效的方法，进而成功地影响学生，否则，就不是一位好教师。我认为须警惕科学主义思潮对教师培养的浸染。教师职业的特定性与科学工作既有共同之处又有很大的区别。当然，科学工作也需要人文精神。所以，真正的科学大家，是科学精神和人文精神相结合的科学家，他具有人格魅力。在高等学校中，正是那些有人文精神的教师，才能以他的人格去影响学生。所以教师的创造和发现不仅是对物、对物质结构规律的发现，不仅是对构造物质本质的发现，而且是对人的发现。物的发现要求格物、思齐、整齐划一，但人的发现更多地需要统觉、混沌以及对复杂因素的发现。正如胡适说的那样："做学问要在不疑处有疑，待人要在有疑处不疑。"①因为人是各种各样的，我们应当宽容、豁达地理解人。教育的认识是感受、移情，只有豁达的人才能做教育家。

　　教师和学生间确立的强有力关系是教学过程的关键所在。当然，知识可以通过各种方式获取，而且远距离教学和在教学方面使用新技术已表明卓有成效。但是，对几乎全部学生，尤其是尚未掌握思考和学习方法的学生而言，教师仍有无法取代的作用。如果说个人发展的继续必须以独立的学习和研究能力为前提，那么这种能力只有在向一位或数位教师求学一段时间后才能获得。对善于教给学生思考方法、让人产生更努力深入某个问题的强烈愿望的教师，有谁不怀念他呢？在生活过程中须作出某些重大决定时又有谁未曾从教师处学得知识，哪怕是从部分知识中得到启迪呢？

　　教师的工作并非只是传授信息，甚至也不是传授知识，而是以陈述问题方式介绍这些知识，把它们置于某种条件中，并把各种问题置于其未来情景中，从而使学生能在其答案和更广泛的问题之间

---

① 闻纪宁、胡晓：《胡适：人生坦言》，170 页，合肥，安徽人民出版社，1995。

建立一种联系。师生关系旨在本着尊重学生自主性的精神，使他们的人格得到充分发展。从这个观点出发，教师享有的权威总是有着自相矛盾的特点，因为它不是建立在确认其权力的基础上，而是建立在自由承认知识合法性的基础上。这种权威的概念无疑须要发展，但始终是重要的，因为学生提出的关于世界的种种问题的答案即来自它，也是它决定着教学过程的成功。此外，如果希望学生日后有能力预见变革，并通过终身不断学习来适应变革的话，那么现代社会里就越来越需要教育为培养个人的判断力和责任感做出贡献。与教师一起工作并同他对话，有助于学生发展自己的批判意识。

教师的巨大力量在于做出榜样。他们要表现出好奇心和思想开放，并随时准备自己的假定将由事实来检验，甚至承认错误。传授学习的兴趣，尤其是教师的责任。委员会认为教师培训必须重新加以审查，以期在未来教师身上培训特有的人文和智力品质，以便沿着本报告提出的方向促进新的教学方法。①

创造性教师不同于一般的教师，他们具有自己的教育哲学观。这种独特的教育哲学观是创造性教师非常重要的素质，在教师的教育教学活动中起着至关重要的作用。教师的哲学观是独特的人观，这种人观影射到教育工作中去，形成了个人化的教育观念和教育思维方式。这种价值观、人观有宏观与微观之分。教师除具备宏观的价值观、人观以外，应有个人化的、生活化的、个性化的教育观念与教育思维方式。对待培养教师的哲学问题，美国教育界起初主张以知识为本位，后又主张以能力为本位，20 世纪 70 年代又发展为强调人格、个性的

---

① 《教育：财富蕴藏其中》，联合国教科文组织总部中文科译，138～139 页，北京，教育科学出版社，1996。收入本书时有改动。

重要性，之后又提倡知识、能力、人格三位一体。在研究方法上先是受行为主义影响，后来的研究发现，影响教师教育效能的是教师的教育观念。教师的观念是教师在教育教学中所形成的对相关教育现象、对所教对象——学生主体认识以及对自己教学能力的认识。它直接影响教师的社会知觉、判断等心理过程，从而引发其相应的教育教学行为。另外，我们认为教育的思维方式不同于科学的思维方式，教育的思维方式应该是有弹性、有柔性的。有这样一个例子可以说明教师的教育观念的重要性：苏霍姆林斯基为了观察一个与教师关系紧张的学生，深入课堂观察。他后来在全体教职工大会上说，他发现了一个新的教育定义——什么是教育？教育就是使学生想把好的方面表现出来的那个东西。可见，教师的教育观是决定教育成功的关键要素。因此，我认为应该警惕唯科学主义的教师观，回归到培育完整的人的立场上来。

创造性教师的知识结构及能力结构不同于一般的教师，他们不但具有一定的知识结构，而且必须具有吸收、转化知识的特殊能力。我认为创造性教师要具有合理的知识结构，有转识成智的能力。教师必须以传递知识作为中介来发展人、创造新人。教师的知识结构应该是复合性的双专业的，既有扎扎实实的本学科领域的专业知识基础，同时又具有教育专业知识。高等师范教育用三大块来实现这一目标，一是通识教育，二是学科专业教育，三是教育专业教育。我们提倡教师要成为一个合格的教师，除掉有合理的知识结构之外，还必须有转识成智的能力。美国的德鲁克把知识概念的发展划分为三个时代，即人类早期的知识启蒙时代，近代工业革命时期的知识应用时代，工业革命时期之后的智慧时代或知识时代。智慧时代要求人们在知识爆炸、信息扩张之际能运用特定目标，学会聚拢、搜寻知识，因此智慧比知识更重要。智慧是高于知识、驾驭知识的能力，由知识到智慧是飞跃。加德纳的多元智能理论比以往的智能理论有了突破性的理解。他提出有两种人格方面的智能：内省智能与交往智能。我想这两种智能可能是转识成智的重要条件。

□ 教师怎样才能转识成智呢？怎样用自己的知识将学生培养成有创造能力的智者呢？

■ 我认为有三个环节。

第一，转换教师的知识观。有三种关于知识分类的方式很有意思。一是 1996 年经济合作与发展组织提出的知识类型说，提出知识的类型有四种：数据事实知识、原理性知识、技能知识、智慧知识。二是英国哲学家波兰尼首次提出的明确知识与意会知识之说，他认为这两者可以相互转化。有人预言，未来社会中，可用计算机处理的知识占 98%，仅有 2% 的知识不能用计算机处理，计算机处理的知识是可编撰的知识。[①] 第一种转化是从意会到意会的过程，如人的社会化与道德形成过程就是从意会到意会的过程，不可言传，靠习染而成。第二种转化，从意会到明确，从本来的模糊状态到可以言状、说清楚，这让意会知识变成明晰化的知识。第三种转化为从明确到明确，即相当多的明确化的知识越来越明确化，最终结构化。第四种从明确再返回意会。三是美国学者菲尼克斯提出的知识层级说，他发现有些人具有许多不能产生质的变化的知识，却又缺少许多必备的知识，也有的人具有符号化、描述性知识，而缺少技能性知识、感受性知识。这些人被菲尼克斯称为不调和的人。他主张要进行调和的教育。我认为这就是素质教育，它为创造性的形成准备合理的知识基础。

第二，教给学生发现知识的方法论。

康德授课时，从不简单地讲授已有的知识结论，而是边说、边思

---

① 美国信息研究所：《知识经济：21 世纪信息的本质》，王亦楠译，总序 5 页，南昌，江西教育出版社，1999。

维，学生从他的开放的呈现式的思维中学到了他的思维流淌过程及方法。

第三，知识与价值的统一。

知识与价值常常发生背离，创造性教师应让学生在学习中体悟到知识背后的价值，将知识和价值统一起来。

□ 创造性教师应是认知与情感高度协调与完整的人，这种人是人格完整的人。在教育工作中，他们有着独特的优势。他们既是幸福、完美的人，又能够培养幸福、完美的人。知识经济社会呼唤这样的教师，更期待这样的教师。

■ 高素质教师应该是高知识水平和高情感水平相一致的人。研究表明，人的发展与教育有两个共同存在的领域：一是认知领域，属智力、知识、才能的范畴；二是情感领域，属情感、态度、习惯、信仰的范畴。我们常常重视教师的认知发展水平而忽视情感领域的发展水平，造成教师认知与情感的背离。有位学者说，认知和情感好比乐曲的低音和高音，教师的任务是要确保演奏认知与情感的乐曲时用一个调，那才使学生成为一个和谐的人。如果教师在弹奏时，突出认知，而忽略情感的话，学生就会成为一个感受比较低的人，尽管学生的逻辑理智发展了，但他的感受力下降了。这一问题在 20 世纪五六十年代哈佛大学做零点课题时就认定了，如果我们不观照人的情感发展，只重视人的逻辑理智层面的提高，那么人的感受性就下降。教师不管有多少专业知识都不能代替他对学生的同情心，不管教师与学生有多么真诚的友谊，也不能代替他的专业能力。一般说来，教师的情感人格特点越丰富，对教育教学作用越大。天津的优秀教师侯淑红，刚工作时，是个不起眼的教师，但是她带班的能力很强，人们对她进行研究发现，她带班成功的秘密在于，她的认知与情感非常协调一致。她有丰富的情感—人格特质，她热爱学生、关心学生、既宽容又有分寸，情绪稳定、乐观、有感染能力与鼓舞能力，能打动学生。国外的研究发现，教学效能高的教师的成功因素中有 38 项与教师的情感—人格素质有关。我认为，一个有创造能力的教师必须是认知与情感协调的人。

□ 培养创造性教师必须改变传统的教师培养观念。在这方面，您的体会是什么？

■ 培养创造性教师要注意如下几个问题。

第一，要解决好知识与知识的分离、知识与方法的分离、知识与价值的分离、知识与情境的分离等问题。现行师范课程、教师继续教育课程都未能很好地解决这些问题，仍然是知识传授式、单向式、记诵式的，缺少方法呈现，缺少价值倾向的自然流淌，缺少现场感。第二，应全面理解教师专业的完整内涵，教师专业实际上是双专业，即包括教职学科专业与教育专业的知识，两种专业之间如何融通是个大问题。第三，教师成长是终身的过程，应重视教师职前、职后的一体化。必须从教师教育的职前、职后一体化角度来设计职前教育，不应将教师培养的所有问题都放在职前阶段。教师的成长是一个全生命的、长期的过程，应靠继续教育与终身教育来完成。有人对教师的成长做过专门研究，一个教师的成长需要 3～5 年的适应期，到一定时候会出现高原期。这说明教师的成长有自身的规律，要求用回归教育的思想来进行教师教育。但必须指出的是，现在提倡的回归教育也有严重的问题，如果没有正确的培养观做指导，只是让教师回到师范大学重新学习理论性的、体系化的知识，忽略对他们自己已有教育观念和教育行为的反思，这种方式仍然难以达到教师培养的主要目的。第四，教师职业是一个实践性极强的职业，它离不开实践情境，所以期望教师在职前就具有教育教学能力极难。这要求教师在职前初步形成教育教学能力的基础上，在日后的教育教学实践中逐步提高。所以，我们应将见习与实习并重，并将实习提前，使学生尽早有实践意识。当前，我国师范教育的实践环节过于单薄，已远远不能适应培养教师的需要。

过去，我们把师范生的教育实习设在最后一学期，这是非常不够的，现在应该考虑提前和分多次进行，如见习、实习应该由一次变为多次。在国外，学生往往有一个学期都在中学任教，积累经验和增强体验。"经验"+"成长"是培养合格教师的必由之路。教育理论与情境一体化是很重要的，必须予以重视。有人对在岗培训有新论，提出校本培训观，认为教师可以在校培训。校本培训具有一些明显的优点，如教师可以不离岗，便于实践，但缺点也很突出，如封闭性、模式化、互动少、信息少等。教师培养应该把校本培训、行动培训以及脱产进入综合性大学或师范性大学系统地进行学习结合起来。

　　培训教师时还应向其反复灌输这样一种教学观：它超越实用性，鼓励提问、相互作用和研究不同的假设。无论是教师的入门培训还是在职培训，其主要使命之一是在教师身上发展社会期待于他们的伦理的、智力的和情感的品质，以使他们日后能在他们学生身上培养同样的品质。

　　高质量的培训意味着未来的教师应与有经验的教师以及在其各自学科中工作的研究人员进行接触。在职教师也应经常有机会通过小组工作会议和在职培训实习来提高自己。在职培训（按尽可能灵活的方式实施）的加强，在提高教师的能力和积极性方面，以及在改善他们的地位方面，可以做出许多贡献。鉴于教学和教学法质量改进研究工作的重要性，教师培训还应包括为研究而培训这一强化成分，教师培训机构和大学之间的联系也应进一步加强。[1]

---

① 《教育：财富蕴藏其中》，联合国教科文组织总部中文科译，143页，北京，教育科学出版社，1996。

第十章　教育研究：贡献与局限

第一节　教育研究的功能与贡献

　　□ "科教兴国"已成为我国一项战略，从教育自身发展来看，教育要真正起到"兴国"的作用，首先要做到"教科兴教"。即教育必须加强对自身的研究，加强教育与社会之间相互关系的研究，并且不断提高教育研究水平，为教育决策和教育实践活动提供源源不断的、生动的思想资源。例如，在教育决策过程中，如果缺乏必要的调查研究和理论依据，就常常会导致教育的失策和教育实践的盲目性。从目前情况看，这一问题仍有待于从理论上加以规范和澄清。您能否就这一问题进行说明？

　　■ 当然可以，而且确有必要。刚才你谈到的教育决策理论依据问题，我就很有感触。我在参加一次学术会议期间，香港大学的一位同人曾问我，过去内地的小学生可以根据自己的愿望和经济条件择校，现在的教育政策规定不允许择校而是就近入学。这样一来教师的适应能力就有可能存在一些问题：原来好的学校生源较好，教师教起来较轻松；现在学习优秀生、后进生都进入同一所学校同一个班级，教师对学习成绩差而且资质又差的学生如何教呢？这种事先不做论证、不对教师做一定的培训的做法是否可行？在香港，如果政府部门要对某种教育制度做出一项政策性的调整，都要经过一定的论证和师资方面的充分准备，以确保其教育政策的可行性。面对这件我本以为是习以为常的事情，我一时还真找不到他所期望的"理论依据"和"可行性的论证"。

因为，我们并没有把这件事情作为教育问题来看待，也确实没有做过这样的研究和论证，但这种政策性的调整又是常见的、普遍的教育事实。从社会方面反映的情况看，这种择校制度的确带来了种种非议和责难。诸如此类的现象，在教育实际生活中也是为数不少的。且不说其"理论依据"是否重要，单就其"可行性"来说则非得做一番实证的模拟研究才行。尤其当社会需要教育理论对一些教育热点问题（如教育收费、教育公正、教育投资等）做出回答的时候，许多理论的回答却显得十分苍白。其主要原因是对中国的教育实际状况了解不多，对教育的内在机制和社会性研究不深。通过这个小的事例，有两种现象值得我们注意：一种现象是教育决策过程中不太注重理论的作用，甚至有诋毁理论的倾向；另一种现象是我们较少有好的理论可资指导决策，这反映了教育研究自身的不足。

教育研究的贡献取决于教育研究的功能。简要地概括一下，教育研究具有以下四方面的功能。一是思想上的反思功能。现代分析哲学认为，哲学的任务在于"清思"，用尽可能客观的方法对语言进行逻辑分析，并阐明它们的意义。人们必须不断地对教育思想的发展历史做出总结、概括与批判，对教育实践经验做出总结、概括并上升到理论的高度，以特定的价值标准和教育信念对此加以检验，从中发现新的问题。二是理论上的澄清功能。教育现象是人类社会中一种较为复杂的现象。人们可以通过研究，将许多事物还原成真，从而真正揭露出教育的本质、本性和本源的内涵。按照现象学的观点看，研究就是"现象还原内部的、直观的、观念化的方法"，是由现象达到纯粹意识，即把物质世界和经验世界还原为精神世界和主观的自我意识。三是价值的创造功能。即评判教育活动及其思想的得失，提出理想教育的假定，建立人类教育的新的理念，发展和创造丰富的教育价值，指明未来教育的发展方向。四是方法上的示范功能，以研究特有的方式与过程尝试新的教育实践方式，创制新的教育实践模式，直接为教育实践活动提供方法与示范。

据此，我们可从教育决策过程中、教育实践过程中、形成大众教育观念中三个方面看出教育研究的作用。

□ 教育研究从宏观上能为教育决策提供必要的理论思想依据，也可建立某种理论模型为教育实践提供操作样式与参照体系。这应该是当今教育研究的共同取向吧？

■ 可以这样认为。因为就教育的宏观发展而言，教育及教育研究成为一种"国家行为"或"政府行为"，这是现代教育发展的重要特征之一。并且，以教育研究为教育行政决策的依据，这在许多国家是具有法定地位的。但是，任何决策行为都不是个人意志的体现，教育决策理论化是一个主管行政机构乃至国家政府机构在教育方面的管理水平成熟的标志。自从泰勒制管理模式产生后，人们对决策理论研究的兴趣有增无减。美国的弗兰克·斯波尔丁（Frank Spoulding）将泰勒制的原理用于编制教育预算、计划奖金和控制教育经费方面。美国的另一位学者富兰克林·博比特（Frankrin Bobbitt）运用泰勒制原理解决学生成绩测量问题。当然，人们更多是采用教育研究的成果或其提供的理论作为教育决策的思想资源，从地方教育行政到中央教育管理机构都无一例外地提升了教育研究的重要地位，以保证决策的科学性和可行性。

世界上许多国家设立了教育科研机构和计划机构，如：

中国——中央教育科学研究所和国务院教育科学规划办公室

苏联——苏联教育科学研究所

美国——国民教育研究所和教育计划预算司

日本——国立教育研究所和计划课

英国——英格兰及威尔士全国教育研究基金会

德国——德意志国际教育研究所和教育计划司①

从以上一些国家的法定研究机构设置和现有发展状况看来，国家或其他教育行政机构对教育走上科学化和民主化的道路必须有两个重要的保障条件：一个是健全的教育法制体系，另一个是全面深入的理论研究。随着我国教育体制完善和改革实践深化与拓展，教育研究也将越来越显示出其不可或缺的地位。正如国务院在《〈中国教育改革和发展纲要〉的实施意见》中指出的：政府要切实转变职能，改善对学校的宏观管理。其主要职能应是：制订教育方针、政策和法规；制订各类高等学校设置标准和学位标准；制订教育事业发展规划和审批年度招生计划；提出教育经费预算并统筹安排和管理以及通过建立基金制等方式，发挥拨款机制的宏观调控作用；逐步建立支持教育改革和发展的服务体系；组织对各类学校教育质量的检查和评估，对学校进行宏观管理。属于学校的权限，坚决下放给学校。为保证政府职能的转变，使重大决策经过科学的研究和论证，要建立健全社会中介组织，包括教育决策咨询研究机构、高等学校设置和学位评议咨询机构、教育评估机构、教育考试机构、资格证书机构等，发挥社会各界参与教育决策和管理的作用。

根据上述简要分析，我们可以得出一个结论：现代教育的发展需

---

① 张维平：《平衡与制约：20 世纪的教育法》，济南，山东教育出版社，1996。

要宏观的战略决策，正确的战略决策要以教育理论作为重要依据。尤其是在教育迈向现代化并以"科教兴国"为战略的今天，如果没有理论作为指导就无法把握教育发展的内在机制；同样，如果没有对教育现象深刻的认识与研究，也不可能为教育实践和教育决策提供有效的理论指导。

　　□ 教育决策离不开教育研究，教育实践同样离不开教育研究。根据马克思主义的实践观，没有理性智慧的活动不能算是人类的实践活动。同样，根据我们对教育本质精神的认识和理解，没有崇高理念的教育活动不算是真正的教育实践。也就是说，教育研究所形成的智慧对人们完成教育实践行为是必要的内在因素。

　　■ 虽不能这么绝对地看问题，但人类的实践活动（包括教育活动）确实有不同的层次之分。从实践的内涵来看，实践并不是一般意义上的外显的"活动"或"行为"，而是人类本质力量和理性力量的一种扩展，是人的情意乃至人格力量的凸显。在教育实践活动中，人的理性、情意、人格、信念等多侧面的因素共同起着综合性的作用。因此，人具有什么样的思维水平和信念、具有何种情意态度与价值取向，必将导致人的不同实践方向和效果。尽管教育研究本身并不是教育实践，但它是人们形成实践理性或实践智慧的重要方式。这种方式是借助于符号操作而进行的一种思想实验，通过对外部世界的客观对象进行观念上的分解和组合，进而形成符合自己需要的观念模型，是人们从主体需要出发进行各种社会活动的自控能力和规范原则。作为自控能力，它包括主体对社会活动的指导、调控、平衡和组织的能力，以及主体活动中的自主、自决、创造、对象化等方面的能力；作为规范原则，它包括主体自身制定的在所有社会活动中生效的行为规范和活动准则。

　　教育实践的方式具有多样性、个别性、精神性、文化性和交往性等特征。教育实践的最初目的和最终目的都是人的自身发展，因而，教育实践的主要功能之一是对人，确切地说是对人的人格境界的提升。作为教育者，如果没有崇高的教育理念、广阔的人生视界、高屋建瓴般的思维水平，那是很难通过教育活动达到这一目标的。教育者的这种实践智慧当然来自对教育的不断反思和研究，来自对教育理念的不断追求。我们今天提倡培养反思型、研究型的教师，理由正在于此。

　　□ 那么，教育研究的成果是以何种形式或形态对教育决策与教育实践起作用的呢？面对林林总总、形形色色的研究成果，我们应依据什么标准进行选择呢？

　　■ 从目前的情况看，教育研究成果的呈现形式，从不同的角度看有不同的分类。如果就其内在特性看，它包括三种类型。一是思想性或价值性的成果。即以某种价值判断为依据，形成对教育现象或问题的观念与看法，包括宏观意义上的战略研究。这属于价值规范性的研究成果。二是有关教育现象本然性的知识性或原理性的成果，主要是以揭示教育存在及其本质，认清教育规律及其内在联系为内容的研究。这是理论体系构成性的研究成果。三是方法论或思维性成果，给人以某种方法上的启示和操作上的思路。此外，示例性或行为性成果也是一种新颖独特的呈现方式，它是直接以其具体的研究行为或教育实际操作过程为教育工作者提供参照的样式。如何选择不同的教育研究成果用以实践，这要看它用于什么样的教育部门。不同的教育实践水平需要不同的研究成果，以完成其相应的教育活动。

　　米亚拉雷（Mialaret，G.）等认为，教育实践可分为四级水平。第一级水平是直接地对个人或集体施加影响作用的水平。教师对各种年龄阶段的儿童所作的工作等皆为适例。第二级水平，也可称为学校水平。教育机构负责人的工作是对师生双方的工作，……这种水平与行政公文所示的构想的付诸实施有着密切关系。第三级水平，可以说是在特定的水平上从事教育工作的教育家的水平。这种教育家所起的作用为……将学习阶段、（表明了达成目标的）教育课程、（显示了一定教育观念的）方法等统合起来，调整不同教育部门间的关系，揭示达成目标和方法，同时也揭示学校组织的原理。教育工作的第四级水平，则有可能在预测未来的高度上探讨教育问题。①

据此，我们对教育部门大致可做如下划分：一类是教育决策部门，一类是教育管理部门，一类是理论研究部门，一类是教育教学实践部门。前两类可合并为一大类。如何吸取相关的研究成果？其一，不同部门有着不同的或共同的理论需要，包括理论研究部门自身。也就是说各种形式的研究成果都可在一定程度上为各部门的教育工作提供一定的帮助。即使是示例性成果，也不是对决策部门毫无意义，因为决策也有宏观上的战略决策和具体的操作意义上的决策。同样，思想性的东西对每个教育工作者来说是其教育实践的灵魂，不能认为只有示例性的或方法性的研究成果才是实用的。其二，既然有了这种相对专门的部门分工，各部门的实践活动就有着很大的区别甚至根本的区别，因而不同的教育类型的研究成果所需要的程度也是不同的。相对来说，教育教学实践部门对方法性的成果和示例性成果的需求量就会大一些，这是一种直接的需求。在这种需求得到一定满足的基础上，这些部门对教育的原理性或思想性的成

---

① ［日］日本筑波大学教育学研究会：《现代教育学基础》，钟启泉译，237 页，上海，上海教育出版社，1986。收入本书时有改动。

果需求将会增大。在某种程度上，理论部门对所有类型成果的需求量都应该是大量的。决策和管理部门往往首先需要的是思想性成果，也需要其他成果作为决策和管理的基础。其三，同样一种成果由于受到不同部门甚至同一部门不同人的运用，其功能的发挥也有较大的差异。

□ 就上述决策意义与实践意义两方面的作用而言，教育研究对公众教育观念的形成可视为产生作用的前提条件。可否认为，教育研究尤其是专业教育研究应该在公众价值观念的形成中起到理论规范作用，唯此才有可能进一步内化为实践智慧与决策参数？

■ 教育研究的作用过程是内隐的、缓慢的、弥散的，就其作用方式看，我基本同意你的这一看法。而你在这里所提出的对"公众教育观念"作用的问题，应主要是指其思想理论成果的广泛的、深层次的作用。美国教育哲学家索尔蒂斯在探讨教育哲学划分标准时曾做过类似的概括。他认为可就其价值观念的存在特性分为个人的教育哲学、公众的教育哲学和专业的教育哲学。个人的教育哲学旨在帮助那些将要成为教育工作者的人找到和形成个人自己的教育哲学，这是他们应有的教育信念。公众的教育哲学应该明确表达社会公众在教育方面的愿望，使致力于推进和关心教育事业的人有较为明确的教育价值观，并对公众教育观念起引导作用。专业的教育哲学除了上述两方面的功能外，还必须研究教育领域在基本概念和基本规范方面的各种争议，做出认真而严密的哲学检验、批判、辩驳、分析与综合，由此促进教育工作者不断自我反思。这一概括应该比较清楚地阐明了教育研究特别是你所讲的专业的教育研究在形成公众教育观念中的作用。

不管怎么说，教育研究可帮助人们对教育现象进行分析、对丰富的感性世界进行归纳、提炼并使之经验化和理论化。通过教育研究我们还可以对已有教育实践进行反思，即通过教育研究可以对教育实践经验做出总结概括并上升到理论的高度，评判教育活动及其思想的得失，提出新教育假定，发展和创造丰富的教育价值。我们通过教育研究将一定的教育价值观和教育方法渗透到人的教育思想中并自觉地加以运用，从而达到真正地指导教育实践的目的。

第二节　教育研究的误区与局限

□　教育研究的重要性并不等于教育研究的先进性，如果教育研究不能适应教育实践，就会失去其应有的功效。有人认为只有形上研究才是真正的"理论"研究。那些来自教育生活，并经过提炼、概括过的教育研究成果往往被视为"小儿科"或"经验型"的研究。请问，这是否表明一种研究的误区？

■　对于教育研究过程中存在着的种种问题，不少人有相同的看法，这首先涉及你所提及的"理论"这一基本概念的含义。我认为"理论"应该是有一定的内涵限制的，不是所有的意识形态的东西都可称为教育理论，也不是所有在书本上出现的东西都可称为理论。照我的理解，人文社会科学理论主要应该指在实践体验和观察认识的基础上建立起来的一整套的原理阐述、思维方式、价值体系和方法论。但是，正如我们在前面所讨论的那样，研究成果的呈现方式是多样化的，不可能每种研究成果都自成一套理论系统。而且"研究""研究成果"与"理论"形态是完全不同的事。研究强调的是过程，理论则可能用于研究过程，也可以是研究的成果。从真正意义上说，只有较强理论性的研究成果才具有较强的实践意义，那些假借理论形式出现而又缺乏研究内容的东西与"理论"是名不副实的。

有位学者在对近几十年来的中国教育学理论做分析时指出：教育

理论(以《教育学》为例)在其成果的实现过程中，还存在着"为评职称突击编写的所谓'复印式'教育学；热衷外延轻视内涵，套用新概念叙述旧话语的所谓'装潢式'教育学；借权行事，利用行政手段与'红头'文件发行的所谓'树碑式'教育学；'跨校合股'自编自用短平快的所谓'同仁式'教育学；以实利为目的编写的所谓'创收式'教育学"①。显而易见，如果我们也将这类"教育学著作"称为"教育理论"的话，那么理论也就失去其真正的价值意义和魅力。

这种批评意见是非常尖锐的，也是相当中肯的。如果教育研究失去了自己的方法，失去了自己独特的研究领域，如果教育研究不具有一定的批判性和创新性，其局限性就无法克服和超越。

□ 照这样看来，目前的教育研究在这几方面的局限性比较明显：研究的预设性或计划性太强，其价值和意义主要取决于是什么级别的课题；研究方法缺乏教育精神和气质；由于其方法缺少教育味，教育研究成果难以转化成实践智慧和大众观念。

■ 概括起来就是教育研究所表现出来的体制运作的局限性、方法选择的局限性和功能发挥的局限性。从体制上看，长期受计划经济模式的影响，教育研究体制还不能完全适应教育自身发展的机制。它主要表现在机构上追求大而全、研究项目上以"指令计划"为主。应该说我国的职业性教育研究队伍是十分庞大的，教育研究机构从国家级、省(市)级到县级教育机关、校级都有专门的教育研究所(室)和教学研究室。国内的教育教学理论研究刊物有上百种之多，各级政府每年的教育科研项目和资助经费数额可观。这都从客观上为我国教育研究的发展提供了便利条件。但是真正具有特色或教育影响力的成果不多，能够产生一定社会效应的成果更是少见，总体的物力、人力投入与产

---

① 瞿葆奎：《中国教育学百年(中)》，载《教育研究》，1999(1)。

出的价值效益不相符。何况，有些具有价值的研究因为没有被列入"计划"或"规则"，也就变得"斯人微言"了，这也是一个不容忽视的事实。如果研究的"成果"不是研究过程的必然结果而是预先的设定，研究的问题或"理论观点"不是由下而上必然地产生出来而是自上而下地预先"创制"，这就不得不让人怀疑这种研究的真正面目了。研究计划作为国家或国家教育行政部门进行调控的手段是可以的，但以此层层下达定向的研究任务，就不可避免地带来种种体制上的弊端。当然，这种形式正在被改变，例如，下达课题指南之前，广泛征求基层意见和选题建议。

从研究自身来看，教育研究内容的贫乏（缺乏教育生活与教育体验）和研究思路的单一性（逻辑—认知式）与程式化（理论假设—理论求证），使教育理论的发展陷入了一种难以自拔的怪圈。例如，一些"高层次"的研究总是以几个"基本问题"（如教育目的、教育本质、教育价值、全面发展教育、教学论、德育论等）为问题进行重复论证和阐述。所谓"突破"与"创新"只是在各部分内容的章节次序上做文章，充其量是以介绍国外"最新资料"为理论研究的"新进展"与"最高学问"。而现实的教育生活中活生生的教育事实和急需理论做出解答的问题却不为理论研究者所感兴趣，也无法进入教育研究的领域。在研究方法上，既缺乏细微深入的"田野工作方法"，又缺乏批判反思的哲学思考。这种教育研究怎么能出打动人心的成果呢？"好的教育理论本身就代表了一种教育的精神，用这种精神作为教育实际工作者的精神指南，让实践者凭借被激发与获得的教育智慧与教育精神自由地创造性地进行自己的教育实践，而非简单的教育'创制'。教育理论并非单纯依靠作为中介的技术技能转换而走向实践。"[①]总而言之，如果

---

① 刘铁芳：《走出"思想"的"贫困"：教育研究的反思》，载《教育理论与实践》，1997(6)。

进行教育研究只有认知或逻辑思维参与，缺乏行动与激情的参与，这种研究显然对教育是无多少益处的，也不能显现出教育研究方法的独特性。

就其功能的发挥而言，正如前面所谈及的一样，由于教育研究成果的形式是多种多样的，因而其功能与作用形式也是多样化的。教育研究功能的局限表现为两种极端，即功能萎缩与功能放大。所谓功能萎缩是就其学术性意义而言，其研究的"理论"色彩愈强，其实践功能就愈弱。其中"价值虚拟"就是典型的表现，即虚拟一种教育事实和教育环境，以此满足人与社会的教育价值需求。另外就是"成果放大"和"理论专卖"的现象。这种现象又表现为三种情况。其一，一种"理论"只能说明一项实验研究或某一学校的局部的教育实践。"教育研究"的"针对性"太强，似乎成了某一局部实验的"研究专利"而缺乏一定的适用性，有商业广告效应之嫌。其二，本来某项局部性的实验改革取得了一定成果，或发现了某一因素在教育教学活动中的积极作用，但往往会被用来解释全部教育活动的成功。且不说教育影响作用的内、外因具有综合性和个别性，就某种原因来说也会产生多种教育结果，可见这种单纯的一因一果的必然关系的研究思路，岂不是将教育这种人文现象当作纯粹的自然现象和实验科学来研究了吗！其三，将某项局部的或单项的教学实验研究从"理论"上阐述得完美无缺，甚至达到了"真、善、美"的极致境界，是世界上最好的教育模式，真有"只此一家，别无分店"的味道。凡此种种，都有必要引以为戒，注意避免。

□ 诚如是，那么教育研究又如何克服自身的局限，适应大教育时代所赋予的使命呢？我以为，体制的改革是整体的改革，它与教育研究自身的改革不是同一层次上的事，最重要的是教育研究方法上的变革与创新。因为一旦有了有效的方法，其功能的释放与实现也就是顺理成章的事了。

■ 我基本赞同你的观点，教育研究方法在某种程度上说就是教育的方法。也就是说进行教育研究不能缺少教育环境和教育行为，它始终是一个过程，而不是零碎的片段的和静止的思考。这就关涉到如下几个较为突出的问题：第一，有无"独特性"的教育研究方法？第二，什么方法是最好的，或什么方法最适宜使用？第三，量化研究与质性研究如何构成最为合理？

我认为教育研究是有其独特方法的。理由是：其一，教育研究不同于其他任何一门哲学、社会学的研究。例如，同样是研究人，哲学研究大多是人性本质的揭示与概括；社会学的研究大多是人的社会角色地位及其社会关系的研究；教育学科的研究或教育研究不仅涉及人自身的研究，而且着眼于人的成长与如何有效地影响人的成长，因而其过程具有动态性、交互性和行为性。其二，哲学研究往往是对人生、文化与自然的一种冷峻的理性思考，此时整个世界被分为物我两界。社会学侧重于事实的呈示，因而带有较强的客观真实性。教育研究则不然，它不仅要有哲学理念的追求和基于某种事实与可能，而且要有身临其境的主体性参与并在可能性上做出尝试与探索，因而这种研究不是纯"科学的"而是带有浓厚的"人文精神"色彩。从其目的看，它不专注于某个事实而是指向发展过程与前景。在此，我想引用杜威在《对道德进行科学研究的逻辑条件》一文中所阐述的方法论思想加以补充说明。

科学判断依赖于因果原理而因果原理必然使得一个现象依赖于另一现象，因而有可能同关于某些其他事实的陈述联系起来陈述每一件事实；而道德判断是关于最后因、关于目的与理想的原理。所以任何企图根据前件的命题去控制道德判断内容的构造以及对它加以肯定，就破坏了它所特有的道德性质。……因为是它所涉及的规范、价值、理想，而不是所与的事实：是通过纯精神的愿望所估计的"应当是什么"而不是在研究之后所决定的"是什么"。①

那么何种方法"最好"或"最适宜"呢？显然这不是能一概而论的。可以这么说，最"适宜"的方法就是最好的方法。而且研究方法的选择与研究水平是密切相关的。裴娣娜在《教育研究方法导论》中将教育研究水平分为四个等级：直觉观察水平（资料收集水平，data collection），回答的问题是"发生了什么？"；探索原因水平（内在效度，internal validity），回答的问题是"为什么会发生这种现象？"；迁移推广水平（外在效度，external validity），回答的问题是"在不同环境条件下将会发生同样现象吗？"；理论研究水平（theoretical research），回答的问题是"研究中有哪些潜在的基础理论原则？"。当然，对研究方法的分类，根据不同的标准可有多种多样的划分，但无论怎样划分，它都必须体现出研究的不同水平和功效，因而就有了不同的针对性和适宜性。例如，作为一般学科教师的教育教学研究，他可能采用直观性的、描述性的、经验性的研究方法，但到了一定程度他不满足于这种直观研究的时候，理论化的研究就成了他需要的。作为专家的研究，他可以有类似"田野工作"的方法，以取得丰富的第一手材料，但他绝不止于这种研究，定要上升到理论研究的高度。这样看来各种方法对他们来说都是适宜的，关键要看此项研究成果发挥什么功效。如果说教育工作者与专家在研究上有什么实质的区别，那就是谁更擅长使用什么方法。在选择研究方法的过程中，我们完全不必为某种程式化的、形式化

---

① 王玉樑：《追寻价值：重读杜威》，307 页，成都，四川人民出版社，1997。

的、规范化的方法所束缚。方法创新的本身就意味着一种研究成果，同样的教育研究方法是不能分毫不差地、不分情境地用在不同研究者身上和不同研究对象身上的。这一点也体现了教育研究方法不同于物理科学的独特性。

□ 的确，对由于方法的问题而给教育研究带来的种种局限性，我们最好的办法是从方法改进入手。真可谓"解铃还须系铃人"。目前而言，教育研究过程中的"量"与"质"引起的争议颇多。自然科学和统计学方法论者往往以精密的数理推导，让你在逻辑上不得不服；而人文方法论者构建的理念，又往往让前者对后者丰富的想象力而叹为观止。不知道这是一对矛盾的、对立的方法论还是根本不相关的方法"制裁"。孰是孰非，还得在理论上有个了断才是。

■ 最终的"了断"是不可能的，因为研究不会停止，纷争也不停息。倒是你提出的"量"与"质"的关系，是值得讨论的一个话题。更确切地说是"量化研究"与"质性研究"的关系。关于这二者的作用、意义，我不想赘说，而对于存在的一些错误认识有必要加以澄清。什么是量化研究？这是近代经验研究、实验研究的一种演化，包括逻辑、程序、假设、限制、验证、量标等步骤与内容。教育研究中量化的典型是使用统计学的方法，通常包括设定样本、采集数据、处理数据、结果量标、结果解释等步骤。什么是质性研究？对这种研究方法的定义，人们存在着较大的分歧。我以为它是源于古典人文学科的一种研究方式，基本特征表现在整体性、内质性、交互性、描述性、解释性等方面。教育研究中典型的表现就是解释学方法与田野工作方法，强调细致入微地观察、参与性体验、个性化描述、主观解释等。这样就形成了两种不同的范式：科学实证的范式和人文解释的范式(表 10-1)。

表 10-1　两种研究范式特征之比较（据 G. 希钦科克，1989）①

实证范式	解释范式
自然科学基点	社会（人文）科学基点
客观性	主观性
因果性	解释
量化表征	语言和意义
可证伪性	构建有根据的（grounded）理论
概括化	特定案例
研究技术，包括： 　　统计程序， 　　实验， 　　社会调查	研究技术，包括： 　　参与性观察、人种史， 　　生活史， 　　非结构性谈话
趋向于宏观及定量化	趋向于微观及定性化

　　两种范式之争由来已久，20 世纪六七十年代，以批判学派、解释学派和新马克思主义为代表的批判的、辩证的、解释的研究方法为人文社会科学研究提供了前所未有的方法论思想，流行的科学实证范式大有被取而代之的趋势。人们企图通过科学实证的方法发现"最好的教育学"或"最有效率的教学方法"应用在不同环境中，但后来发现无法把教育拿到"社会真空"里进行实验，它无法像自然之物一样可以独立于人类社会文化之外。于是，人文解释范式便确立了自己的阵地并占有很大的研究市场。现在看来尽管存在着两种范式之争，但本质上这二者不是拒斥关系，在方法上完全可取长补短。它们同样是起于对现象与事实的关心，而归结于某种理论。只不过所走的道路不同而已，可谓殊途同归。

　　从目前情况看，这两种范式的互补性在研究中的运用越来越明显。正如美国社会学家戴维·波普诺（David Popenoe）所说："绝大多数社

---

① 转引自盛群力：《从两种研究范式谈教育实验》，载《教育研究》，1995(9)。

会学家已趋于达成这样一种认识，即仅仅靠'硬科学'或自然科学的方法是不足以认识人类社会的经验的。有很多社会学的工作反映了人文科学，特别是哲学的视角。这样一种交叉的视角，科学与人文的融合，使得社会学成为今天的一个令人兴奋和憧憬的研究领域。"①由此看来，在实际的运用过程中我们再没有理由各执一端，人为地造成研究的缺陷。

  □ 问题就出在这里，如何有效利用两种范式的长处，这不仅是研究者的选择，还有使用技术的问题，后者比前者更难解决一些。为了使教育研究更具有说服力，人们不得不采用量化的研究方式，以获取较为精确的量标。但是如果刻意地去追求量化的指标，而不顾教育的内在机理，这也是与研究的初衷不相符的。同样，如果一味强调其人文学意义，作为一种研究或研究成果的普遍性意义将会丧失殆尽，教育研究不免会带上一丝神秘色彩。

  ■ 对量化研究有必要进行反思。教育研究中的量化研究依赖于心理学的方法与统计学的工具，其中有可能涉及几个基本的重要因素：自变量、因变量、控制、因果解释等。我们进一步弄清教育过程中的自变量、因变量、控制量与因果性都是以"人"为要件时，关于"人"的数量化描述与品质化描述就只能是某一种单侧面的标示。为了完整地揭示"人"、完整地揭示"教育过程"，数量化的描述与品质化的描述都是不可或缺的。比如，我们做一项有关情感发展水平的测量，获得了一些原始数据与资料，经一定的统计学方法也得到了符合常模的指标，但最终仍要对此测量结果做出因果解释，这时得对此做出品质性的描述。再如，个案研究是较为典型的人文学研究方式，但并不意味着进行个案研究时就不要数字化的资料，研究对象的身高、体质状况、学

---

① ［美］戴维·波普诺：《社会学》第十版，李强等译，4页，北京，中国人民大学出版社，1999。

业成绩、某种行为的次数等只能依靠量化的描述，在此基础上方能进行质性研究。可见量化研究与质性研究并不是对立的关系。量化研究是不是比质性研究更"科学"呢？也不尽然，因为数学的研究对象并不像物理科学那样以客观实在为基准。如果所得到的"量"仅仅表示一种数量关系或存在状态，如对分数的标准化计分（Z分数）尽管是一种很精确的方法，但因为所考的内容与形式（如某些高考试卷的"标准化"命题）存在着明显的局限性和不真实性（即没有进行全面的测量），因而所得结果（分数）再精确也是不科学的。如果测量的手段不具有信度和效度，其量化的结果也是不科学的。再者，一些人文性的因素（如道德品质、情感特征）目前还无法以量化的方式准确地检测出来，只能以主观描述与经验归纳直到抽象概括的方式反映被研究对象的某种状况与变化。当然，正如你所说，也不能因为研究的对象是与"人"紧密相关的，我们就可以置"人"的社会客观性于不顾，一味地将主观臆测与哲学断想作为研究的全部。这样做必然走向两个极端：一个极端是走向庸俗，使教育研究成了流行观点的解说词；另一个极端是走向神秘，使教育研究成了空洞的"理念"建构。综上所述，在方法的选用上，重要的不是去评价哪种方法的好坏，而是掌握使用方法的技术，找到适宜的方法。

第三节　教育研究的源泉与灵魂

□ 既然我们承认教育研究有其独特的方式、方法，那么方法对路了是不是就一定能出生动的研究成果呢？现在，正如我在前面提到过的，一些理论工作者和有志于教育实验研究的实践工作者[①]往往担心

---

① 做这样的两分，即一部分是"理论工作者"，一部分是"实践工作者"，这是不得已的办法。真正意义上看，教育的"理论工作者"与"实践工作者"是不能分裂的。

自己的研究是"小儿科"，内容达不到"理论"水平，成果鉴定不够档次，发表的形式不够级别。因此，许多人要么对教育研究抱有敬而远之的态度，不敢"妄言"，要么一味追求"理论品位"，自说自话。于是，言之有物、丰富多彩的东西少了，空洞乏味、故弄玄虚的东西多了。甚至有人将爱因斯坦的广义相对论中的某个片段剪辑到研究论文中，实在令人费解。

■ 流于浅显并不是一件可怕的事，可怕的是流于形式和庸俗。因为浅显充其量是认识与研究水平问题，而庸俗与形式主义乃是一种偏见与恶习。如果就问题面来看，在"理论繁荣"的背后，缺乏的正是源于教育生活、立足我国教育实践的带有民族文化特征的教育思想与理论。在此，借用一句艺术界常用的话语来说明教育生活与教育研究的关系：源于生活，高于生活，教育生活是教育研究的丰富源泉，对美好教育生活的执着追求则是教育研究的灵魂。如果教育研究者与教育工作者各行其是、各执一端，那么钻进象牙塔的教育研究离教育生活越来越远，理论研究（工作者）与教育实践（工作者）之间的鸿沟越来越深。因此，理论是否繁荣，是否具有渗透力和解释力，是否具有高屋建瓴的实践指导功能，是否能打动每一个从事和关心教育的人的心，这主要取决于自身研究水平的高低和表现形式的优劣。理论研究固然要有"元研究式"的形上思维过程，固然要借鉴不同文化背景中的教育价值观点，固然要不断吸纳国外最新的教育研究成果，但正因为是"教育理论"而不是纯粹的自然科学理论或哲学思想，所以它必须有自己的文化底蕴和来自本土以及来自研究者本人的实践感受。由教育的"生活世界"上升到"科学世界"乃至"哲学世界"，这是一种整体的研究观点，可以由多人完成这一进程，也可以在一个人身上得到体现。这样做不至于使我们在研究过程和研究结构的表达中将现象与本质割裂开来。

（胡塞尔现象学的）"生活世界"与"科学世界"的最根本区别因而可以归结为两点：其一，"科学世界"超出了"生活世界"的直观、主观、相对的视域，将自己显现为一种超主观、超相对的客观性；其二，"科学世界"的基础又建立在"生活世界"的直观视域之上。凯恩和海尔德都曾在这个意义上合理地对胡塞尔的"生活世界"概念做出说明："尽管客观科学的逻辑超越了直观的主观生活世界，但它却只能回溯到生活世界的明证性时，才具有它的真理性。""尽管近代科学家所从事的是一个在其无限性中超越了自然认识实践的所有直观视域的世界，他与这个无限性有关的认识却仍然始终回缚在一个显现于非科学世界的直观视域中的世界上。这个世界便是生活世界。"①

　　□"生活"是一个富有诗意和充满魅力的字眼。哲人歌德说得好：一切理论都是灰色的，生命之树常青。那种故作高深大雅，玩弄名词术语，动辄"前卫""后现代"，言必称"欧美流派"的经院式研究已经不能适应当代中国教育发展的现状与潮流，更不要奢谈什么理论研究的超越性和前瞻性了。

　　■我赞同教育研究源于生活，但研究成果绝不是生活的翻版与重现。如果从不同的层面来看，教育研究应该有生活化的表达方式，更应该有深刻的理论表达方式，它是一种整体意义上的理解与把握。教育研究不能缺少整体意义中的这"两味"因素：生活味和理论味。这两味东西正是本节主题所示明的源泉与灵魂，即生活是源泉，理念是灵魂。对于已经生活化了的东西我们容易理解，而对于源自生活的理论

---

① 倪梁康：《现象学及其效应：胡塞尔与当代德国哲学》，135 页，北京，生活·读书·新知三联书店，1994。收入本书时有改动。

的理解就不是一件容易的事了，它应该是在某种理念支配之下的对教育生活的把握与理解。现在，有一些学者试图以解释学的方法来沟通生活（历史文本与生活原型等）与理念之间的关系，达到全域的融合。

> "事实上，'哲学解释学'的出现从根本上说不过是一种尝试，即尝试着对自己的研究与教学风格做出理论的解释。实践是占据首要地位的东西。我总是非常害怕说得太多，并且不敢让自己陷入经验上不会完全兑现的理论结构中。"（伽达默尔）[1]

照海德格尔的观点看，人把握世界事物的基本方式有两种：一是把事物看成现成、在手的东西（das Vorhadene），实际把事物当作外在的认识对象或客体，这是传统的主客二分的模式；二是把事物看成使用着的、上手的东西（das zuhandene），这是比认识更为接近事物的方式。后者是一种使用中的"烦忙"，是深入事物并与之打交道。在这种使用着的打交道的过程中，人与事物不是主客二分的关系，而是融为一体的关系。只有在这种关系中，事物才能真正得其所是并具有整体意义。解释学注重的正是"现成在手"与"使用上手"的东西，它不仅要阐释主客之间的融合，而且要阐发古今之间的融合。

教育理论是教育研究的重要结果，源于教育生活的理论绝不会与实践相分离。因为通常我们所讲的理论应是指用理性思维方式形成的结构，即用抽象方法、逻辑推论方法、命题分析的方法对教育活动及其经验得失，对教育现象中的共性加以概括、提炼，形成一个概念范畴明晰、系统严密而又具有内在逻辑的一致性、主导思想一贯独特的

---

[1] 转引自严平：《走向解释学的真理：伽达默尔哲学述评》，32～33 页，北京，东方出版社，1998。收入本书时有改动。

知识形态。可见，理论的产生不是纯粹思维过程的结果，最重要的基础是教育生活本身鲜活的感性材料。并且，教育活动是人的活动，研究者投入程度，被发现、挖掘的东西的量与质的深度和广度，这也是理论形成的重要因素之一。再者，教育理论就其学科性质而言，带有很强的人文性色彩。这就是说，教育是人的一种活动，它与人的精神活动又最为密切相关，因而这种思想和理论的形成必定要受到个人的生活经历、个性风格、思维方式和知识准备等多重因素的综合影响。总之，"生活材料—个人体验—理论解释"是教育研究的整体过程。

　　□ 教育观念、教育思想、教育理论的产生并不是理论工作者的"专利"。没有教育生活感受，就不可能有感性材料和新理论生长点；没有深刻的理论思考，就把握不好教育理论研究的方向，难以达到理论研究的水平。但是这种"源于教育生活""打动人心"的理论又从何实现呢？这个时代的理论之子又在哪儿呢？我好像发现这样一个现象，在中国教育历史上能称为"教育思想家"的人很多，但真正能称为"教育实践家"的恐怕就寥寥可数了。尤其如杰出的教育家孔子、蔡元培、陶行知等，这种既有博大精深的教育思想，又有丰富多彩教育生活体验的大家更是寥若晨星。21 世纪被人们称为"教育的世纪"，难道不是更需要这样的集大成者和他们的教育思想吗？

　　■ 教育研究是众多教育人共同从事的事业。教育理论也不可能为某个人所专有。只看到历史上出现过的大思想家的教育实践和思想，而忽视千千万万个教育工作者的实践，那真可谓"只见树木，不见森林""一叶障目，不见泰山"。殊不知，任何一个时代，具有代表性的大家只能是少数，但在这少数人身上凝聚了众多人的实践认识和实践智慧。例如，代表孔子教育思想的《论语》就是他的门生和后人整理而成的。更何况古代的教育与现代教育是不能同日而语的，现代教育无论是其办学规模还是其教育目的、教育过程都远比过去复杂，没有一定的制度保证和协同工作，个人无法培养出成型的人才。另外，现代教育越来越具有开放性和社会性，个人主观教育意志的体现要受到很大的制约，再产生这种集大成式的教育家应由历史来选择而不是由个人来选择。

回到你提问的主题上，我们不妨探讨一下现代教育理论如何产生才具有生命力。教育研究源于生活，但其理论的来源是多方面的。教育生活是教育理论研究取之不竭的感性源泉，历史上优秀的教育思想和传统教育文化也是教育理论不断生成和更新的重要资源，"他山之石"也是建立我国教育理论体系的重要参照系。我以为从事教育研究工作，仅有理性思维是不够的，我国著名教育家陈鹤琴先生曾提倡"活教育"，意谓教育是主体与主体的一项活生生的交往活动，它是最富有创意性的。同样，作为教育的途径和方式必定有多种载体，如知识载体、人格载体、文化载体等，可见研究教育必须做到古人所说的"切己体察""虚心涵泳"，做好"心上功夫"。从"活教育"到"活理论"，这是丰富和发展教育理论、适应教育发展、人的发展和社会发展需要的基本保证。正如朱熹所赞美的那样："问渠哪得清如许？为有源头活水来。"

我始终认为，进行教育研究活动的过程，是对教育理论的性质、功能、形态、样式有新的体会、领悟的过程。我想，教育理论并不只是单一的性质和功能，也没有什么固定的范式，其范式是多种多样的。我希望通过这一工作创制出有着独特性质、功能和样式的教育理论。长期以来，理论与实践的背离一直是教育学科的问题之一。造成问题的原因之一在于学科的方法本身，在于做理论工作与做操作工作的两群人缺少在一起共同工作的机会。两群人对理论与对实际都往往带有自己固有的、片面的成见。例如，我们在对小学现有素质教育实践模式进行研究时采用的工作方式就是理论工作者直接参与素质教育实验过程，实际工作者直接参与到模式的理论构建中。两群人反复对话、共同切磋，力图在研究态度与行为上消弭隔膜。正是在与许多学校的教师的反复对话中，第一线的小学教师对教育实践之爱才与我们对教育认识之爱的两颗爱心产生不断震荡、共鸣和无限奇妙的遐想。在这一种特殊的教育研究共同体和特别的情感氛围中，我们才真正有心心相印的感觉，才会有对"教育是什么""什么样的教育是好教育""我们可以携手共同追求好教育"的切肤的同感共受。

当然，理论毕竟不是生活本身，它具有自身的思维水平和表现形式。重视教育生活的目的当然不是产生一些零碎、片段的遐想，其最高目标必定是建立具有超越意义和时代精神的哲学理念。教育研究要特别重视两个研究阶段的连续：一是对教育生活的感受和生活素材的积累；二是对已有的生活素材和感受进行深加工，即进行逻辑意义和哲学意义上的判断和推衍。

□ 教育研究是需要各种层次和各种类型的。您曾经在一篇文章中提出三种层次的研究：哲学型、科学型和工程学型。有的学者从另外一个角度提出了示实（事实研究）、示向（取向研究）和示范（工作研究）三种研究类型，并且认为这三种类型的研究应该是互为关联、相互支撑、共同作用的三位一体的系统研究。① 这确实让人感到，现代教育理论研究的广阔前景是无可限量的。

■ 我很赞同这种观点，教育研究当然是既有层次性的区分，又要保持其整体的意义的研究思想。刚才你提到的"哲学型"研究主要是全方位地把握世界教育发展的潮流，以中国文化为产生教育学说思想的母体，确立起当代教育的理念与价值坐标。"科学型"的研究是在经验

---

① 吴康宁：《示实、示向与示范三位一体：追求教育科学研究为教育实践服务的新境界》，载《教育研究》，1999(6)。

观察和实证研究的基础上来探讨和揭示教育的内在规律和运行机制，形成一个基本的理论框架结构，对教育从基本概念到基本原理做出有科学根据的解释。它包括解释性研究、实证性研究、理论模式研究等。"工程学型"研究主要是指对教育实际操作的研究，它是最需要也是最便于广大实际教育工作者参与的研究类型。此项研究应从大量创造性的经验入手，筛选出典型经验；从大量操作原型入手，提炼出操作范型与类型，结合对其操作思路、操作效应的分析研究，构成较为完整的操作理论及其操作模式。当然，这三者之间的关系并不是互相独立或分工专门化的。①

第四节　教育研究的中介性方法

□　谈到教育理论研究问题，人们不能不想到与之密切相关的实践问题，理论问题的焦点集中地表现在理论与实践的关系上。如何理解理论的本然功能？它与实践如何沟通呢？

■　理论与实践这二者并不是对立关系，因为理论本身是对实践的反思和经验的概括的结果。同样，人类的任何实践行为都是带有智慧的行动，是人类理性力量的外显和物化。用理论去"指导"实践这是不够的，这种提法在逻辑上须重新辨析。因为这样说就意味着已经有一个不证自明的前提：一切理论都是正确的。这就忽略了实践的检验功能以及理论必须通过实践的检验才能得到确认。我们认为，理论的实践意义有一个转化的过程，即理论所揭示的内涵内化为人的实践能力和方式才能具有指导意义，这就是我们一贯强调的形成人的"实践智

①　朱小蔓：《理论德育学的建构：试谈德育研究的哲学型、科学型和工程学型》，载《上海教育科研》，1995(4)。

慧"或"实践理性"。

教育实践可以理解为两个方面和两种层面：一方面是历史的，另一方面是现实的；一层是行为过程，另一层是精神过程。仅仅把实践等同于现实或行为，这是对实践的一种误解，或者说是庸俗的理解。人的理性思索、意志过程与人的外显活动是作为整体而存在的，同样，实践主体和实践对象也只有在这种整体的活动过程中才具有现实意义。可见，实践绝不是单纯地去"做"，还伴随着思维和判断的过程。唯有如此才能显示出人的实践主体性。正是从这一意义说，理论与实践是不可分割和对立的。

对理论与实践相结合这一问题，人们认识上可能存在一些错误，认为理论工作者与实际操作者走到一块就实现了理论与实践的结合。殊不知这仅仅是外在的和形式上的结合。内在意义上的理论与实践的结合，意味着某种理论被教育工作者接受、转化、内化成自己的主体性和实践智慧；理论工作者也必须感受、吸纳、体悟大量的教育生活经验，在此基础上形成自己的教育思想和观点，直至成为一种"理论"。在多年的学习研究过程中，我们逐步体会和认识到建立一种中介性的理论——教育模式理论，是实现理论与实践沟通得很好的途径之一。

教育实践与社会生产实践的不同之处是：教育实践在于改造主体自身，它是人类自身再生产、自我再创造的活动过程。

□ 谈到建立中介性的模式理论，我很想深入了解一下。因为如果能建立一种理论与实践相通联的桥梁，那将不仅解决实践中的许多问题，而且有可能解决理论自身的很多问题。我理解的"中介性模式"就是实践理性中的模型建构。

■ 在某种意义上可以这样认为，"模式"概念，可以分别选取两个英文单词与之相对应。一是 models，其通俗意义指可以模仿学习的典范、范例。它是一个完整的"组织"，包含许多"部分"，却不是"部分"

的简单聚合，而是一个有机的整体。二是 paradigm，译为"派典"，又称"范式"。它主要不是理论本身的内容，而是理论所揭示的思考方式（ways of thinking）或研究的形态（patterns for research）、研究架构。无论选取哪一个英文单词，我们所用的中文"模式"一词，都不是原型本身，而是一个概念性的整体结构，是一种概念框架，是一组观念、价值和规则，由它们指导着有特定信念和价值取向的行动。所以，"模式""范式"的概念本意为"共同显现"，即创造某种模式的一群人有相同的信念，有相同的探索目标，有相同的研究方式，是一个"科学共同体"。它的主要特征是：排开事物次要的、非本质的部分，抽出事物主要的、有特色的部分进行研究。因此，当所研究的是一个处于多种因素交错的复杂现象时，如果人们用模式研究的方法，即撇开那些对我们来说相对次要的因素，而将事物的重要因素、主要关系、有特点的状态和主干、核心过程凸显出来，用简明化的概括获得关于原型客体的认识。建构某种理论模式、运用模式是现代科学研究的常用手段，在自然科学中常被称为模型研究方法，在社会科学中常被称为模式研究方法，如物理模型研究、数量模型研究、经济模型研究、文化模式研究等。

什么是教育模式呢？教育研究采用模式研究法，对在教育实践中逐步形成的、相对稳定的、较系统而具有典型意义的教育经验加以一定抽象化、结构化的把握，所形成的特殊理论模式，我们把它称为教育模式。教育模式是在一定的教育理念支配下，对教育过程及其组织方式做出简要的、特征鲜明的表述。教育研究采用模式研究法是 20 世纪 50 年代以来的事，最著名的是英国从事师范教育的专家乔伊斯和韦尔合著的《教育模式》以及英国学者理查德、哈什等著的《德育模式》。它们迄今仍是国内外构建教育模式、研究思考教育教学过程的主要范本。

那么，形成教育模式，要具备哪些最基本的条件呢？

第一，内在的基本要素是明确的。即经过较长实践，已经形成并离析出教育活动的基本特征，并且已经可以用基本要素表达，由这些要素支撑整个系统的运转。第二，有范型意义的教育活动的类型。例如，江苏某小学的自我教育模式就是经过长期观察，提炼出三个自我教育活动类型：学生的独立活动，人际交往活动，学生参与的管理和评价活动。第三，探索、形成并筛选出一批有教育价值的操作样式。自我教育模式尝试开放的小队教学样式是把教学中的一些大的主题内容分解成若干小主题，根据教师的专业特色分头准备一个主题轮流给学生上课。小组学生全面把握知识和知识的内在联系，形成立体型思维方式。

□ 如何在教育实践中形成这种模式，如何着手进行有效的研究？

■ 凡由教育科研人员或深或浅参与其中的教育实验建模工作，大体经过以下一些步骤或环节。

第一，对教育改革或实验的内容做教育思想的讨论和初步的指导论证。对确定的改革主题或实验主题进行历史的、文化的以及时代现实性的论证。指导论证工作具体包括以下四点：

第一类工作是对改革或实验课题中反映的教育理念、术语进行语言的、逻辑的、历史发展的辨析。第二类工作是对教育实验中的现象、问题和经验加以模态化、范式化的清理、过滤和抽象，进行类型学的分析。所谓类型学的分析，就是对同存于教育实践过程中的各种各样的教育实验、教育经验加以类型和范式化的把握。第三类工作就是对所设计的课程的时代精神、思想内涵及其价值进行可行性和未来预测性思考。第四类工作是对教育研究本身进行元研究。元研究就是用哲学思维对教育研究进行研究。包括教育研究的目的、价值、教育研究方法选择等。针对当前教育科研开展得极为普通广泛的状况，我们提议，将教育科研分为教育改革实践、教育课题的研究和教育实验的研究这样三个层次。教育改革实践是中学教育中大家都做或者正在做的工作。

哲学论证工作是建模的灵魂。哲学及思维的本性是批判性（反省性）、创造性（包括构建创造新理论与创造新实践）的，离开指导论证工作，要使课题价值取向合理端正，使研究与意义开掘得丰富、深刻，都是不可能的。

第二，对各种改革方案或实验方案及其实施、运转的情况加以分析、清理，提炼出该运转系统的核心概念，过滤出其中起内在作用、支持作用的基本要素（主要变量）。这一工作环节的实质是充分运用第一线教师对教育活动认识的表象，转化为对感性资料做思维处理，对最初的感性材料进行加工，从中"清除"偶然因素，寻找和表述出研究客体中的内在的本质联系。正是要素及其要素之间的良性运转的构成系统，构成该教育改革或实验的骨架（框架）。

第三，用行动研究的方式培训参与实验和建模的教师。这是任何有效的教育改革或实验的最重要的基础性工作或基础性环节。专业的教育科研人员与第一线教师就教育改革或实验进行对话，是最好的培训，这一培训的根本目的是要把第一线教师从仅仅作为改革实验的操作者提升为实验的思维者，使其操作的对象性教育活动（教育实验）不断转化为思维性实验。

什么是思维性实验呢？思维性实验是与对象感性实验相区别、对峙的基本要素。苏联哲学家比勃列尔曾区分出作为理论思维基础的思维实验的基本特点：①在思维中将认识的对象混合在能特别确切地揭示出其实质的那些条件中；②该对象逐渐成为随后进行的思维改造的条件；③在思维实验中形成容纳这一对象的思维联系的系统，只有在这一独特的联系系统中才能揭示出对象的内容。①

参与教育改革研究或实验的第一线教师必须真正地使自己成为研究者，而不仅是按他人意图而行的操作者。必须培养教师将实验主动变为自己内心认同的、自己理解的工作。如此，教师便能有意识地调整观察、操作的角度，倾注自己的教育思想、意图于观察、实验之中，从而使实验受教育者内在的逻辑、内在的本性的制约，并在教师的思维中得到反映。也就是说，教师参与实验的主体性的真正体现是在这一阶段。他在实验中的发现，所得到的有关教育的真相和意义正是自己的思维从经验性思维上升为一定的理性思维的产物。这一阶段，正是教育实验自然地被适时修正、被调整的阶段。它使实验研究得到深化，更加有目的、有目标，同时也更加合乎教育本身的逻辑、贴近教师的教育生活。显然，这对教育操作者来说，是带有转折意义的环节；对于专业科研人员来说，是必须进行、单靠自己进行不了的过程。

正是这一过程才可能使建构工作及其模式本身成为理论思维的结果，实现从经验思维到理论思维的过渡。

第四，依靠教师从大量教育操作经验中提炼、筛选有范型意义的活动类型和操作样式，提供有意义的案例，并以此探索我们过去未曾懂得和发现的教育机理（机制），揭示我们过去未曾领悟的教育内涵。由于建模的主要目的之一是实现其认识教育的功能，所以这一环节也是十分重要的。例如，江苏省南通师范学校第二附属小学的情境教育实验来源于小学语文教学的成功经验。李吉林老师的语文教学使用六种不同途径创设与教材有关的情境，即生活显示情境、实物演示情境、

---

① 高文：《关于理论思维的基本原理（上）：试论达维多夫发展性教学理论的逻辑—心理学基础》，载《外国教育资料》，1992(3)。

音乐渲染情境、图画再现情境、扮演体会情境、语言描绘情境。使用情境是该模式基本的学习活动范型。上述六种创设情境的途径可看作有代表性的操作模式。它们的探索、创造之所以历经数十载长盛不衰，其机理之一在于教师将教材中体现的真、善、美思想幻化或外化为易于儿童接受的情境，儿童则以可直观和感受的情境作为学习中介。教材文体中原本抽象的语词概念、符号逻辑经由具体可感的情境在一定程度上还原、体现为丰富的原始生活经验，它们比教材更贴近儿童生活，更为儿童喜闻乐见。

第五，组织各模式实验单位与专业科研人员构成更大范围的科学共同体，对各种不同模式进行理论构建及其反思性研究。包括对各种不同模式的类型认定，各模式蕴含的基本精神、教育价值观和规范的揭示和再认识，各模式的各具体不同的教育操作之机理分析以及那些带有更为基本的机制之共同机理分析。相比前四个环节，这是对模式构建工作本身的研究，可称为反思性研究或元研究。在初步建模之后，全过程地理性把握素质教育实验，形成所谓模式理论，即关于模式本身的理论。

通过上述工作步骤与环节，我们在理论建构的同时实际上逐步形成了一种实践——解释型的教育理论。这一范式的教育理论是理念的聚集、原理的推行，而不仅仅是一种"应用理论"。每一个教育模式，都是一个完整的、独特的教育"连续体"。在这个"连续体"的一端是抽象表达的、有特定价值取向的"教育理念"，另一端是极为具体的"教育经验事实"（这些事实与教育理念相呼应），介于二者之间的是相应的体现该模式独特运行机制的"教育规律"，我们称之为教育机理（图 10-1）。

"模式连续体"的三个组成部分有其相对独立性，但它们彼此制约，其中每一部分只有在这个特定的"模式连续体"中才获得完整意义。

图 10-1　模式连续体

　　教育专业人员和教育实际工作者共同建构的每一个教育实践（实验），从教育哲学思想、教育科学机制和教育操作工艺的不同层次的研究统一为一个理论有机体。

　　这一新型的实践—解释型的教育理论具有以下三个重要特征。

　　第一，它是一种中介性的理论。

　　认识主客体之间的中介。从认识的角度看，模式是认识主体与客体之间一种特殊的中介。我们认为这种模式既是研究者主动创建的用来研究客体的一种手段，又是研究者对客体原型机制的模拟。在研究过程中，它作为客体的替代物，也是主体研究的对象。由于建立这样的模式必须具备对客体的深刻认识才能抽象出客体的某些本质属性，因此模式一旦建立也就意味着，它既是对客体科学认识的阶段性成果，又提供了人们进一步研究该现象的新起点。根据素质教育在实践中产生的固有特征和经验的系统分析，我们可以建构两种不同形态的模型：理论模式（概念结构）和操作模式（功能解释模型）。

　　教育理想与教育现实之间的中介。素质教育模式体现为理论与实践的沟通，从某种意义上说是现实与未来（指教育理想）的沟通。任何教育从来都是具有某种超越性的，当今的教育实践总是包含着前人的教育理想。同时，当今教育实践典范的形成又加速着教育理想化的进程。因此，素质教育模式的建立既反映现实状况需求，又不能囿于经验的局限；既要遵从理论的论证和演绎法则，又不失为一种教育理想的描绘。无论从教育的人本属性、社会属性还是从教育的文化属性来看，教育的理想总是表现为一种完美主义。然而各种典型的素质教育实践总是有局限性的，它们只能是从某个主要方面或某个局部着手，以达到或部分达到素质教育的目标。这种理想和现实之间的落差只能通过建构理论模式来缩小。

观念理论与经验理性之间的中介。我们试图建构的模式是一种介乎纯粹的观念理性与经验理性之间的所谓中介性理论模式。观念理性是一种哲学信念，经验理性是对教育经验的认识。人类在千百年来的教育实践过程中关于个体如何发展、教育如何引导的思想可谓浩瀚丰富。素质教育模式的建构过程正是对各种价值观、教育观等进行审视、选择、认同、整合并不断体系化的过程。

就其"中介"意义而言，它连接的是人的观念理性和经验的反思。人们对教育现象的思考可跨越时空，可以深入内部本质的细微特征，可以高屋建瓴地把握教育的全部意义。这就是教育的观念理性，但它并不是教育过程本身。人的经验理性主要表现为对实践经验的感知理解和反思，它是特定教育实践的产物。尽管它来自教育过程本身，但经验理性无法成为普遍性的教育法则和教育操作理论。建立素质教育模式旨在找到观念理性和经验理性"互补"的结合带。

第二，它是中等层次的理论。这是就理论的概括程度而言的。模式理论来源于教育教学实践，以一定的教育经验、教学经验为基础，但它毕竟是对教育教学进行逻辑分析的结果，是哲学思考的产物。我们正是在这个意义上称它是理论。

为什么又是中等层次的理论呢？可不可以认定一些理论为中等层次的呢？答案是肯定的。

第三，它是一种扎根理论。什么是扎根理论？扎根理论是用归纳的方式，对现象加以分析整理所得到的结果。换言之，扎根理论是经由系统化的资料收集与分析，而发掘、发展，并已暂时地验证过的理论。因此，资料的收集和分析，是与理论的发展彼此相关、彼此影响的。发展扎根理论不是先有一个理论然后去证实它，而是先有一个待研究的领域，然后自此领域中萌生出概念和理论。

建立扎根理论至少要有以下几个条件：

①研究者离开学院一段时间到实际世界中去；

②在实际世界中获得一批资料；

③研究结果不是由一组数字或是由一群彼此松散的主题(themes)构成，而是从资料中萌生出来、建构出来的概念以及它们之间的关系，它们被资料暂时性验证过。

作为一种方法论，扎根理论是由巴尼·格拉泽(Barney Glaser)与安塞尔姆·施特劳斯(Anselm Strauss)两位社会学者最早发展起来的。它是质性研究中的一种类型，其他还有民俗学研究、现象分析、生命史研究、对话分析等。就研究目标而言，这些不同类型的质性研究法彼此间没有太大的差别。扎根理论研究非常注重建立理论。因为建立理论，按其本质而言，就是对资料的诠释，因为只有将资料概念化，而且概念间彼此相关才能构成对现实世界的理论性说明。这样形成的理论，不但可以用来解释现实世界，而且可以用来真正有效地指导行动。

第十一章 教育管理的抉择：以人为本

21世纪的钟声即将敲响。这是一个充满激烈竞争，同时又充满良好机遇的人类新纪元。未来社会的竞争，说到底就是科技实力的竞争、人才的竞争、教育的竞争。谁抓住了机遇，占据了教育的制高点，谁就会赢得发展的主动权。中国古人在《学记》中早已指出"建国君民，教学为先"。今天，教育对于社会发展的作用已越来越被人们所认识，而推动教育发展，赢得教育效益的重要保证是教育管理。

第一节 教育管理理论的科学化

□ 美国管理学家莫纳汉断言："面对现代社会的每一个主要问题，分析到最后，总是一个管理问题……每个社会问题，最后都要通过管理职能的某种方式求得解决。"现代管理早已被认为是现代文明的三大支柱之一，是经济发展、社会进步的巨大车轮。对此，您的体会是什么？

■ 管理是一种社会现象，它受政治、经济、文化传统、民族心理、道德观念和价值标准等诸多因素的影响。正如德鲁克所说，管理是一种社会职能，因此，它既是社会发展的结果，又是文化发展的结果。

——有学者认为，没有目标就没有管理，管理是始终围绕目标运行、向着目标迈进的过程，因此，管理是实现预期目标的一种行动。

——有学者认为，人、财、物、时间、空间等管理资源是有限的，因此，管理是对有限资源进行合理的组合运作，以使之发挥最大效益。

——有学者认为，决策过程贯串整个管理过程，因而管理就是决策。

——有学者认为，管理是在特定条件下进行的组织活动过程，一切都必须因时、因地、因人等变化而变化，因而就管理本身来说，根本不可能存在一成不变的"管理模式"。

——有学者认为，管理的本质在于激发组织中成员的积极性，管理过程就是激励的过程。

诸如此类的关于管理的理解还可以列举出许多。我认为，正是因为管理本身既是一种组织结构要素的协调运作过程，又是组织中诸多要素自主运作的过程，所以，管理过程是一种复杂而又多变的过程，人们很难单单从某一角度把握管理的本质。但这并不是说管理的本质就如"羚羊挂角，无迹可求"。总体上来说，管理是一种激活，是一种整合，是一种协调，即追求对人的能力的最大激活，对物的、资源的最有效的整合，对人与物关系的理想协调，以求得最佳的运作状态（过程）与效益（目标）。

□ 您关于管理本质的表述注意到了管理中人的因素、物的因素以及人与物的关系，强调科学管理过程的最佳化与目标的最大化，切中了管理的要义。这是就一般管理而言的，而教育管理的特殊性应该如何把握呢？

■ 管理是复杂的社会现象，教育管理又是一种特殊的管理。教育管理的对象与企业管理的对象有相当大的区别，教育管理的对象主要是人。虽然企业管理的对象也是人，但是，企业管理主要是协调人与物的关系，即使其中也有人与人的关系，那也是服务于人与物的关系。教育管理当然也包括对人、财、物的管理和协调，但其最终目的在于使教育对象获得全面的发展。因此，教育管理的旨归不是物，而是活生生的人。

根据教育管理的上述特点，必须切实更新教育管理观念，树立"以人为本"的教育管理理念，并以此作为先导，转换教育管理运作机制，建立政府宏观管理、学校面向社会依法自主办学的外在架构，以及为实施素质教育、培养学生创新精神和创新能力服务的内部机制。教育管理在新形势下的生命与活力正在于以观念更新为先导，以机制转换为核心，以培养全面发展的人才为根本取向。

□ 我非常赞同您的这一见解。的确，无论体系大小、模式异同，理论之于实践的先导意义总是非常重要的。任何教育管理活动总基于一定的理论指导，理论的现代化是教育管理现代化的核心。教育管理理论是建立在一定方法论基础上指导教育管理实践的观念体系。从应然角度来看，它应该是一种科学的体系；从实然角度来看，它往往是无法完全科学化的体系，总是存在着或多或少的认识误区与盲点。在丰富多彩、纷繁复杂的教育实践面前，它的指导意义就可能是捉襟见肘的。另外，即使是再好的理论体系，也有可能被人们自觉或不自觉地"误读"和机械运用。那么您对教育管理理论"科学化"的进程是如何看待的呢？

■ 你提出教育管理理论"科学化进程"这个问题很有意思。缺乏正确理论指导的实践是盲目的实践。但正确理论不是一天形成并被人们充分认识和自觉用来指导实践的，它确实有个"科学化"的过程。在"科学化"的过程中，有些理论可能是不尽科学的，甚至是反科学的，毕竟这是一个探求真理、把握规律、趋近真实的过程，是在向"科学化"不断迈进的过程。

从国际上看，教育管理理论经过了传统的经验管理理论、科学管理理论(古典管理理论)、人际关系—行为科学理论，到当代的教育管理理论群——角色理论(role theory)、过程理论(processes theory)、系统理论(system theory)、素质理论(traits theory)等发展形态。尤其是西方企业管理理论，对于学校管理理论的发展产生了不小的影响。进入管理"丛林"以后，西方人际关系理论逐渐向两个方向发展：一是重点研究组织氛围、士气、激励和领导理论；二是重点研究决策问题。例如，源于巴纳德均衡理论的西蒙的管理决策理论，侧重研究程序化决策和战略的非程序化决策等问题。

　　20世纪以来，教育管理理论进入了建立理论体系的初始积累阶段，教育管理的研究日渐受到重视；50年代后，社会科学和管理科学的发展，给教育管理带来了许多新思想和新观点，人类进入了教育管理理论体系的构建阶段；60—70年代，在教育管理研究不断深入的基础上，出现了许多教育管理理论，形成了"教育管理理论运动"。当时，在企业管理、公共管理、社会学、社会心理学和政治学等学科中，涌现出了许多新思想和新模式，促进了教育管理理论的发展。例如，布莱克(Blake)和莫顿(Mouton)的管理方格、矩形组织结构、系统理论、PERT(计划评审技术)和PPBS(计划预算系统)等。教育管理人员也较善于借鉴其他学科的成果来构成教育管理理论和实践内容，当时教育管理研究确实获得了一些重要的发展。例如，描述领导行为的调查表制定了出来，哈尔平(Halpin)和亨普希尔(Hemphill)关于领导的研究，古巴—盖茨尔斯(Guba—Getzels)的模式为行为角色的研究提供了框架，格里菲思(Griffiths)及其同事在分析校长的角色的研究中走在了前面。卡尔森(Carlson)对督导任命的研究和进行的改革，为教育管理领域开辟了新前景；哈尔平和克罗夫特(Croft)编制了组织气氛调查表；威洛(Willower)进行的学生控制方面的研究；等等。这是一个成果颇丰的时期，其结果是令人振奋的，也是切实可用的。教育管理理论运动确实推动了教育管理的发展，使教育管理成为一个重要的学术领域。

　　论者评说"教育管理理论运动"时，一定会提到1954年在丹佛召开的

"美国全国教育管理教师大会"(NCPEA)，这次会议对于教育管理理论体系建设具有划时代的意义。大会邀请了三位行为科学家和心理学家(科拉达西、盖茨尔斯、哈尔平)作为大会主要发言人，虽然他们并非教育管理人员，也不是该团体的成员，但是，他们指出了当时 NCPEA 所推行的研究方法的缺点，对教育管理研究提出了一套新的理论和观点。他们用新的思想来阐述教育管理的实践与研究，探究将其他学科的研究成果运用于教育管理的途径，也许最重要的是他们勾画了指导教育管理研究的思想框架。由此发轫，教育管理的理论研究开始逐步重视多种方法的采用，尤其是现象学、文化学和人类学方法的引进，使得教育管理理论更加贴近管理实践，更加注重管理中的人的因素的研究。

　　□ 教育与社会的关系，尤其与社会的政治、经济制度、文化意识之间是一种既相互联系又相互区别的关系。从教育管理学角度看，教育的相对独立性不仅表现在教育作为社会大系统中的子系统而存在，更重要的是，教育管理本身是一种具有相对独立性的运作系统，系统最大效益的发挥取决于系统运作过程和要素的结合。因此，教育管理过程本身强烈须要能够自主运作。内地称之为教育管理的自主化，香港教育管理学界将其表述为"校本管理"。对此，您如何评价？

　　■ 所谓"校本管理"，顾名思义，就是以学校自身特点和需要作为根据的管理过程。

　　我们认为，教育有其自身运作规律，以往那种企业式管理、行政式管理在很大程度上存在与教育规律不适应的方面。有迹象表明，教育管理体制由"外控管理"向"校本管理"方向发展已成为当代教育管理发展的主要趋势。进入 20 世纪 90 年代，香港和台湾的一些教育理论工作者和教育管理工作者在"校本管理"的理论与实践方面进行了不少有益的尝试。

　　学校自主管理的核心是学校的成员(包括校长、教师、学生、学生家长等)有相当大的自主权和责任，能够独立自主地解决学校面对的问题。学校自主管理模式与传统的外控管理模式相比，它们之间在理论、过程和功能等方面存在着较大的区别。郑燕祥在《学校管理的改进：理念、变革与实践》中对校本管理与外控管理进行了比较分析(表11-1)。

表 11-1　校本管理与外控管理的校内运作

校内运作特点		校本管理	外控管理
办学思想		•鲜明，由成员共同发展，共同拥有，并愿意共同将其实现 •重视参与发展理想 •强力而明确的组织文化	•含糊，由外界赋予而不需要发展，成员未必接受，亦无意承担 •重视执行保守外来的使命 •衰弱模糊的组织文化
活动性质		•校本性活动： 由学校本身特性和需要出发进行管理和教育工作	•非校本性活动： 由外在因素决定管理和教育的内容和方式
管理策略	对人的观念	•Y理论 •复杂人 •重视参与发展、人的需要	•X理论 •唯利人 •重视监管控制
	对学校组织的观念	•学校是学生、教师、行政人员生活的地方，每个人都有发展的权利	•学校是工具，教师是雇员，合用则留、不合用则去
	管理目标	•多元动态的，以长期发展为依归	•简单、静态和短视的，多以成绩为依归
	决策方式	•分权参与 •教师甚至家长、学生参与决定	•中央集权 •行政人员决定
	领导方式	•多层面领导，除传统的领导方式外，还有象征及文化领导	•技术、人际关系及教学的领导
	权力运用	•以专家权、参照权为主体的综合权力运用	•偏重法定权、奖赏权及强制权
	管理技术	•全面多样的科学技术	•简单而片面的方法

校内运作特点		校本管理	外控管理
资源运用		• 学校有自主权 • 资源运用配合所需 • 及时运用资源解决问题 • 可另行开发，增加教育资源	• 中央严格规定 • 资源运用标准化、一律化 • 特殊用途须循例申请，待批 • 难于开发，申请手续麻烦
角色	学校角色	• 主动开发型：开发学校的特有条件，发展学生、教师和学校教学以"学生为本"，因材施教管理以"教为本，助长教学"	• 承受被动型：执行中央指定的任务以"行政程序为本"，唯恐失误
	教育署角色	• 支援及指导者	• 严密监管者
	行政人员角色	• 目标发展及带领者 • 人力发动及协调者 • 资源拓展者	• 静态目标看守者 • 人事监管者 • 资源控制者
	教师角色	• 伙伴 • 决策者 • 发展者 • 执行者	• 雇员、随从 • 听令者 • 执行者
	家长角色	• 素质教育服务的接受者 • 伙伴：积极参与合作 • 支持者、保护者	• 定量教育服务的接受者 • 被动者：不能参与合作
人际关系		• 伙伴关系 • 团队精神，开放合作 • 共同承担 • 组织气氛：投入型	• 层际关系 • 上司下属，各有保守 • 利益不同，冲突难免 • 组织气氛：无首型、离心型、控制型
行政人员素质		• 有现代的管理知识和技术 • 能不断学习成长，发现问题，解决问题 • 眼光胸怀要开阔	• 有相当的行政经验 • 能依随规章条例办事，避免问题发生 • 熟悉现行条例
效能指标		• 重视多层面、多元化指标，包括输入、过程和产出各方面，学业成就进展只是其中一项 • 评估是学习过程，改进学校	• 偏重最后阶段的考试成就，忽略过程和发展 • 评估是行政监管手段

□ 当代西方的教育管理理论在宏观和微观方面对教育管理过程的环节和要素进行了系统的研究，取得了成果，其可资借鉴的东西是很丰富的。坦率地说，与西方教育管理理论的研究成果相比，我国的教育管理理论建设，无论在内容体系上，还是在研究水平上，都是有较大差距的，我们现在基本上还处在"拿来"阶段。按理说，我们有马克思主义、毛泽东思想和邓小平理论的指导，我们的教育管理理论具备了先进的方法论，新中国成立 50 年来，特别是改革开放 20 年来我国的教育实践是那样生动、丰富，也有许多必须正视和切实加以解决的现实问题，我们的教育管理理论研究应该"有所为"，也能够"有所为"，那么，为什么到目前为止仍"成绩平平"呢？至少我们迄今还没有出现让世人注目的自成一体、自成一说的教育管理理论。

■ 我认为，即使是在即将步入 21 世纪的今天，我国的教育管理理论研究在一定程度上还没有完全进入"研究"状态。大多数学者认为其原因是理论与实践脱节，即所谓研究管理理论的人往往缺乏实践经验支撑，而实践操作者又欠缺理论指导。这种见解有一定道理，但并不全面。理论与实践的脱节仅仅是表象，深层次的原因在于长期以来在理论研究和实践运作过程中存在的教条主义和本本主义。

客观地说，马克思主义、毛泽东思想和邓小平理论确实是我们一切行动的指针，但我们不能将这种指导作用停留在某些"片言只语"的引用上，不能停留在一些现成观点的把握上。马克思主义、毛泽东思想和邓小平理论的核心和精髓就在于实事求是，具体问题具体分析，用联系的观点、历史的观点、发展的观点分析问题和解决问题。另外，指导思想并不等于方法论。那种认为"掌握"了马克思主义、毛泽东思想、邓小平理论的一些观点，就是掌握了某一科学领域研究的方法论，就能在学术研究中取得所谓符合马克思主义、毛泽东思想、邓小平理论的成果，这些成果就是揭示规律，符合真理，发人所未发，有巨大的指导意义的理论，这在思想方式上是幼稚的，在实践上也是行不通的。有些西方学者并不一定称引"子曰诗云"，但其研究方法是科学的、切合实际的、合乎规律的，这种现象是值得我们深思的。西方管理理论绕了一个大圈子，现在又回到了系统和情境分析理论上，其理论的方法论基础与我们的实事求是、具体问题具体分析以及系统、联系的观点具有相似性，这个趋势也应该引起我们的注意。

我们的理论研究不能仅仅满足于对西方管理理论的"拿来"，也不能仅仅满足于对经典著作的照搬与套用，理论研究的科学化与现代化，关键是对辩证唯物主义方法论的真切领会和把握，并自觉运用到实践中去，而不是几句"名家名言"或者"时髦"词句、概念的堆砌。教育管理理论的科学化、现代化一定要从我国教育管理工作的具体情况出发，应该根植于我国教育管理实践这片广阔土地之上。

第二节　学校依法自主办学

□ 政府与学校、学校与社会是我国教育管理研究者非常关注的一组矛盾关系。有一位大学校长曾经以"吃不饱，饿不死，长不大"来描述学校的"生存状况"。这种"生存状况"与上述矛盾关系的处理有没有内在联系呢？

■ 这位校长的描述很形象，我也曾听说过。学校的这种"生存状况"是政府对教育"统得过死、包得太多"所造成的学校"营养不良症"。而且，高等教育和基础教育中都不同程度地存在着这种症状。

教育管理，就其范围来说，既有宏观管理，也有微观管理。宏观管理是指政府通过教育方针、政策、法律、法规等对教育实施的决策管理；微观管理是指学校内部在教育活动过程中对各要素的配置、组合，它涉及管理者、管理对象和管理媒介（管理手段）等。通过改革，建立"政府宏观管理，学校依法自主办学"的教育体制，是我国教育事业健康成长并获得最大化效益的关键所在。

□ 您是如何看待政府与学校、学校与社会的矛盾关系的呢？政府宏观管理如何实施，学校依法办学又有哪些自主权呢？

■ 你的这个问题太过庞大，绝非三言两语能说清楚。更何况，其中还有许多问题尚待我们进一步在理论上认真研究、在实践上深入探索，我这里只能选择一两个问题，简要谈谈自己的一点粗浅认识。先说说依法治教。

从国家教育权力的横向构成来看：国家举办各级各类学校，普及初等义务教育，发展中等教育、职业教育和高等教育，并且发展学前教育；国家制定教育法律，任免教育行政机关领导人，决定各项重大的教育问题，如发展规划、教育经费投入等，对教育法律、法令、行政法规的遵守和执行情况进行监督，对各级各类教育事业和教育行政机关、学校教育机关进行监督。这种国家权力结构在教育上的体现最关键的是必须保证政治上的民主与行政权力的集中统一的有机结合。极"左"思潮泛滥时，我国的教育事业受到了较大影响。

国家教育权力的纵向分配不外乎分权制和集权制两种典型形式。新中国成立后到改革开放前，我国基本上采用的是与计划经济体制相适应的集中统一管理模式。在处理中央与地方的关系上，时而强调中央集权，时而强调地方分权，一直未能在中央与地方之间实行合理的科学的职权划分；在处理政府主管部门与学校的关系上，对学校特别是高等教育统得过死，学校缺乏应有的主动性和活力；在处理教育权与社会教育义务的关系上，没有建立一套科学的教育利益分配与成本分担的机制，国家对一些事务包揽过多，影响了社会力量参与办学的积极性。可以说教育体制的弊端是造成我国教育事业落后的重要原因。

□ 我国在教育宏观体制上的两项大的改革：一是党政分开，实现国家教育权力结构的优化配置；二是简政放权，科学划分国家与地方教育权力，调动中央和地方"两个积极性"。在教育法制建设方面，《中华人民共和国教育法》《中华人民共和国义务教育法》《中华人民共和国高等教育法》《中华人民共和国职业教育法》等相继颁布实施，教育法治化运动方兴未艾。您认为完善的教育法治应该体现在哪些方面呢？

■ 这个问题已有不少专家学者做了认真的探讨。目前学术界普遍认为，完善的教育法治应该是有完善的法制保证贯彻国家的教育方针、原则，确立教育的地位和作用，规定教育的根本任务，使各级各类教育的培养目标和学制、各级各类学校的规模和基本管理制度规范化，为教育行政管理提供明确的依据和目标。

——有完善的法制保障公众受教育权利和全面发展的权利；

——有完善的法制保障学校的教学环境和教学秩序，改善办学条件，保护学校、师生员工的合法权益；

——有完善的立法制度和教育法规体系，保证教育工作的各个方面都有法可依；

——有明确的法律责任规定，做到执法必严，违法必究，有效保护教育事业的健康发展，追究并处理违反教育法规的行为；

——有完善的法律监督制度，对教育法规的实施情况进行有效的监督，同一切违法与犯罪行为作斗争。

要达到以上目标，实现依法治教，不仅要制定完备的教育法规，而且要在普法、执法和监督等多个方面花大力气为之奋斗，可以说这是一项巨大的社会性的法治工程。

□"三权分立和制衡"构成了现代资本主义国家的教育权力基本结构，但是第二次世界大战以后西方发达国家的国家行政在教育上的集中性、统一性和权威性却不断得到强化，应该如何看待这个问题呢？

■ 第一，随着科学技术的进步、生产力的提高以及社会生活的高度社会化，美国等西方国家的国家行政领域在不断扩大，管理内容也越来越复杂，这在客观上加重了国家行政机关的责任，强化了其集中性、统一性和权威性。相应地，国家行政在教育权力上的扩大也就不奇怪了。

第二，科学技术、国民素质在综合国力的提升和国际竞争中的决定性作用，迫使世界各国以前所未有的重视程度、法律调整力度、巨大投入来推动教育事业的发展。这是一股世界潮流，科技发达、经济实力雄厚的西方发达国家尤其如此。

有一点必须引起注意或者说值得我国借鉴，这就是必须做到依法、有序治教，重在激活教育潜能，着力推动教育发展。重视也好，调控也罢，关键是"管而不死，活而不乱"。调控有力，可以保证政令畅通，标准统一，力量集中，统筹兼顾，纲举目张；分权适宜，则可以调动各方面的积极性，主动而富有创造性地开展工作，可以根据各种具体情况，采取切实可行的方式、方法搞好工作。

进入新时期以来，党和政府非常重视教育事业，从倡导"尊师重教"，到实施"科教兴国"战略，把教育提到了关系"国运兴衰"的重要地位。从 1985 年开始，我国就着手进行教育体制改革，中央在加强宏观管理的同时，坚决实行简政放权，扩大学校的办学自主权，把发展基础教育的责任交给地方，由地方负责，分级管理；扩大高等学校的办学自主权，加强高校同生产、科研和社会各方面的联系，使高校具有主动适应经济和社会发展的积极性和能力；大力发展民办教育，实行高校的合并、划转，教育管理逐步迈上法治化轨道，教育事业呈现出了生机勃勃的景象。

教育部部长陈至立 1999 年 12 月在全国教育法制工作会议上指出：在教育行政管理日趋复杂、管理对象日趋多元的情况下，只有按照法律的规定，建立完善的监督与制约机制，才能从根本上促进和保证行政机关廉洁、自律。只有依据法律、法规所确立的规范，统一行政行为，才能保证贯彻执行党和国家方针、政策的连续性和稳定性，切实提高行政效率和管理水平。所以，教育宏观管理部门、决策机构，应该依据法律的规定，减少对学校微观管理过程的干预，通过立法手段确立教育活动的规则，通过执法和监督手段规范各方面的教育行为。教育管理者，尤其是教育行政管理者，在工作中应该树立行政权力是人民赋予、源于法律的观念，形成按照法定的权限与程序，依法办事的自觉意识。只有这样，才能从根本上提高教育管理效率和管理水平。

□ 长期以来，教育领域存在着一系列怪圈：一方面国家整体经费投入不足，另一方面教育缺乏自身造血机制；一方面教育资源重复投入，闲置、浪费严重，得不到充分利用，另一方面人民群众对教育的旺盛需求难以得到满足；一方面学校要求松绑，"解放计划经济的最后一块堡垒"，另一方面当教育被推入市场经济大潮中的时候，又显得手足无措，要么迷航失道，要么坐以观潮，很难显身手。教育究竟应当如何面向社会、面向市场经济呢？

■ "求木之长者，必固其根本；欲流之远者，必浚其泉源。"这是古人的至理名言。社会是教育之本，社会是教育之源，教育与社会母体的"脐带"一旦割断，就会成为无源之水、无本之木，其发展就不可能久远，其事业就不可能成长。20 世纪 80 年代以后，我国高等学校获得了从来不曾有过的办学自主权，但因其真正面向社会自主办学的能力还没有形成，自身造血功能严重缺乏，于是又立即感到自己的生存形势变得异常严峻。有学者做过一个形象的描述，学校在经济转轨变型的过渡时期，昔日田园诗一般的悠闲生活已随风而逝，它们不得不为生存和发展殚精竭虑。

教育必须为社会主义市场经济服务，教育必须培养合格的人才为社会服务，教育必须以科技创新为社会服务，教育必须以精神文明——先进文化的辐射为社会服务，这已经是一个不争的命题。

江泽民总书记在第三次全国教育工作会议上指出："事实已经说明，'象牙塔'式的教育，不能适应当今时代的需要。教育同经济、科技、社会实践越来越紧密的结合，正在成为推动科技进步和经济、社会发展的重要力量。"①

教育为社会服务的主要方式是培养人才，培养适应社会需要的各级各类人才，培养富有创新精神、创新意识的人才，培养全面发展的、富有人文精神的人才。教育特别是高等学校为社会服务，除了培养和造就高素质的创造性人才外，还应该为认识未知世界、探求客观真理、为人类社会解决面临的重大问题提供科学依据，应该是知识创新、推动科技成果向现实生产力转化的重要力量，应该成为民族优秀文化与世界先进文明相互交流、彼此借鉴的桥梁。

我认为，高等教育面向社会，为社会服务应处理好几个矛盾关系：一是处理好应用、开发研究与进行基础研究的关系，不能只顾应用、开发研究而忽视甚至放弃了高校基础研究的优势与特色，使为社会服务失却坚实的基础；二是处理好适应市场的要求与对学生进行通识教育与人格养成的关系；三是处理好适应办学经费多渠道筹措的需要与保持高校的学术自由的关系；四是处理好适应市场经济法则，追求效益最大化与防止因片面追求创收而偏离办学方向的关系。

---

① 张宗庆：《知识经济与可持续发展》，331～332 页，深圳，海天出版社，1999。

第三节　教育管理制度的创新

　　□ 近来，有学者对"教育产业化"的提法提出异议，我个人认为，
"教育产业化"必须明确是在何种意义上的产业化。因为，教育是培养
人的活动，无论在培养目标、内容、形式等方面，教育都是一项特殊
的社会活动，不能把教育的一般活动与企业生产活动完全等同，甚至
混淆，但是，借鉴企业管理中的一些思想和方法，对于教育管理活动
来说，是非常必要的。坦率地说，在相当程度上，我们的教育管理水
平是落后于企业管理水平的。现在有一些地方尝试把学校租赁给个人
承办，您对这一现象如何看待？

　　■ 依照你的看法，教育是一个特殊的产业，那么我们必须研究和
解决学校的经营形态的有关问题，也就是要研究和解决学校由谁经营
和如何经营等问题。

　　□ 学校是由所有者——国家直接经营，还是实行学校所有权与经
营权分离，由学校经营者进行经营？如何界定学校的经营责任？学校
教育质量高低与办学效益好坏的责任由谁来承担呢？

　　■ 我认为，经营权与经营责任必须统一，有经营权就必须承担经
营责任，经营者没有经营权，就不应也不能承担经营责任。如果学校
所有权与经营权分离问题不解决，学校仍为所有者直接经营，经营者
还是所有者的附庸，而民事责任、教育质量高低和办学效益好坏的责
任又要学校经营者承担。如果这样，教育管理体制改革只能是一个时
髦的口号，是一句动听的空话。

　　□ 学校所有权是指国家、集体或个人对于学校资产、设施等的占
有权。公办学校的所有权是什么呢？所有权与经营权相分离的内涵是
什么？

■ 公办学校所有权，就是国家对学校一切资产和设施等的占有权，这是由社会主义全民所有制形式决定的，是社会主义生产关系中的所有制在立法上的表现。或者说，公办学校的一切财产资金和设备均属全民所有，即国家所有，由政府及其教育行政职能部门代表国家行使学校资产与设施的所有权。

学校经营权，是指学校对国家依据法律授权其经营管理的财产、资金、设施享有占有、使用和依法处置的权利，以及依据章程对教育、教学生产、科研、人事、行政享有组织指挥和决策的权利。学校依法享有的经营权具体包括：①学校经营决策权；②资金的筹集、分配和使用权；③教育、教学、生产、科研等其他事宜的自主管理权；④学校内部机构设置权；⑤工资、奖金与助学金分配权；⑥教师及职工聘任（解聘）、职评奖励与处分权；⑦学生学籍管理权；⑧拒绝摊派权。

学校所有权与经营权分离，就是学校中的资产所有权属于国家及其代表国家的各级政府，《中国教育改革和发展纲要》提出，政府要由"对学校的直接行政管理，转变为运用立法、拨款、信息服务、政策指导的必要的行政手段，进行宏观管理"，保证学校真正成为自主管理者和经营者，学校享有法人财产权以及教育、教学、生产、科研、人事、行政处置权和管理权，成为享有民事权利、承担民事责任的法人实体。

□ 按照您的观点，学校必须改革现行领导体制，建立规范的法人治理结构，确保学校真正具有经营权。那么，学校是不是就应该根据权力机构、决策机构、执行机构和监督机构相互独立、相互制衡和相互协调的原则，建立董事会、校长会和监事会呢？

■ 是的。董事会是学校的经营决策机构，其成员由学校投资者——国家及其代表国家的政府的财政、国资银行、教育等部门以及企业、社团的代表和相关部门如税务、审计、物价、工商等部门的代表与其他方面的代表组成；董事长由董事会选举产生，为学校的法定代表人。董事会对国家以及代表国家的政府负责,执行国家的教育方针政策和政府的决议决定,对学校的教育、教学、生产、科研、人事、财务、行政、经营管理进行决策和聘任学校校长等。董事会实行集体决策和过半数的原则。董事应对董事会的决议承担责任。董事会在国家及其代表国家的政府授权行使权力机构的职权时,可以决定学校一切重大事项。校长是学校日常教育、教学、生产、科研、人事、财务和行政工作的最高主管,主持学校经营管理工作,组织实施董事会的决议。校长实行董事会聘任制,依照章程和董事会授权行使职权,并对董事会负责。监事会是学校的监督机构,由学校基层党组织代表、工会代表和适当比例的教职员工代表组成。学校董事校长(副校长)和各处室负责人、财务负责人不得兼任监事。监事会对国家及其代表国家的政府监察部门负责,依照法律和章程对董事和学校校长行使职权的活动进行监督,防止滥用职权。

□ 是不是可以这样认为:学校的经营形态问题是学校进行内部资源配置的关键。教育主管部门、行政部门必须依法对学校进行管理,要明确教育行政部门作为举办者、管理者与学校的权利义务关系,依法下放权力,彻底改变学校对事、物管得过多、过细的情况。同时,学校内部体制改革必须深化,必须抓紧制定、完善学校章程和相应的规章制度,实现学校管理的规范化、制度化。

■ 你说得对。这正是为什么我要专门论及学校经营形态这个问题的原因。当然,理性思考固然重要,但是最后还是要落实到具体的实际管理活动中去。

应该说,我们的教育行政管理和学校内部管理都在进行积极的改革探索。教育行政管理集中体现在管理体制上,管理体制的改革最先涉及的是机构改革。机构设置不能贪大求全,但也要考虑到便于开展工作。必须遵循"功能齐全、结构合理、运转协调、灵活高效"的机构改革的总体原则，抓住两个基本方面：一是加强政府对教育的领导与统筹，重视制度创新；二是多种形式办学，教育资源优化利用。

不妨让我们来看看北京市海淀区在教育管理体制上进行的一些改革性实验。该区在 1994 年率先改革了区级领导管理体制，强化了区级政府领导与统筹的职能。撤销区文教办、托幼办（原设在区妇联）、教育局、成人教育局，成立了北京市海淀区委教育工作委员会、海淀区教育委员会和区人民政府教育督导室，统一全区教育工作，初步达到了"转变职能，理顺关系，精兵简政，提高效益"的目的，并着手构建自身的科学民主的决策系统，有序高效的管理操作系统，统一协调的科研、培训、继续教育系统，社会化的教育咨询、服务系统和制度规范的督导系统五大系统，以及适用于大教育的宏观调控机制、依法治教机制、德智体全面发展的质量与效益相统一的评估机制。实践证明，区级政府对教育领导、统筹功能的强化，对于基础教育学校布局的调整、深化办学体制的改革、全面启动全区教育现代化工程等诸方面的工作均产生了积极影响。

最近，我还注意到这样一则消息，湖北省开创了公办学校改制的先河，个人出资买下了学校。湖北省随州市将随州市工业职工中专的国有产权出售给校长马铁军，首开了公办学校改制先河，随州市有关部门与购买方在产权转让协议上正式签字。随州市工业职工中专是随州市经委下属的国有事业单位。近年来，学校生源急剧下降，陷入困境。学校改制的动议提出后，82.5％的教职员工投了赞成票。随州市经委在当地媒体上发布产权转让公告后，在 20 天的限期内，只有一人报名出资购买这所学校。这名购买者是该校现任校长马铁军。买断产权后，财政"断奶"，34 名教职员工的就业、工资、医疗费等，将由马铁军负责。

□ 这则消息不长，但引起的反响很多，这一尝试使人们对学校经营形态问题的探索与实践向深层次上迈进了一步，是吗？

■ 教育管理体制改革确实是一项十分重要而又十分艰巨的工作。它涉及上上下下、方方面面的改革与协调，综合性很强，是一项社会系统工程，须按照自上而下的统一配套政策，推进并保证"地方负责，分级管理，政策统筹，社会参与"的新体制的构建和操作实施。同时，要重视从政策推动到体制推动，从体制改革向制度创新转变。党的十五大进一步明确了我国的经济体制构成，提出要在经济领域进行制度创新。第三次全国教育工作会议对进一步深化教育体制改革做出了新的部署，教育的制度创新形势喜人。

□ 制度创新非常重要，我们不仅要在行政管理体制上进行改革，也可以在办学体制上进行一些尝试，您对近阶段民办教育迅速发展是怎样看的？

■ 在我看来，教育是一种产业，就必然在某种程度上受经济规律的制约。我国的经济发展模式已经昭示，在相当长的时期内，多种经济形式并存是不可逆转的事实。长期以来，我国一直是政府办教育，穷国办大教育。一切都靠政府撑着，教育经费成为一种"苦提水"，到处洒一点，结果是杯水车薪，什么事都办不成，或者是什么大事都办不成。

一项关于居民教育投资意向的调查显示，60％的受访者表示如需要愿为子女的教育举债。从分布地域看，西安人的愿望尤为迫切，这一比例达到80％。对于"再苦不能苦孩子，再穷不能穷教育"的提法，81％的人赞同，特别是武汉、西安，这一比例更是高达86％，其总比例也高达78％。① 从这些数据看，人们对教育投入的愿望十分迫切。

---

① 中共北京市委教育工作委员会、北京教育科学研究院：《教育产业论文选编：下》，573 页，1999。

面对人民不断增长的教育需求，教育部门如果不主动运用市场经济的运作法则，抓住发展机遇，就会犯历史性的错误。

□ 这样看来，引入竞争机制，允许多种办学模式并存，是教育发展的必然趋势。目前，人们还仅仅是从经济学的角度认识到教育也是一种市场，是一种产业。实际上，多种办学模式之间的竞争，必然推动教育自身的发展，所以，有人认为，民办教育是"推动教育发展的第二只手。"

■ 是啊！当前，像雨后春笋一样，民办教育在全国各地发展起来，出现了多种办学模式。例如：以公办重点校、示范校为依托，发展"民办公助"为主的"天津模式"；以政府给予资助的"民办公助"学校和由公办"薄弱校""一般校"转制成民办学校为主的"上海模式"；以专业户和集团股份企业等私有制经济为投资主体，实行"经济人""社会人"和"文化人"三结合的民办学校为主的"温州模式"；以"教育储备金"为典型收费方式，收费相对较高、办学条件较好、办学风险较大的"广东模式"；等等。这些模式反映了各地区不同的社会、经济背景和当地政府教育行政部门对发展民办基础教育在执行政策上的差异，呈现出多种类型并存发展的特征。

另据统计，我国过去由政府单一办高等教育的格局正在被打破，现在由社会力量兴办的各类高等教育机构已有 1200 余个，在校生 150 万人左右。这 1200 余个机构，大多属于非学历的教育机构，学生要通过自学考试才能取得国家承认的文凭。其中经过审定批准具有颁发大专学历文凭资格的民办高校数量还很少，全国仅 37 所。产生这种情况的原因，主要是办大学投资很大，又是非营利事业。校园、师资、设备、图书馆等要达到国家规定的基本条件，办学质量要为社会认可，需要一定的时间。在艰难的条件下，很多民办高校是利用社会各方面的力量包括借用现有公办学校的资源才维持下来的。

我认为，民办学校出现的积极作用是明显的。但要促进它健康有序发展，就需要有良好的环境支持系统和政策规范。因此，及时出台有关此类学校的法规，明确其地位、学校性质、财产属性、管理规范，以及政府和学校各自的权利、责任、义务等，并向社会广为宣传、解释，已成当务之急。政府对民办学校的管理，应该从两方面入手：一是加强政策研究，建立健全规章制度；二是加强监督、检查与评估。一句话："积极鼓励，大力支持，正确引导，加强管理。"

第四节　办学质量是生命

□ 依法进行教育行政管理，可以充分调动学校办学的积极性，切实提高学校面向社会办学的自觉性。但仅仅进行教育行政管理改革，而不注重学校内部体制和制度改革，不强化科学管理机制，就无法保证办学质量和效率，更无法提高办学质量和效率。正是在这个意义上，有人把学校内部的科学管理比喻成学校内部办学显能和潜能激活的催化剂。您认为学校内部管理改革的内涵是什么？

■ 我最近看到一篇文章，题目是"教师，你为什么不会下岗？"，这是一个很耐人寻味的问题。在我看来，学校内部体制改革主要是在政府适度放权的前提下，通过对学校的领导体制、用人制度、分配制度和管理制度的改革，建立与完善诸如校长负责制、教师聘任制、岗位责任制、结构工资制以及工作评价制等学校管理制度，理顺学校内部各方面的关系，解决好学校内部的运行机制问题。这一改革的主要目标应该是革除原有教育管理体制的弊端，调动学校内部活力，形成高效的学校运行机制，建立科学化、民主化、规范化的学校管理体制，使学校干部和教职工的积极性和创造性得以充分发挥，促进教育质量和效益不断提高。

□ 在政府赋予学校办学自主权之后，必然涉及学校领导体制问题。当前，教育改革正在深入进行，人们关注的问题之一就是如何进一步完善学校领导体制。

■ 我认为这个问题必须从历史和现实的角度来进行思考。新中国成立以来，我国学校内部的领导体制始终围绕着党政关系和民主集中这两条主线演变，形成了七个发展阶段和相应的七种领导体制。这里我们仅以中小学为例，做一个简单分析。

①校务委员会制。新中国成立初期，各地学校一般实行校务委员会制。校务委员会由进步的教职员工代表和学生代表组成，校长由政府委派。这种体制在当时起到了维护学校秩序、发扬民主、对学校进行初步改造的作用。但这种体制容易导致极端民主和工作无人负责的现象。

②校长责任制。1952年3月，经政务院（现为国务院）批准，教育部颁布了《中学暂行规程（草案）》和《小学暂行规程（草案）》，其中对中小学领导体制做了比较完整的规定，中小学实行校长责任制，设校长一人，负责领导全校工作。校长由政府委派，直接对人民政府负责，校长对学校一切问题有最后决定权。当时这种体制在贯彻党和政府的方针、政策方面，在改变学校工作无人负责的状态方面起了积极作用。其缺点是没有建立相应的监督体制，难以避免校长个人独断专行。

③党支部领导下的校长负责制。1957年，我国对校长责任制采取了全盘否定的态度，中小学普遍设立党支部，实行党支部领导下的校长负责制，出现了党政不分、以党代政的现象，行政机构和行政负责人的作用没有得到充分发挥。

④地区党委和主管的教育行政部门领导下的校长负责制。1963年3月，教育部颁布了《全日制中学暂行工作条例（草案）》和《全日制小学暂行工作条例（草案）》，其中规定"校长是学校行政负责人，在地区党委和主管教育行政部门领导下，负责领导全校的工作"，"学校党支部

对学校行政工作负有保证监督的责任"。实行这种体制以后，学校党支部职责分明，矛盾减少，学校行政组织的作用得到一定程度的发挥，学校工作以教学为中心，教育质量得到了明显提高。但是由于"左"的影响没有清除，在片面强调阶级斗争的情况下，党政不分、以党代政的问题并未完全解决。

⑤"革命委员会制"。"文化大革命"期间，学校领导体制混乱不堪，先是群众组织夺权掌权，接着是工宣队、军宣队、贫下中农管理学校，后来又成立了"革命委员会"，取消了以校长为首的行政组织的机构，也从根本上破坏了党对学校的领导。

⑥党支部领导下的校长分工负责制。1978年，全国教育工作会议以后，教育部修订颁发了《全日制中学暂行工作条例（草案）》，其中规定全日制中学"实行党支部领导下的校长分工负责制，学校的一切重大问题，必须经党支部讨论决定"。这一领导体制对于拨乱反正，改变"文化大革命"带来的不正常现象起到了重要作用。但是这一体制把"领导"与"负责"分开，职权与责任不统一，不符合管理学原理，而且在校长上面加了一个管理层次，这样不可避免地造成党政不分、以党代政的局面，既削弱了基层党组织的职能作用，又不利于发挥行政部门的功能，从而影响了学校组织管理的效能。

⑦校长负责制。为了提高现代学校管理的效能，1985年5月，中共中央发表了《关于教育体制改革的决定》，明确提出"学校逐步实行校长负责制"。自《关于教育体制改革的决定》颁布后，各地逐步推行校长负责制。

这七个发展阶段表明，学校领导体制问题的核心是决策机构和制衡机构问题。

□ 西方有些国家的学校也实行校长负责制，他们的校长负责制与我国现行的校长负责制是不是一回事？

■ 西方学校大多实行校董会领导下的校长负责制。学校由少数人组成一个决策机构,这个决策机构的称谓不尽相同,法国称校务委员会,英国称校董会,德国和日本称评议会,美国称学区教委。决策机构的主要职责是:确定学校的大政方针,审议学校的重大工作,分配学校财务等。决策做出以后,由校长负责具体执行。校长是学校行政的最高负责人,学校的各项工作,均由校长统一领导。校长在执行决策的过程中,可以充分行使指挥权,各委员无权干涉校长的工作。这样就保证了学校工作符合管理学中的组织延续性原则,不因个别人工作的变动而影响学校整个工作安排。

□ 我国实行的校长负责制,校长上面没有设立最高决策机构,校长既是决策者,也是执行者,决策与执行的职能没有分开。但是我国学校的内部监督机构是党委(支部),西方国家是没有的,这是不是我国校长负责制的特色呢?

■ 校长负责制在我国实行以来,它的优越性已经得到体现,但是有一些问题值得我们进一步思考。我个人认为,这些仍将是困扰校长负责制推行的问题。例如,校长如何正确行使权力?校长应具备哪些条件?校长怎么产生?校长与党支部、教代会、校务委员会是什么关系?……这些问题如果不弄清楚,学校内部的改革就难以从单项的、浅层的改革向整体的、深层次的改革推进。

□ 确实是这样。校长负责制的完善需要一个过程,人们对它的认同也同样需要一个过程。根据一项关于校长负责制问题研究课题组的调查,在中南六省 189 所中小学校的校长中,相信校长负责制能长久实行的只占 48.68%,而 41.08%的校长认为"很难说",个中原因发人深思。[1]

■ 我认为可能至少有两点:一是不少人担心实行校长负责制以后

---

[1] 华中师大《学校领导体制改革研究》课题组:《关于校长负责制的问卷调查(节选)》,载《中小学管理》,1996(4)。

会削弱党的领导，二是担心校长会独断专行。产生这样的担忧是因为一些同志没有真正对校长负责制认识清楚。必须看到，校长负责制是一个完整的概念，其含义包括：校长的全面负责，党组织的保证监督，教职工的民主管理。在这一体制中，校长是学校行政的最高负责人，是学校的法定代表人，处于学校的中心地位。校长对外代表学校，向国家负责；对内全面领导和负责教育、教学、科学研究和行政管理工作。校长对学校各项工作拥有决策权、指挥权、人事权和财经权，这是校长负责制的核心所在。在这一体制中，党政职能分开，党支部不再领导行政工作，而是转变职能，对学校行政工作起保证监督作用。这一转变不仅符合管理学原理，也顺应了国际潮流。在这一体制中，教职工可以参政议政，对学校的一些重大问题发表自己的意见。这样就能保证校长正确合理地使用权力，避免独断专行作风的出现。

□ 一校之长如何"长之一校"，其个人必须具备哪些素质呢？

■ 校长负责制对校长素质提出了很高的要求。它要求校长（管理者）在管理观念、管理技术、管理手段、管理方法等方面与这一领导体制相适应。教育管理与一般的企业管理有本质区别。教育管理活动主要是围绕人的发展这一社会目标而展开的。教育过程中教育者的教育热情和教育能力的发挥程度，学校的办学质量和效益等方面，主要受制于管理者的管理水平，起重要作用的是管理者自身的素质。正如哈佛大学英格尔斯教授所说的那样：如果一个国家的人民缺乏现代化心理基础，如果执行和运用这些现代制度的人，自身还没有从心理、思想、态度和行为方式上都经历过向现代化的转变，失败和畸形发展的悲剧结果是不可避免的。最完美的现代化制度和管理方式，最先进的技术工艺，也会在一群传统人的手中变成废纸一堆。实现教育管理现代化，教育管理者就要从心理、思想、态度、行为方式上向现代化转变，具备现代管理者应有的素质。

日本学者认为，教育管理者应该具备 10 种素质：①要有研究精神，不断学习新知识；②要有度量，胸怀宽广，不拘小节；③要有领导能力，能坚持原则；④要有使命感，对事业一往无前，坚忍不拔；⑤要有积极性和干劲；⑥对学生有深厚的爱，一视同仁地爱护每一个学生；⑦要有宽广的视野，眼光远大，富有理想；⑧身体健康，性格开朗，办事光明磊落；⑨谦虚、诚实，努力培养自己受人爱戴的品质；⑩要善于培养优秀接班人。美国等国家有些学者也对教育管理者的素质多有揭示，综合起来看，基本上包括三方面的素质：①全面的素质，既要有精深专业知识和广博相关知识相结合的知识结构，又要有继承和创新相结合的改革意识；②宽容精神、民主的工作作风和积极的工作态度；③奉献、冒险和革新精神。

我们曾经对 83 位受到县级以上表彰（记功）的优秀校长的个人素质进行调查分析，发现成功的教育管理者总是表现出这样一些特征：①无私奉献的思想境界；②宽容、民主的工作作风；③宽厚、广博的知识结构（包括教育科学理论功底）；④创新意识和创新能力；⑤驾驭全局、风险决策和协调人际关系的经验和能力；⑥乐观、耐挫的心理平衡素质。而人本观念是支撑教育管理者个人一切素质的根基。

□ 稍通力学知识的人都知道"支点"对于杠杆的意义，阿基米德曾经说过这样一句脍炙人口的话："给我一个支点，我可以撬动整个地球。"在学校管理中，教育资源的合理配置，教育诸要素作用的最大激活，关键是人力资源的合理配置和人的显能、潜能（积极性、创造性）的最大激活，用人制度是激活教育资源的坚实"支点"。

■ 在学校内部管理体制改革中，用人制度是一个既敏感又核心的问题。目前，绝大多数的公办学校，在教师的管理使用上，仍沿用教育行政部门分配、学校使用的用人方式。在计划经济时代，这种用人方式在学校师资结构的配比、校际师资水平的平衡、强化用人指导等方面曾发挥过积极作用。但是，在市场经济条件下，随着教育改革的深入发展，这种机械的用人管理方式已越来越暴露出很多弊端，不仅阻碍了办学效益的提高，而且在很大程度上影响和制约着教育事业的发展，我国亟待推行教师人事管理制度改革。《中共中央、国务院关于深化教育改革全面推进素质教育的决定》特别强调，"社会用人制度对于实施素质教育有着重要的导向作用，改革用人制度是全面推进素质教育的当务之急"，要"转变传统的人才观念，形成使用人才重素质、重实际能力的良好风气"。任何改革都应该有明确的目标，用人制度改革的目标就是优化教职工队伍。用人制度的改革主要是实行定编定员、定岗定职、聘任上岗。

□ 目前，我国学校教育中，师生比偏低，人浮于事的现象相当严重。按 1994 年统计数字，我国高校学生与专任教师比为 7∶1，与教职工总数比为 2.7∶1；同期，韩国是 33∶1、21∶1。长期以来，高校的组织机构按党政机关的模式设置，机构臃肿，效益低下。在许多学校，党政机关、教辅人员和附属单位人员往往是专职教师的数倍。而在国外，专职教师一般占职工总数的 75%，也就是说在 4 个人里，就有 3 个人是"教书"的。中国人民大学属于教师比例较高的一所学校，但在改革前，3400 名教职员工中，专职教师仅有 1300 人。[①] 我国学校教职员工中，3 个人里只有一个是"教书"的。学校内部人事制度改革，势在必行。那么，您对教师聘任制是怎样看的？您认为在实行教师聘任制时，应该注意哪些问题？

■ 教师聘任制能优化教师队伍的组合，激发教师工作的积极性，使之产生做好本职工作的心理动因，从而提高工作效率，提高教学质量。因此，教育人事管理部门应尽快转变观念、转变职能，在教师的使用上，让学校"按需设岗，自主聘任，自主管理，用优汰劣，自我约

---

① 李丽萍、陈志文：《我国高校开始"精兵简政"》，载《中国青年报》，1999-06-09。

束，接受监督"，打破教师的"铁饭碗"，实行真正意义上的聘任制，按照公开、公平和竞争、择优的原则，在具备教师资格的人员中聘任教师。在实施中，人事管理部门要把工作职能转变到对学校的用人监督及建立和完善教育的人才市场上，使学校合理用人，并且利用人才市场来优化配置人力资源。同时要注意两点：一是要强化动态管理，做到能进能出。聘任中要注意不断地培养和提高教师的综合素质，不断地选优汰劣，让不能教、不乐教者在教育部门内待岗、转岗或下岗，并按有关政策落实好待岗、转岗或下岗后人员的工资福利待遇，也可以经人事部门同意后分流出口或辞退，使教师群体始终充满勃勃生机和创造力。二是要解放思想，挣脱束缚，吸收优秀的人才当教师。目前，中小学教师队伍总体水平素质虽然有所提高，但业务能力、师德、知识更新程度参差不齐，且人员不足。教育行政部门除要进一步提高教师队伍的素质、水平外，还要拓宽渠道选拔、吸收一批具备教师资格的优秀人才当教师。各企事业单位中，原先流失出去的教师很多，社会下岗人员中也不乏适宜做教师的优秀人才，经有关部门批准，按程序严格选拔进来，对于充实教师队伍，提高教师素质，"盘活"教育的人才市场具有很大的作用。

在工资制度改革中，要打破平均主义，不搞论资排辈涨工资。要加强对教师的考核和评定，让不同水平、能力、工作量、实绩的教师获得不同的工资报酬，实行以能力和实绩为主的工资制，拉开教师与教师之间的工资距离。定期考核后分出等级，实行学校内部的低职高聘或高职低聘制度：优秀的，低职高聘，升级涨资；一般的，保持不变；不合格的，高职低聘，降低待遇。

学校要认真搞好教师职称的评定和使用，这关系到教师的切身利益。职称评定工作中要增强透明度，做到"公开述职，公开展示个人申报材料，公开上报人员名单"，对有突出贡献的，要大胆破格认定。对取得任职资格的专业技术人员实行聘任上岗时，应根据岗位的需要和等级考核，进行低聘、续聘和高聘，不唯资格论。另外，还应适当增加小学教师中的高级教师职务的比例，以适应小学教师的学历、理论研究等不断提高的需要，调动特级和优秀教师的积极性。

□ 近十年来，您一直倡导在教育中关注人的情感层面，曾多次提出教育管理中的"人文关怀"问题，反对只见物、只见事，不见人的管理。您可否具体阐述一下对"人本管理"的看法？

■ 有一本研究管理的专著，叫作《把人当人》，给我留下了极深的印象。我认为，人本管理是学校内部管理的灵魂。对这个问题我想展开讲一点。

学校管理要以人为本，这是由学校管理的特殊性决定的。学校的根本任务是培养人才，培养身心健康、全面发展的人才；学校管理中起决定性意义的是对人——教职工的管理，这与企业对"物"的管理是不同的。人的管理首先是人心的管理。任何人都应在感情上被尊重、信任和理解，知识分子在这方面显得更为突出，"士为知己者死"。这就要求校长要从调动教职工的积极性、能动性着手，采取多种激励手段，如目标激励、荣誉激励、信任激励、情感激励等。总之要多给教职工以"情感投资"。校长要真正做到爱护教职工，在工作中要进行心理互换，将心比心，设身处地地考虑教职工的工作、学习和生活中的一系列问题，随时注意调节各方面的关系，以取得协调配合。在对人的态度上，要有宽容之心。"金无足赤，人无完人"，每个教职工身上都会有其优点，也会不同程度地存在不足。人本管理的核心是真正将人放在管理活动的中心，一切管理措施和制度都是以充分发挥人的潜能为出发点的。

在上海东北角，有一所颇有名气的小学，叫"打虎山路第一小学"。该校进入 20 世纪 90 年代以后，为有所发展与创新，通过认真地研究与反思，干部、教师们发现学校工作中，尚缺乏有效管理，缺乏凝聚力，尤其是缺乏办学特色，"外校搞什么，我们也搞什么"，"什么奖都争"。于是，从 1991 年下半年开始，学校尝试从改革管理体制入手，建立现代化学校管理制度，提高工作效率，并建立和谐的人际关系。该校在 90 年代，先后出台了三个改革方案，即《打虎山路第一小学内部改革施行方案》（简称《方案一》）和尔后的《方案二》（1992 年 7 月）、《方案三》（1995 年 4 月）。这三个方案突出地反映了这所学校管理思想变化、管理机制形成的过程。

90 年代初，国家按照科学管理的思路，提倡在学校中实行定岗、定编，工作职能合理化，奖金分配同工作量挂钩，旨在提高教职工的责任感和工作效率。该校的《方案一》正是在这种情况下出台的。它规定了各种工作制度，做到"处处有规范"（共 112 条），并力求把工作加以量化（量化指标多达 74 条），实行奖金差额分配，考核重在奖罚两端，体现岗位实绩；还实行"捆绑制"（一人有成绩或过失，相关人员也受到相应的奖励或处罚，平时奖罚与期末奖罚联系）。

由于严格执行"有一份工作就有一份报酬，有一份实绩就有一份奖励"的制度，《方案一》的实施确实收到了显著成效。问题在于该校管理改革的初衷，并未仅仅局限于有序的管理，还试图创建"整洁、和睦、敬业的学校内部工作环境"，增强学校内部的凝聚力，而在《方案一》实施过程中，由于规矩过多，要求过严，不仅带来了大量繁杂的行政事务，还使教师压力过大，束缚过多，如此管理，按照支部书记的说法，"太小家子气"。于是，本着"建立和谐的人际关系"的精神，该校着手进一步改革，遂有《方案二》出台。《方案二》强调"改革深化，责任强化，利益同化，方法简化"，在原方案基础上，简化量化指标（从 74 条减为 29 条），并简化操作程序，使学校气氛较前宽松，人际关系较为和谐。不过，该校并不以此为满足，于该方案实施一年半以后，又进一步加以改进。从 1995 年 4 月开始实施的《方案三》，加大了改革的力度，把学校管理的重心，从规范约束转向"道德自律、工作自励"，把管理操作的重心，从学校领导核心下移到班组。其中学校考勤制度中的量化指标，从《方案二》的 8 条，进一步减少为 3 条。

传统的科学管理，属于经验管理类型：主要由管理者按照习惯和根据工作需要制定的规章规范体系进行管理；管理者把被管理者置于直接监督之下，凭个人经验与见识，调节学校中的人际关系、处理学校中的事件。在这种类型的管理中，管理水平因管理者的经验与见识而异，管理工作不免带有主观色彩和"家长制"的烙印。随着时代的变迁，这种经验管理遂为科学管理所代替。学校的科学管理，是基于对学校中各种职能活动的分析，建立客观的规范体系，并把各种职能活动尽量加以量化，形成可测定的指标，以便于操作；管理者按照既定规范实行管理调节和监督，"在规范面前人人平等"，使管理客观化，从而减少管理者个人素质、主观意志对管理工作的影响，并减少学校中人际关系的干扰。这种管理也叫作"规范管理"。该校的《方案一》，体现了这种规范管理的精神。在人际关系复杂、学校无序情况下，以规范管理代替经验管理，实乃势所必至；唯规范管理着眼于对人的活动的控制，"见事不见人"，使学校中的教职工消极地接受管理，不足以充分调动其主动性与积极性。这种类型的管理的利弊得失，在打虎山路第一小学的初步实践中已经显示出来。

其实，关于通过规范管理所建立的学校秩序，有"强序"与"弱序"两种不同的选择。如果说学校秩序以必要的规范体系为保证，那么，学校秩序的"强""弱"同规范密集的程度相关，而"强序"与"弱序"的意义与效率迥别。从表面上看来，似乎学校秩序越强越有效。"处处有规范"，就出于这种考虑。其实，规矩过多，成为"强序不强"；反之，以适度规范为特征的管理，因便于严格监督，可以保证任何规范都有不可缺少的权威性，到头来"弱序不弱"。从表面上看来，"强序"管理是给被管理者的行为以更多的约束，实际上密密麻麻的规范，若要严格执行，更是给管理者出难题。该校从《方案一》到《方案二》《方案三》所显示的，正是从"强序"到"弱序"转化的过程。其结果，既增强了凝聚力，又使学校秩序更加井然。管理的真谛乃是"管是为了不管"。

□ 也就是说，学校管理规范化、科学化是非常重要的，但必须由人去执行，以求得人的积极性、创造性的最大发挥，人际关系的最大和谐，其中管理者具有人本意识是十分关键的。

■ 人的潜力是不能低估的。我们的传统教育管理过程中固然有一些经验值得继承和发扬，但是，传统教育管理中对人的创造性、主动性的限制也不容忽视。这一点，马克思在《1844 年经济学哲学手稿》中研究人的异化和"片面发展"问题时做出了精辟的分析。现代管理过程中出现的人性化和个性化的发展趋势，表明了人确实是管理的第一要素。离开了人，离开了人的创造性、主体性，一切管理活动必将是僵化的、没有生机的。

21 世纪是一个开放、充满竞争的时代，是一个重视科学化、关注人文精神的时代，相信科学化的管理将使世纪之交的中国教育焕发新的活力。

结　语　走向开放的中国教育

□ 世纪之交的中国教育站在"传统—现代的连续体"（traditional-modem continuum）上，经历的是来自过去和现在的文明冲击，面对的是来自方方面面的现实挑战，身处其间，我们展开了一轮积极而有益的思想对话，试图对此做一点哲学式的分析和思考，进而提出我们的意见和看法。想到这一努力至此就将告一段落，不禁感到如释重负。

■ 诚如你所言，对当代中国教育面临的挑战进行全面检讨与反思并做出有力的思想回应，这的确是一个极具挑战性的课题。虽然费尽心力，但难免挂一漏万，加之，社会处于转型时期，使存在的各种教育问题变得愈加错综复杂。因此，今日虽已"交卷"，但仍留有不少对未尽工作的遗憾。

□ 在这样一个时代，您的心境倒是难得的清净。遗憾总是免不了的，那么在您看来，就这一主题而言还有哪些问题是要说明的？

■ 自古以来，教育崭露的总是一个时代的精神品质和思维个性，教育的挑战说到底是时代的挑战，透视教育是为了把握时代精神，而洞悉时代精神则为了更好地理解教育、设计教育和实施教育。20 世纪六七十年代以来，随着全球范围内新技术革命的蓬勃兴起和争取民主、独立运动的广泛开展，人的价值、自由和人存在的意义等人道主义观念再次成为时代关心的主题。在此观照下，人们对教育的理解也发生了根本性的变化，尤其是《学会生存：教育世界的今天和明天》报告发表之后，教育的先导性、主体性和自由性得到了充分重视。人们借此开始回到教育自身来理解教育，因而教育与文化的内在亲缘关系在当代得以真正凸显。而且，在我看来，教育作为一种文化现象，同时也是一种精神现象，更是一种生命现象。因此，当代教育便不止于知识传授，而在于使人通过文化价值的摄取，获得人生的真实体验，从而陶冶人格和灵魂，达至灵与肉的"全面唤醒"。从这个意义上说，教育正在逐渐回归于为着人、人的生命、人的生命扩展、丰富和提升而存在的本真意蕴。这是我在此次对话中所持的基本教育信念。

□ 教育从本质上讲是一件主体性的事业，是人的事业，也是文化的事业。这是我们审视和理解当代中国教育的切入口，也是我们应对当代教育挑战的理论立场和思想"制高点"。

■ 如果仅就结论来看，东西方学者在这个问题上的意见是一致的，但就具体历史过程而言，两者的差异又是不言而喻的。在西方，17 世纪工业革命之后，技术主义日渐侵染了教育，可度量性、可控制性、标准化作业、流水线生产成为当时及以后教育的主导特征，教育演变成了训练人的工具。"为了训练的目的，一个人的理智认识方面已经被分割得支离破碎，而其他的方面不是被遗忘，就是被忽视；不是被还原到一种胚胎状态，就是随它在无政府状态下发展"[①]，而成长于其中的年青人则"缺乏扎根于心情总体性的那种深刻的知性。他们有悟性，却没有灵魂；有知性，却没有精神；有活动，却没有道德欲望"[②]。对于这种教育，美国作家艾略特的批评可谓一针见血："个人

---

① 联合国教科文组织国际教育发展委员会：《学会生存：教育世界的今天和明天》，华东师范大学比较教育研究所译，193 页，北京，教育科学出版社，1996。

② 转引自邹进：《现代德国文化教育学》，71 页，太原，山西教育出版社，1992。

要求更多的教育，不是为了智慧，而是为了维持下去，国家要求更多的教育，是为了要胜过其他国家，一个阶层要求更多的教育，是为了要胜过其他阶层，或者至少不被其他阶层所胜过，因此教育一方面同技术效力相联系，另一方面同国家地位的提高相联系……要不是教育意味着更多的金钱，或更大的支配人的权力或更多的社会地位，或至少一份稳当而体面的工作，那么费心获得教育的人便会寥寥无几了。"[1]

　　□ 的确，近代以来的工业化进程从教育中剥离了内在性与精神性特征，并抽空了教育的精髓，实用主义的生存态度使教育成为谋生的工具，外在的可度量性变成了教育追求的现实目标。简言之，在当代教育中，表象淹没了本质，手段代替了目的。

　　■ 西方学者正是通过对近代以来实行了三百多年的以唯智主义为基本特征的制度化教育进行充分而全面的理性思考和价值清算，提出"教育回归科学人道主义"的原则立场的。相比之下，这种教育作为西方现代化的成果被引入我国却不过百余年的历史，而真正契合于中国的现代化进程实际上也就是近 20 年的事情，不仅如此，它还将作为现代化的"不二法门"继续得到推广和实施。因此，对于西方世界而言，如何走出工业时代教育的阴影并建构一种适应知识经济时代的新教育是其当前的主要问题域。中国教育所面临的切身问题，在我看来，主要不是隔靴搔痒地反思工业化以来的唯智主义教育。因为事实上我们还没有真正地实现工业化，还没有真正走到唯科学主义的那一步，技术主义教育的内在矛盾还没有完全展开。所以当代中国教育挑战的真正问题域在于如何处理和解决中国教育中的现代性问题。

---

[1] 金生鈜：《理解与教育：走向哲学解释学的教育哲学导论》，25 页，北京，教育科学出版社，1997。

□ 您对此能否说得更为详细一些？

■ 事实上，我国现阶段的教育中存在着几种不同性质的问题。首先，要清算的是封建主义和落后的农业文明存留的遗毒。我们这样一个有着千年封建历史的国度，对封建传统的反思和清理决不可期望一蹴而就。因为它已融入了民族文化的血脉，像潜伏的病毒，一俟时机成熟就又会死灰复燃，这一点我们是有过教训的，而且现在看来，它还有着很强的文化"感染力"。比如，被人视为中国教育"毒瘤"的应试教育问题，表面上看来好像是制度化教育的弊端，但实际上是"学而优则仕""书中自有黄金屋，书中自有颜如玉"等传统文化心理在作祟。再比如，现在有人认为教育与生活相脱节是技术主义、理性主义的产物，但实际上在孔子时代就有人批评过中国传统知识分子是"四体不勤，五谷不分"，这多少反映了封建教育对日常生活的忽视。其次，由于近代以来我国嫁接了西方国家的教育发展模式，制度化教育就此生根发芽。尤其是新中国成立以后受苏联教育的影响，唯智主义特征得到了进一步巩固和强化，近 20 年来则愈演愈烈。比如，学科分化现象日益严重，学科界限变得愈加刚性化。分科教学割裂了学生和教师的日常经验，知识愈加远离生活，学习愈加远离生命，教育凸显了科学却失落了完整的文化，学生的学习过于依赖记忆和复述，教育变得不再具有创造性，如此等等都反映了制度化教育的弊端。再次，改革开放以后，市场化和商业化渗入中国教育，一些庸俗的商业文化污染了教育的殿堂，商业准则代替了部分教育规范，教育变得愈加听命于经济，其内在的主体性和独立性成了一句空话。最后，随着近年来知识型产业的蓬勃兴起，一个崭新的知识经济时代正在向我们走来，与此相应，人们对知识和知识生产方式都有了全新的理解。比如，过去总是把高等教育看成文化的"象牙塔"，现在则认为知识有多个层次，学术有多种范式，应该在大学、企业和政府之间构建起"三重螺旋关系"。这样一来，高等教育在发挥经济性功能的同时又促进了学术增长。由此可见，对于当代中国教育而言，它所面对的是一个"问题集合"。在它的视域中，"传统"与"现代"之间的界限是不清的甚至是交叉的。比如，工业化对于中国而言既是传统也是现代，作为传统，就有一个"取其精华，去其糟粕"的问题，而作为现代，则有一个积极适应和推进的问题。这就构成了现实教育生活中的两难和悖论。一方面，教育为了坚守住文化的阵地，就不得不借助于文化经典和精神传统，不得不固守传统的学术标准和道德标准，与各种商业文化和市场文化进行斗争；另一方面，教育为了在现实中生存下去，就不得不适应社会潮流，像玩世不恭的"变色龙"一样围着社会时尚转。透视这些矛盾，我认为当代中国教育由于交困于古、今和中、西之间，因此，它面临的最大问题是"认同"的问题，感到最焦虑的是找不到"真我"，最迷惑的是寻不到"认同"的对象。① 简言之，当代中国教育的文化形象被失落了。

　　□ 或许正因为如此，在当代我们要格外强调教育的自主性、独立性和批判性的文化品格，因此也就更为强调教育的创造性本质。

　　■ 当代中国教育的文化形象失落于传统和现代的对垒中，失落于适应与超越的矛盾中，失落于转型时期的文化困境中。这是两种或两种以上的文化进行接触，即濡化过程（acculturation process）中常见的现象。"在濡化过程中，传统的价值必受到洗练冲刷，并一定会对外来文化产生抗拒与适应"，而事实上"没有一个社会会不经抗拒而放弃传统的文化，而传统文化在新来文化的冲击下，亦必经过一种急剧的变化"。② 正是在这种"现代化过程"中，中国教育获得了有史以来最大的进步，同时也发生了文化畸变。

---

① 金耀基：《从传统到现代》，81~82 页，北京，中国人民大学出版社，1999。
② 金耀基：《从传统到现代》，107 页，北京，中国人民大学出版社，1999。

□ 如您所言，转型时期的教育由于身处文化冲突的"十字路口"，不可避免地会遭遇到"技术性的困难""价值的困窘"和人格系统的缺陷，而时下林林总总的教育挑战大都缘于此。既然如此，那么，对当代中国教育面临挑战的反思实际上并不意味着对某种形态教育的独立审视和检讨。比如对唯科学主义的教育的批判，事实上我们的教育离唯科学主义还远得很，因而反思的重点应是对处于传统—现代的文化冲突中的教育展开理解，这也就是该论题的复杂之处。

■ 面对现实的文化冲突，教育者的心情是复杂的。既要保持文化传统，又要积极适应社会变化，而在工业化过程中一切又难免失范，加之普遍无序的商业化，这些使得教育多少有点无所适从。同时，人们对于教育的心情也是复杂的。一方面，人们越来越认识到教育对社会进步和个体发展的积极意义，从而开始愈加重视教育；另一方面，人们愈重视教育就愈多地看到教育之问题，大有"恨铁不成钢"的意味。因此，很多人急中生智，提出了这样一种看来十分幼稚的建议：中国教育之长处＋西方教育之长处＝理想的教育。殊不知，这一想法是可欲，却是不合经验的。他们忽略了教育所面对文化的繁复性和有机性，仅凭个人的一厢情愿，就把一切理想的教育素质都纳入这个自设的"公式"中。他们从不考虑这种"公式"是否能够运作，或是否能够产生功能。他们的努力虽不是反现代化的，但肯定是非现代化的。但不管怎么说，在当代，世人的目光已经不约而同地转向了教育，这倒是很值得研究的问题。

□ 现代社会对教育寄予了厚望，这是因为"'现代'究其实不过是一种特殊的'行为系统'，'现代化'所需要的是有系统的'生活方式的转变'"①，而它"不仅是一场社会文化的转变，环境、制度、艺术的基本

---

① 金耀基：《从传统到现代》，110 页，北京，中国人民大学出版社，1999。

概念及形式的转变，不仅是所有知识事务的转变，而根本上是人本身的转变……不仅是人的实际生存的转变，更是人的生存标尺的转变"①。教育关涉人的心态(体验结构)的现代转型，关涉现代价值秩序的成形，对当代中国而言，这比社会政治、经济制度的转型来得更为根本。因此，教育有史以来第一次站到了现代化舞台的中央。而与此同时，教育自身也有一个现代转型的问题，对此，您持一种什么样的态度？

■ 在今天这个复杂的、动态的、相互依存和相对变化的世界上，新出现的迅速变化的趋势正在不断改变着教育的需要，因此，如果仅凭一个老式指南针和一幅毫不相干的地图是不可能为教育的现代转型设计出一条新的发展路线的。同时，对现行教育所做的任何局部的变动，诸如循序渐进教学、计算机辅助教学、模拟教学、小组协同教学、感受性训练和快速阅读教学等做法在已有的教育制度框架中是不可能把教育引向更好的境界的。② 故而，我们必须从文艺复兴以来凭借笛卡儿式的"理性"组织时空知觉的统一宇宙论中走出来，用一种全新的思维方式来勾勒教育转型的现代路径(表1)。

表1　传统思维与新思维的比较③

题干	传统思维	新思维
科学基础	牛顿物理	量子物理
时间	是单历程(一时一事)的	是多历程(一时多事)的
理解方式	部分理解	整体理解

---

① 刘小枫：《现代性社会理论绪论：现代性与现代中国》，19页，上海，上海三联书店，1998。
② ［美］欧文·拉兹洛：《系统哲学引论：一种当代思想的新范式》，钱兆华等译，361～371页，北京，商务印书馆，1998。
③ ［美］维娜·艾莉：《知识的进化》，刘民慧等译，20页，珠海，珠海出版社，1998。

题干	传统思维	新思维
信息	是最终可知的	是不确定、无边界的
增长	是线性、有序的	是有机、无序的
管理	意味着控制、预测	意味着洞察与参与
工人	分类，专门化	多面手，不断学习
动机来源	外部作用和影响	内在创造力
知识	是独立的	是协作的
组织	是设计出来的	是逐渐演变的
生活的激励	依靠竞争	依靠协作
变化	让人担心	一切都有的

通过两种思维方式的比较，现在至少有一点是清楚的：在传统的教育世界中，我们所崇尚的是一种居里夫人、爱因斯坦时代的科学精神和科学共同体观念，追求的是那个时代的科学道德和学术纯洁性，欣赏的是和谐、秩序、真善美统一的世界观。因此，我们对于教育有一种"乌托邦"的理念，认为教育者有可能把文化中真善美的精髓提取出来，有可能设计、选择出一种好文化来向学生呈现和展示，而我们津津乐道的是如何把所谓真善美、和谐、纯洁的东西呈现得更好、更有效率。换句话说，在传统教育世界中，教育和文化的界限是明晰的，文化作为教育的外部条件是先在的，而教育对文化而言是相对自足的。因此，教育从一开始就是封闭的，相对于生活世界而言，它是彼岸的，似乎也是"真空"的。但是，如今的世界正在变得愈加动态和复杂，形而上学的思维方式就像一只捣蛋的邻家小狗一样总是把我们带进问题绝境，而绝对主义的世界观就像一张托勒密时代的世界蓝图，再也无法带着我们周游世界了。实际上，在今天这样一个多元的社会中，文化和教育之间没有清晰的"楚河汉界"，教育和文化越来越走向融合，教育不仅是传递文化的中介，同时也通过教育中人的活动

参与文化的形成，文化也正因为打破了这种界限而变得更有希望。教育毕竟不是真空的，因此，当今各种社会文化正以不同的方式冲击着教育文化。比如，媒体文化正凭借着迅捷的传播速度、丰富的传播内容、多样的传播手段对学生精神世界的长成发挥着越来越大的影响力（表2）。

表2　大众传媒信息与学校信息之特征比较①

项目	学校中传递的信息	大众传媒传递的信息
接受途径	理解的	感受的
领域	狭窄的	宽泛的
主题	恒常的	多变的
包容性	排他的	兼蓄的
效用	预期的	现实的
呈现形式	单调的	多样的
传递者	固定的	流动的
接受者的权限	几无选择余地	听任自由选择

在传统教育中，占主导地位的是后喻型文化，但是，当教育与文化的界限松动之后，前喻型文化和同喻型文化正越来越多地影响着今天的教育。1998年，上海市的一个调查发现特级教师在学生中的受欢迎程度很低，这是一个很值得反思的现象，我把它称为"特级教师受到的挑战"。事实上，不是特级教师不敬业爱岗，也不是他们完全丧失了知识和教养能力，而是因为特级教师所代表的文化和行为方式已远不能满足和适应青少年的文化口味和价值取向。因此，那种传统的纯而又纯的教育文化在今天是无法继续维持下去的，即便是把那些代表传统价值的文化传递给学生，也只能培养出一群"温室里的花朵"而无法

---

① 　吴康宁：《教育社会学》，108～109页，北京，人民教育出版社，1998。

适应多元的社会。

□　实际上，在杜威时代人们针对这种传统的"乌托邦"似的教育理念，就提出了教育与社会生活脱节的问题，揭示了真空的学校与非真空的社会之间的内在矛盾。既然我们放弃了传统的和谐统一的世界观，要求教育呈现真实可信的生活世界，致力于培养活生生的人、敢于面对现实的人，那么，您认为文化中具有恒久价值的经典对于今天的教育而言，其价值何在？

■　教育的价值和本质力量在于对人的心灵的改造，而这是借助于价值系统的形成实现的。人的价值观念、人格系统的形成是一个长期陶冶的过程，这不是通过"灌输"能够实现的，它要通过人的内心体验来获取。从这个意义上说，教育与任何显性化、工具化的东西是无缘的，教育直指人的精神世界，教育的功能就是一种文化性的功能，是一种思想性的把握人的功能。倘要实现这种功能，那么，在任何时候都不能否定经典的价值。所谓经典，它传达的是人类文化中的恒久价值，它有别于实用的精神文化。"每一部真正能够称之为经典的东西，都可以说是蕴含着某种思维方式的革命和观念体系的更新，都是对传统阅读和理解习惯的一种挑战。"①因此，经典的价值不仅仅在于怀旧，更重要的是为人类向前进步提供一个可靠而有效的标尺和支撑。著名科学史家乔治·萨顿认为，没有历史，科学知识可能有害于文化，同历史相结合，用敬仰来调和，它将培养出高尚和文化。注入历史精神，也就是注入对过去的敬仰，对别人创造的敬仰，同时学会自己谦虚和对人宽容。②　应该说，这恰恰是今天的中国教育所迫切需要的，而且

---

①　李小兵：《影响人类的 100 本书》上册，序：经典的意义，3 页，北京，团结出版社，1999。

②　转引自朱小蔓：《情感教育论纲》，166 页，南京，南京出版社，1993。

可以进一步地认为社会越是走向多元，教育越是走向开放，经典的价值也就越加彰显。这一点可以从西方国家在发展高等教育的过程中加强通识教育的实践得到印证。

　□ 既然当代教育和文化始终处于互动的过程中，那么教育就不能是单向地传播知识。过去人们习惯于把教育看成在先知与后知、成熟与未成熟之间发生的。现在看来，教师和学生之间的这种关系也只具有相对的意义，教师不是知识的绝对权威，也不是人格的绝对权威。在教育中，教师和学生始终处于同生共长的关系结构中，这可能才是教育的真实状态。您前面所说的前喻型文化的发育和"特级教师受到的挑战"说的都是这个问题。正因为如此，当代教育就更加强调对学生创造性的培养，强调师生在教与学的过程中的共同创造，这似乎可以看作文化再生的有效途径，从这个意义上说，创造是当代教育的本质特征。

　■ 以往我们总是把创造看作一种成人行为，但是，随着新的思维方式的确立，人们开始意识到理解也是发明。学习是一个不断理解的过程，学习的目的在于"激发人们去发现和描述迄今尚未实现的、出自个人自身深处的种种可能"，而任何一次发现都会"给人以惊喜，并伴随着一种揭示性力量"，教育就是要帮助学生不断实现这种内在性的本质力量。① 这一点在知识经济时代将显得格外突出。

　□ 在今天，一元的、绝对的、统一的、单向的、边界清楚的传统思维方式正在为多元的、相对的、开放的、流动的、边界模糊的新思维所代替。以此审视转型时期的中国教育所面临的挑战，您认为我们该持一种什么样的态度来应对，而不至于在纷繁复杂的问题旋涡中迷

---

① 南京大学高等教育研究所：《当代教育发展的重大课题："教育与社会进步中外学者研究会"论文集》，13～14 页，南京，南京大学出版社，1990。

失自我？

■ 从前面的讨论中我们清楚地看到，当代中国教育面对的是一个复杂的"问题束"。由于身处传统与现代的夹缝中，它经常遇到的问题是无法用简单的对与错来判断和取舍的历史悖论，而为了取得历史进程中的前进，我们就不得不为此付出一定的代价。所谓代价，从长远来看必然是对教育的伤害。而且，在这个过程中所取得的任何进步和成果也都先天地包含着内在的矛盾和不足，因此它就必然成为下一个历史过程的反思对象。从这个意义上说，现在教育中所呈现的矛盾与危机大多是这个特定历史阶段的产物，从眼下来看，它或许是"一盆脏水"，但在历史长河中它又是相对合理的。故而，在今天我们就不能拽着自己的头发背离和逃避这个过程。这是我们对问题所持的一种历史主义态度。然而，虽然我们用一种历史的观点来观照具体时段中的现实冲突显得比较超脱，但事实上，每个现时代的人只要进入教育世界就必然承受这种现实的痛苦和煎熬。这是传统与现代的世界观相互磨合的艰难历程，当然其中的确有一个把张力处理得好还是不好的问题。现在看来，这样两个方面都必须顾及：历史悖论在个体和某个具体时段的不可解决性和难以解决性以及由此所必然承受的痛苦和煎熬与用一种思维方式上的灵活性、辩证性和两种心态上的乐观主义取向来处理这种历史性矛盾，是共在同存的。

□ 现时代的教育中客观存在着由各种矛盾所形成的张力，事实上只有在这个张力永远不被解决的前提下，人的自由才可能维系，人的存在和经验才可能无限扩展①，教育也才可能借此力量获得发展。在这个多元的时代，教育所面对的是林立的矛盾与冲突，如何从中"杀

———————

① ［德］卡尔·雅斯贝斯：《时代的精神状况》，王德峰译，103 页，上海，上海译文出版社，1997。

出"一条现实的而又合乎理性的发展之路,您认为应对的关键何在?其基本的原则方向是什么?

■ 当前中国教育面临的问题和挑战说到底是传统的封闭社会的解体所引起的,随之而来的文明冲突必然造成一种力量,借此教育将冲决一切传统的束缚。可以十分乐观地说,转型所形成的巨大的矛盾场,将使教育真正地从封闭走向开放。在这种开放的教育世界中,人们将彼此珍视人类尊严的价值,将共同维护和促进人类文明的生长,从而共同享受一切的价值生活。因此,在我看来,虽然目前许多事情显得那么地无序和让人无所适从,但这毕竟是历史的暂时,"一旦依靠我们的理性并使用我们的批判能力,我们一旦感到个人责任的召唤,和促进知识增长的责任的召唤"①,那么,一个真实而人道的开放的教育世界也就离我们不远了。这就是我对当代中国教育面临的挑战所做的思想回应。

---

① 〔英〕波普:《开放社会及其敌人》,杜汝楫等译,211页,太原,山西高校联合出版社,1992。

后　记

　　这本书经过一轮一轮的"讨论""对话"，专题性地"切磋"以及文字整理，终于付梓了。由于对这些论题的思考是个不断拓展认识、不断调整的过程，加之我本人实在缺少整块时间"沉静"下来认真阅校一批年轻人帮助整理的文稿，以至拖延了出版时间，使有些在一年前就该做出的思想回应姗姗来迟。这令我在深感歉意的同时漫溢着无奈和遗憾。

　　幸有一批年轻人帮助，幸有我与他们之间融洽的关系；学术思想和教育理解上的相互认同和默契，才终于有这部记录我们当时思想的书。他们的名字是：杨一鸣（第一章、第六章、结语），吴安春（第二章、第九章），王靖（第三章、第七章），易晓明（第四章、第八章），刘次林（第四章、第五章），朱曦（第十章），丁锦宏和曹连观（第十一章）。我深知自己的学术进步、生命价值，特别是对教师职业的许多感受以及生活中的许多快乐都来自他们和其他学生们。虽然学生有时也给我带来一些烦恼和焦虑，但若没有他们，我便不能真正安住我生命的根、安住我精神的宁静与跳跃的根。我从心底里爱他们。

　　南京师范大学出版社总编辑李晏墅对本书编著给予很多指导。张纯一老社长的文字功底和严谨作风使我们避免了许多疏漏。戴联荣主任以教育学专业的良好基础和眼界为我们做专业上的把关，多亏他富有创造地对全书"标题"及书中文字作加工润色，使书稿增色许多。我由衷地钦佩他们的事业心和责任心，感谢他们的帮助。

最后，应当感谢我的丈夫吴志明先生。我的工作（包括学校、社会公务以及学术）中浸有他的大量劳动和心血，那是家庭之外的旁人看不见的，社会也难以报偿他，但在我心中是永久地承认、永存感激的。

朱小蔓

二〇〇〇年三月于南京鸡鸣寺兰园

图书在版编目（CIP）数据

朱小蔓文集/朱小蔓著. —北京：北京师范大学出版社，2023.8
ISBN 978-7-303-28957-8

Ⅰ.①朱… Ⅱ.①朱… Ⅲ.①教育学—文集 Ⅳ.①G40-53

中国国家版本馆 CIP 数据核字（2023）第 092316 号

图 书 意 见 反 馈　　gaozhifk@bnupg.com　010-58805079
营 销 中 心 电 话　　010-58802135　010-58802786
北师大出版社教师教育分社微信公众号　京师教师教育

出版发行：北京师范大学出版社　www.bnup.com
　　　　　北京市西城区新街口外大街 12-3 号
　　　　　邮政编码：100088
印　　刷：北京虎彩文化传播有限公司
经　　销：全国新华书店
开　　本：787 mm×1092 mm　1/16
印　　张：133.25
字　　数：1630 千字
版　　次：2023 年 8 月第 1 版
印　　次：2023 年 8 月第 1 次印刷
定　　价：980.00 元

策划编辑：冯谦益　　　　　　　责任编辑：安　健
美术编辑：陈　涛　焦　丽　　　装帧设计：陈　涛　焦　丽
责任校对：段立超　王志远　　　责任印制：马　洁